安徽省高等学校一流教材

|第4版|

心灵港湾
大学生心理健康指南

主　编　孙义星　孔　洁
副主编　彭　慧
编写人员（以姓氏笔画为序）
　　　　孔　洁　孙义星　孟　尧
　　　　孟令怡　徐士芳　黄文珺
　　　　彭　慧

中国科学技术大学出版社

内容简介

本书针对大学生的心理状态,以全面提高大学生心理素质为目标,探讨他们在自我意识、学习、人际关系、交往、择业及心理危机应对等方面经常遇到的困惑和障碍,帮助他们提高认知,学习应对方法,培养其良好的心理素质、自信精神、合作意识和开放的视野,提高其自我认知能力、人际沟通能力、自我调节能力,为学生终身发展奠定良好的、健康的心理素质基础。本书可作为高职学生心理教育辅导教材。

图书在版编目(CIP)数据

心灵港湾:大学生心理健康指南/孙义星,孔洁主编. —4版. —合肥:中国科学技术大学出版社,2023.8
ISBN 978-7-312-05642-0

Ⅰ.心… Ⅱ.①孙… ②孔… Ⅲ.大学生—心理健康—健康教育—指南 Ⅳ.G444-62

中国国家版本馆 CIP 数据核字(2023)第127725号

心灵港湾:大学生心理健康指南
XINLING GANGWAN:DAXUESHENG XINLI JIANKANG ZHINAN

出版	中国科学技术大学出版社
	安徽省合肥市金寨路96号,230026
	http://press.ustc.edu.cn
	https://zgkxjsdxcbs.tmall.com
印刷	安徽省瑞隆印务有限公司
发行	中国科学技术大学出版社
开本	787 mm×1092 mm 1/16
印张	18
字数	461千
版次	2006年7月第1版 2023年8月第4版
印次	2023年8月第16次印刷
定价	48.00元

前　言

本书于2006年7月首次出版,并被安徽省教育厅列为省级规划教材。本书出版以来,深得各高职院校师生的好评。随着教育主管部门对大学生心理健康教育工作要求的不断提高和具体化以及教学实际的变化,教材内容必须根据当前大学生的身心状况及客观形势变化加以修订和补充,这既是大学生心理健康教育工作的要求,也是教材逐步完善的必经步骤。

本次修订后的教材分12章,内容包括大学生学习、生活、就业、人际交往、人格发展、危机干预等方面,涉及不同群体大学生的心理及其调适。作为大学生心理教育辅导教材,本书可以有效地帮助大学生解答环境适应、自我管理、学习成长、人际交往、交友恋爱、求职择业、人格发展、情绪调节等方面的困惑,提高大学生的心理健康水平,促进大学生德、智、体、美等方面全面发展。

注重开放性和实践性是本书最显著的特征,书中附有生动典型的案例、实用的测试及精当的提示。本书注重可读性、趣味性、心灵的互动与感应、潜移默化的自然影响过程,贴近大学生的生活实际,针对他们的心理状况,在给予心理健康指导的同时,剔除传统教材的说教色彩,努力指导学生学会自己去认知。

本书不仅对大学生心理健康教育知识进行了介绍,而且以多种形式对与大学生心理健康相关的补充阅读材料及心理调适方法作了展示,对学生实践活动也进行了设计与提示,使得本书更适合高校课堂教学和大学生自我学习。教师可以根据实际教学资源、教学计划,选择部分单元进行教学,学生也可以根据实际需要有选择地学习与阅读。从事心理健康教育的教师、辅导员以及从事学生管理工作的教育工作者,亦可从本书中获得一些有用的资讯。

最后还要说明的是,本书在编写过程中广泛参考、吸收并应用了许多专家、学者的研究成果,参考了大量的文献资料,由于篇幅有限,参考文献未能一一列出,请原作者见谅,并深表感激。

本教材编写的具体分工如下：安徽电气工程职业技术学院孙义星、孔洁编写第一章、第四章、第六章；安徽电气工程职业技术学院徐士芳编写第二章、第三章、第七章；安徽电气工程职业技术学院彭慧、孟尧编写第五章、第九章、第十章；安徽电气工程职业技术学院黄文珺编写第八章、第十一章；合肥职工大学孟令怡编写第十二章。

由于编者水平有限，加之时间仓促，书中难免存在不足之处，敬请读者、专家批评指正。

编 者

2023年2月

目　录

前言 ………………………………………………………………………………（ i ）

第一章　大学生心理健康教育导论 …………………………………………（ 1 ）
　第一节　健康与心理健康 ……………………………………………………（ 2 ）
　　一、现代健康观 ………………………………………………………………（ 2 ）
　　二、心理健康 …………………………………………………………………（ 3 ）
　　三、心理的实质 ………………………………………………………………（ 3 ）
　第二节　大学生心理健康的标准 ……………………………………………（ 8 ）
　　一、大学生心理健康的标准 …………………………………………………（ 9 ）
　　二、正确理解大学生心理健康的标准 ………………………………………（ 11 ）
　　三、开展大学生心理健康教育的意义 ………………………………………（ 12 ）
　第三节　大学生健康心理的培养 ……………………………………………（ 14 ）
　　一、大学生心理发展阶段及特点 ……………………………………………（ 14 ）
　　二、影响大学生心理健康的主要因素 ………………………………………（ 15 ）
　　三、大学生不良生活方式对身心健康的危害 ………………………………（ 18 ）
　　四、大学生心理健康意识的强化 ……………………………………………（ 19 ）

第二章　大学生心理咨询 ……………………………………………………（ 21 ）
　第一节　心理咨询的概念和功能 ……………………………………………（ 22 ）
　　一、心理咨询的概念 …………………………………………………………（ 22 ）
　　二、心理咨询的作用 …………………………………………………………（ 24 ）
　　三、心理咨询的原则 …………………………………………………………（ 30 ）
　　四、心理咨询的对象 …………………………………………………………（ 32 ）
　　五、心理疾病的分类 …………………………………………………………（ 33 ）
　第二节　大学生心理咨询的内容与类型 ……………………………………（ 33 ）
　　一、大学生常见心理咨询的内容 ……………………………………………（ 33 ）
　　二、大学生常见心理咨询的类型 ……………………………………………（ 36 ）
　　三、大学生心理咨询的时机 …………………………………………………（ 41 ）
　　四、大学生心理咨询的步骤 …………………………………………………（ 42 ）
　第三节　大学生心理咨询的意义和目标 ……………………………………（ 42 ）
　　一、大学生心理咨询的意义 …………………………………………………（ 42 ）
　　二、大学生心理咨询的目标 …………………………………………………（ 43 ）
　　三、大学生心理咨询的特点 …………………………………………………（ 43 ）

第三章　大学生心理困惑和异常心理 ………………………………………（ 45 ）
　第一节　大学生常见的心理困惑及异常心理 ………………………………（ 46 ）

  一、大学生常见的心理困惑及异常心理的概念 ……………………（46）
  二、大学生常见的心理困惑及异常心理的内容 ……………………（46）
  三、大学生常见心理困惑及异常心理的判断标准 …………………（58）
 第二节 大学生常见的心理疾病及其应对 …………………………（60）
  一、神经症 ……………………………………………………………（60）
  二、人格障碍 …………………………………………………………（64）
  三、精神病 ……………………………………………………………（64）
  四、治疗方法 …………………………………………………………（65）

第四章 大学生的自我接受与完善 ………………………………（67）
 第一节 自我意识概述 ………………………………………………（68）
  一、自我意识的涵义 …………………………………………………（68）
  二、自我意识的结构 …………………………………………………（69）
 第二节 大学生自我意识的发展及特点 …………………………（70）
  一、自我意识的发展 …………………………………………………（70）
  二、大学生自我意识中各结构的发展与差异 ………………………（72）
  三、大学生自我意识发展的特点 ……………………………………（74）
 第三节 大学生自我意识的偏差及其调适 ………………………（75）
  一、大学生自我意识的矛盾 …………………………………………（75）
  二、大学生自我意识矛盾的归因 ……………………………………（77）
  三、大学生常见自我意识的偏差及其调适 …………………………（78）
 第四节 大学生的自我接受与完善 …………………………………（79）
  一、大学生的自我评价 ………………………………………………（80）
  二、大学生的自我接受与完善 ………………………………………（80）

第五章 大学生职业生涯规划 ……………………………………（85）
 第一节 大学生活的特点及职业生涯规划 ………………………（86）
  一、大学生活概述 ……………………………………………………（86）
  二、职业生涯规划的涵义及步骤 ……………………………………（87）
  三、我国高职大学生职业生涯规划的现状 …………………………（87）
  四、立足职业规划,充实大学生活,完成就业准备 …………………（89）
 第二节 大学生能力概述及发展目标 ……………………………（91）
  一、能力概述 …………………………………………………………（91）
  二、大学生的发展目标 ………………………………………………（95）
 第三节 大学期间职业生涯规划的制定 …………………………（99）
  一、制定职业生涯规划的准备 ………………………………………（99）
  二、大学生职业规划应注意哪些问题 ………………………………（101）
 第四节 学会时间管理 ………………………………………………（103）
  一、时间管理的含义 …………………………………………………（103）
  二、时间管理的原则:要事第一 ……………………………………（104）
  三、如何进行时间管理 ………………………………………………（105）

第五节　准备走进职业角色 …………………………………………… (107)
　　　一、职业前的准备 ………………………………………………… (107)
　　　二、职业心理准备 ………………………………………………… (108)
　　　三、转换角色度过适应期 ………………………………………… (110)

第六章　大学生人格心理 …………………………………………… (112)
　　第一节　人格概述 ………………………………………………… (113)
　　　一、人格及其特征 ………………………………………………… (113)
　　　二、人格类型与发展 ……………………………………………… (114)
　　第二节　大学生人格特征 ………………………………………… (116)
　　　一、当代大学生的人格发展特点 ………………………………… (117)
　　　二、大学生人格发展中的问题 …………………………………… (118)
　　第三节　人格发展异常表现与矫治 ……………………………… (119)
　　　一、常见的人格障碍 ……………………………………………… (119)
　　　二、人格障碍的治疗方法 ………………………………………… (123)
　　第四节　大学生人格塑造与完善的途径 ………………………… (124)
　　　一、健康人格概述 ………………………………………………… (125)
　　　二、大学生人格完善的途径 ……………………………………… (127)

第七章　大学生学习心理 …………………………………………… (130)
　　第一节　大学生学习心理特点与发展 …………………………… (131)
　　　一、大学生的学习特点 …………………………………………… (131)
　　　二、大学生学习心理特点 ………………………………………… (133)
　　　三、大学生学习心理的发展变化 ………………………………… (134)
　　第二节　大学生学习能力的培养及潜能开发 …………………… (135)
　　　一、大学生的技能学习 …………………………………………… (135)
　　　二、大学生应建立的基本能力结构 ……………………………… (136)
　　　三、学习策略的运用 ……………………………………………… (138)
　　　四、大学生常用的学习技巧 ……………………………………… (138)
　　　五、大学生学习成功感及其培养 ………………………………… (140)
　　第三节　大学生的学习心理问题及调适 ………………………… (142)
　　　一、学习动力缺乏与调适 ………………………………………… (142)
　　　二、厌学及学习障碍与调适 ……………………………………… (144)
　　　三、学习疲劳与调适 ……………………………………………… (145)
　　　四、学习注意力不集中与调适 …………………………………… (147)
　　　五、考试作弊问题与调适 ………………………………………… (148)
　　　六、网络综合征及调适 …………………………………………… (149)

第八章　大学生情绪管理与调试 …………………………………… (156)
　　第一节　情绪概述 ………………………………………………… (157)
　　　一、情绪的概念 …………………………………………………… (157)
　　　二、情绪的分类 …………………………………………………… (157)

三、情绪的表达 …………………………………………………………………… (159)
　第二节　大学生情绪特点及其影响 ……………………………………………………… (162)
　　一、大学生情绪的主要特点及其影响 …………………………………………… (162)
　　二、不同大学生群体的情绪特点及其影响 ……………………………………… (163)
　　三、大学生情绪健康的标准 ……………………………………………………… (164)
　第三节　培养良好的情绪 …………………………………………………………………… (165)
　　一、情绪管理的概念 ……………………………………………………………… (166)
　　二、情绪管理的方法 ……………………………………………………………… (167)
　第四节　不良情绪的表现及调适 ………………………………………………………… (170)
　　一、焦虑 …………………………………………………………………………… (170)
　　二、激动易怒 ……………………………………………………………………… (171)
　　三、压抑苦闷 ……………………………………………………………………… (171)
　　四、抑郁消沉 ……………………………………………………………………… (172)
　　五、虚荣嫉妒 ……………………………………………………………………… (172)

第九章　大学生人际交往 ……………………………………………………………… (175)
　第一节　大学生人际交往概述 …………………………………………………………… (176)
　　一、人际关系与人际交往 ………………………………………………………… (176)
　　二、大学生良好人际关系的调整与建立 ………………………………………… (179)
　第二节　大学生人际交往特点与发展 …………………………………………………… (182)
　　一、大学生人际交往的基本特点 ………………………………………………… (182)
　　二、大学生人际交往的主要类型 ………………………………………………… (183)
　　三、大学生人际交往的心理发展 ………………………………………………… (187)
　第三节　大学生人际交往原则及技巧 …………………………………………………… (191)
　　一、大学生人际交往的原则 ……………………………………………………… (191)
　　二、大学生人际交往的技巧 ……………………………………………………… (193)
　第四节　大学生人际关系障碍及调适 …………………………………………………… (198)
　　一、大学生人际交往的心理学原理 ……………………………………………… (198)
　　二、大学生人际交往的心理误区及调适 ………………………………………… (200)
　　三、大学生人际交往的情绪障碍及其调适 ……………………………………… (202)

第十章　大学生性心理和恋爱心理 …………………………………………………… (207)
　第一节　性心理的发展和大学生性心理特点 …………………………………………… (208)
　　一、青少年性心理发展 …………………………………………………………… (208)
　　二、大学生性心理特点 …………………………………………………………… (209)
　　三、当前大学生性行为的特点 …………………………………………………… (211)
　第二节　大学生性心理问题及调适 ……………………………………………………… (212)
　　一、大学生性心理的矛盾冲突 …………………………………………………… (212)
　　二、大学生性心理问题及调适 …………………………………………………… (213)
　第三节　大学生恋爱心理发展的特点和常见问题 ……………………………………… (217)
　　一、大学生的恋爱心理 …………………………………………………………… (217)

二、大学生恋爱心理的困惑与调适 …………………………………………… (220)
　第四节　培养健康恋爱观和择偶观 ……………………………………………… (224)
　　一、先与生命谈恋爱 ……………………………………………………………… (224)
　　二、提升爱的能力 ………………………………………………………………… (225)
　　三、承担爱的责任 ………………………………………………………………… (227)

第十一章　大学生压力管理与挫折应对 …………………………………………… (230)
　第一节　压力和挫折概述 ………………………………………………………… (231)
　　一、压力概述 ……………………………………………………………………… (231)
　　二、挫折概述 ……………………………………………………………………… (233)
　第二节　大学生压力和挫折的产生与特点 ……………………………………… (237)
　　一、大学生压力的产生与特点 …………………………………………………… (237)
　　二、大学生挫折的产生与特点 …………………………………………………… (239)
　第三节　压力和挫折对大学生心理的影响 ……………………………………… (241)
　　一、积极的行为反应 ……………………………………………………………… (242)
　　二、消极的行为反应 ……………………………………………………………… (243)
　　三、其他行为反应 ………………………………………………………………… (244)
　第四节　压力管理与挫折应对 …………………………………………………… (245)
　　一、压力管理的策略 ……………………………………………………………… (245)
　　二、挫折应对的策略 ……………………………………………………………… (247)

第十二章　大学生生命教育与心理危机应对 ……………………………………… (254)
　第一节　敬畏生命 ………………………………………………………………… (255)
　　一、学习"敬畏生命" ……………………………………………………………… (255)
　　二、认识生命意义 ………………………………………………………………… (257)
　　三、挑战生命磨难 ………………………………………………………………… (257)
　第二节　大学生心理危机的表现 ………………………………………………… (259)
　　一、危机与心理危机 ……………………………………………………………… (259)
　　二、心理危机在大学校园中的普遍性 …………………………………………… (261)
　　三、大学生常见的危机 …………………………………………………………… (262)
　　四、大学生危机发生后的反应 …………………………………………………… (263)
　　五、大学生中的心理危机高发群体 ……………………………………………… (264)
　　六、心理危机的极端表现：自杀与杀人 ………………………………………… (268)
　第三节　大学生心理危机的预防与干预 ………………………………………… (271)
　　一、了解危机干预的基本知识 …………………………………………………… (271)
　　二、心理危机的识别 ……………………………………………………………… (272)
　　三、自杀的识别和预防 …………………………………………………………… (273)
　　四、利用各种形式开展危机干预 ………………………………………………… (274)

参考文献 ……………………………………………………………………………… (278)

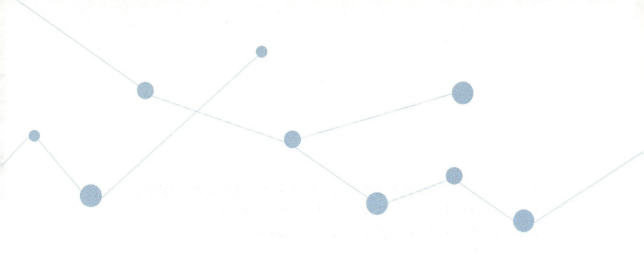

第一章

大学生心理健康教育导论

课程导入

"心理健康素养十条"

第一条：心理健康是健康的重要组成部分，身心健康密切关联、相互影响。
第二条：适量运动有益于情绪健康，可预防、缓解焦虑、抑郁。
第三条：出现心理问题时积极求助，是负责任、有智慧的表现。
第四条：睡不好，别忽视，可能是心身健康问题。
第五条：抑郁、焦虑可有效防治，须及早评估，积极治疗。
第六条：服用精神类药物须遵医嘱，不滥用，不自行减停。
第七条：儿童心理发展有规律，要多了解，多尊重，科学引导。
第八条：预防老年痴呆，要多运动，多用脑，多接触社会。
第九条：要理解和关怀精神心理疾病患者，不歧视，不排斥。
第十条：用科学的方法缓解压力，不逃避，不消极。

第一节　健康与心理健康

健康是人类珍贵的资源和财富，是驶向人生航标的载体，是驱动事业成功的能源，是修德立业的根本，是生命永恒的主题，也是人类孜孜以求的目标。20世纪人类卫生事业的成就体现在人口平均期望寿命的延长和对健康及健康维护认识的提高上，因此，对健康的追求，毫无疑问是社会进步的标志。

一、现代健康观

自古以来，人类对于自身的健康都是十分重视的。随着社会文明的进步，拥有健康是每个人的期盼。与此同时，人们对"健康"这一概念也有了更加深入的认识。人是一个整体的人，各个组成部分为了适应生活环境而有形态与功能的分化，但并不表示各个组成部分各自是完全独立的。身体和心理实际上也应该是这个整体的两个方面，不能分开，所以健康也是一个整体。没有一种疾病是纯粹身体方面的，也没有一种疾病是纯粹心理方面的。许多身体疾病会引起行为和心理症状，而心理症状也会影响身体状况。因此，健康不仅指生理上的健康，还指心理上的健康。早在1948年，世界卫生组织就给"健康"下了定义：健康不仅仅是没有疾病和虚弱现象，而且是一种生理上、心理上和社会诸方面的完好状态。

1981年，世界卫生组织在对健康人群进行大量调查后，对"健康"的概念又作了如下描述：健康就是能精力旺盛地、敏捷地、不感觉过分疲劳地从事日常活动，保持乐观、蓬勃向上并有应激能力。美国学者杜巴认为："真正的健康并不是全无疾病的理想状态，而是在一个现有的环境中有效'运作'的能力。环境是在不断变化的，所谓健康也就是不断适应无数每日威胁人们的微生物、刺激物、压力和问题的良好状态。"还有学者提出了具有现代意义的新的健康观：健康应是能对抗紧张，经得住压抑和挫折，积极安排自己的各种生活及活动，智慧、情感和躯体能融为一体，物质生活和精神生活充满生机，且富有文明的意义。

1998年，世界卫生组织又对"健康"作出了进一步解释：健康应包括身体健康、心理健康、良好的适应能力和道德健康。由此可见，一个人健康与否应当从身体、心理、社会适应和道德品质四个方面来评价。

二、心理健康

心理健康，包括两个方面的含义：一是指心理健康状态，个体处于这种状态时，不仅自我情况良好，而且与社会契合和谐；二是指维持心理健康、减少行为问题和精神疾病的原则和措施。

心理健康还有狭义和广义之分：狭义的心理健康，主要目的在于预防心理障碍或行为问题；广义的心理健康，则是以提高人们的心理调节能力、发展更大的心理效能为目标，即人们在环境中健康地生活，不断地提高心理健康水平，从而更好地适应社会生活，更有效地为社会和人类做出贡献。

心理健康这一术语是人们在认识和处理障碍过程中提出来的。在西方，早期凡行为古怪者均被视作"异人"，遭到非人的待遇，有的被铁链锁起来，有的被作为展品在周末展出，尤其当社会发生变革或天灾人祸时，对"异人"的怀疑、蔑视、憎恨和迫害就会加剧。随着心理科学的出现和发展，人们对"异人"的看法逐步改变了，他们发现这些行为古怪者是可以医治的，于是各种专门收容"异人"的机构应运而生，治疗取代了惩罚。但当时的治疗机构大多设在修道院中，其方法也只是在为这些人提供阳光、空气、自由和一些生物性需要的基础上进行治疗。正是在这种医疗过程中，人们发现这种行为古怪者的心理活动障碍是导致精神不适和行为怪异的一个主要原因，而且这些心理活动障碍有时在正常的人，甚至医生身上也会出现，如焦虑、紧张、抑郁等。这表明了每个人正确评价自己的重要性。这么一来，心理咨询和心理治疗就成为人一生中不得不问津的领域，而什么是心理健康的问题也随之被提了出来。

三、心理的实质

根据辩证唯物主义心理观，心理的实质必须放在身体与心理（身-心）、心理和现实（主观-客观）的关系中才能探讨清楚。心理的实质至少有三个要点：第一，心理是脑的机能，心理不是超物质的；第二，心理是脑对客观现实的反映，心理不是超现实的；第三，人的心理与动物心理不同，具有社会性和自觉能动性。

（一）心理是脑的机能

关于心理的器官问题，人类的认识经历了由心脏到脑的漫长过程。

在古代，除少数行医者之外，绝大多数人（尤其是思想家）普遍认为心脏是心理的器官，心理是心脏的机能。如中国的孟轲就认为"心之官则思"，汉字中和人的精神活动有关的字、词，多带有"心"字，如感情、想象、思考、心情，等等。

大量的生活经验，尤其是医学的发展，使人们逐步认识到脑才是心理的器官。生活中人们发现，人在入睡以后，心脏仍在跳动，但心理活动没有了；如果头部受到严重损伤，尽管心脏还在跳动，但心理活动却出现了异常。于是，人们便逐渐认识到对心理活动来说，脑比心脏更为重要。医学的发展，使人们终于得出科学结论：脑才是心理的器官，并成为全人类的共识。

中医学早就认识到心理与脑的关系，但只停留在经验加思辨的水平上，没有进行科学的有说服力的证明。《黄帝内经·素问》提出："诸髓者，皆属于脑。"明代著名医药学家李时珍提出了"脑为元神之府""泥丸之官，神灵所集"的论断，认为脑是高级中枢神经活动的地方，它聚集着人的精神。清代名医王清任，根据对尸体的解剖和对大脑病理的临床研究，明确提出"灵机、记忆不在心而在脑"的科学论断。

直到1861年，法国医生布洛卡真正用科学的方法鉴定出脑才是心理的器官。他对一个多年不能清楚说话的患者，在其死后进行尸解，发现患者大脑皮层左侧额叶部分有病变，从而发现了言语运动中枢神经区的位置。后来医学界经过多年的临床经验和资料的积累，才把脑各部分的机能确定下来。

那么，什么是脑？脑为什么能产生心理？脑是怎么产生心理的？这些问题构成了心理的生理机制。

1. 心理生理机制的静态分析

心理生理机制的静态分析包括神经系统的结构与功能介绍。

(1) 神经元

从微观角度讲，神经系统的基本结构单位和功能单位是神经元，即神经细胞。神经元具有接受刺激、传送信息和整合信息的机能。人的神经系统大约有1000亿个神经元，它们的形态和大小有很大差异，但都由细胞体和细胞突起两部分组成。

细胞突起指的是神经细胞向外突出的部分。突起可以分为树状突起和轴状突起。树状突起简称树突，它是一种呈树枝状的较短的突起。神经元的树突较多，其功能主要是接受其他神经元的信息，并将神经冲动传向细胞体。轴状突起简称轴突，它一般较长，其长度从十几微米到1米多。一般每个神经元只有一个轴突。轴突的功能主要是将神经冲动从细胞体传至与其联系的各个细胞。每一个神经元上都有成千上万个突触点，神经元之间通过突触建立联系，构成了极其复杂的神经系统。

(2) 神经兴奋与神经冲动

兴奋性是神经元的重要特性，当某种刺激作用于神经元时，神经元就会由比较静息的状态转化为比较活动的状态，这就是神经兴奋，神经兴奋表现为神经冲动。

(3) 神经冲动的传导与传递

神经冲动在一个神经元内的传播称为神经冲动的传导，是一种电传导。神经冲动就其本质而言是一种电位变化，但是，神经冲动沿神经运动，跟电流在导线内的运动不同。电流以每秒30万千米的速度运动，而人体内的神经冲动的传导最快的才每秒120米，最慢的则仅每秒几米。

神经冲动的传递指神经冲动由一个神经元到另一个神经元的传播，主要是一种化学传递。神经冲动的传递要经过"突触"。所谓突触，即一个神经元与另一个神经元彼此接触的部位。神经冲动在突触处的传递速度较慢，传递在这里花费的时间比在一个神经元内用的时间多得多。过去认为，在一个神经元内，传导是双向的；在两个神经元之间，通过突触的传递则是单向的，即只能从一个神经元的轴突传到另一个神经元的细胞体或树突，而不能从另一个神经元的树突传到一个神经元的轴突。但新近的研究发现,不同神经元的轴突之间或树突之间也可形成突触。一个神经元无论在传出或传入方面均可与很多神经元发生突触关系。

神经元有两类不同的化学递质:一类是兴奋性的,它可以加强膜的通透性,降低膜内外的极化现象;另一类是抑制性的,它可以降低膜的通透性,提高下一个神经元的极化现象。抑制状态是极化状态,兴奋状态是去极化状态。由于一个神经细胞可以和许多神经细胞发生突触关系,其中既有兴奋性的,也有抑制性的。因此,它的活动状态就取决于兴奋与抑制的力量对比。

(4) 神经系统结构

从宏观角度讲,在神经系统中不同部位的神经元的集合,会形成不同的整体结构和功能。神经系统可分作中枢神经系统和周围神经系统。中枢神经系统包括脑和脊髓,整体功能是加工信息、发布指令;周围神经系统由脑神经、脊神经、植物性神经组成,整体功能是将信息上传下达。心理的产生和发展离不开中枢和周围神经系统的协同工作。

(5) 脑结构和脑功能

脑是中枢神经系统最重要的结构。人脑结构大体分为三个相互联系的层次:最深层称脑干,主要与自主过程如心率、呼吸、吞咽和消化等功能有关。外包于这个中央结构的是边缘系统,它与动机、情感和记忆过程有关。包在这两层结构之外的是大脑,人类的全部心理活动发生在这里。大脑分成左右对称的两半,由较厚的神经纤维——胼胝体联系起来,胼胝体在大脑两半球之间传递和发送信息。大脑及其表层(大脑皮层)整合感觉信息,协调运动,促成抽象思维和推理。

(6) 大脑皮层

大脑的外表面由数十亿个细胞组成,形成 0.25 厘米厚度的薄层组织,称为大脑皮层。大脑皮层有两条沟:中央沟和外侧裂,中央沟把每个半球垂直地分为两个部分,外侧裂将每个半球在水平方向分为两个部分,这样从垂直和水平两个方向又把每个半球分为四个区(称为脑叶),分别是额叶、顶叶、枕叶、颞叶,如图 1.1 所示。

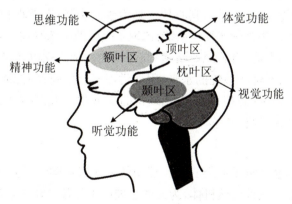

图 1.1　大脑结构图

① 额叶:位于外侧裂之上和中央沟之前,具有运动控制和进行认知活动的功能,如筹划、决策、目标设定等功能。额叶损伤会毁坏一个人的行为能力,并引起其人格改变。

② 顶叶:位于中央沟之后,负责触觉、痛觉和温觉。

③ 枕叶:位于头后部,是视觉信息到达的部位。

④ 颞叶：位于外侧裂下部，是听觉信息到达的部位。

总之，大脑皮层是中枢神经系统的最高部位，也是心理产生的部位。大脑皮层既有特殊的中枢部位，又有范围很广、具有联合和整合功能的联合区。皮层上的机能系统不是空间上彼此分割的，而是有所重叠的。空间上的同一部位可以加入不同的机能系统，同一系统中的不同部位对同一复杂机能可能起不同的作用。

2. 心理生理机制的动态分析

从以上的静态分析可知，神经系统的结构和机能极其精细复杂，为心理活动的产生准备了物质基础。但要了解心理活动怎样在神经系统的生理活动中产生，还需要从心理与反射关系的动态分析中去追寻。

（二）心理是脑对客观现实的反映

心理是脑的机能，脑是心理的器官，但脑本身并不能单独产生心理，心理就其内容来说，是客观现实的反映，客观现实是心理的源泉和内容。

1. 心理反映的是物质的普遍属性

反映是指物质间相互作用彼此留下痕迹的过程。由于物质本身的性质和运动形态的不同，反映的形式也不相同。

无机物质具有物理的、化学的反映形式。例如，木头用刀刻就会留下刀刻的痕迹，这是物理的反映形式，铁受潮而生锈是化学的反映形式。

进入有生命阶段便出现了生物的反映形式，即感应性。它是有机体对直接的、有生物学意义的刺激做出的反应。如植物具有各种向性（趋向阳光、水分）与自卫能力（如某种树的叶子被虫咬后，全部树叶会增加难消化的物质抵御害虫）。单细胞的变形虫就有趋向食物、躲避酸的侵蚀的能力。

随着生物的进化，出现了动物的反映形式，即信号性的反应。动物在适应环境中，心理器官不断进化，由于动物神经系统和有关器官发展水平的不同，对现实刺激的心理反应水平也不同。环节动物为链状神经系统，其心理水平为感觉水平；节肢动物为节状神经系统，开始出现初步知觉；脊椎动物为管状神经系统，出现了大脑两半球和皮层，感知觉、学习能力和运动能力都有了长足的发展，有了原始情绪；高等动物中哺乳动物的神经系统更加完善，特别是灵长类已经接近人类神经系统的水平，因而学习、记忆与行为的能力更强，并开始有了具体思维能力。这就为人的心理、意识的出现准备了条件。人类心理是动物心理长期演化的结果，更是人类社会的产物。

2. 劳动孕育了人类心理

劳动创造了人类，也孕育了人类心理。劳动使类人猿从爬行到直立，使猿臂变为人手，使猿脑变为人脑，形成了人的自然机体，为人的心理产生准备了物质基础。劳动中使用和制造工具，发展了人类心理的自觉性、概括性、目的性，使人开始把自身同自然界区分开来，意识到自己在劳动中的主体地位，逐步学会对劳动任务和对象的概括化认识，来调节自己的行动以达到一定目标。劳动的社会集体性改变了"正在形成中的人"的自然群体，组成了以共同劳动为基础的人类社会，建立了复杂的社会关系，更加促进了社会经验的传递，加速了人类心理社会化的发展。

3. 语言催生了人类心理

语言在促进人类心理发生发展中具有和劳动同等的意义。语言的交际功能不仅能协调人类在劳动中的相互关系，而且使人类经验的传递成为可能。语言的概括功能使人类摆脱了具体事物的局限，能更广阔、更深入地考虑问题，使人类认识发展到一个新的阶段。语言的自我调节机能使人类能有意识地支配和调节自己的行为，成为现实生活中能动的主体。

总之，包括劳动、语言交往在内的人类丰富广阔的社会实践为人类心理发展提供了广阔的天地，也是检验人类心理的真实性和实现人类心理的现实性的唯一途径。社会实践使人类心理与动物心理有了本质区别，即社会性和自觉能动性。由于社会性和自觉能动性，人类心理上升为意识水平。

4. 客观现实是心理的源泉和内容

人周围的客观现实包括自然界、人化的自然和社会生活三个方面。自然界是指不依赖于人而存在的未经人类改造的山川、河流、森林、原野、太阳、月亮、宇宙、四季、气候变化，等等。这个自然界是我们祖先赖以生存的最古老的环境，是人生活和斗争的自然基础。直到现在，自然界仍是人类生存和劳动的重要环境，人不只适应自然环境而且还改造自然环境，如大坝、水库的建立，良田的改造，土地的耕种，人造公园及工厂、矿山的兴建，等等。这都是人改造了的自然，即人化自然。人在改造自然的过程中，不但表现了人本身的积极力量，同时自然把人具有的智慧、技术、文化、艺术都体现在改造的对象上。人的心理水平发展到什么程度，人对自然就改造到什么程度。这种人改造的自然环境就成为人的重要环境，影响着人的心理活动。社会生活，包括社会经济、政治、文化等要素，对人的心理起着决定作用。人作为社会的一员，总是处在社会关系中的一定地位上进行生产和生活，并在相互交往的过程中形成了人与人之间的关系，在这种社会生活中就形成了人所特有的意识和主观世界。人的社会生活条件不同，人在社会关系中所处的地位不同，心理活动的内容、倾向和水平也有所不同。没有人的社会生活，也就不可能形成人的心理。因此，社会生活是人的心理的决定因素。脱离人类社会而在野外长大的"野孩"（如狼孩），其心理发展的水平与动物相似，不能形成人的心理。

（三）人的心理具有社会性和自觉能动性

人类心理与动物心理的区别主要表现在人类心理具有社会性和自觉能动性。

由于社会一般被认为是人类所特有的，所以社会和人类社会一般具有相同的含义。社会性为人类所独有，动物没有社会，其心理发展主要取决于生物性。人类心理不仅取决于生物性，更主要的是取决于社会性。首先，要形成人的心理离不开社会现实，有正常的心理器官而无正常的社会生活，就不能形成正常的人的心理。其次，人类心理是随着人们的社会生活条件、社会关系的变化而不断变化和发展的。最后，无论个体心理多么富于个人特色，总会带有时代、阶级、群体心理的烙印，是一种社会化了的个体心理。

自觉能动性包括计划性与目的性、预见性、创造性、自我意识等方面。

计划性与目的性指人能够超前意识到反映的对象和结果，因而也就可能做到有计划、有目的地适应和改造现实。而动物心理和行为只有目的性，即由于遗传的本能使它们的某些心理和行为正合于自身的生存需要，因而该物种得以保存下来。

预见性指人借助于语言、经验，通过思维可以达到对客观事物完全概括的认识，通过现象揭露本质,推断规律,因而能由预见来支配行动。动物则只能反映它接触到的事物的表面现象和外部联系,最多能利用知觉和简单思维对事物进行不完全概括(黑猩猩),因而活动的效能远不及人类。

创造性指人类反映现实的目的在于反作用于现实,为自己创造更理想的生存环境,并且在改造现实的过程中,也改造着自己的主观世界,使创新能力不断提高。

自我意识指人能够把自己的生理活动和心理活动作为自己意识的对象,从而成为具有控制自己力量的主人。

动物则无创造性、无自我意识,因而只能被动地适应环境,完全受自身的生物性驱使。

第二节　大学生心理健康的标准

概括地说,心理健康的标准是:凡对一切有益于心理健康的事件或活动做出积极反应的人,其心理便是健康的。但由于个体在生活、学习诸方面遇到的这类事件和活动很多,不仅在积极反应上存在个体差异,而且个人面临的事件或活动也不尽相同,因此,很难包揽无遗。可以对照表1.1进行自我测验。

表1.1　心理健康测验表

序号	项目	测验标准				
		无	轻	中	重	很重
1	身体衰弱感					
2	身体刺痛感					
3	怕痛					
4	皮肤破了不易好					
5	动作迟钝					
6	注意力难集中					
7	记忆力差					
8	丧失兴趣					
9	难摆脱苦恼					
10	为自己的病情烦躁					
11	常为一些小事着急					
12	平时情绪易紧张					
13	对身体健康的期望程度超过了现在身体的实际健康程度					
14	遇到紧急的事就会心跳加快或出汗					

续表

序号	项目	测验标准				
		无	轻	中	重	很重
15	情绪易波动					
16	思维迟钝					
17	想象力贫乏					
18	容易发怒					
19	难以控制自己的情绪					
20	精神不能放松					
21	精神易冲动					
22	难以入睡					
23	为自己的病情焦虑					

一、大学生心理健康的标准

根据大学生具备的年龄特征、心理特征和社会特征，大学生心理健康的基本标准可概括为以下几个方面：

（一）正常的智力

智力是指人们认识、理解客观事物并运用知识、经验等解决问题的能力，包括观察力、注意力、记忆力、思维能力和想象力。智力正常是人们从事一切活动最基本的心理条件，它是大学生胜任学习任务、适应周围环境变化的心理保证，是大学生心理健康的首要标准。大学生智力正常主要表现在：能保持浓厚的学习兴趣和强烈的求知欲；智力因素在学习中能积极协调地发挥作用；能保持较高的学习效率，掌握有效的学习方法；能从学习中获得满足感和快乐感。

 相关阅读

请选择一个最适合填入空缺中的图形（图1.2）。

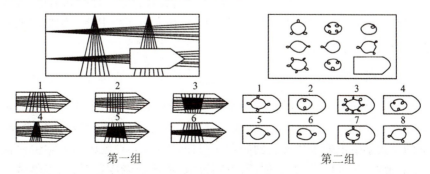

图1.2 瑞文智力测验图

（二）稳定的情绪

情绪稳定是指有机体对外界刺激引起的生理和心理变化的一种态度体验，也是影响心理健康的一个重要因素，对人们的工作、学习和人际关系有着重要的影响。情绪异常往往是心理疾病的先兆。情绪稳定的大学生能经常保持积极愉快的心情，热爱生活，对未来充满希望；善于控制和调节自己的情绪，遇到挫折时，情绪反应适度并能泰然处之。

（三）健全的意志

意志是人自觉地确定目标并支配与调节其行动，克服困难达到预定目标的心理过程。意志健全主要体现在行动上的自觉性、果断性、顽强性和自制力等方面。大学生应该有明确的学习和生活目的，并有坚定的信念和自觉的行动；在各项活动中具有坚韧性、果断性、独立性和较高的自制能力；具有充分的自信心、高度的责任感和使命感，能克服不良习惯，克制不良欲望，抵御不正当诱惑。

（四）良好的自我意识

自我意识是指人们对自己以及自己与周围关系的认识和体验，也是人们认识自己和对待自己的统一。大学生是在现实环境中通过与他人的相互关系认识自己的。心理健康的大学生在自我认知方面有"自知之明"，能客观、正确地评价自己，自信、乐观，既不妄自尊大，也不妄自菲薄、自暴自弃；在自我体验方面，自尊自爱、自我肯定，而不是自轻自贱；在自我控制方面，自主、自强、自律，能促进自我全面发展与完善。

（五）完整统一的人格

人格通常也指个性，人格统一是指人格作为人的整体精神面貌能够完整和谐地表现出来。这是大学生心理健康的核心因素。大学生人格统一的标志是：有正确的信念体系和世界观、人生观，并以此为核心把需要、动机、兴趣、理想、气质、性格及能力统一起来，和谐发展；具有正确的自我意识，不产生自我同一性的混乱，表里如一；能够抵制口是心非、阳奉阴违等人格分裂的不良倾向，更不会出现双重人格与多重人格。

（六）和谐的人际关系

人际关系和谐是大学生心理健康的重要保证。心理健康的大学生敢于交往、乐于交往、善于交往；有着广泛而稳定的人际关系；在交往中能用真诚、宽容、理解和信任的态度与人相处；能理智地接受和给予爱；与集体保持协调的关系；在人际交往中能正确处理人际冲突、化解矛盾，处理好竞争与互助的关系。

（七）心理行为符合年龄特征

人的心理行为是随着年龄的增长而不断地发展变化的。在人生的不同年龄阶段，都应有相应的心理行为表现。心理健康的人，认识、情感、意志和行为都是符合其所处年龄阶段的基本特征的。大学生正处于朝气蓬勃的青年阶段，因此，心理健康的大学生应精力充沛、勤学多问、反应敏锐、积极探索、勇于创新、不断进取，而不应老成迂腐、保守落后、天真幼稚或过于依赖别人。

（八）社会适应能力良好

社会适应能力包括正确认识社会环境及处理个人和环境的关系。心理健康的大学生能在社会环境改变时面对现实，对环境做出客观的认识和评价，主动调整自我以积极地适应环境；能和社会保持良好的接触，不断调整自己对现实的期待及态度，使自己的思想、目标、行为和社会协调一致；当社会环境出现负面变化时，不是被动消极地去适应，而是积极主动地去影响周围的环境，保持头脑清醒，不随波逐流、人云亦云，等等。

二、正确理解大学生心理健康的标准

（一）心理健康标准的相对性

大学生心理健康与不健康也并无明显界限，而是一个连续化的过程，如将正常比作白色，将不正常比作黑色，那么在白色与黑色之间存在着一个巨大的缓冲区域——灰色区，世间大多数人都散落在这一区域内。这说明，一些大学生在人生的发展过程中面临心理问题是正常的，不必大惊小怪，应积极加以矫正。人的健康状态处于变化之中，当一个人产生了某种心理障碍并不意味着永远保持或将加重。在心理上形成心理冲突是非常正常的，而且是可以自行解决的。

（二）心理健康的整体协调性

把握心理健康的标准，应以心理活动为本考察其内外关系的整体协调性。从心理过程看，健康的人的心理活动是一个完整统一的协调体，这种整体协调保证了个体在反映客观世界的过程中的高度准确性和有效性。事实表明，认识是健康心理结构的起点，意志行为是人格面貌的归宿，情感是认识与意志之间的中介因素。从心理结构的几个方面看，一旦它们不能符合规律地进行协调运作时，就可能产生一系列的心理困扰或问题。从个性角度看，每个人都有自己长期形成的稳定的个性心理，一个人的个性在没有明显的剧烈的外部因素影响下是不会轻易发生变化的。从个体与群体的关系看，每个人在其现实性上可划分成不同的群体，不同群体间的心理健康标准是有差异的。

（三）心理健康标准的发展性

心理健康状态是一个动态的变化过程，不是固定不变的，随着时间的推移、环境的变化以及人们自身的成长，每个人的心理健康状态都会不断地发生变化。不健康的心理可能是人的发展中不可避免的发展性问题，会随着个体的心理成长逐渐调整而趋于健康。

（四）心理健康标准的理想性

心理健康的标准是一种理想尺度，它一方面为人们提供了衡量心理是否健康的标准，另一方面为人们指出了提高心理健康水平的努力方向。如果每个人在自己现有基础上能够做不同程度的努力，都可追求自身心理发展的更高层次，从而不断发挥自身的潜能。大学生心理健康的基本标准，是他们能够有效地学习和正常地生活。如果正常的学习和生活都难以维持，就应该及时予以调整。

同时，心理不健康与有一些不健康的心理不能等同。心理不健康是指一种持续的不良心理状态，而偶然出现的一些不健康的心理和行为，不能等同为心理不健康或心理疾病。两者在一定条件下可相互转化，心理健康的标准是一个相对理想的尺度，心理健康状态是一个变化的发展过程。

三、开展大学生心理健康教育的意义

大学生心理健康教育是根据大学生生理、心理发展特点，运用有关心理教育方法和手段，培养学生良好的心理素质，促进学生身心全面和谐发展和素质全面提高的教育活动。开展大学生心理健康教育对大学生成人成才具有十分重要的意义。

(一) 有利于大学生形成健全人格

心理健康教育对大学生成长的意义是广泛而普遍的，它是大学生个性全面发展和健全人格养成的基础。青少年的成长过程，不仅是学习知识、发展智能、增强身体素质的过程，而且也是人格形成和发展的过程。开展心理健康教育，不仅能够帮助学生克服学习困难，改善人际关系，提高思想认识，而且能够为他们的个性发展和人格养成打下长久而全面的基础。但是，目前许多教师、家长及青少年自身在片面追求应试升学的思想指导下，仅重视知识的获得和智能的开发，而对优良品德和健康人格的塑造比较忽视，这就会造成身心发展的缺损，不利于整体素质的提高。而学校心理健康教育坚持以人为本，强调尊重、理解、信任学生，就能够使大学生感受到自身的存在价值，正确面对自身的优点和缺点，科学看待现实和未来，从而更有针对性地确定人生目标，选择自己的成长道路，找准自己的发展方向和社会定位，并学会处理与社会、他人的关系，使人格得到升华和完善，主体性得以恰当发挥。

(二) 有利于大学生提高适应能力

今天的大学生是未来社会的建设者、参与者。作为社会的成员，他们不仅需要有为社会做贡献的愿望和真才实学，也需要有良好的社会适应能力，这是社会对人才的基本要求，也是现代人心理健康的重要标准。但身处我国经济转型和教育转轨时期，面对剧变的社会环境、深入改革的高等教育，大学生必然会在学习和生活中遇到种种问题、困难、挫折和烦恼。有关研究表明，大学生一进入高校，首先面临的就是生活适应问题。而且，在此后的几年，大学生活中及将来走向社会的过程中，都随时会遇到生活适应问题。适应性不是固定不变的，它具有灵活性，并能充分地开发。大学生能否迅速进入新的角色，迅速适应大学环境，很大程度上取决于他的心理健康与否。心理健康的大学生，随着环境的变化，能进行自我调整，在新的环境中建立新的友谊，开拓新的生活空间，产生新的归宿感和稳定感。能正视冲突和挫折，面对冲突和挫折时能更多地表现出积极的适应倾向，及时地进行自我调节，逐步地克服心理障碍，更好地适应大学生活。生活适应，表现在生活的各个方面，虽然细小，却对个人有着极大的影响，它是大学生走向成功的基础。只有这个基础打好了，成功的大厦才能牢固而持久。因此，通过心理健康教育，促进学生社会适应能力的提高是很有必要的。心理健康教育可以根据学生行为中的问题，采取科学有效的心理咨询、辅导和训练等方法，提高学生的心理素质，促进良好行为习惯的养成，从而培养和增强学生相应的社会适应能力。

（三）有利于大学生求知成才

健康的心理对于大学生的求知成才具有特别重要的意义。具体表现在以下几个方面：

其一，心理健康直接关系到大学生学业的成败。大学生的心理健康状况与学业成败互相联系、相互制约，不良的心理状态不利于学业完成，而学业不佳又反过来引起新的心理问题或者加剧原有的不良心理状态，进一步影响学业，形成恶性循环。而学习成绩优秀的学生学习目标明确，充满自信，学习刻苦努力，能够及时排除与学习无关因素的干扰，把主要精力用于学习，从而取得学业的进步。可见，心理健康对学生的学业成败有着重要而直接的影响。

其二，心理健康状况直接影响到知识结构的完善。现代科学技术的发展，要求大学生既要有比较宽厚的基础知识，又要有一定深度的专业知识，以及与专业相关的边缘学科知识。要完善知识结构，有赖于个人兴趣、爱好、需求、动机、意志等心理健康因素作支撑。心理健康状况不佳将导致个人对周围世界缺乏兴趣，对新知识持抗拒态度，不愿意吸收新的知识，并且习惯于用对待旧知识领域的态度去对待新知识，从而阻碍了对新知识的吸纳，这样的学习状况和学习方式，显然不利于建立合理的知识结构。而心理健康的大学生，有广泛的兴趣和爱好，有强烈的好奇心，能够以开放的心态来对待学习，不断丰富和完善知识结构，从而在大学毕业时具有比一般大学生更丰富和完善的知识结构，在以后的就业和成才过程中明显会占优势。

其三，心理健康影响着大学生成才的规格和质量。要成为社会需要的人才，必须具有较高的政治素质、品德素质，以高标准严格要求自己，树立为人民服务的人生观和价值观，正确处理好国家、集体和个人三者之间的利益关系。只有心理健康的人，才能够充分认识到社会对人才的要求，摆正自身在社会中的位置，树立积极进取的人生价值观，全心全意为人民服务，不居功不诿过，密切和群众的关系，不计较个人名誉得失。这样就容易得到群众的信任和组织的重用，从而成为高规格的人才，在社会政治、经济、文化等领域中发挥更大的作用。心理健康教育可以提高学生的心理素质，促进良好学习习惯的形成，从而促进学生求知成才。

（四）有利于高校开展创新教育

培养大学生的创新精神和实践能力是高等学校素质教育的核心，是现代教育的任务。积极维护和促进大学生的心理健康，对大学生的创新精神和创新能力的培养开发都具有特别重要的意义。创新能力是人人皆有的一种潜在的心理能力，它与心理健康有着密切的关系。现代精神神经学家认为，每个人都有创新的禀赋，但是只有心理健康的人才会把创新行为和创新能力付诸实现。

心理学家的研究也表明：尽管每个儿童都具有巨大的创造潜能，但由于心理健康水平高的儿童比其他儿童对待他人的批评和社会的压力，善于进行更为合理的取舍，因而他们在创造力的测验中成绩更高。

因此，从某种意义上说，个体创新能力的发展水平是其心理健康的重要标志。同时，个体创造力的发展也必须建立在一定的心理健康的水平之上，即心理健康是个体创造力发展发挥的基础。高等学校进行心理健康教育，重视激发大学生探索新事物的兴趣和勇气，促进其自我意识的协调发展，增进良好的人际适应，塑造完整而独立的创新个性及人格，有利于充分发挥大学生创新的潜能,把创新教育落到实处。

(五) 有利于社会文明与进步

开展心理健康教育,有利于社会主义精神文明建设。加强社会主义精神文明建设是我国新时期的一项带有根本性的战略任务。高等学校是培养人才的基地,也是建设社会主义精神文明的重要场所。所以,开展大学生的心理健康教育,优化社会心理环境,既是建设社会主义精神文明的一项重要内容,也是社会主义精神文明建设的一种动力,其意义不可低估。

首先,心理健康教育有助于克服大学生的消极心理状态,促进积极向上心理的形成,振奋民族精神。

其次,心理健康教育有助于塑造大学生良好的个性,健全人格发展,提高道德水准,净化社会风气。

最后,心理健康教育有助于调动大学生的主动性、积极性和创造性,从而以科学的态度处理各项实际工作,推动社会经济和文化的发展与进步。

开展心理健康教育,有利于社会局面的安定团结。健康的心理、良好的心理素质对社会的安定、和谐具有稳压器和润滑剂的作用。现实中之所以不良现象屡禁不止,暴力行为及各种越轨行为屡治不断,人际间的矛盾冲突频繁,攻击与自伤现象日增等,其原因固然是多方面的,但与公民的素质不高,尤其是心理健康水平较差、心理素质低下有极大关系。如心理承受力、自我控制力等心理适应能力不强,就可能在遭遇挫折时失去理智和控制,从而给社会带来一系列不安定的因素,影响社会的安定团结。对这类主要由于心理承受能力差、调控不当造成的越轨和犯罪,采取惩治和强制教育固然重要,但这些毕竟是事后的补救措施,由此而产生的不良后果以及对家庭、社会造成的影响已客观存在。如果在学校教育阶段,对广大的青少年进行心理健康教育,使每个公民从小就受到良好的心理素质训练和培养,自身具有健康的心理、完善的个性、良好的心理承受能力,也就等于在每个人的心理上筑起一道坚固的防线,就能经受复杂纷繁的社会现实的严峻考验与挑战。这样社会的文明与和谐才有基础,安定与团结才更有保障。

第三节 大学生健康心理的培养

一、大学生心理发展阶段及特点

大学生的普遍年龄在18—24岁,从心理学的观点来看,大学生的心理具有青年中期的许多特点,但作为一个特殊群体,大学生又不完全等同于社会青年。每个人都有自己长期形成的稳定的个性心理,一个人的个性在没有明显的、剧烈的外部因素影响下是不会轻易发生变化的。

(一) 心理适应阶段

适应阶段相当于大学生活的一年级时期。进入大学是人生中的一次重要转折,由于大学新生大多是初次离开父母,开始独立面对大学校园的全新环境,必然会出现种种适应问题,如学习适应、生活适应、心理适应、人际关系适应、价值观适应等。其中心理适应最为关键,能否顺利通过"心理关",对新生在大学阶段的发展至关重要。大学新生适应过程,实质是一个社会化的过程,既关系到个体发展,又关系到社会发展。

(二) 心理成长阶段

成长阶段相当于大学生活的二年级时期。这一阶段的主要特征是积极追求精神上的丰富和多方面发展自己的能力。成长阶段是大学生活全面展开和深化的关键时期。在这一阶段,大学生的心理倾向有如下特点:

① 努力在精神上充实自己,多方面发展自己的能力。
② 求知欲旺盛,进取心强,但个体差异很大。
③ 大多数学生有"知识饥饿"感,十分重视基础课和外语学习,力求学得更扎实些。
④ 不满足于课堂学习,千方百计在课余扩展自己的知识面,如参加学生科研社团活动等。
⑤ 世界观和自我意识日趋稳定。
⑥ 少数学生由于受多种消极因素影响,学习积极性较差,产生"混大学"的念头和行动。

(三) 心理成熟阶段

进入高年级后,学生面临着继续深造和择业两大问题,他们经过几年的教育和培养,心理显得成熟多了。在成熟阶段,大学生心理发展趋势的特点主要有:

① 心理进一步趋向稳定,对未来的事业和生活充满美好的憧憬。
② 愿意与资历较深的专业教师进行交往,争取老教师的指导。
③ 关心本专业的发展前途。询问本专业历届毕业生的就业方向和近况。
④ 自我意识进一步发展,能较准确地评价自己的优缺点。
⑤ 到处收集有关就业的信息,甚至有些学生为此放松课堂学习。

总之,自大学生进入大学校门起,只要培养得当,措施得力,大学生的心理就会由不适应转为适应,心理素质日趋完善,尤其能力(包括智力和特殊能力)发展更快,逐步成长为合格的德、智、体、美全面发展的社会主义建设人才。

二、影响大学生心理健康的主要因素

大学生心理问题产生的原因是多方面的,既有生理因素,也有心理因素和社会环境因素,是诸多因素共同作用于个体的结果。

(一) 社会环境的影响

高校处在社会大环境中,社会的变化必然会影响校园,使身处其中的大学生在心理上受到冲击。社会种种现实对于大学生心灵的冲击是巨大的,社会竞争的压力、严峻的就业形势侵扰着每一个人,从而引发了他们自我意识的觉醒,表现为他们在各种活动中努力显示自身价值,有强烈的表现欲和参与意识。这对于意志薄弱的学生来说无疑是一种挑战,当遇到诸如考试失败、择业失败、评奖落选等情况而遭受挫折后,可能就会产生消极的心理状态,表现出自我怀疑的倾向。大学生是崇尚科学、善于思考、知识层次较高的青年群体,然而,随着改革开放的不断深入,在新旧体制转型时期社会存在诸多矛盾,个人至上、金钱至上、享乐至上的价值取向,在一定程度上也影响着那些应变能力差的学生,使他们的价值取向趋于功利化、实用化。社会上出现的腐败、堕落的现象也摧残了一些大学生的心灵,使他们出现了道德的滑坡。部分学生对政治活动不感兴趣,尤其是对马克思列宁主义、共产主义理想和信念存在冷漠态度,藐视一切秩序和纪律,艰苦奋斗、勤俭节约不再受到推崇,取而代之的是享乐主义、功利主义。

(二)家庭环境的影响

家庭对一个人的成长有着巨大的影响作用,一个人对客观现实的认识,往往是从家庭环境、家长的言行举止开始的。大学生在步入社会之前,很大程度上受家庭环境和父母言谈举止的影响。不同的家庭教育与影响产生的结果,也是截然不同的,具体分析有以下几种情况:

1. 父母对子女管教特别严格

对子女的成长和前途特别关心,望子成龙心切,对孩子的学习督促得很紧,但对于子女的其他兴趣、爱好不给予支持,缺乏沟通,经常用命令、指责的方式强迫孩子做事情。这样的孩子上大学以后,往往性格上很不独立,不能适应社会,特别是在人际交往过程中,表现得懦弱、自卑、唯唯诺诺,失去了个性和棱角。

2. 父母对子女百依百顺,过分溺爱

在孩子成长过程中,父母就像保护伞一样呵护子女,使他们没有受过挫折。这样的大学生依赖性极强,缺乏同情心,遇到挫折便不知所措,缺乏自制能力和自信心。

3. 父母对子女行为放任不管,很少约束

这样的大学生常以自我为中心,缺少家庭教养,不懂得尊重他人,比较任性,很难适应集体生活。有一些家庭因父母感情不和或离异等原因,孩子的性格暴躁、心理压抑,有逆反、自卑等不良心理。

(三)校园环境的影响

1. 环境、角色变化引起心理不适应

进入大学以后,以往生活由父母包办的状况被独立生活的方式代替,大学生活的每一件事情都需要自己处理,吃饭去食堂排队,衣服脏了自己洗,床自己铺,生活用品自己买,这种变化使一些学生感到不适应,依赖性和独立性的反差和矛盾造成了他们对以往生活方式的留恋,对新生活感到迷茫。加之大学生学习内容复杂,难度大,学习方法与中学时代变化很大,稍不注意,考试不及格,还面临着退学和留级的危险,这样的大学生活打破了他们的浪漫想象,滋生了孤独情绪和怀旧情绪。

2. 单调的业余文化生活

大学生具有思维活跃、富于幻想、情感丰富、精力充沛等特点,入学前往往会把大学生活想象得浪漫美好,但当现实中"三点一线"式的单调生活与理想形成强烈反差时,会觉得大学生活枯燥乏味,甚至会产生厌烦、空虚、压抑、失望和苦闷等心理症状。长此以往,对心理健

康极为不利。

3. 人际关系氛围的影响

大学生在校期间人际关系处理得好坏直接影响他们的学习、生活和工作。亲密、融洽的人际关系可以使人身心愉快、舒畅,从而促进学习,提高工作效率,使人感到生活轻松自如。但是,现在有相当数量的大学生处在冷漠、疏远的人际关系中,他们的心情不愉快,与人交往处于紧张状态,有时还产生敌对、憎恶的态度,从而导致攻击性行为的发生,有损身心健康。

【案例1.1】2013年3月31日中午,复旦大学2010级硕士研究生林森浩,将其做实验后剩余并存放在实验室内的剧毒化合物带至寝室,注入饮水机槽。2013年4月1日早上,与林森浩同寝室的黄洋起床后接水喝,饮用后便出现干呕现象,最后因身体不适入院。2013年4月16日下午,黄洋经抢救无效,于当天下午3点23分在上海某医院去世。警方表示,在该生宿舍饮水机内剩余的水中检验出某些含剧毒化学成分的物质,认定其寝室室友林森浩有作案嫌疑。

【案例1.2】黄昱舟,"90后",安徽安庆人。2013年4月20日早晨8点多,四川省雅安市芦山县发生地震时,这位四川师范大学文理学院广播电视编导专业的大二男生从学校宿舍抱着六台电脑、背着三部单反相机、提着一个小乌龟冲了出来,他一个人拯救了全宿舍的财产,因而走红网络,被网友称作"中国好室友"。

(四)大学生自身因素的影响

1. 自我评价不客观

大学生已经步入成年人行列,年龄的增长使大学生的自我意识、自我控制能力和自我评价能力发生了飞跃。但是,他们自我控制能力较弱,自我评价易受外界事物的影响,也易受情感波动的影响,在对事物的看法和观察上容易片面化、理想化。也就是说,大学生心理并不十分成熟。这主要表现在:有的学生只看到自己的长处,自以为是,自视清高,看不起别人,遇事只相信自己的判断,听不进别人的意见,有时甚至显得十分傲慢;有的学生只看到自己的不足,妄自菲薄,遇事悲观,信心不足;有的学生对自己的期望值过高,给自己制订了不切实际的目标,拼命追求力所能及之外的东西;有的学生对自己不负责任,不抱任何希望,"当一天和尚撞一天钟",整天无所事事,懒懒散散。可见,自我评价的不客观、不实际对大学生的影响是很大的,对他们提高心理素质极为不利。

2. 情绪冲突

情绪冲突是大学生心理冲突的主要表现形式。大学生正处于情绪发展最丰富、最敏感也最动荡的时期。大学生情绪表现出的两极性、矛盾性的特点,使他们在遭受挫折时,往往会产生种种不良的情绪反应,情绪容易冲动失控,导致不良后果。

3. 性的困惑

处于青春期的大学生,性生理已经发育成熟,性意识开始觉醒,在心理上已经有了性的欲望和冲动,很多大学生开始向往与尝试朦胧的校园爱情。然而,由于社会道德、法律、学校制度和理智的约束,性的生物性与社会性有时会发生冲突,并由此引发一系列心理问题。

4. 个性缺陷

同样的环境,同样的挫折,不同的个体有着不同的反应模式,这与人的个性直接相关。

有些学生存在不良性格,如自卑、怯懦、孤僻、冷漠、固执、急躁、鲁莽、虚荣、任性、忧郁、自私等,还有的学生存在人格障碍,如偏执型人格、强迫型人格等。这些个性缺陷都是有碍心理健康的,而其中有些缺陷本身就是心理障碍的典型表现。

5. 心理发展中的内在矛盾

青春期的大学生正处于迅速走向成熟而又未真正成熟的阶段,这是一个充满矛盾与危机的时期。诸如理想与现实的矛盾、情感与理智的矛盾、依赖性与独立性的矛盾、心理困惑与寻求理解的矛盾、性意识觉醒与性压抑的矛盾,等等。这些心理矛盾解决得好会转变为心理发展的动力;如果解决得不好,长期处于矛盾冲突中,就会破坏心理平衡从而引发心理问题。

三、大学生不良生活方式对身心健康的危害

作为一种健康因素,生活方式是指个人和社会的行为模式。个人行为对健康的影响人们早已经认识,但全面系统的评价始于20世纪初。不健康的行为生活方式已成为影响人们身心健康的重要因素。有的大学生对形成良好生活方式的重要性认识不够,个别大学生已经沾染上不良的行为习惯。

(一) 吸烟对身心健康的危害

吸烟对身体健康有很多的危害。第一,现已公认肺癌主要是由吸烟造成的,医学研究发现,患肺癌的危险性与每天吸烟量和持续时间成正比。英国一组资料表明,戒烟5年后肺癌死亡率较吸烟者下降40%。世界各国资料几乎均支持吸烟是导致肺癌的主要原因的结论。喉癌、口腔癌等也明显与吸烟相关,有明确的剂量效应。第二,吸烟是导致冠心病首要的危险因素。医学研究发现,吸烟者患冠心病和缺血性心脏病的死亡率高于不吸烟者70%。其严重性与开始吸烟年龄及数量等有关。高血压、高血脂也是导致冠心病的重要危险因素,吸烟与这两个危险因素还有协同作用。反之,戒烟能降低冠心病的危险性,但降低的程度取决于戒烟前吸烟时间的长短、量和戒烟时间。戒烟一年后可降低危险性近50%,但要达到不吸烟的水平,大约要戒烟10年以上。第三,80%—90%的慢性阻塞性肺部疾病是由吸烟引起的。由于气管纤毛被破坏,常有咳嗽、痰多,反复炎症导致慢性呼吸道阻塞症状,最后导致肺功能下降,其中最明显的症状是呼吸困难,尤其在行走活动后,戒烟能迅速改善呼吸道症状。

吸烟对学生的学习也有影响。吸烟后在尼古丁等的刺激下,血管收缩,血液流动慢,脑血流量减少,影响神经和血液系统的功能,使记忆力减退,注意力分散,智力活动降低,思维能力衰退。对北京地区中学生吸烟情况的调查显示:吸烟学生的学习成绩明显低于不吸烟学生,吸烟学生的记忆力也明显低于不吸烟学生。

(二) 过量饮酒对身心健康的危害

对于正处于青春期的大学生来说,过量饮酒对身体健康有很大的危害。目前,大学生饮用含低度酒精饮料的情况甚为普遍,饮用烈性酒或有较明显饮酒欲望者显著增加。高校内常年有学生醉酒就医。

酒精对中枢神经系统的毒性会使大脑、小脑等组织损伤变性,大学生长期过量饮酒会出现记忆力减退、意识障碍、反应迟钝等现象。酩酊状态与过度兴奋常使个体失去常态,丧失

自制能力；共济失调，易致意外伤害，甚至死亡。

过量饮酒还会引起心、肝、肾等多脏器损害，导致这些器官的功能减退。尤其是对肝的损伤，将造成酒精性肝硬化。此外，酒精中含有亚硝胺等致癌物质。酒精又是多种化合物的溶剂，能增加一些致癌物溶解度，使毒性增加。

酒后易兴奋，不能控制时，常有过激的言词和举动，思考和辨别是非能力下降，容易做出错误的决定。在酒醉或高度兴奋的情况下，意识和自制能力下降，常使行为失常，易做出危害自己及社会安全的事。

四、大学生心理健康意识的强化

（一）养成健康的生活方式

生活方式对心理健康的影响已经被越来越多的人关注，生活没有规律、随心所欲、懒散放荡与过度学习等都是不健康的生活方式。为完成繁重的学习任务，一定要提高身体素质，养成健康的生活方式，使自己身体强健、精力充沛、朝气蓬勃。这就要求我们注意以下几个方面：

① 生活规律，合理安排时间。
② 培养生活情趣，丰富业余生活。
③ 合理饮食，禁忌烟酒。

（二）提高心理健康水平

为了提高心理健康水平，必须不断提高自己的认识水平，调节情绪，完善自我意识，开发自我潜能，实现自我价值。

① 调整认识结构，逐步形成科学思维方式。
② 克服自我缺陷，完善自我意识。
③ 调节控制情绪，培养乐观精神。
④ 锻炼意志品质，树立远大理想。
⑤ 塑造健康人格，促进个性完善。
⑥ 克服社交障碍，改善人际关系。
⑦ 不断开发自我潜能。

歌德曾说过："凡自强不息的人，终能得救。"大学生要适应环境，就应积极进取，开拓创新，不断开发自我潜能，最大限度地实现自己的人生价值。面对瞬息万变的信息社会，墨守成规，故步自封，不思进取，已越来越不合时宜了。当今社会需要的是开放的思想和进取的个性，更要有创造的精神和无畏的勇气。科学研究表明，人的大脑潜力还远没有被完全开发出来，我们只用了其中很少的一部分。因此，大学生要相信自己的潜能，不断追求，敢于实践，不怕困难，全面发展自己。如果说走出心理误区、防治心理疾病是心理健康的最低层次；完善自我、搞好人际关系和增强社会适应能力是心理健康的中等要求；那么认清自己的潜力所在，保持良好的心理状态和积极的生活方式，高效率地学习知识与技能，全面而充分地发展自己，科学而有创造性地生活，便是心理健康的最高境界。

 学习拓展

（一）素质拓展

1. 推荐图书：《心理学与生活》（陈阅）

内容简介：这本书写作流畅，通俗易懂，更深入生活，把心理学理论与知识和人们的日常生活与工作相联系，成为一般大众了解心理学与自己的较好的读物。正如作者所言："心理学是一门与人类幸福密切相关的科学。"它贴近生活，有着深入实践的独特风格，也是一般大众了解心理学，更好地理解人性和提高自身全面素质的好帮手。作者形象地将使用本书学习心理学比喻成一次"智慧的旅行"，选择它，相信你一定不虚此行。

2. 推荐电影：《放牛班的春天》

内容简介：电影讲述的是一位怀才不遇的音乐老师马修来到辅育院，面对一群被大人"放弃"的野男孩，马修改变了这些孩子以及他自己的命运的故事。

（二）活动拓展

团体游戏："你夸我笑"

基本要求：全体成员分成每8个人一个圈，围坐在地上，每个队先请一名队员坐到圈中央，依次接受队友们的夸奖，每位队友必须看着"圈中人"的眼睛，当面说出他的三个优点。以此类推，每位队员必须轮流坐到圈中央接受赞扬。要求队友们的赞美必须真诚，即对方确实具有所夸奖的优点。

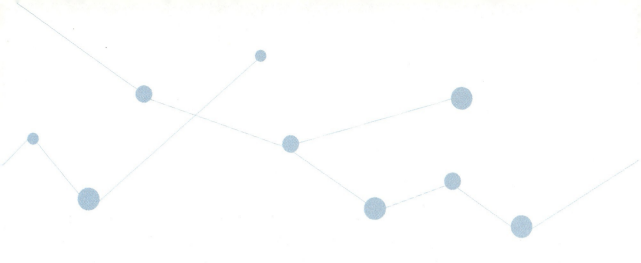

第二章

大学生心理咨询

课程导入

我该怎么办？

【案例2.1】活着，对我来说，都是个难题

谢某，大二学生，出生于农村家庭，父母文化水平低，经济收入主要靠在家种地。谢某家有责任田十亩，租邻居家责任田十亩，谢某父母每天辛辛苦苦地在地里劳动，收入微薄。谢某看着别人家做生意赚了钱，也想去做生意。于是谢某便从亲戚朋友那里借款50万元，再加上自己的所有积蓄，去做生意了。不料，谢某做生意搞投资被骗了个精光，每天追债的债主踏破门槛，父母亲被逼无奈，只好外出打工四处躲债。谢某看着父母的窘迫、家庭的穷困潦倒，别的同龄人都衣食无忧，逍遥自在地生活，自己还要为一日三餐发愁，半年以来，每天晚上失眠，做噩梦，情绪极其低落，整日愁眉不展，不知道这样的生活何时是一个尽头，也不知道该怎么办。

【案例2.2】我的未来何处安放？

严某，大三学生，近一年以来，每天纠结是考专升本还是就业，由于疫情的原因，专升本考试的日期一拖再拖，要到当年的7月才能考试，本来考专升本就意志不坚定的他，更加焦虑。本来他计划考不上专升本，再去找工作就业，现在好多好的就业单位已经招聘过了，专升本考试还没有开始，他担心自己专升本考试考不上。他对自己三年来不好好学习感到非常的内疚，现在面临着找工作困难、考专升本自己又没有把握的问题，每天坐卧不宁、寝食难安，不知道如何是好。

无论何时，无论何地，无论在社会的哪个位置，每个人都会遇到不顺心的事，如何面对逆境和挫折，保持心理平衡，从容应对，做到胜不骄败不馁？大学生应学会心理学的理论知识，增强自我意识，用心理学的知识解决生活中的问题。下面我们将学习心理咨询的相关知识。

第一节　心理咨询的概念和功能

一、心理咨询的概念

心理咨询在英文中被称为"咨询"（counseling），其词干来源于拉丁语的consilium（会议、考虑、忠告、谈话、智慧）和古语法的conseiller（商谈）。从形式来说，现在的心理咨询仍继承着词源的原意。从中文字面理解，心理咨询就是一种提供信息、解释疑惑、建议忠告的活动。

心理咨询是指由受过咨询心理学专门训练的专业人员运用心理学知识、理论和技术，针对来访者的各种适应与发展问题，通过对来访者协商、交谈、启发和指导的过程，帮助来访者达到自立自强、增进心理健康和提高社会适应能力的目的。

心理咨询是解决大学生心理问题的重要途径，是高校心理咨询机构的基础性工作。心理咨询不同于一般的开导和劝慰,是一项专业性很强的工作,是职业性的帮助行为,其中涉及很多技术性问题。心理咨询之所以能够对来访者产生积极有效的作用,关键在于心理咨询手段及其创造的氛围使来访者逐步认清自己面临的问题,并学会以更加积极的方法和态度对待自己、他人和环境。对于心理行为正常的人,心理咨询提供的新经验可以帮助他们解决成长过程中遇到的障碍,从而更好地发挥个人潜能;对于有心理问题的人,心理咨询可以帮助他们改变不适应的思维与行为方式,建立新的适应方式。

【案例2.3】老师,您能帮帮我吗?

一天下课后,一位圆脸的男生阿强,用怯生生的试探性口吻问:"老师,我能找您聊聊吗?这段时间我很郁闷。"

"可以呀,说说看。"老师抚着他的肩,边走边说与他一起来到了办公室。

"我是班上的团支书,最近不知怎么的,总和班长阿森搞不到一起,很别扭。我知道问题可能出在我身上,可我不知道我到底怎么了。我真的很失败。"阿强的脸上看上去十分沮丧。

"能具体说说你那些不开心的事吗?"老师关切地询问着。

阿强说班长阿森不配合他的工作,在同学面前讽刺挖苦他,说班长无形中给他造成了很大的压力……更让他郁闷的是,他一直把班长阿森当作好朋友,尽力支持阿森的工作,可是在他最需要帮助的时候,班长阿森却无动于衷。阿强说:"我一直努力与他搞好关系,可情况却越来越不好。我感到很累!您说我该怎么办?"

从谈话中,老师了解到阿强从小学、中学到大学一路走来都是学生干部。在老师和家长的眼中,他是一个品学兼优的好学生,老师和家长对他寄予了很大的希望,同时阿强也给自己设定了很高的目标:"我要做最好的,不让关心我的人失望!"而班长阿森比他聪慧,学习比他好,工作能力比他强,阿森得到的人缘和认可也比他多,这些阿强自己都承认。他还说,阿森太过于强势,和他一起干工作特别不爽。他想尽己所能做好班上的工作,又担心哪一点没考虑周到,把活动搞砸了。他想拿奖学金,用优异的成绩来显示自己的才能,但最近总是注意力不集中,看书看不进去,晚上睡眠也不好。由此看来,阿强所有的不开心都和班长阿森有关。

"你觉得问题出在你身上,还是阿森身上?"老师问道。

"我想是我吧!"阿强不确定地回答道,阿强意识到要解决问题首先要改变的是他自己而不是阿森,那么,应该说,这是阿强成长的机会。"一个人永远在不断变化的环境中保持不变的地位,这种可能性有多大? 在高手如林、精英聚集的大学校园里,你是否仍能独领风骚? 你参照的群体对象发生了改变,你在群体中的地位是否也会改变?"老师提出这些问题和阿强一起讨论。

"不是我不行,是我的对手太强。"阿强笑着对老师说。

接着,老师又提出了另一个问题,面对同样优秀的同学,自己不再是最优秀的,该怎么办? 首先要承认自己不再是最优秀的,这毕竟是事实,必须得面对。面对和接受自己不再是最优秀的现实及意义在于帮助阿强从目前的情绪状态中解脱出来,这也是阿强成长、发展自我的基础。"个体在群体中成长和发展需要不断地对自己有正确的评估,客观、全面地分析自己,认识自己的能力、个性,了解自己真正的所需,找到自己在群体中恰当的位置。"老师说。

随即,老师引导阿强分析阿森的优点,启发阿强向阿森学习。老师让阿强试着用一种了解自己的方法即学会站在别人的立场上,用别人的眼光看待自己,站在旁观者的立场来审视自己的一切，学会扬长避短，用感激的心去面对阿森，感谢阿森的存在，让自己成长、让自己提高。"我会的！"阿强肯定地回答，老师还建议阿强主动与阿森做一次坦诚的沟通以化解彼此的误会，阿强答应了，并去做了。

那次谈话以后，阿强不定期会和老师做一些交流，分享自己的变化，他变得越来越积极、乐观、自信。后来，他顺利毕业并继续升造。

二、心理咨询的作用

心理咨询可以教会人们如何管理自己的情绪。心理咨询提供的全新环境可以帮助人们认识自己与周围世界，处理各种关系，逐渐改变与外界不适宜的思维、情感和反应方式，并学会与外界相适应的方法，提高工作效率，改善生活品质，以便更好地发挥自己的内在潜力，实现自我价值。

大学生心理咨询的作用通常有以下几点：

（一）倾诉心声

倾诉是一种心理宣泄的方法，能够帮助人们缓解心理压力，是分析和解决心理问题的前提。大学生向心理咨询人员陈述自身问题的过程，就是一个倾诉的过程。这不但可以让咨询人员充分地了解他们自身的状态，同时也能将自身的困扰随着叙述的过程表达出来，起到缓解压力的作用。

（二）专业分析

人的心理问题分为不同的种类和程度，大学生中存在的心理问题也各具特点，因此就需要心理咨询人员对具体问题进行专业、科学、具体的分析，找到各自不同的症结所在，也使大学生更加客观、正确地认识自身的问题，进而采取有效的措施进行调节和治疗。

（三）科学指导

人们对于自身存在的心理问题往往是当局者迷。有些大学生能够了解到自己的问题，也知道健康状态的标准，但在遇到具体困难或情绪困扰时很难自我调节，使自己保持良好的心理状态。心理咨询可以针对每个人的具体情况，为其提供科学的指导，制订有效的治疗计划，以使心理问题得到缓解和消除。

（四）平衡情绪

大学生可以通过心理咨询获得更多的理解、安慰、支持、帮助和指导，更加客观、深入地认识自己，不断接受积极健康的思维方式，使紧绷的情绪得到缓解、压抑的心理得到疏导，随之也会使心态变得平和。

（五）促进成长

大学生心理咨询的性质多属于发展性咨询，目的在于助人成长。通过心理咨询可以帮助大学生正确地认知自我，摆脱不良的思想观念，建立积极的人生观，发展健全的人格，学会有效的调节方法，促进自我的健康成长。

【案例2.4】心病还得"心药"医

王同学,一个典型的东北男生,个子高,手大脚大,往那儿一站,就像一座小山。他走进心理咨询室,一脸苍白,显得乏力、憔悴。"老师,我有重病,可是怎么也查不出来。"在"重"字上他加强了语气,愁容满面地从这里打开了话匣子。王同学是家里独生子,父亲是高工,母亲是医生。小时候他就比同龄孩子长得高。自打拿着玩具手枪玩游戏起,他就是小伙伴中的头儿,小学阶段,他手臂上始终是三道杠。中学时就更不用说,在共青团、学生会,他都有不错的表现。考上大学后,他给自己的定位是学习"班级第一",争取"保研,直博",因为他知道在未来激烈的社会竞争中,社会对人才的要求会更高,仅读完本科是没有竞争力的。可是,进了大学以后他竟没有被老师注意到,老师指定的班干部在他看来都是那么差劲。他心里实在不平衡,就憋着劲拼命表现,果然在后来的选举中如了愿。同学们推选他当上了班长,后来他又当了学院体育部副部长,还参加了辩论协会。"外面"的工作忙得不亦乐乎,王同学说:"我使出浑身解数带领大家参加志愿者活动、演讲比赛、篮球比赛、宿舍评比……这些我都想带领大家争第一,毕竟,我是同学们选出来的,我得争口气,让老师看看。"可是,这一切不会那么容易,个人的精力和时间毕竟是有限的,有时为了组织班上活动他不上课,在二年级第一学期考试中他就有两门功课不及格,根据学校规定,有两门以上功课不及格的学生将被取消当班干部的资格,不能评奖学金,不能被选为入党积极分子,课程要重修。就在王同学为自己心有余而力不足的状况担忧不已的时候,一场高热将他击倒。虽然他去医院做了多项检查,证实了仅仅是上呼吸道感染,但是经不住连续几天的折腾,他病倒了。整整十天,热度才退去,他瘦了一圈,脸色也有些苍白。为了少误课,身体仍有些虚弱的他夹着书本进了教室。可不知怎的,他的头有些晕,打不起精神来。"糟糕,这可怎么学习?已经耽误了十天的功课,要是再得点别的病,就更完了。"王同学暗暗着急,越着急,头越晕;越头晕,越着急,最后,他一整天都趴在桌子上。随后的好几个月里,王同学都是无精打采的,每一个见到他的同学都关切地询问:"为什么他的脸色那么苍白?"他更加肯定自己患了什么说不上来的病,于是他开始频频地跑医院,凡是可能相关的科室他都做了检查,结果都是一切正常,可是他不相信。渐渐地,他觉得自己的脑子锈住了,眼珠转得不灵活了,上课精神集中不了,学习远远达不到应该有的效率,更不用说履行自己承担的学生干部的职责了,他焦虑不安,感觉无助甚至产生了无望感。

自我测试

症状自评量表(SCL-90)

(1) 简介。症状自评量表(简称SCL-90)有90个评定项目,每个项目分五级评分,包含了比较广泛的精神病症状学内容,从感觉、情感、思维、意识、行为直至生活习惯、人际关系、饮食等均有涉及,能准确刻画被试的自觉症状,能较好地反映被试的问题及其严重程度和变化,是当前研究神经症及综合性医院住院病人或心理咨询门诊中应用最多的一种自评量表(表2.1、表2.2)。

指导语:以下列出了有些人可能会有的问题,请仔细地阅读每一条,然后根据最近一星期内下述情况影响您的实际感觉,在每个问题后标明该题的程度得分。其中,"没有"选1(计1分),"很轻"选2(计2分),"中等"选3(计3分),"偏重"选4(计4分),"严重"选5(计5分)。

表 2.1 症状自评量表

题目	选择
1. 头痛	1-2-3-4-5
2. 神经过敏,心中不踏实	1-2-3-4-5
3. 头脑中有不必要的想法或字句盘旋	1-2-3-4-5
4. 头昏或昏倒	1-2-3-4-5
5. 对异性的兴趣减退	1-2-3-4-5
6. 对旁人责备求全	1-2-3-4-5
7. 感到别人能控制自己的思想	1-2-3-4-5
8. 责怪别人制造麻烦	1-2-3-4-5
9. 忘性大	1-2-3-4-5
10. 担心自己的衣饰不整齐及仪态不端正	1-2-3-4-5
11. 容易烦恼和激动	1-2-3-4-5
12. 胸痛	1-2-3-4-5
13. 害怕空旷的场所或街道	1-2-3-4-5
14. 感到自己的精力下降,活动减慢	1-2-3-4-5
15. 想结束自己的生命	1-2-3-4-5
16. 听到旁人听不到的声音	1-2-3-4-5
17. 发抖	1-2-3-4-5
18. 感到大多数人都不可信任	1-2-3-4-5
19. 胃口不好	1-2-3-4-5
20. 容易哭泣	1-2-3-4-5
21. 同异性相处时感到害羞、不自在	1-2-3-4-5
22. 感到受骗、中了圈套或有人想抓住自己	1-2-3-4-5
23. 无缘无故地突然感到害怕	1-2-3-4-5
24. 自己不能控制地大发脾气	1-2-3-4-5
25. 怕单独出门	1-2-3-4-5
26. 经常责怪自己	1-2-3-4-5
27. 腰痛	1-2-3-4-5
28. 感到难以完成任务	1-2-3-4-5
29. 感到孤独	1-2-3-4-5
30. 感到苦闷	1-2-3-4-5
31. 过分担忧	1-2-3-4-5
32. 对事物不感兴趣	1-2-3-4-5

续表

题目	选择
33. 感到害怕	1-2-3-4-5
34. 自己的感情容易受到伤害	1-2-3-4-5
35. 旁人能知道自己私下的想法	1-2-3-4-5
36. 感到别人不理解自己、不同情自己	1-2-3-4-5
37. 感到人们对自己不友好、不喜欢自己	1-2-3-4-5
38. 做事必须做得很慢以保证做得正确	1-2-3-4-5
39. 心跳得很厉害	1-2-3-4-5
40. 恶心或胃部不舒服	1-2-3-4-5
41. 感到比不上他人	1-2-3-4-5
42. 肌肉酸痛	1-2-3-4-5
43. 感到有人在监视自己、谈论自己	1-2-3-4-5
44. 难以入睡	1-2-3-4-5
45. 做事必须反复检查	1-2-3-4-5
46. 难以做出决定	1-2-3-4-5
47. 怕乘电车、公共汽车、地铁或火车	1-2-3-4-5
48. 呼吸有困难	1-2-3-4-5
49. 一阵阵发冷或发热	1-2-3-4-5
50. 因为感到害怕而避开某些东西、场合或活动	1-2-3-4-5
51. 脑子变空了	1-2-3-4-5
52. 身体发麻或刺痛	1-2-3-4-5
53. 喉咙有梗塞感	1-2-3-4-5
54. 感到前途没有希望	1-2-3-4-5
55. 不能集中注意力	1-2-3-4-5
56. 感到身体的某一部分软弱无力	1-2-3-4-5
57. 感到紧张或容易紧张	1-2-3-4-5
58. 感到手或脚发重	1-2-3-4-5
59. 想到死亡的事	1-2-3-4-5
60. 吃得太多	1-2-3-4-5
61. 当别人看着自己或谈论自己时感到不自在	1-2-3-4-5
62. 有一些不属于自己的想法	1-2-3-4-5
63. 有想打人或伤害他人的冲动	1-2-3-4-5
64. 醒得太早	1-2-3-4-5

续表

题目	选择
65. 必须反复洗手、点数目或触摸某些东西	1-2-3-4-5
66. 睡得不稳不深	1-2-3-4-5
67. 有想摔坏或破坏东西的冲动	1-2-3-4-5
68. 有一些别人没有的想法或念头	1-2-3-4-5
69. 感到对别人神经过敏	1-2-3-4-5
70. 在商店或电影院等人多的地方感到不自在	1-2-3-4-5
71. 感到做任何事情都很困难	1-2-3-4-5
72. 一阵阵恐惧或惊恐	1-2-3-4-5
73. 感到在公共场合吃东西很不舒服	1-2-3-4-5
74. 经常与人争论	1-2-3-4-5
75. 独处时神经很紧张	1-2-3-4-5
76. 感到别人对自己的成绩没有做出恰当的评价	1-2-3-4-5
77. 即使和别人在一起也感到孤单	1-2-3-4-5
78. 感到坐立不安、心神不定	1-2-3-4-5
79. 感到自己没有什么价值	1-2-3-4-5
80. 感到熟悉的东西变得陌生或不像是真的	1-2-3-4-5
81. 大叫或摔东西	1-2-3-4-5
82. 害怕会在公共场合昏倒	1-2-3-4-5
83. 感到别人想占自己的便宜	1-2-3-4-5
84. 为一些有关性的想法而很苦恼	1-2-3-4-5
85. 自己认为应该因自己的过错而受到惩罚	1-2-3-4-5
86. 感到自己应很快把事情做完	1-2-3-4-5
87. 感到自己的身体有严重问题	1-2-3-4-5
88. 从未感到和其他人很亲近	1-2-3-4-5
89. 感到自己有罪	1-2-3-4-5
90. 感到自己的脑子有毛病	1-2-3-4-5

【标准解释】SCL-90共有10个因子，每个因子反映被试某方面的情况，可通过"因子分数"了解被试的症状分布特点以及问题的具体演变过程。下面是10个因子的定义：

（1）躯体化因子：该因子主要反映主观的躯体不适感，包括心血管、胃肠道、呼吸道系统主诉不适，以及头痛、脊痛、肌肉酸痛和焦虑的其他躯体表现。

（2）强迫因子：该因子主要指那种明知没有必要，但又无法摆脱的无意义的思想、冲动、行为等表现，还有一些比较一般的感知障碍（如"脑子变空了""记忆力不行"等）也在这一因子中反映。

(3) 人际关系敏感因子:该因子主要反映某些个人存在不自在感与自卑感,尤其是在与其他人相比较时更为突出。存在自卑感、懊丧情绪以及在人际关系中与他人相处不好的人,往往这一因子得高分。

(4) 忧郁因子:反映的是与临床上忧郁症状群相联系的广泛的概念。忧郁苦闷的感情和心境是代表性症状,它还以对生活的兴趣减退、缺乏活动的愿望、丧失活动力等为特征,并包括失望、悲叹、与忧郁相联系的其他感知及躯体方面的问题。

(5) 焦虑因子:包括一些通常临床上明显与焦虑症状相联系的症状与体验。一般指那些无法静息、神经过敏、紧张以及由此产生躯体征象(如震颤)。那种游离不定的焦虑及惊恐发作是本因子的主要内容,它还包括一个反映"解体"的项目。

(6) 敌对因子:主要从三方面反映病人的敌对表现、思想、感情及行为,包括从厌烦、争论、摔物直至争斗和不可抑制的冲动暴发等方面。

(7) 恐怖因子:与传统的恐怖状态反映的内容基本一致,恐惧的对象包括出门旅行、空旷场地、人群或公共场合及交通工具。此外还有反映社交恐怖的项目。

(8) 偏执因子:偏执是一个十分复杂的概念,本因子只包括它的一些基本内容,主要是指思维方面,如投射性思维、敌对、猜疑、关系妄想、妄想、被动体验和夸大等。

(9) 精神病性:其中有幻想、思维播散、被控制感、思维被插入等反映精神分裂症状的项目。

(10) 其他:该因子反映的是睡眠及饮食情况。

【评分规则】将因子 F1(躯体化)、F2(强迫)、F3(人际关系敏感)、F4(抑郁)、F5(焦虑)、F6(敌对)、F7(恐怖)、F8(偏执)、F9(精神病性)、F10(其他)各自包含的项目得分分别累计相加,即可得到各个因子的累计得分(S);将各个因子的累计得分除以其相应的项目数,即可得到各个因子的因子分数——T 分数。例如,若躯体化一项合计分为 8,题目数为 8,则因子分为 1。

SCL-90 主要提供以下分析指标:

总分和总均分:总分是 90 个项目各单项得分相加,最低分为 90 分,最高分为 450 分。总均分=总分÷90,表示总的来看,被试的自我感觉介于 1—5 中的什么位置。

阴性项目数:表示被试"无症状"的项目有多少。

阳性项目数:表示被试在多少项目中呈现"有症状"。

阳性项目均分:表示"有症状"项目的平均得分。可以看出被试自我感觉不佳的程度究竟在哪个范围。

表 2.2 SCL-90 测验答卷得分换算表

因子	所属因子的项目编号	累计得分	T 分数(S/项目数)
F1	1,4,12,27,40,42,48,49,52,53,56,58		
F2	3,9,10,28,38,45,46,51,55,65		
F3	6,21,34,36,37,41,61,69,73		
F4	5,14,15,20,22,26,29,30,31,32,54,71,79		
F5	2,17,23,33,39,57,72,78,80,86		

续表

因子	所属因子的项目编号	累计得分	T分数(S/项目数)
F6	11,24,63,67,74,81		
F7	13,25,47,50,70,75,82		
F8	8,18,43,68,76,83		
F9	7,16,35,62,77,84,85,87,88,90		
F10	19,44,59,60,64,66,89		
	阳性项目总数:(=90-选1的项目数)	总累计得分:	总因子分数:

【结果解释】SCL-90测查结果的解释可以从许多角度进行。既可从整个量表(90个题目)中的阳性症状广度和总因子分数出发来宏观评定被试者心理障碍的大体情况,又可从统计原理出发,对被试者的某一因子得分偏离常模团体均数的程度加以评价。在对大学生进行心理健康测评和心理咨询的过程中,比较粗略、简便、直观的判断方法是看因子分数是否超过3分(1—5评分制),若超过3分,即表明该因子的症状已达中等以上的严重程度。此时,应采取必要的心理治疗措施。

三、心理咨询的原则

(一)保密性原则

为来访者绝对保密是心理咨询师的职业要求。咨询师应保守来访者的内心秘密,妥善保管个人信息、来往信件、测试资料等材料,不在任何场合谈论来访者的隐私,除非征得来访者的同意,不向来访者的单位领导、同事、同学、父母、配偶等谈及来访者的隐私。如因工作等特殊需要不得不引用咨询事例时,也必须对材料进行适当处理,不得公开来访者的真实姓名、住址等。正如我们接受躯体治疗,不必忌讳医生知道你的躯体秘密一样,接受心理咨询也不必害怕咨询师知道你的心理秘密,要知道聆听你诉说的是恪守职业道德的职业者,他关注的是你的健康,而非你的隐私。

心理故事

"保密,你能我也能!"

罗斯福当海军助理部长时,有一天一位好友来访。谈话间朋友问及海军在加勒比海某岛建立基地的事。

"我只要你告诉我,"他的朋友说,"我所听到的有关基地的传闻是否确有其事。"

这位朋友要打听的事在当时是不便公开的,但既是好朋友相求,那如何拒绝是好呢?

只见罗斯福望了望四周,然后压低嗓子向朋友问道:"你能对不便外传的事情保密吗?"

"能。"好友急切地回答。

"那么,"罗斯福微笑着说:"我也能。"

(二)理解与支持原则

心理咨询师对来访者的语言、行动和情绪等要充分理解,不得以道德和个人价值的眼光评判其对错,要帮助来访者分析原因并寻找出路。

(三)时限性原则

心理咨询必须遵守一定的时间限制。咨询时间一般规定为每次 50 分钟左右,初次受理时咨询时间可以适当延长,原则上不能随意延长咨询时间。

(四)助人自助原则

解决问题就是一次学习的机会,咨询师帮助来访者清理思绪,学习理性处理问题,并在咨询过程中,让来访者的心理素质得到提升。心理咨询的最高境界是授人以"渔",而非授人以"鱼"。因此,心理咨询本身就是一个来访者学习并成长的过程,同时也是咨询师"助人自助"的过程。

(五)客观中立和无条件积极关注原则

存在即合理,每个人做任何事必有他自己的初衷。心理咨询师站在一个客观的立场上,对来访者进行无条件的积极关注,帮助来访者走出心灵的雨季。

(六)"来者不拒、去者不追"原则

原则上讲,向心理咨询师求助的来访者必须出于完全自愿,这是确立咨访关系的先决条件。没有咨询愿望和要求的人,咨询师不会去主动找他并为其做心理咨询,只有自己感到心理不适,为此而烦恼并愿意找咨询师诉说烦恼以寻求咨询师的心理援助的人,才能够获得心理问题的解决。心理咨询室的大门对任何人都是永远敞开的。

(七)感情限定原则

咨访关系的确立和咨询工作顺利开展的关键,是咨询师和来访者心理的沟通和接近。但这也是有限度的。来自来访者的劝诱和馈赠,即便是好意的,也是应该予以拒绝的。个人间的接触过密不仅容易使来访者过于了解咨询师的内心世界和私生活,影响来访者的自我表现,也容易使咨询师该说的不能说,从而失去客观、公正判断事物的能力。因此,心理咨询师与来访者之间不得产生和建立咨询以外的任何关系。

(八)重大决定延期原则

心理咨询期间,由于来访者情绪过于不稳定和动摇,原则上应规劝其不要轻易做出诸如退学、转学、调换工作、离婚等重大决定。在咨询结束后,来访者的情绪稳定、心境平静之后做出的决定,往往后悔或反悔的概率较小。因此,应在咨询开始时予以告知。

(九)亲友回避原则

因为亲友与咨询师之间存在双重身份,难以建立单纯的咨询关系。再者,对于个人隐私问题,亲友之间更不方便介入和协商,容易影响咨询效果。因此,心理咨询应尽量避免双重关系,即不与熟人、亲人、同事建立咨询关系。

四、心理咨询的对象

关于心理咨询的对象问题,很多人认识很模糊。这个问题关系到对心理正常与否的理解。长期以来,人们习惯于将人的精神正常与否看作黑白分明的事情:要么你是一个正常人,要么你是一个"疯子",无论你的疾患有多大程度的好转。这种对人的精神正常与否的判断未免过于简单,它忽视了正常人与精神病患者之间的连续性。

学校心理咨询最一般、最主要的对象,是完全健康或存在心理问题的学生。即使排除了来访者患有精神病、严重人格障碍和脑器质性病变等生理原因的可能性之后,也不是所有来访学生都适合心理咨询的。适合学校心理咨询的对象一般具有以下特点:

(一)具有一定的智力基础

来访者的智力一般需要在基本正常的范围内,因为他们需要叙述自己的问题以及其他相关情况,要能理解咨询师的意思,还要有一定的领悟能力等。所以,一定的智力水平是必需的,否则,咨询将相当困难。

(二)具有基本的沟通能力

那些能够较清楚、明白地表达自己的问题,能顺利理解咨询师的话,并随之采取行动的人,较为适合心理咨询。反之,年龄过小不能表达自己的意愿、因为各种原因不能与人交流的人都不是学校心理咨询的对象。

(三)具有正确的求助动机

来访者有无正确的求助动机将直接影响咨询的效果。缺乏咨询动机的来访者一般不适宜做心理咨询。有些来访者前来咨询不是为了调整自己的心理状态、解决心理问题、消除心理症状、改变不适应行为,而是为了别的目的,如果发现来访者的动机不正确或缺乏真正的求助动机,咨询师应首先调整来访者的动机,否则就应中止咨询。在实际学校心理咨询工作中,许多来访者迫于他人的要求前来咨询。对此,咨询师不能简单地以来访者缺乏意愿而予以拒绝。原因就在于,来访者的意愿虽然不是特别充分,但毕竟是自己来到咨询室的,反映了其有一定的意愿。简单地拒绝他的求助,也违背了来访者的意愿。当然,面对这类来访者,咨询师要付出更多的精力来降低阻抗,调动其求助动机,打破来访者的自我封闭倾向和被动、抵触的心态。

(四)咨询内容符合学校心理咨询的范围

并非任何与心理相关的问题都可以通过心理咨询获得较满意的解决。有些内容适合心理咨询,而有些内容则不太适宜。一般来说,心理性问题尤其是与心理社会因素有关的各种适应不良问题、情绪调节问题、心理教育与发展问题等是适合开展心理咨询的。病情特别严重的神经症病人,发作期、症状期的精神疾病患者,由于与外界接触不良,缺乏自知、自制力,难以建立人际关系,一般不属于学校心理咨询的范围。

五、心理疾病的分类

心理状况通常分为正常和不正常两大类,其中心理正常是心理咨询研究的范畴。心理正常又分为心理健康和心理不健康两大类,心理健康的大学生群体在进行心理咨询时,通常会有恋爱问题、人际关系问题和两难问题等常见心理咨询问题。心理不健康的群体在进行心理咨询时,通常会有一般心理问题、严重心理问题、神经症和人格障碍等。

第二节　大学生心理咨询的内容与类型

一、大学生常见心理咨询的内容

高校开展的大学生心理咨询,与其他机构的心理咨询相比较,既有相同的地方,又有其特殊性。大学生心理咨询的主要内容涉及学业问题、人际关系问题、恋爱与性问题、个性问题、情绪问题、个人发展前途问题、健康问题、就业择业问题、其他问题(包括家庭问题、经济困难、出国、危机状态等),少部分涉及神经官能症、人格与性心理障碍等。概括起来有四大方面。

(一)以寻求发展为中心的咨询内容

在人生的发展历程中,人人都会因为成长而不断遭遇各种冲突和困扰。对于成长迅速的大学生来讲更是如此。寻求发展咨询的目的是更好地认识自己,扬长避短,开发潜能,提高学习、工作和生活的质量等。

心理咨询师接受过系统、科学的训练,通过与来访者的共同探讨,可以帮助来访者全面客观地认清自我,发现自己的优势、自己的潜能,同时也看到自己尚待发展的地方;与来访者共同确定今后努力的方向,制定出合理的发展目标,促进来访者的全面发展。寻求发展咨询的对象往往属于心理比较健康、不存在明显心理冲突、基本适应环境的人。学校心理咨询中心所做的工作几乎都是与寻求发展咨询相关的。

成功期望测试

回答下列每一个问题,答案分别为:A. 非常同意,B. 有些同意,C. 有些不同意,D. 不同意。

(1) 快乐的意义对我来说比钱重要得多。
(2) 假如我知道某项学习必须完成,那么学习的压力和困难并不能困扰我。
(3) 有时候成败的确能论英雄。
(4) 我不能接受自己犯错误。

(5) 我的名誉对我来说极为重要。

(6) 我的适应能力非常强,知道什么时候将会改变,并为这种改变做好准备。

(7) 一旦我下定决心就会坚持到底。

(8) 我非常喜欢别人把我看成一个身负重任的人。

(9) 我有些爱好高消费,而且我有能力去享受。

(10) 我会很认真地将时间和精力花在某一个计划上,如果我知道它会有积极和正面的结果。

(11) 我是一个团体的成员,让自己的团体成功比获得个人的成功更重要。

(12) 我宁愿看到一个方案推迟,也不愿无计划、无组织地随便完成。

(13) 我以能够正确地表达自己的意思为荣,但是我必须确定别人是否能正确了解我。

(14) 我的学习情绪是很高昂的,我有用不完的精力,很少感到精力枯竭。

(15) 大体来说,常识和良好的判断对我来说,比了不起的点子更有价值。

【评分与解释】第1题A、B、C、D分别计0分、1分、2分、3分,第2题A、B、C、D分别记3分、2分、1分、0分,第3题A、B、C、D分别记2分、3分、1分、0分,第4题A、B、C、D分别计3分、1分、2分、0分,第5—15题A、B、C、D分别记3分、2分、1分、0分。

0—15分:成功的意义对你来说是圆满的家庭生活和精神生活,而不是权力和金钱的获得,因为你能从工作之外得到成就感。

16—30分:也许你根本就没有想到去争取成功,至少目前是如此。你有这个能力,但是你还不准备做出必要的牺牲和妥协,这个倾向可以促使你寻找途径来发展跟你的目标一致的事业。

31—45分:你有获得成功的愿望与倾向,要爬上任何一个高峰对你来说是比较容易的事情,而且你通常能办得到。

(二) 以校园适应为中心的咨询内容

大学生在学习和生活中遇到了各种各样的烦恼,心里产生矛盾,其咨询的目的是排解心理问题,减轻心理压力,改善自己的适应能力。这方面的内容包括大学新生入学适应的心理问题、大学生学习的心理机制与帮助策略、大学生不良学习方法的纠正、考试焦虑的分析与排解、引导大学生正确与异性交往、大学生人际冲突的妥善处理、大学生人际交往的技巧等。这些问题都是大学生生活适应中遇到的问题,产生这些问题的大学生心理基本上是健康的,绝不能给其贴上"精神疾病"的标签。这些问题不去寻求咨询也同样可以自行解决,但是解决的速度往往比较慢,甚至会在自己的心理成长上累积一些负面的因素。如果遇到这类问题的大学生能够主动地寻求咨询,在心理咨询师的引导下,认清问题的性质,发现导致问题出现的症结,尝试新的行为方式,体验新方式带给自己的变化,促进新的适应行为的产生,往往能给来访者带来更大的变化。

【案例2.5】学生王某,大一新生,是家里的独生子,上中学时,除了学习,父母没有让其做过家务。上大学以来,他常常感到不适应,觉得同宿舍的男同学不爱干净,学校食堂的饭菜不好吃,学校洗澡的地方太挤,每天都要跑很远打水,晚上同宿舍的睡觉时间不一样,休息不好……因为此类琐事,他常常想家,怀念在家的时光,觉得上大学和自己想象的很不一样。

（三）以升学就业指导为中心的咨询内容

随着改革开放的深入发展,高校毕业生就业采取的是双向选择、自我择业的就业政策。因此,正确认识自己,制定科学、合理、长远的职业生涯规划,选择有效的求职、就业策略,就成了大学生必须考虑的问题。

在职业高度分化的现代社会,职业选择和工作适应等造成的个人问题正在日益增加。这方面的内容包括升学就业前的综合心理调整、学生能力性格和职业兴趣的评估、毕业求职的技能技巧等。就业咨询因而逐渐发展成为一项专业服务,人力资源与社会保障部门设有职业指导师认证和培训项目,促进了职业规划、就业指导的科学化。通过积极参加职业生涯规划、就业咨询,提高日后在人才市场的竞争力,不仅仅是高年级毕业生要面对的问题,也是大学新生要面对的问题。

【案例2.6】小陈一直都找不到就业单位,原因就在于他极其不擅长和用人单位沟通,总觉得与对方格格不入。比如,有一次招聘单位到学校进行面试,一位招聘单位工作人员在交谈过程中给小陈递了一支香烟,小陈连忙说:"不抽,我没有这种坏习惯。"这一举动让招聘单位的工作人员非常尴尬,而在座的人也都哈哈大笑。

（四）以心理问题处理为中心的咨询内容

当然,也有一部分大学生的心理咨询属于障碍咨询。这类咨询的对象都有不同程度的心理障碍或患有某种心理疾病,因此苦不堪言,影响了学习、工作和生活。咨询师会通过系统的心理治疗,帮助来访者克服障碍,缓解症状,恢复心理平静。例如,有些学生患有焦虑性神经症、严重神经衰弱等心理疾病。对于这部分学生来讲,千万不能讳疾忌医,使问题变得越来越严重,影响学习,影响生活质量。这方面的内容包括大学生常见的心理问题,大学生学校适应不良的心理调整,大学生行为问题（不良生活习惯、品行障碍等）的矫正干预,大学生神经症倾向（焦虑症、强迫症、恐惧症、抑郁症、疑病症等）的矫正干预,大学生人格障碍（反社会型人格、偏执型人格、分裂型人格、强迫型人格等）的矫正干预等。

【案例2.7】小许是家里的独生子。考上大学后,小许来到了一个完全陌生的环境生活。大学里的很多课是在大教室里上的,去不去上课根本没有人知道,过多的自由支配时间让他感到无聊。就是在这种情况下,他接触到了网络,开始沉迷于网络游戏,由此便一发而不可收。

接下来的日子,同学们几乎见不到小许的影子。他一般是晚上去上网,白天在宿舍里睡觉,后来就更为严重了,几乎一个星期都待在网吧,已经达到了废寝忘食的地步。除了上网玩游戏,没有任何事情能提起他的兴趣。由于他长期旷课、缺考,屡教不改,大一还没有读完,他就接到了退学通知。

【解析】沉迷网络是现在大部分学生存在的问题。由于缺少目标和规划,自由时间过多,大部分学生处于迷茫和困惑的阶段,网络就成为他们打发时间的方式,游戏成为他们获取成就感的途径。网络成瘾是指个体反复过度使用网络导致的一种精神行为障碍,表现为对网络的再度使用产生强烈欲望,停止或减少网络使用时出现戒断反应,同时可伴有精神及躯体症状。网络成瘾者总是长期反复使用网络,其目的并不是学习和工作。他们对网络的使用有强烈的渴望或冲动感;减少或停止上网时会出现周身不适、烦躁、易激怒、注意力不集中、睡眠障碍等戒断反应;他们会为达到满足感而不断增加使用网络的时间和投入的程度;

他们很难控制使用网络的时间,即使知道网络使用的危害性后果,仍难以停止;他们会因使用网络而减少或放弃其他兴趣、娱乐或社交活动,他们将使用网络作为一种逃避问题或缓解不良情绪的途径。

针对这个问题给大学生的建议:了解自己的上网习惯和上网诱因,改变原有的上网习惯,建立良好的新的上网模式;限制上网时间,注意上网时间的适当与适度;完成相关上网才能完成的任务后,按时离开网络;借助外部力量,制作上网警示卡,或请他人及时监督和提醒;树立自己的发展目标,重新找回现实中的快乐,培养多方面的兴趣,参与同学或学校的集体活动,让自己的大学生活丰富多彩,从而减少上网寻求情感满足的需要。

二、大学生常见心理咨询的类型

高校开展的大学生心理咨询工作往往采取不同的手段和方法,其划分如下:

(一) 依咨询的人数:个别咨询和团体咨询

1. 个别咨询

个别咨询是指来访者与咨询师一对一地就来访者的心理疑难或心理困扰进行的心理咨询。个别咨询可以采用面谈的方式,也可以通过电话、信函等其他途径进行,但其主要的途径是来访者前往心理咨询室与咨询师面对面交流。个别咨询的特点是保密性强,有利于来访者无所顾忌地表达自我,使咨询师能够较深入地、有针对性地进行帮助,咨询的效果比较好,所以它是心理咨询中最常用的类型。

2. 团体咨询

团体咨询又叫小组咨询,相对个别咨询而言,是指将具有同类问题的来访者组成小组,进行共同讨论、指导或矫治。其优点首先表现在小组咨询是一种多向性的交流,来访者看到其他人有着与自己类似的痛苦,可以提高自我认识,安定情绪,进而相互支持、相互影响;其次,小组咨询效率高,能够集中解决一些共同的问题;最后,小组咨询对于帮助那些害羞、孤独的人际交往障碍者,有特殊的功效。当然小组咨询也有局限,主要是个人较为深入的问题不易暴露,个体差异也难以顾及。

(二) 依咨询的对象:当面咨询与替代咨询

1. 当面咨询

当面咨询是指由来访者对咨询师直接进行咨询,又叫无替代咨询。当面咨询的特点是通过咨询师与来访者的直接沟通,使问题得以解决。当面咨询有助于咨询师对来访者的问题准确了解和对症下药。在学校心理健康教育实践中,以当面咨询为主,以替代咨询为辅,在适当条件下宜将替代咨询转化为当面咨询。

2. 替代咨询

替代咨询是指来访者与咨询师并不发生直接联系,而是由咨询师向来访者的家长、朋友、教师等了解其心理问题,并通过他们实施心理辅导。替代咨询的特点是在咨询师和来访者之间增加一个媒介。来访者的问题靠中间人向咨询师介绍,咨询师对来访者的治疗措施也由中间人权衡后付诸实施。这种咨询的效果取决于如何正确处理咨询师与中间人的关系,使咨询师的治疗措施为中间人接受并合理实施。

（三）依咨询的性质：发展咨询与障碍咨询

1. 发展咨询

发展咨询的重点在于帮助来访者更好地认识自己和社会，增强适应能力，充分开发潜能，提高人生质量，实现全面发展。其对象是心理比较健康、无明显心理冲突、基本适应学校环境的来访者；其目的是帮助来访者更好地认识自己，扬长避短，开发潜能，提高学习和生活的质量，追求更完善的发展；其内容包括家庭教育心理咨询、学校心理咨询、职业发展心理咨询、恋爱婚姻心理咨询等。发展咨询的特征是特别适合于学校的环境。发展咨询是我国学校心理健康教育现实、必然和正确的选择。积极推进和自觉运用发展咨询，可促进学校心理咨询健康、快速的发展，真正使学校心理咨询成为学校心理健康教育的重要组成部分。

2. 障碍咨询

障碍咨询的对象是具有心理疾病、心身疾病及其他各类心理障碍的来访者，重点是去除障碍和不适。其目的是通过系统的心理咨询和治疗，帮助来访者克服障碍，缓解症状，恢复心理平衡。尽管心理障碍来访者的比例极小，但在学校心理咨询中的数量并不少。

（四）依咨询的时间：长期咨询与短期咨询

1. 长期咨询

学校情境下的长期咨询指的是时间较长的咨询，如超过两三个月，甚至达数年的咨询。咨询的目的不仅在于问题的解决和症状的消失，而且还要改善咨询对象的性格及行为的方式，促进其心理成长，所以需要的时间较长。长期咨询的重点放在深层心理的探讨、心理与行为的改进上。

2. 短期咨询

学校情境下的短期咨询指的是时间较短的咨询。至于多长期限为短期，心理咨询界的意见不一，可能是三四次会谈，也可能是十次左右，时间历经一两个月。短期咨询的重点在于问题的解决和症状的去除。开展短期咨询时，要把咨询的重点弄清楚，不能把范围无限制地扩大，以至无法在短期内结束。

（五）依咨询的形式：直接咨询与间接咨询

1. 直接咨询

直接咨询包括门诊咨询和现场咨询等，其主要特点是咨询师和来访者面对面地进行交流。

门诊咨询是指来访者到专门的心理咨询机构进行的心理咨询。目前，大多数中小学、综合性医院、精神专科医院及相关单位都设有心理咨询室，经常性地面向学校和社会进行义务或有偿服务。现场咨询是指咨询机构的专业人员深入基层，为广大来访者提供多方面服务的一种心理咨询方式。咨询师深入现场，通过观察、调查现场提出解决方法，不仅对来访者本身，对现场其他人也有积极的作用。

2. 间接咨询

间接咨询包括信函咨询、电话咨询、专栏咨询和网络咨询等。这些形式各异的咨询的共同特点是咨询师与来访者并不见面,而是通过不同媒介进行咨询。

信函咨询是指通过书信形式进行心理咨询,也是心理咨询的一种形式。其优点是来访者可以打破地域的限制,向心理咨询机构请求书面帮助,也有人对自己存在的心理障碍不愿向咨询师当面倾诉,为了避免当面交谈可能带来的尴尬局面而愿意采用信函咨询。

电话咨询是指通过电话进行咨询,这是一种较为方便而又迅速及时的心理咨询方式。目前大中小学已经开通了相当多的心理咨询热线,基于学生没有合适个别咨询时间的现实,这些热线在扩大心理咨询时空方面起到了重要作用。

专栏咨询是指通过电视、报刊、广播、板报等大众传播媒介对广泛存在的心理问题进行个别咨询。在学校等人群密集的场所,可以在报刊上连续进行咨询。

网络咨询是指通过互联网进行心理咨询。这种形式目前处于探索阶段。已经有很多学校开始利用电子邮件、自建心理健康教育网站及论坛,甚至通过即时通信工具如QQ、微信进行网络咨询。

值得指出的是,以上各种咨询方式是互为补充、互为促进的。许多来访者通过专栏咨询,了解了自己的心理问题或症状,再进行信函咨询、门诊咨询、电话咨询或网络咨询;有些门诊咨询来访者,回到住地工作、学习或生活后,通过信函咨询、电话咨询、网络咨询继续得到咨询师的指导;现场咨询中发现的心理障碍严重的来访者,需要转介到医院进行门诊咨询。因此,多种咨询配合,有利于心理咨询的广泛开展和咨询效果的提升。

相关阅读

心理咨询的八大经典疗法

1. 现实疗法

"现实疗法"由格拉泽(William Glasser)创立于20世纪60年代。其要点如下:

① 人都有爱与被爱两种基本需求。如果它们不能得到满足,人就会产生焦虑、怨恨、自暴自弃等消极情绪反应,并可能产生逃避现实、不负责任的欲望。因此,心理咨询的目标在于减少来访者不负责任与自我毁灭的意向。

② 人都具有自主自立能力,也具成长动力。因此心理咨询的作用在于,使来访者在生活中区分"成功的认同"与"失败的认同",增加对前者的体验,减少对后者的体验,这样才能充分满足个人爱与被爱的需求,感受到个人的价值。

③ "现实疗法"重视现在超过重视过去。它强调过去的事实无可改变,因而应将眼光放在现在与将来的发展上。它主张咨询者在协助来访者面对个人的痛苦、失败经历时,要帮助他看到个人的潜能及以往的成功经历,从而认识到生活中还有许多美好的东西存在,可供自己选择和享用。

④ "现实疗法"十分注重承担责任对于个人成长的重要性,并将其当作心理咨询的核心,强调人只有积极面对现实,才能承担责任,获得"成功的认同"。在操作方法上,"现实疗法"十分强调面质,制订具体计划,不接纳借口,不用惩罚等措施。

2. 格式塔疗法

"格式塔疗法"由佩尔斯(Frederick Perls)创立于20世纪60年代。其要点如下:

① 人都有能力处理好自己的事情,心理咨询的中心任务是帮助来访者充分认识到自我在现实中的存在和感受。由此,心理咨询不求为来访者所面临的困难做解释与指导,而是鼓励来访者主动承担责任,主持自我的治疗与改善。

② 人应该将精神集中在现在的生活与感受中,而不应该对过去的事情念念不忘。人的许多焦虑都产生于不能正确对待以往生活向当前生活的过渡,以逃避现实的做法来处理个人生活中的种种挑战和压力。这严重阻碍了一个人的健康成长。

③ 使人积极面对现实、健康成长的一个重要手段,就是帮助他完成内心中的那些"未完成情结"(unfinished business),这通常是指个人因以往生活中的某些心灵创伤和刺激经历留下的不良情绪体验(如懊恼、悔恨、内疚、愤怒等)。它们犹如一个个心结,系住了人在现实生活中的自由活动。而要使人全心全意地投入现实生活,就必须排除这些"心结"的干扰。

④ 在咨询手法上,"格式塔疗法"强调帮助来访者由"环境支持"转向"自我支持",以便来访者从一开始就不依赖他人,尽量挖掘个人的潜能。

3. 来询者中心疗法

"来访者中心疗法"由罗杰斯(Carl Rogers)创立于20世纪50年代。其要点如下:

① 人都有能力发现自己的缺陷,并加以改进。所以心理咨询的目的,不在于操纵一个人的外界环境或其消极被动的人格,而在于协助来访者自省自悟,充分发挥其潜能,最终达到自我的实现。

② 人都有两个自我:现实自我和理想自我。其中前者是个人在现实生活中获得的自我感觉,而后者则是个人对"应当是"或"必须是"等的自我概念。两者之间的冲突导致了人的心理失常。人在交往中获得的肯定越多,则其自我冲突越少,人格发展也越正常。

③ 这一疗法强调建立具有治疗作用的咨询关系,以真诚、尊重和理解为其基本条件。罗杰斯认为,当这种关系存在时,个人对自我的治疗就会发生作用,而其在行为和人格上的积极变化也会随之出现。所以,心理咨询人员应该与来访者建立相互平等、相互尊重的关系。这样即可使来访者处于主动的地位,学会独立决策。

④ 在操作技巧上,这一疗法反对操纵或支配来访者,主张在谈话中采取不指责、不评论、不干涉的方式,鼓励来访者言尽其意,直抒己见,以创造一个充满真诚、温暖和信任的气氛,使来访者无忧无虑地表达自我。

4. 理性情绪疗法

"理性情绪疗法"由美国心理咨询专家艾利斯(Albert Ellis)创立于20世纪50年代。其要点如下:

① 人既是理性的,又是非理性的。人的精神烦恼和情绪困扰大多来自于其思维中不合理、不符合逻辑的信念。它使人逃避现实,自怨自艾,不敢面对现实中的挑战。当人们长期坚持某些不合理的信念时,便会导致不良的情绪体验。而当人们接受更加理性与合理的信念时,其焦虑与其他不良情绪就会得到缓解。

② 人的不合理信念主要有3个特征:a."绝对化要求",即对人或事都有绝对化的期望与要求;b."过分概括",即对一件小事做出夸张、以偏概全的反应;c."糟糕透顶",即对一些挫折与困难做出强烈的反应,并产生严重的不良情绪体验。凡此种种,都易使人对挫折与精神困扰做出自暴自弃、自怨自艾的反应。

③ "ABC理论":在诱发事件 A(activating event)、个人对此形成的信念 B(belief)和个

人对诱发事件产生的情绪与行为后果C(consequence)这三者关系中,A对C只起间接作用,而B对C则起直接作用。换言之,一个人情绪困扰的后果C,并非由事件起因A造成,而是由人对事件A的信念B造成的。所以,B对于个人的思想、行为起决定性的作用。

④"理性情绪疗法"的目的在于帮助来访者认清其思想中的不合理信念,建立合乎逻辑、理性的信念,以减少个人的自我挫败感,对个人和他人都不再苛求,学会容忍自我与他人。

5. 认知领悟疗法

"认知领悟疗法"源于霍姆(Homne)关于人的内隐行为是人心理的操作者的观点。而这一疗法是由很多人共同创立的。其要点如下:

① 它十分强调认知过程对人的情绪变化和行为动机的支配作用。它主张通过改变来访者的认知模式,并辅之以行为疗法的技术,来矫正人的不良情绪和行为。这样,随着来访者认知方式的改变,他的情绪和人格障碍也会随之得到缓解。

② 虽然"认知顿悟疗法"很重视人的认知方式对其心理变态和人格障碍的影响,但它不像"精神分析疗法"那样,一味追究来访者早年生活经历(主要是指3岁前后)对当前行为的潜意识作用,它主要探讨来访者当前认知方式对他行为表现的影响。

③ "认知领悟疗法"强调来访者对自己的问题症结中的非理性、非逻辑观念的深刻领悟,并以此来帮助来访者更新认识、评价自我,建立合乎情理的认知模式,摆脱非理性观念对自我的干扰。

6. 交互分析疗法

"交互分析疗法"由伯尔尼(Eric Berne)创立于20世纪50年代。其主要观点如下:

① 人格由3种自我状态组成:"父母式自我"(parent self)、"成人式自我"(adult self)和"儿童式自我"(child self)。其中p代表父母的价值观,是其内化的结果,偏向权威化;a是个人对外界环境的客观反应与评价,它既不情绪化,也不权威化;c是人格中的儿童欲望与冲动的表现,是其本能部分,偏向情绪化。这3种自我状态构成了人格冲突与平衡的基础。

② 人皆渴望得到他人,特别是得到生活中重要人物的爱护与肯定。这通常包括父母、师长、领导、朋友、恋人等。个人在人格成长中得到的关爱与肯定越多,其人格冲突便越少,自信心便越强。正面的"父母式自我""成人式自我"与"儿童式自我"之间的交互作用,会产生积极、正面的生活脚本(life script);反之,则会导致不良的人格表现,使人在交往中充满焦虑和自卑。

③ 心理咨询的目的在于使来访者成为一个统合之人(integrated person),使个人从"父母式自我"与"儿童式自我"的交互模式中解脱出来,增强"成人式自我"的效能,而不再受他人的支配。由此,学会与人建立亲密的人际关系,并在交往中学会自我反省,是"交互分析疗法"的核心任务之一。

④ 在操作技巧上,"交互分析疗法"十分强调倾听分析的作用。它旨在推动来访者深刻反省其人格中"父母式自我"与"儿童式自我"的冲突,以"成人式自我"的眼光来审视个人的生活脚本,积极地面对生活中的种种挑战,增强自信心。

7. 精神分析

"精神分析"理论由弗洛伊德创立。它内容庞杂,包括潜意识理论、人格理论、性欲理论及精神防御理论等方面。其理论要点综述如下:

① 人的心理活动分为意识、前意识和潜意识(又称无意识)三个部分。其中意识指人能

够知觉的心理活动；前意识指人平时感觉不到，却可以经过努力回忆和集中精力而感觉到的心理活动；潜意识指人感觉不到，却没有被清除而是被压抑了的心理活动。弗洛伊德认为，许多心理障碍的形成，是由于那些被压抑在个人潜意识当中的本能欲望或意念没有得到释放的结果。

② 人格由"本我""自我"和"超我"三个部分组成。其中"本我"是个人原始、本能的冲动，如食欲、性欲、攻击欲、自我保护欲等。它依照"快乐原则"行事。"自我"是个人在与环境的接触中由"本我"衍生而来的。它依照"现实原则"行事，并调节"本我"的冲动，采取社会允许的方式行事。"超我"是道德化的自我。它依照"理想原则"行事，是人格的最高层次，也是良知与负疚感形成的基础。弗洛伊德认为，"本我""自我"和"超我"之间的矛盾冲突及协调构成了人格的基础。人欲维持心理健康，就必须协调好三者的关系。

③ 人在维护自我的心理平衡和健康时，常对生活中的烦恼和精神痛苦采取某种自圆其说或自欺欺人等认识方法，以求心灵的自我安慰。弗洛伊德将这些认识方法称作"心理防卫机制"，通常包括解脱、补偿、合理化、投射、转移、升华及理想化等方式。弗洛伊德认为，这些心理防卫活动多是无意识的，它们对人的心理健康可起积极作用，也可起消极作用。

④ 为使人们领悟其心理障碍的根源，人们需要接受精神分析的治疗，通过移情关系的建立来重塑人格。在这当中，心理分析师通常使用解析、自由联想、催眠、释梦等技巧来疏解思考"本我"与"超我"的冲突，减轻"自我"的压力，更好地面对现实。

8. 行为疗法

"行为疗法"源于"行为主义"理论，它强调通过对环境的控制来改变人的行为表现。其理论基础包括俄罗斯著名生理学家巴甫洛夫的"条件反射"理论及美国著名心理学家桑代克和美国著名心理学家斯金纳等人的"操作性条件反射学习"理论等，主要有如下要点：

① 人的所有行为都是通过学习获得的，其中强化和惩罚对该行为的巩固和消退起决定性作用。强化可采取嘉奖或鼓励（正强化）的方式，也可采取批评或惩罚（负强化）的方式。由此，学习与强化，是改变个人不良行为的关键。

② 心理治疗的目的在于，利用强化使来访者模仿或消除某一特定行为，建立新的行为方式。它通过提供特定的学习环境促使来访者改变自我，摈弃不良行为。由此，它很注重心理治疗目标的明确化和具体化，主张对来访者的问题采取就事论事的处理方法，不必追究个人潜意识和本能欲望对偏差行为的作用。

③ "行为疗法"的常用疗法包括"系统脱敏疗法""松弛疗法""模仿学习""自勇训练""厌恶疗法"和"泛滥疗法"等疗法，其核心均在于利用控制环境和实施强化使来访者习得良好行为，矫正不良行为，重塑个人形象。

三、大学生心理咨询的时机

（一）处于人生的困难时刻

比如因为失恋、失业、失学、离婚、病症等而感到痛苦不堪，或陷入抑郁状态，或进入无法控制的焦虑不安状态。这时候可以寻求心理咨询师的帮助，在他们的帮助与陪伴下，走出不良情绪状态，度过人生困难时刻。

（二）处于人生的转折时刻

其实在人生中，并非只有困难时刻让人们感到痛苦与不安。人们生活在舒适圈里，一切变化包括好的、有利的变化，都有可能引发人们的不安。

譬如大学生毕业后由学校生活转入社会生活的时刻，譬如留学国外环境适应阶段，譬如企业家尝试企业转型期间，再譬如家庭新添下一代为养育方式达成一致的过程，所有这些时间段，都是人们需要改变之前固有状态、重新踏上人生另一段美好旅程的阶段，这些时刻可以寻求心理咨询师的帮助，以便重新获得良好自我状态。

（三）想获得心灵成长

和前两种情况相比，第三种时刻没有具体的聚焦性问题，只是我们需要用更大的耐心、更多的时间尝试对自我进行持续不断的探索。

心理咨询师在人类心灵中担当的角色恰如医生对于人类身体承担的责任。当我们感冒时，或者仅仅是感觉身体处于亚健康状态的时候，知道需要寻求医生的帮助，那么，当我们感觉沮丧，或者心灵处于难过、苦闷的时候，想到心理咨询师实在是再正常不过的事情了。

四、大学生心理咨询的步骤

（一）确认个人是否有问题

在进行心理咨询之前最重要的往往是如何踏出第一步，依靠经验的方法或测量手段，确认个人是否有心理问题。

（二）选择心理咨询机构

（1）第一种是学校心理咨询中心。
（2）第二种是更加专业的心理咨询机构。
（3）第三种是附设在各种医疗机构中的心理咨询门诊。

第三节　大学生心理咨询的意义和目标

一、大学生心理咨询的意义

心理咨询不同于一般的安慰，它不仅要使来访者开心，更要使来访者成长，使人开心是心理咨询的前奏曲，使人成长是心理咨询的主旋律。成长即通过咨询的过程，使来访者自己想通问题，认清问题的本质，知道该怎么做，达到心理平衡。心理咨询力图使个人将不愉快的经历当作自我成长的良机，它竭力使人们积极看待个人经受的挫折和磨难，从危机中看到生机，从困难中看到希望。从这层意义上来讲，心理咨询也将帮助人学会辩证地看待生活中的忧愁与烦恼，但这一切不是靠指教劝导得来的，而是靠启发领悟获得的。

开展大学生心理咨询,有利于学生的自我和谐。大学生只有自我达到和谐,其心理才会健康,才会有积极的情绪、向上的理想信念、正确的价值观和高尚的精神道德追求以及坚强的意志,其内在精神才能和谐,才能与他人、自然和谐相处,共同发展。

开展大学生心理咨询,有利于学生的人际关系发展。通过心理咨询,让学生学会正确的与人相处方式,让学生乐于与人相处,在接受自己的同时,也能接受他人,悦纳他人,能为他人所理解,能与他人沟通和交往。

开展大学生心理咨询,有利于学生与环境和谐。大学生是未来的接班人,是21世纪的主人,他们的心理健康与否对于未来人与自然环境能否和谐共处和能否营造和谐的社会环境有非常重要的意义。

二、大学生心理咨询的目标

一般人在相互安慰时,总是会劝说对方尽早地忘却不愉快的经历。"过去的事情就让它过去吧,明天会更美好的。"这大概是人们平时相互劝慰时的共同准则。

但心理咨询师不会这样简单地劝说来访者忘却过去,他们要使来访者从挫折中认真反省自我,总结经验教训,增加生活智慧,以能够更好地应付日后生活中可能出现的各种不愉快经历。在这层意义上,心理咨询就是要使人更好地认识自我、开发自我、激励自我。

此外,心理咨询还强调要避免依赖他人,要增强个人的独立性与自主性。心理咨询再三强调要尽量理解来访者的内心感受,尊重他的想法,激发他独立决策的能力,为的是强化来访者的自信心。

所以,任何一个心理咨询过程,无论其性质有多大不同、时间长短有多少差别,本质上都是要帮助来访者从自卑和迷茫的泥潭中通过自己的努力挣脱出来。

三、大学生心理咨询的特点

高校开展的大学生心理咨询,与其他机构的心理咨询相比较,既有相同的地方,又有其特殊性。大学生心理咨询的主要内容涉及就业问题、人际关系问题、恋爱与性的问题、个性问题、情绪问题、个人发展前途问题、健康问题、就业择业问题和其他问题(包括家庭问题、经济困难、出国、危机状态等),少部分涉及神经官能症、人格与性心理障碍等。

学习拓展

(一) 活动拓展1:"信任陀螺"

1. 活动程序

(1)游戏开始之前要求所有成员摘下身上任何容易造成伤害的尖锐和硬的物品。

(2)将全体成员分成10人左右一组,每组征一名志愿者做陀螺,十指反扣,收于胸前,其他人围着志愿者,双手轻轻搭在志愿者肩、背、手臂等部位,双脚呈马步,形成一个安全的承接区。

(3)志愿者绷直身体向后倒下,其他人推动志愿者呈顺时针旋转。

(4) 每位成员轮流充当后仰者和承接者。尽量要求每位成员参与,但有心脏病、高血压和严重腰伤者不能参加。

注意:在"陀螺"倒向其他位置的时候,所有人的手尽量不要离开"陀螺"的身体,以便"陀螺"倒向自己时可以及时接住。

2. 小组分享

(1) 倒下的那一刻你害怕了吗?你相信其他成员会稳稳地托住你吗?倒下的时候你的身体是弯曲的还是挺直的?
(2) 你现在的感觉是什么?
(3) 你从这个游戏中学到了什么?
(4) 小组代表向大家汇报本小组的分享结果。

3. 小结

领导者总结小组讨论的内容,并再次强调人际交往中的相互原则。强调信任别人、敞开心扉、主动交往的重要性。

(二) 活动拓展2:"滚雪球"

1. 活动程序

(1) 全体成员以6—8人组成一个小组,可报数分组。
(2) 各小组选定一个固定区域为自己小组位置,围坐成一个圆圈。按顺时针方向,从某个成员(比如A)开始介绍自己,要求:

① 先用一句话介绍自己,这句话中必须包含两个信息:姓名以及自己与众不同的特点,比如A说"我是活泼好动的周慧"。
② A介绍完以后,顺时针方向的B同学应首先介绍自己前面已经做过介绍的A同学,接着再介绍自己。例如:B同学介绍:"我是坐在活泼好动的周慧旁边的开朗的李志。"C同学介绍:"我是坐在活泼好动的周慧旁边的开朗的李志旁边的外向的赵亮。"以此类推。
③ 在介绍的过程中,每位成员都要努力记住该成员的名字。

(3) 当滚雪球完成后,小组的其他成员依次向A提一个关于个人信息的问题。要求每个人提的问题不能与前面成员提的问题重复。对于其他成员提的问题,A可以不回答,如:"请允许我保留这个问题。"但不能说谎。当所有的成员都问完一个问题后,A旁边的下一个成员B再开始依次回答问题。

2. 思考和讨论

所有的成员都介绍完自己后,领导者引导成员进行思考和讨论:

(1) 在刚才的游戏中,你记住了所有人的名字吗?你一共记住了几个人的名字?
(2) 你采用了哪些方法来记住别人的名字?(或者你为什么没能记住别人的名字?)
(3) 当别人准确地说出你的名字时,你内心的感受如何?当别人叫不出你的名字时,你的感受又如何?

备注:如果在班级里大家已经记住了各自的名字,可以将名字换成他人的"特点"。

3. 领导者小结

(1) 准确地记住他人的名字是与陌生人交往的第一个技巧,因为它表达了你对他人的关心和重视。
(2) 记住他人名字的方法:提问法、重复法、联想法等。

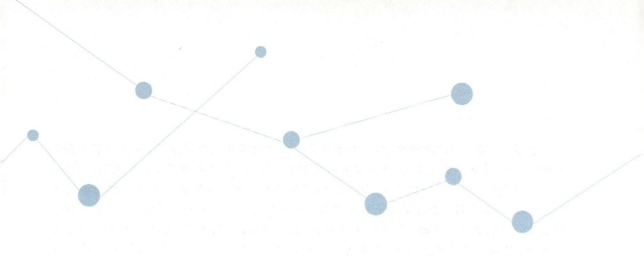

第三章

大学生心理困惑和异常心理

 课程导入

> 张某,女,某大学二年级学生,入学半年以来身体健康状况每况愈下,现在吃不下饭睡不好觉,身心憔悴。张某自述:与本寝室的同学合不来,自己有早睡早起的习惯,而其他5位同学每天晚上聊天打闹打游戏,要闹腾到下半夜才睡觉。第2天早上自己起床去吃早餐上课,其他5位同学却又嫌她干扰到了她们睡觉(这5位同学不吃早餐,更不用说早起锻炼了),自己好心劝说她们早睡早起吃早餐,锻炼身体,好好学习,反而遭到她们的白眼儿与冷嘲热讽。自己性格内向,又不擅长与人争辩,这些气只能自己吞到肚子里,最近特别紧张害怕,晚上总是做噩梦,独自一人在自习室里,时常"听到"本寝室的几个同学在议论自己,看到周围其他不认识的人在说话,认为他们在议论自己。不知道自己该怎么办?
>
> 如今高校学生宿舍成员人际交往问题是引起学生心理问题最多的原因之一,宿舍空间狭小,人多生活习惯不一致就会导致很多生活上、学习上的矛盾。我们应该怎么办?

第一节 大学生常见的心理困惑及异常心理

一、大学生常见的心理困惑及异常心理的概念

心理异常是指偏离正常的心理状态。美国出版的《心理异常诊断与统计手册》将心理异常定义为:发生于个体的一种临床上有意义的行为或心理症候,其特征是与一种痛苦的症状相联系,或涉及一种以上重要功能的损害。

其实,在心理学上对正常与异常很难做出一个明确的界定。心理学上正常与异常仅仅是一种相对概念,差别大多只在量的方面。

科学研究表明,心理异常的形成原因非常复杂,主要是生理、心理、社会诸种因素共同作用于个体的结果。

(1)生物学因素:遗传因素,尤其是体型、气质、神经结构的活动特点、能力与性格。例如,家族神经性疾病的遗传。

(2)心理学因素:潜意识中的动机与压抑,不正确的策略,无法应对的、错误的推论,不适当的归因,不良解决问题的思路。

(3)社会环境因素:文化的交叉冲突、价值观的冲突、大众传播的媒介影响、一元到多元社会形态、家庭环境的影响、恐惧症、强迫症、深虑症、抑郁症、早期的经历、家庭人际关系、父母教育方式、父母的人格特征等。

二、大学生常见的心理困惑及异常心理的内容

(一)自卑心理

自卑,就是自己轻视自己、看不起自己。自卑心理严重的人,并不一定就是他本人具有

某种缺陷或者短处,而是不能悦意容纳自己、自惭形秽,常常把自己放在一个低人一等、不被自己喜欢,进而演绎成别人看不起的位置,并由此陷入不能自拔的境地。

自卑的人心情低沉、郁郁寡欢,常因为害怕别人瞧不起自己而不愿意与别人来往,只想和人疏远,缺少朋友,甚至内疚、自责;他们做事缺乏信心,优柔寡断,毫无竞争意识,享受不到成功的喜悦和欢乐,因而感到疲劳,心灰意冷。

奥地利著名的心理学家阿德勒认为:人类都有自卑感,以及对自卑感的克服与超越能力。小的时候,看到别人长大而自卑;长大后,发现别人比自己有钱自卑;有钱的时候,看到别人比自己更年轻力壮也自卑。这样看来,自卑其实是不可怕的,从某种程度上讲,自卑也是推动一个人不断自我完善的动力。但是,如果你已经认识到自己的自卑,而不愿意去进行自我突破的话,那么自卑对你来讲就是非常有害的。

【案例3.1】 某大学二年级女生小张,学习成绩在班上为第一名。她自卑,看不起自己。在大众场合不敢发言,跟别人交流时总不能恰当地表达自己,尤其是跟老师或陌生人谈话,总觉得十分局促,举手投足不知如何是好,并且脸红得很厉害。很羡慕别的同学在公共场合能够从容不迫,侃侃而谈。强烈希望改变自己,虽然做过很大的努力,但一直得不到明显改观,内心非常苦恼。从高中到大学很少与异性同学交往,别人评价她是个冷漠、孤傲的人。从小养成了以自我为中心的习惯,因此,在成长和交往的过程中,朋友越来越少,慢慢地脱离了群体,把自己封闭起来。后来,开始反省自己,自责,觉得都是自己的错。时间一长,发现自己好像已经没有脾气了。不管跟谁发生矛盾,都以为是自己的错,然后深深自责,或者把怨气都闷在心里。总觉得难以与周围的同学建立一种和谐的关系。非常担心毕业后不能适应社会生活。近来更是觉得自己一无是处,极度自卑,没有勇气参加任何活动。

【解析】 该女生遇到的心理问题,是由其社会适应挫折引发的人际性压力所形成的。

首先,她直接感受到的心理压力来自于不和谐的人际关系,而且经历了两种极端的方式,先是过分地以自我为中心,把自我与群体、社会隔离开来,后又过于以他人为中心,事事自责,迷失和忽略了自我。其次,根本原因是由于她个性中人际沟通能力的缺乏,从而在现实生活中迫切感受到社会适应性压力。再次,从她自身的成长经历,能够清楚地意识到由于人际冲突所导致的自我封闭,是个性形成的主要原因。因而,她有意识地开放自己,但突兀的开放环境,必然在一段时间内给她带来更为巨大的人际性压力,如果应对或自我评价不当,很有可能给她带来某种程度上的心理问题。最后,当她面临迫切的人际压力时,一开始采取的是比较积极的应对方式,但由于对于个性和能力的培养过程缺乏科学认识,过于急功近利,在受挫后,极易滑向消极的应对方式,从而错误地自我评价,使心理问题不断趋于严重化。

1. 自卑心理的表现

① 消极地看待问题,凡事总往坏处想。自卑者最难忘怀的便是失望与厄运。他们整天想着消极的事情。

② 总是自怨自艾与自责。

③ 意志消沉。自卑者的意志是消沉的,他们心情沉重的原因之一是"背负情感包袱",把没有解决的老问题、老矛盾背在身上,天天翻来覆去地念叨那些烦恼的事情。

④ 多疑,对别人和自己的信心都不足。

⑤ 高兴不起来。如果你对于生活前景的看法是消极的,你就不可能快乐。对于情绪消极的自卑者来说,几乎没有过欢笑愉快的经历。他们把现实可能享受的欢乐也失去了,因为

他们还在回味昨日不愉快的经历,沉溺于痛苦之中。

⑥ 老是想着扫兴的事情,一旦看到别人热情地去做某件事,会觉得不可思议。

⑦ 不愿意改变,不愿意尝试新鲜事物。

2．自卑心理的调适

(1) 勇敢地战胜自卑

战胜自卑,首先要承认自卑情绪人皆有之。实质上,一个人并非在每个方面都能出类拔萃,因为天外有天,人外有人。所以,在某些时候的某些方面有不如意的感觉,出现自卑也是正常的,大可不必以此为耻而自暴自弃,更犯不着用狂妄自大、目中无人去掩饰,那只是自欺欺人。具体如下:① 要正确地评价自己。人贵有自知之明。所谓"自知之明",不仅表现在能如实地看到自己的短处,也应能恰如其分地看到自己的长处,切不可因自己的某些不如别人之处,而看不到自己的如人之处和过人之处。马克思曾说过,伟人之所以高不可攀,是因为你自己跪着。② 要正确地表现自己。心理学家建议:有自卑心理的人,不妨多做一些力所能及、把握较大的事情,这些事情即使很"小",也不要放弃争取成功的机会。任何成功都能增强自己的自信,任何大的成功都蕴藏于小的成功之中。换言之,要通过在小的成功中表现自己,确立自信心,循序渐进地克服自卑心理。③ 设法正确地补偿自己。盲人尤聪,聋者尤明,这是生理上的补偿,人的心理也同样具有补偿能力。为了克服自卑心理,可以采用两种积极的补偿:其一是勤能补拙,知道自己在某些方面有缺陷,不背思想包袱,以最大的决心和最顽强的毅力去克服这些缺陷,这是积极的、有效的补偿。华罗庚说:"勤能补拙是良训,一分辛苦一分才。"其二是扬长避短,"失之东隅,收之桑榆"。我们读达尔文、济慈、歌德、拜伦、培根、亚里士多德的传记,就不难明白,他们的优秀品质和一生的辉煌成就,从某种意义上来说,都有缺陷的帮助,缺陷不是绝对不能改变的,关键是自己愿不愿意改变,只要下定决心,讲究科学方法,因势利导,就会使自己摆脱自卑,逐渐成熟起来。

(2) 从自卑中超越自我

具体如下:① 要有意识地选择与那些性格开朗、乐观、热情、善良、尊重和关心别人的人进行交往。在交往过程中,你的注意力会被他人所吸引,会感受到他人的喜怒哀乐,跳出个人心理活动的小圈子,心情也会变得开朗起来。同时在交往中,能多方位地认识他人和自己,通过有意识的比较,可以正确地认识自己,调整自我评价,提高自信心,增加成功经验。一个人的成功经验越多,他的期望也就越高,自信心也就越强。可见,通过一次又一次微小的成功,可以使自信心得到增强和升华。对于自卑的人来说,重要的是建立起符合自身实际情况的"抱负水平",增加成功的经验。这可以由小由少做起,确保首次努力的成功,形成良性循环。如果遇到困境,感到自卑时,则可改做一件比较容易成功或者自己愿意做并有兴趣的事,以便增强信心,避免自卑。② 多向名人学习。多读些有关名人成功的书籍,尤其是那些曾被自卑感困扰的名人的事迹,从中获得克服困难的经验,进而鼓励自己自强自信,发挥所长,集中精力,矢志不渝地达到目标。这样,自卑心理也会不驱而散。③ 学会深层冥想法。日本精神疗法研究所所长小林英夫认为,此法能充分运用潜能抑制自卑感。方法是:配合腹式呼吸,集中想想自己的长处,例如想想小学时期那些令人高兴的事,想想别人的赞美,就会拥有更多的自信,不要羞于承认自己的长处,以零为基点,不断去增添它。

(二) 虚荣心理

在现实生活中很多人都具有虚荣心,虚荣心理是指一个人借用外在的、表面的或他人的荣光来弥补自己内在的、实质的不足,以赢得别人和社会的注意与尊重。它是一种很复杂的心理现象。法国哲学家柏格森曾经这样说过:"虚荣心很难说是一种恶行,然而一切恶行都围绕虚荣心而生,都不过是满足虚荣心的手段。"

虚荣心强的人喜欢在别人面前炫耀自己昔日的荣耀经历或今日的辉煌业绩,他们或夸夸其谈、肆意吹嘘,或哗众取宠、故弄玄虚,自己办不到的事偏说能办到,自己不懂的事偏要装懂,一切都为了提高自己在别人心中的形象。虚荣心强的人喜欢炫耀有名有地位的亲朋好友,希望借助他人的荣光来弥补自己的不足,而对于那些无名无分、地位"卑微"的亲朋则避而不谈,甚至唯恐避之而不及。

心理故事

现在,社会上弥漫着一股不良风气,物质崇拜通过各类渠道在人群之间传播,越来越多的人受到污染,他们爱慕虚荣、好逸恶劳,天天想着住五星级大酒店、用各类奢侈品,却不知道这些光鲜亮丽的背后是一道看不见底的深渊。小莉大学毕业后,踏入社会参加工作,学生时代曾经想象的各种美好,很快被现实打得七零八落。就在这时,她遇到了一位已婚男李某。这个男人年纪有点大,名下有几家公司,刚认识的时候,小莉也没有多想,只是觉得李某风度翩翩,举手投足之中充满了成熟男性的味道。慢慢地,小莉发现李某似乎有追求她的意思,不仅时不时地嘘寒问暖,还经常送各类首饰、包包,那些东西,小莉都暗暗查过价格,以她现在的收入,看都不敢看一眼。几次来往之后,小莉原本有些抗拒的心,不知不觉地接受了李某,明明知道对方有家室,还是悄悄地和李某在一起,成为了人们口中的"小三"。小莉彻底迷醉在了李某打造的"物质攻势"之下,可以轻而易举地享受到普通人或许一辈子都没法体验到的奢侈品带来的快乐,为此,她和李某在一起3年。然而,就在她依旧沉浸在自以为美好的生活中时,她和李某的事情东窗事发,李某居然翻脸不认人,第一时间抛弃了她。小莉非常生气,恼怒之下,她选择了跳楼,来到了小区两栋楼高层的连接横梁处。小区居民及时发现,拨打了119,小莉被消防队员救下。这件事其实也在提醒当代年轻女性,尤其是刚刚进入社会、涉世未深的女大学生,不要被物欲横流的社会迷惑,世上没有天上掉馅饼的事情,若想不劳而获,付出的代价必然让人后悔都来不及。这件事告诉我们:一定要洁身自好,不要被物质的炮弹打倒,不要被眼前的诱惑迷醉,不触犯道德底线,不违背法律,幸福要靠自己辛苦努力地工作得到,这些才是拥有幸福人生的前提。

1. 虚荣心理与自尊心理辨析

所谓虚荣心,从心理学角度来说是一种追求虚表的性格缺陷,是一种扭曲了的自尊心。在社会生活中,人人都有自尊心,都希望得到社会的承认,但虚荣心强的人不是通过实实在在的努力,而是利用撒谎、投机等不正当手段去渔猎名誉。

虚荣心的产生跟自尊心有极大的关系。按照发展心理学的理论,随着生理的发育,虚荣心才逐步介入人的情感世界。一般来说,儿童和少年的自尊心不明显,但是随着社会的影响,青少年虚荣心的表现也越来越明显。随着人的生理与心理的成熟,人的社会认识能力与自我意识也逐步提高,开始了个体的社会化。自尊心强的人,对自己的声誉、威望等比较关心;自尊心弱的人,一般对这些都不在意,但也不能因此就认为,虚荣心强的人一般自尊心强。因为自尊心同虚荣心既有联系,又有区别,虚荣心实际上是一种扭曲了的自尊心。就拿受到表扬后的情感体验来说,一个人做了好事,受到表扬,心里高兴,这是有荣誉感的表现;

珍视自己的荣誉,顾全自己的面子,这也是一切有自尊心的人都会有的正常要求。但是,若对表扬沾沾自喜,甚至为了表扬才去做好事,为了面子不惜弄虚作假,那就不是正确的自尊心了。人是需要荣誉的,也该以拥有荣誉而自豪。可是真正的荣誉,应该是真实的,而不是虚假的,应该是经过自己努力获得的,而不是投机取巧取得的。面对荣誉,应该是谦逊谨慎、不断进取,而不是沾沾自喜,忘乎所以。可见,当人对自尊心缺乏正确的认识时,才会让虚荣心缠身。

2. 虚荣心理的调适

(1) 改变认知,认识到虚荣心带来的危害

虚荣心强的人,在思想上会不自觉地掺入自私、虚伪、欺诈等因素,这与谦虚谨慎、光明磊落、不图虚名等美德是格格不入的。虚荣的人为了表扬才去做好事,对表扬和成功沾沾自喜,甚至不惜弄虚作假。他们对自己的不足想方设法遮掩,不喜欢也不善于取长补短。大学生正处在生理和心理的成熟期,这种虚荣的心态对迫切要求上进、正处于成长之中的大学生是十分有害的。虚荣的人外强中干,不敢袒露自己的心扉,给自己带来沉重的心理负担。虚荣在现实中只能满足一时,长期的虚荣会导致非健康情感因素的滋生。

(2) 端正自己的人生观与价值观

自我价值的实现不能脱离社会现实的需要,必须把对自身价值的认识建立在社会责任感上,正确理解权利、地位、荣誉的内涵和人格自尊的真实意义。

中学阶段,学生开始为追求一定的价值目标而学习,学习成为自觉、主动而持久的活动。但进入大学后,不少学生对生活、前途、人生的态度过分追求外在的虚华,认为讲排场、摆阔气、大吃大喝、攀比是时髦的象征,否则就会由于跟不上形势而遭讥讽,这都为虚荣心的滋长提供了土壤。只有着眼于现实,把自己的理想与国家、民族的前途结合起来,通过艰苦努力,克服前进道路上的困难和障碍,才有可能实现自己的远大理想和抱负。

(3) 摆脱从众的心理困境

从众行为既有积极的一面,也有消极的一面。虚荣心理可以说正是从众行为的消极作用所带来的恶化和扩展。所以我们要有清醒的头脑,面对现实,实事求是,从自己的实际出发去处理问题,摆脱从众心理的负面效应。

(4) 调整心理需要

需要是生理的和社会的要求在人脑中的反映,是人活动的基本动力。人有对饮食、休息、睡眠、性等维持有机体和延续种族相关的生理需要,有对交往、劳动、道德、美等的社会需要,有对空气、水、服装、书籍等的物质需要,有对认识、创造、交际的精神需要。人的一生就是在不断满足需要中度过的。在某种时期或某种条件下,有些需要是合理的,有些需要则是不合理的。对一名大学生来说,对正常营养的要求是合理的,而不顾实际摆阔的需要就是不合理的。对干净整洁、符合大学生身份的服装需要是合理的,为了赶时髦,过分关注容貌而去浓妆艳抹、穿金戴银的需要就是不合理的。要学会知足常乐,多思所得,以实现自我的心理平衡。

(三) 嫉妒心理

嫉妒是一种比较复杂的心理。它包括焦虑、恐惧、悲哀、猜疑、羞耻、自咎、消沉、憎恶、敌意、怨恨、报复等不愉快的情绪。别人天生的身材、容貌和逐渐显示出来的聪明才智,可以成为嫉妒的对象,其他如荣誉、地位、成就、财产、威望等有关社会评价的各种因素,也都容易成

为人们嫉妒的对象。

嫉妒是一种负性情绪,是指自己的才能、名誉、地位或境遇被他人超越,或彼此距离缩短时产生的一种由羞愧、愤怒、怨恨等组成的多种情绪体验。它具有明显的敌意甚至会产生攻击诋毁行为,不但危害他人,给人际关系造成极大的障碍,最终还会摧毁自身。地位相似、年龄相仿、经历相近的人之间容易产生嫉妒心理。

嫉妒几乎人人都有。它是人们普遍存在的病症。从本质上看,嫉妒心理是一种不健康的心理。无论是何种形式和内容的嫉妒,都有害于保持正常的人际交往及健全的社会生活。在日常生活中,我们不知不觉地受到别人的嫉妒,或自己本身也不知不觉对别人产生嫉妒之心。被嫉妒的人常常是自己周围熟识的人。有时,明知道是嫉妒,是不应该的,却无法消除。

相关阅读

谈 嫉 妒

什么是嫉妒呢?嫉妒是对才能、名誉、地位或境遇比自己好的人心怀怨恨,并不夹杂什么羡慕。

羡慕是什么?是看到别人有某些长处、好处或有利条件而希望自己也有,这里面并不含有怨恨之心。所以说,羡慕并不等于嫉妒。

那么,嫉妒能使人上进吗?让我们先举一个事实来说明。大家知道戴维和法拉第的故事吗?戴维是英国著名的化学家,他曾把印刷徒工法拉第培养成为一个科学家,受到人们的称赞。

然而,后来由于法拉第在电磁学和化学上屡建奇功,被提名为英国皇家学会会员。身为会长的戴维却亲自出马反对,原因只有一个:生怕法拉第会超过自己。

戴维的心被"嫉妒"牢牢占据后,心中只有怨恨,在科学的道路上止步不前,再也无所建树了。这个例子似乎离我们远了些。下面就让我举一个贴近我们生活的例子吧。某班的学习尖子张欣,同学们都佩服她,都想从她那儿学点学习方法。

于是,大家便经常提起她。有一次,当大家又提到张欣时,李华愤愤地说:"张欣的成绩真那么好吗?哼,考试打小抄、作弊,有时甚至把复习材料拿到桌上来抄,却不被老师发现。要说本事,还真高明……"大家对此不以为然,可李华为什么说出这些伤人的话来呢?显然是嫉妒在作怪。

嫉妒蒙住了他的双眼,使他看不到别人的优点,更不用说能从中汲取经验,使学业更上一层楼了。也许,有些人还会争辩:"你误会我的意思了,我的意思是,一个人学习好,另外一个人产生嫉妒,自然就会想:他能取得好成绩,我为什么不能呢?于是便努力学习,刻苦钻研,自然,成绩也就上去了。"

这些话乍一听仿佛有一些道理,但是仔细想想,却发现了一个极大的错误。简单地说,就是他们把自强心与嫉妒混为一谈。

自强心就是自己有努力向上的思想,嫉妒就是怨恨。如果看到别人成绩好,自己"穷则思变",这正说明这个人有自强心,这根本不叫嫉妒!总之,嫉妒是一种有害心理。程度轻的,会给想取得成绩者制造点麻烦;严重的则会压抑一个人一生的发展,既损人又不利己。因此,嫉妒之心是绝对不该有的,我们应具有的是自强心、自信心、上进心。

当然我们也应该帮助那些因嫉妒而伤人的人认识到自己的错误,把心思都放在学习、工作上,这样才能真正达到赶上别人、不断进步的目的。

1. 嫉妒心理的特征

嫉妒心理总是与不满、怨恨、烦恼、恐惧等消极情绪联系在一起,构成嫉妒心理的独特情绪。不同的嫉妒心理有不同的嫉妒内容,但主要在四个方面表现得尤为突出,这就是名誉、地位、钱财、爱情。有的还表现为一种综合性的笼统内容,即只要是别人所有的,都在其嫉妒范围之内。以下为嫉妒心理的具体特征:

(1) 明显的对抗性

古希腊斯葛多派的哲学家认为:"嫉妒是对别人幸运的一种烦恼。"嫉妒心理的对抗特征具有明显的攻击性,其攻击目的在于颠倒被攻击者的形象。甚至本来关系密切,由于嫉妒使道德天平倾斜。往往不看别人的优点、长处,而总是挑剔别人的毛病,甚至不惜颠倒黑白,弄虚作假。

(2) 明确的指向性

嫉妒心理的指向性往往产生于同一时代、同一部门、同一水平的人之间,主要是因为嫉妒心理具有一种以极端自私为核心的绝对平均主义倾向。因为曾经"平起平坐"过,或是曾经"不如自己"过,如今成了"能干"者,于是嫉妒者产生抵触和对抗。

(3) 不断发展的发泄性

一般说来,除了轻微的嫉妒仅表现为内心的怨恨而不付诸行动外,绝大多数的嫉妒心理都伴随着发泄性行为。主要有三种方式:一种是言语上的冷嘲热讽;一种是行为上的冷淡,疏远被嫉妒者;一种是具体行为,或是攻击性强的行为。

(4) 不易察觉的伪装性

由于社会道德的威力,嫉妒心理被大多数人所不齿,所以嫉妒心理者一般都不愿将其直接地表露出来,而是千方百计地伪装,企图使人不易察觉。如本来是嫉妒某人的某一方面,却不敢直言,故意拐弯抹角地从另一方面进行指责或攻击。

从心理学的角度分析,嫉妒是一种病态心理:当看到别人在某些方面强于自己时(有时候仅是一种相似的感觉),便产生一种由羡慕转为恼怒嫉恨的情感状态。现代精神免疫学研究揭示,脑和人体免疫系统有着密切的联系。嫉妒导致的大脑皮层功能紊乱,可引起人体内免疫系统的胸腺、脾、淋巴腺和骨髓的功能下降,造成人体免疫细胞与免疫球蛋白的生成减少,从而使机体抵抗力大大降低。

嫉妒心理是一种破坏性因素,对生活、人生、工作、事业都会产生消极的影响,正如培根所说:"嫉妒这恶魔总是在暗暗地、悄悄地毁掉人间的好东西。"

2. 如何与有嫉妒心理的人相处

(1) 走自己的路,让别人说去吧

与有嫉妒心的人相处时,最好不要特意采取一些方式来对待他们。因为有嫉妒心的人本身就是多疑的、爱猜忌的。所以,倒不如将有嫉妒心的人当作普通人来看待。俗话说,见怪不怪,其怪自败。与其费尽心思去琢磨,不如来个"无为而治",取得"无为而无不为"的效果。

(2) 采取必要的妥协和退让策略

大智若愚,难得糊涂。孔子曾说:"聪明圣智,守之以愚;功被天下,守之以让;勇力抚世,

守之以情;富有四海,守之以谦。"这不仅是一种单纯的策略,事实是,当一个人在鲜花与掌声中时,更应谦虚、谨慎,这不仅能防备被嫉妒,而且能从根本上调整自己。

以爱化恨,以让抑争。以爱化恨法主要是以真诚的爱心去感化嫉妒者,从而消除和化解嫉妒。人们常说:"恨是离心药,爱是胶合剂。"因此,当你遇人嫉妒时,如果能够以德报怨,用爱心去感化嫉妒者,恩怨也就自然会化解了。以有原则的忍让来抑制无原则的争斗,这是根治双向嫉妒和多向嫉妒的关键之举。如果嫉妒者向你发出挑战,你不但不迎战,反而退避三舍,以不失原则的适度忍让来求大同存小异,或是求大同存大异,都不失为化解嫉妒、免遭嫉妒的好方式。

(3) 说服、鼓励的对策

有些嫉妒是因误会而产生的,就需要进行说服和交流。否则,误会越来越深,以致严重干扰和破坏人际关系的正常化。在说服时要注意心平气和,也要做好多次才能说服的准备。

对嫉妒者还要采取鼓励的态度。因为嫉妒者是在处于劣势时产生了心理失落和不平衡,虽表面气壮如牛,但内心是空虚的,且隐含着一种悲观情绪。所以对嫉妒者采取鼓励的态度十分必要,主要是客观地分析他的长处、强化他的信心、转变他的错误想法,而且还要在力所能及的情况下,为嫉妒者提供一些实质性的帮助,使嫉妒转向公平竞争。

3. 嫉妒心理的化解

(1) 胸怀大度,宽厚待人

19世纪初,肖邦从波兰流亡到巴黎。当时匈牙利钢琴家李斯特已蜚声乐坛,而肖邦还是一个默默无闻的小人物。然而李斯特对肖邦的才华却深为赞赏。怎样才能使肖邦在观众面前赢得声誉呢?李斯特想了个妙法:那时候在钢琴演奏时,往往要把剧场的灯熄灭,现场一片黑暗,以便使观众能够聚精会神地听演奏。李斯特坐在钢琴面前,当灯一灭,就悄悄地让肖邦过来代替自己演奏。观众被美妙的钢琴演奏征服了。演奏完毕,灯亮了。人们既为出现了这位钢琴演奏的新星而高兴,又对李斯特推荐新秀深表钦佩。

(2) 自知之明,客观评价自己

当嫉妒心理萌发时,或是有一定表现时,能够积极主动地调整自己的意识和行动,从而控制自己的动机和感情。这就需要冷静地分析自己的想法和行为,同时客观地评价自己,从而找出一定的差距和问题。当认清了自己后,再重新认识别人,自然也就能够有所觉悟了。

(3) 快乐之药可以治疗嫉妒

快乐之药可以治疗嫉妒,是说要善于从生活中寻找快乐,正像嫉妒者随时随处为自己寻找痛苦一样。如果一个人总是想:比起别人可能得到的欢乐,我的那一点快乐算得了什么呢?那么他就会永远陷于痛苦之中,陷于嫉妒之中。快乐是一种情绪心理,嫉妒也是一种情绪心理。何种情绪心理占据主导地位,主要靠人来调整。

(4) 少一份虚荣就少一份嫉妒心

虚荣心是一种扭曲了的自尊心。自尊心追求的是真实的荣誉,而虚荣心追求的是虚假的荣誉。对于嫉妒心理来说,它是要面子,不愿意别人超过自己。以贬低别人来抬高自己,正是一种虚荣、一种空虚心理的需要。单纯的虚荣心与嫉妒心相比,还是比较好克服的。且两者又紧密相连,所以克服一份虚荣心就会少一份嫉妒心。

(5) 自我转换法可以消除嫉妒心理

嫉妒可以使一个人萎靡不振,但是如果合理地自我转换,不把时间浪费在抱怨外在环境上,就能变为发愤图强。作家爱德蒙德·威尔逊在看到同行写的《伟大的盖茨比》时,非常嫉妒其对戏剧场面的营造,但他马上将嫉妒转换成发奋,写出了许多充满激情、技巧高超的作品。

(6) 自我抑制是治疗嫉妒心理的苦药,自我宣泄是治疗嫉妒心理的特效药

嫉妒心理也是一种痛苦的心理,当还没有发展到严重程度时,用各种感情的宣泄来舒缓一下是相当有必要的,可以说是一种顺坡下驴的好方式。

在这种发泄还仅仅是处于出气解恨阶段时,最好能找一个较知心的朋友或亲友,痛痛快快地说个够,暂求心理的平衡,然后由亲友适时地进行一番开导。虽不能从根本上克服嫉妒心理,但能缓解这种发泄朝着更深的程度发展。如有一定的爱好,则可借助各种业余爱好来宣泄和疏导。

(四) 自私心理

自私是一种较为普遍的病态心理现象。"自"是指自我,"私"是指利己,"自私"指的是只顾自己的利益,不顾他人、集体、国家和社会的利益。自私有程度上的不同,轻微一点是计较个人得失、有私心杂念、不讲公德;严重的则表现为为达到个人目的,侵吞公款、诬陷他人、铤而走险。贪婪、嫉妒、报复、吝啬、虚荣等病态社会心理从根本上讲都是自私的表现。

1. 自私心理的特点

(1) 深层次性

自私是一种近似本能的欲望,处于一个人的心灵深处。不顾社会历史条件的要求,一味想满足自己的各种私欲的人就是具有自私心理的人。

(2) 下意识性

正因为自私心理潜藏得较深,它的存在与表现便常常不为个人所意识到。有自私行为的人并非已经意识到他在干一种自私的事,相反,他在侵占别人利益时往往心安理得,也因为如此,我们才将自私称为病态社会心理。

(3) 隐蔽性

自私是一种羞于见人的病态行为,自私之人常常会以各种手段掩饰自己,因而自私具有隐蔽性。

2. 自私心理的表现

自私作为一种病态社会心理,有很强的渗透性。大多数社会公民在不同程度上都存在私心杂念。主要有以下表现形式:

① 不讲公德。
② 嫉妒他人。
③ 感情自私。
④ 技术垄断或剽窃。
⑤ 以钱谋私或者以权谋私。

3. 自私心理的调适

自私作为一种病态社会心理,是可以克服的。作为自我来说,最有效的方法就是心理调适。具体来说有如下方法:

(1) 内省法

这是构造心理学派主张的方法,是指通过内省,即用自我观察的陈述方法来研究自身的心理现象。自私常常是一种下意识的心理倾向,要克服自私心理,就要经常对自己的心态与行为进行自我观察。观察时要有一定的客观标准,这些标准有社会公德、社会规范和榜样等。有自私心理的人应加强学习,更新观念,强化社会价值取向,对照榜样与规范找差距,并从自己自私行为的不良后果中看危害、找问题,总结改正错误的方式方法。

(2) 多做利他行为

一个想要改正自私心态的人,不妨多做些利他事情。例如关心和帮助他人,给希望工程捐款,为他人排忧解难等。私心很重的人,可以从让座、借东西给他人这些小事情做起,多做好事,可在行为中纠正过去那些不正常的心态,从他人的赞许中得到利他的乐趣,使自己的灵魂得到净化。

(3) 回避训练

这是心理学上以操作性反射原理为基础,以负强化为手段而进行的一种训练方法。通俗地说,凡下决心改正自私心态的人,只要意识到自私的念头或行为,就可用缚在手腕上的一根橡皮筋不停弹击自己,从痛觉中意识到自私是不好的,促使自己纠正。

(五) 浮躁心理

浮躁,辞书上的解释为轻率、急躁。在心理学上,浮躁主要指那种由内在冲突引起的焦躁不安的情绪状态或人格特质。

浮躁作为当今社会的一种病态情绪,在大学生的身上表现得尤为突出。比如有的大学生平时学习不用功、不钻研,虚荣心又强,考试还"不甘落后",就挖空心思在考场上玩弄手段,具体表现为考试中的弄虚作假和论文写作中的东拼西凑。再者,大学生的浮躁心理在恋爱中的表现就是见异思迁。很多人把谈恋爱作为游戏,并且不断变换着游戏对象,在游戏中寻找异样的刺激,打发自己的空虚和无聊。另一种情况是找不准自己认可的目标,在对方的身材、人品和学识上反复琢磨,结果只能是在一厢情愿中饱尝失恋的痛苦。

大学生的浮躁心理在社交中表现为急功近利。他们总是渴望和力求结识比自己优越的人,而对不如自己的人则爱理不理,他们希望从交往对象那里获得种种好处。这种具有明显功利性质的交往毫无真诚可言。另外,浮躁者多想获得眼前利益,往往把兼职赚钱看得过重,往往为了金钱,耽误过多的学习时间。

有浮躁心态的大学生,在毕业求职中往往向往大城市、大企业、大单位,往收入高、地位高的地方挤。但自己又才疏学浅,不能正确估价自己的分量,结果自然是折腾了好几个月,连连碰壁、无功而返。而后还难以反省原因,不清楚是自己志大才疏、眼高手低的必然结果,总以为是怀才不遇、社会不公,因而怨天尤人、愤世嫉俗。

拒 绝 浮 躁

19世纪70年代贝尔发明了电话机,而在他成功之前,无数人试图将声音转化为能够远距离传输的电流,英国人弗莱士是其中之一。他的实验成功地把声音转化成了电流,但是他却未能成功地传输人的声音,于是他轻率地放弃了实验,导致功亏一篑。是浮躁让他失去了永载史册的机会,他曾痛惜地说:"上帝给予每个人的机会都是均等的,而浮躁却往往使我们忽略这些机会。"

一部《泰坦尼克号》成就了最初的卡梅隆,当铺天盖地的荣誉和巨大的名声落在这个青年导演头上时,他却忽然蛰伏起来,通过多年的策划推出了轰动全球的《阿凡达》。

在如今这个浮躁的社会里,卡梅隆的智慧是一种启迪,匆匆之间的灵感一现催生的作品,大多只会如细小蜉蝣,昙花一现。只有将心灵置于静湖之中,将浮躁拒之门外,心无杂念,才能使自己的梦想日渐丰满,最终绽放绚烂之花。

拒绝浮躁,不仅是个人的发展观,更是一个社会的发展观。我们应拒绝浮躁,拒绝急功近利,以一颗纯净的心灵构建美好社会。

拒绝浮躁,并不是剥夺人们的梦想,而是以一种脚踏实地的态度、一颗淡然平静的心面对梦想。拒绝浮躁,是一种自持的生活态度,是一种追求瓦尔登湖那般宁静的心灵。

拒绝浮躁,现代作家路遥将自己关在煤洞数年,在寂寞中耕耘着精神家园,创作出《平凡的世界》;拒绝浮躁,达·芬奇练习画鸡蛋,忘情地投入到艺术创作中,最终锻铸成一位令人仰止的伟大艺术家。

"小隐隐于山,大隐隐于市",在嘈杂的凡尘俗世中若能拒绝浮躁,心境便能愈发空灵,精神便能愈发超脱。

"始知锁向金笼听,不及林间自在啼。"面对喧嚣的尘世,矜持者始终保持着一份高贵的疏离,那一份恬静怡人,始终拒绝浮躁,清明在心,成为一道绿色的风景线。

1. 浮躁心理的特点

浮躁指轻浮、轻率、急躁,做事无恒心,见异思迁,不安分,总想投机取巧,成天无所事事,脾气大。浮躁是当前普遍的一种病态心理表现,具有以下特征:

① 心神不宁。面对急剧变化的社会,没有信心。

② 焦躁不安。不知所为,心里无底,慌得很,对前途在情绪上表现出一种急躁心态,急功近利。在与他人的攀比之中,更显出一种焦虑的心情。

③ 盲动、冒险。由于焦躁不安,情绪取代理智,使得行动具有盲动性。行动之前缺乏思考,只要能达到目的,违法乱纪的事情也会去做。这种病态心理也是当前犯罪违纪事件增多的一个重要原因。

浮躁心理是当前一些大学生的通病之一,表现为行动盲目,缺乏思考和计划,做事心神不定,缺乏恒心和毅力,见异思迁,急于求成,不能脚踏实地。比如,有的学生看到歌星挣大钱,就想当歌星;看到企业家、经理神气,又想当企业家、经理,但又不愿为了实现自己的理想努力学习。还有的同学兴趣、爱好转换太快,干什么事都没有常性,今天学绘画,明天学电脑,三天打鱼两天晒网,忽冷忽热,最终一事无成。

2. 浮躁心理的调适

(1) 在攀比时要知己知彼

"有比较才有鉴别",比较是人获得自我认识的主要方式。比较要得法,要"知己知彼",否则就无法去比,得出的结论也会是虚假的。知己知彼才能知道是否具有可比性,就不会出现人的心理失衡现象,产生心神不定、无所适从的感觉。

(2) 自我暗示

自我暗示是控制情绪的一个简捷而实用的好方法。例如你可这样暗示自己:无论面对怎样的处境,总会有一种最好的选择,我要用理智来控制自己,绝不让情绪来主导我的行动。

只要我善于控制自己的情绪,我就是一个战无不胜、快乐的人。

(3) 务实

开拓当中要有务实精神,要实事求是,不自以为是,踏踏实实,做好每一件事情。

(4) 遇事要善于思考

考虑问题应从现实出发,不能跟着感觉走,命运应掌握在自己手里。道路就在脚下,做一个实在的人。

(六)逃避心理

你是否经常听到有人在问"这是谁的错呢?"即便这种话不是每天都能听到,你也会看到许多人在抵赖、狡辩,或者为了推卸责任而指责别人。也许你会发现你自己也有这种习惯。

生活中的事情没有尽善尽美的,每一个人都会遇到麻烦。有时你会想:"为什么倒霉的又是我呢?"你犯了错误、判断失误、记错事情、受人干扰分了心,你没办法做到无所不知,因而有时会在常识方面有所欠缺。诚然,有许多在所难免的错误可以澄清、解释并改正。但是,人们有时还会故意捣乱,然后再编造借口或寻找漏洞以逃脱惩罚。如果指责无关痛痒,人们就不必为那些小小的失误或错误行为解释开脱了。

但是,指责往往会引起不快和惩罚。为了避免这些不快与惩罚,许多人想尽办法逃避责任,比如转移批评、推卸责任、文过饰非,等等。

避免或逃脱责罚是人类的一种强烈本能。多数人在"有利"与"不利"两种形势的抉择中都会选择趋吉避凶。通过各种"免罪"行为,人们可以暂时逃脱责罚,保持良好的自身形象。

【案例3.2】姚某,男,大二学生,来自皖北农村,父母和哥哥都在东南沿海打工,从小到大学习成绩都很一般,对学习没有兴趣,也不想努力学,认为自己学不会,整天沉迷于游戏。本寝室同学说他每天打游戏到深夜,甚至通宵,每月打游戏花费最少上千元,甚至两千多元,有时一天只吃一顿饭,为的是省钱打游戏。两学年不及格学科达到15门课,辅导员找他谈话,问及将来不能毕业怎么找工作,就业怎么打算。他说还没有想过这个问题。辅导员说你现在就想一下。他闷声不响,过一会说不想谈这个。这个学生的表现是典型的网络成瘾与逃避现实形成恶性循环。

1. 逃避不是好办法

在竞争激烈的现代社会,如何保持健康的心理状态是相当重要的。许多研究心理健康的专家一致认为,适应性良好的人或心理健康的人,能以"解决问题"的心态和行为面对挑战,而不是逃避问题,怨天尤人。

然而,在现实生活中,能够以正确的态度和行为面对挫折与挑战其实并非易事。我们可以看到不少人,他们或因工作、事业中的挫折而苦恼抱怨,或因家庭、婚姻关系不和而心灰意冷,甚至有的因遭受重大打击而产生轻生念头,生命似乎是那么脆弱。

有这样一个故事:住在楼下的人被楼上一只掉在地板上的鞋子惊动,那种声音虽然搅得他烦躁不安,可是真正令他焦虑的却是不知道另一只鞋什么时候会掉下来。为了那只迟迟没有落下来的鞋子,他惶恐地等待了一整夜。

在现实生活中也常常这样,往往是高悬在半空中的鞭子才给人以更大的压力,真正打在身上也不过如此而已。由此我们可以得到什么启示呢?等着挨打的心情是消极的,那种等待的过程与被打的结果都是令人沮丧的。一个人在心理状况最糟糕的状态下,不是走向崩溃就是走向希望和光明。有些人之所以有着不如意的遭遇,很大程度上是由于他们的个人主观意识在起着决定性作用,他们选择了逃避。如果我们能够善待自己、接纳自己,并不断克服自身的缺陷,克服逃避心理,那么我们就能拥有更为完美的人生。

2. 敢于承担责任,获取信任

人们在逃避指责时,经常会含糊其辞,或者故意隐瞒关键问题,或者干脆靠撒谎来逃脱批评与惩罚。编造借口可以博取同情,一旦赢得了同情,那些工作拖拉的人就能免受惩罚并因此自鸣得意。但是,随着编造借口逐渐习惯成自然,撒谎的技巧渐趋熟练,他也就积习难改了。养成为逃避公正的谴责而撒谎的习惯,等于做出了一个危险的选择。踏上这条不归路,他就很难再有其他的选择了。如果一个人对事态的发展真的无能为力,大多数明白事理的人是不会苛责他的。只有当一个人明知故犯并造成恶果时,人们才会对他进行谴责。

人非对贤,孰能无过?一个人从出生时起,他就在与周围的世界产生积极的互动。环境对他产生影响,但是他往往更会对周围的事物产生影响。他能够在众多选择中做出自己的决定,这就是所谓"自由意志"。这说明他拥有主宰自身行为的能力,因而完全能够对周围环境产生影响。

如果是这样,他就应该为自己的行为负责。他做出决定,就理应承受相应的责备与赞扬。但是,有时人们在做决定时确实会受到种种客观因素的干扰,比如信息不通、缺乏常识、时间紧迫或者精神不够集中等。如果他真是无辜的,他可以通过事实、证据和逻辑驳斥对他的指责。但是,如果他真的有责任,就应该接受别人的责备。

如果他辜负了朋友的信任,继而若无其事地对他们撒谎,他们之间的关系就会遭到毁灭性的破坏。为了免受应得的责备,有些人会掩盖真相、敷衍搪塞、编造借口、无中生有、言不对题或者真真假假、闪烁其词。这些欺骗伎俩并非总能奏效,但是其目的却已昭然若揭:不过是想方设法逃避谴责与惩罚罢了。承认"我错了",意义非常重大,因为人人都难免犯错,所以大多数人都能原谅别人的过失。勇于承认自己的错误可以提高一个人的信誉,并且有助于自我完善。

三、大学生常见心理困惑及异常心理的判断标准

(一)体验标准、适应标准和发展标准

① 体验标准是自己内在的感受是否良好。
② 适应标准是这个人是否适应社会的要求。
③ 发展标准包括两个方面:一是这个人的行为是否与自己的年龄相适应,二是这个人现在的行为是否会对日后的生活产生不良影响。

(二)经验标准、统计学标准、社会适应标准和医学标准

1. 经验标准

咨询者凭借自己的临床经验和人们对于心理障碍的日常经验,或来咨询的人的倾诉去判断人的心理活动的正常与否。虽然此种方法的主观性很大,但很大程度上受咨询者体验和经验的影响,需要丰富的临床经验。

2. 统计学标准

这一标准来源于对人群的各种心理特性进行的心理测量数据。一般来说心理测量的数

据是呈现正态分布的,处于平均数正负两个标准差区间的人数约占总人数的95%,我们将这部分人定义为正常,而把平均数的两端视为异常。决定一个人心理正常和异常,就以其心理特征偏离群体的平均值的程度作为依据。统计学标准只能显示其当前的心理,不能显示其追踪结果,这是不足之处。

3. 社会适应标准

这也是一种极为普遍运用的标准。它以社会准则为标准衡量人的心理活动是否与社会生存环境相适应,并从个体对社会、集体、人际关系、他人和自我的态度中和习惯的行为方式中来观察正常与否。适应者为正常,不适应者为异常。很多专业人员因其具备相对的弹性而喜欢这个方法;因为它关注与生活和环境相关的行为,能适应许多不同的生活方式。但是因为适应与不适应之间本无客观标准,因此这一标准也不能完全绝对地适用。如教师多认为儿童的不良适应表现为偷窃和逃学。但心理学家却认为退却、孤独才是不良适应。

4. 医学标准

又称为症状和病因学标准。这一标准源自于医学的诊断方法,它根据病因与症状存在与否,通过各种医学检查找到引起异常心理症状的生物性原因,以此来判断心理活动的正常或者异常。为各种检查寻找客观判断标准。这种标准是十分有效的,但大部分心理障碍可能没有明显的器质性变化,至少在目前还找不到脑病变和其他因素的原因。所以医学标准也有局限。

(三) 其他标准

1. 自我评价标准

如果自己认为有心理问题,这个人的心理当然不会完全正常,但一般不可能存在大问题。心理基本上正常的人,完全可以察觉到自己的心理活动和以前的差别、自己的心理表现和别人的差别,等等。如果不认为自己有心理问题,也不能证明当事人就正常,具体请看第四个标准(外部评价标准)。

2. 心理测验标准

心理测验通过有代表性地取样,成立常模样本,检测信度,检测效度和方法的标准化,形成测评量表,可以在一定程度上避免专家的主观看法。但是,心理测验也存在误差,目前并不能代替医生的诊断。

3. 病因病理学分类标准

这种标准最客观,是将心理问题当作躯体疾病一样看待的医学标准。如果一个人身上表现的某种心理现象或行为可以找到病理解剖或病理生理变化的依据,则认为此人有精神疾病。其心理表现则被视为疾病的症状,其产生原因则归结为脑功能失调。

4. 外部评价标准

人的心理活动总是表现在生活的各个方面,如果大家都认为某个人有问题,一般就是正确的。即使他人没有看出来,专业人员也可以通过各种表现判断当事人是不是有问题。

5. 社会适应性标准

在正常情况下,人体维持着生理心理的平衡状态,人能依照社会生活的需要适应环境和改造环境。因此,正常人的行为符合社会的准则,能根据社会要求和道德规范行事,亦即其行为符合社会常模,是适应性行为。如果由于器质的或功能的缺陷,个体能力受损,不能按照社会认可的方式行事,致使其行为后果对本人或社会不适应的时候,则认为此人心理异常。

区分心理正常与心理异常的三个原则

一般来说,人的心理健康状况可划分为心理正常与心理异常两个大的范畴,就是通常我们说的没病或有病。心理正常范畴内按心理健康程度的不同又可分为心理健康与心理不健康两大类,一般心理问题、严重心理问题、疑似神经症都可归属于心理不健康的范围,属于心理正常的范畴。较为严重的心理问题不能自愈或疗愈的,有可能向心理异常方向发展。

1. 主观世界与客观世界的统一性原则

精神病性的幻觉是无对象的知觉,妄想是一种脱离现实的病理性思维。若一个人听到了别人在议论他,说他的坏话,并坚信有人在害他、攻击他、诽谤他,所以这个人感到非常愤怒,痛不欲生,但他所反映的情感不被人理解,因为没有事实根据,他的主观世界与客观世界是不统一的。

2. 心理活动的内在协调性原则

知、情、意、行协调一致是人类精神活动的整体性表现,一个人的心理过程一致表现在内心体验与环境的一致,如该笑的场合就笑,该哭的场合就哭。这就是情感与所处的环境协调一致。病态则相反,该哭的不哭,该笑的不笑。

3. 人格的相对稳定性原则

"江山易改,本性难移",说明了人格的相对稳定性。若一个人没有明显的外界因素而出现性格的反常,如平素开朗外向,突然沉默寡言、孤僻不接触人,这是他性格的稳定性遭到了破坏,属于反常。

第二节 大学生常见的心理疾病及其应对

心理疾病是由于个人及外界因素导致人脑机能出现障碍,引起思维、情感、行为和意志等心理活动失调的心理反应,同时伴有明显的躯体不适感。

由于多数大学生对于心理疾病的了解不深,往往忽略一些较小的心理问题,久而久之,就很容易发展成为心理疾病。

常见的心理疾病有以下几种。

一、神经症

神经症又名神经官能症,是一组由各种精神因素引起的高级神经活动过度紧张,致使大脑机能轻度失调的非器质性心理障碍。这是大学生中常见的心理疾病。神经症会使大学生处于一种无力自拔的心理冲突之中,他们对自己的病态有充分的自知力,因而会感到十分痛苦,精神活动能力下降、注意力不集中、记忆力减退、学习效率和生活质量大大下降。神经症主要包括神经衰弱、焦虑性神经症、强迫性神经症、恐惧性神经症和抑郁性神经症等。

(一)神经衰弱

神经衰弱是指由于某些长期存在的精神因素引起脑功能活动过度紧张,从而造成精神活动能力的减弱,使人易于兴奋又易于疲劳,神经衰弱常伴有各种躯体不适和睡眠障碍。

神经衰弱是大学生中较为常见的一种心理疾病。引起持续的紧张心情和长期的内心矛盾的一些因素,会使神经活动过程强烈而持久地处于紧张状态,超过神经系统张力的耐受限度,即会发生神经衰弱。如过度疲劳而又得不到休息,精神负担过重,或重大丧失、学业和事业受挫、人际关系紧张等。大学生神经衰弱常见以下几种症状。

1. 易兴奋,易激惹

在学习和工作等活动中易引起兴奋,表现为回忆和联想增多,不易自我控制,非言语动作过多,不容易专心于某一件事。同时,病人会特别敏感,容易生气、发怒。例如,因一点小事而急躁,对周围的声音、光线或细微的身体不适特别敏感,会因噪声和灯光等刺激引起厌烦或愤怒。

2. 脑力不足,精神倦怠

在看书、学习或进行脑力劳动时精神易疲劳,经常出现头昏脑涨、思维迟缓、注意力不集中、记忆力减退等症状;持续性差,易感到疲劳,懒于外出活动,学习及工作效率明显降低。

3. 紧张性疼痛

通常由紧张情绪引起,以紧张性头痛最常见,头痛多无固定部位,病人会感到头重、头胀、有紧压感,颈部僵硬,有的还表现为腰背、四肢肌肉痛。这种疼痛有时会表现为持续性或间歇性,也会出现钝痛或刺痛。在进行脑力劳动时疼痛加剧,情绪放松或睡眠良好、休息充分时,疼痛会有所减轻。

4. 睡眠障碍

睡眠障碍多为入睡困难,外界细小的刺激就会影响入睡;不易熟睡,容易惊醒或早醒,醒后不易再入睡;多梦,睡眠质量不高。长期处于睡眠障碍状态易形成顽固性失眠,导致精神萎靡,精力不足。

5. 植物神经功能紊乱

植物神经功能紊乱,有心跳过速、血压不正常、多汗、厌食、便秘或腹泻、尿频、月经不调、遗精等躯体症状,时常会出现心悸、心慌、胸闷、消化不良和周身不适等症状。

(二)焦虑性神经症

焦虑性神经症是以焦虑、恐惧和担忧为主要症状,同时伴有明显的植物神经功能紊乱和运动性不安的一种心理疾病。症状呈急性发作或慢性持续状态。急性焦虑或惊恐发作的患者会突然感到喉部梗阻、呼吸困难、紧张恐惧或出现濒死感。检查可见心跳加速、呼吸急促、震颤,发作可持续数分钟到数小时,并会反复发作。慢性焦虑症患者多有胆小、羞怯、过分敏感、过分犹豫等人格特点。

患有焦虑症的大学生会经常处于持续紧张状态,终日惶恐不安、提心吊胆、坐卧不安、容易激惹、注意力不集中,对外界事物缺乏兴趣或对自身躯体不适过分敏感,多伴有失眠多梦、肠胃不适、心悸头晕等症状。

大学生中常见的焦虑症多是因对考试、择业等恐惧引起的,其特点是心理活动处于消极的低效状态。例如,考试焦虑会使大学生情绪高度紧张,进而导致心理活动失调;有的大学生在考试中遇到难题做不出时,往往出现冒汗、心跳加速等症状,影响正常水平的发挥。

【案例3.3】某大学 K 同学,男,大学四年级学生,无家族病史,因整天担心、恐惧、焦虑,来求助心理咨询师。

K 同学说:"从暑假开始,觉得当时的我不是真正的自己。总是担心一些没有必要担心的事情。比如,看到寻人启事,就会心理不安,要是咱们家里的人丢了该怎么办啊?走在隧道里,担心隧道会塌下来,甚至担心电线杆会倒下来砸到自己。总感觉特别疲惫。一周以来,睡眠不好,前几天睡不着,后来睡着之后总半夜醒来,起来后脑海里就出现那些想法,感到心慌、恐惧、紧张、易怒。"

心理咨询师发现该同学的焦虑指数很高,手汗严重,双手总是湿漉漉的。夜间盗汗,经常感觉心里发慌。失眠,包括入睡困难和半夜醒来,有轻微的人格解体症状。总把消极事物与自己联系起来。经过心理咨询师的精心治疗,半年后,该同学的焦虑症状消失,两个月后复查正常。

(三)强迫性神经症

强迫症是以反复出现的强迫观念和强迫动作为主要表现的一种神经症。患者通常以有意识地自我强迫与有意识地自我反复强迫同时存在为特征。

患有强迫症的人常为这些重复出现的强迫现象而苦恼,虽努力克制却无法摆脱。患者病发前通常会有拘谨、犹豫、循规蹈矩、墨守成规、不知变通、优柔寡断和追求十全十美等特点;发病时主要表现为强迫观念(如强迫怀疑、强迫回忆、强迫性劳思竭虑、强迫性对立思维等)、强迫意向(如站立高处产生往下跳的冲动,但并不表现为行为)、强迫行为(如强迫洗手、强迫检查、强迫计数)等。他们能认识到强迫观念是自己头脑中产生的,不是外力强加的,是不恰当和缺乏现实意义的,试图克制却往往都会失败。

患有此疾病的大学生往往会表现为对自己行为的正确性产生怀疑,反复回忆已经发生过的事情,反复检查自己的行为等。

【案例3.4】段某,某大学一年级学生,出生在农村,从小跟着爷爷奶奶长大,父母长期在外面打工,爷爷是本镇上的小学教师,爷爷对段某的管教非常严格,要求比较高。段某自述自己为了讨好爷爷,从小很乖巧听话,自我控制力很强。每做一件事,爷爷都要求他做事要认真、一丝不苟,思考问题一定要弄清楚来龙去脉,每一件事都要知其然,更要知其所以然。小时候,为了弄清楚每一个问题,段某总爱打破砂锅问到底,爷爷就鼓励他,给予表扬。久而久之段某养成了凡事都要寻思个究竟的习惯。有时候段某感觉到没有必要考虑的一些问题,自己不想去考虑又控制不住去考虑、思索。有时候段某晚上翻来覆去睡不着,思考一些没有必要的问题,比如:宇宙中为什么会有银河系?银河系中为什么会有太阳系?太阳系里为什么会有地球?地球为什么会有生命?地球上的生物到底有多少种?为什么人类在地球上能生存?到其他的星球上为什么不能生存?……自己感觉到脑袋都要炸了。

（四）恐惧性神经症

恐惧性神经症是对某种特定的食物或情景持续产生强烈的、非理性的害怕或病态的恐惧。患有恐惧症的人在接触令其产生恐惧的对象或情境时，会出现明显的紧张、焦虑、恐惧等情绪反应，并伴有心跳加速、呼吸急促、心悸出汗，甚至昏厥等植物神经功能失调等现象。

大学生恐惧症主要表现为社交恐惧等，如害羞胆怯、缺乏自信、过分关注自身，害怕在众人面前说话，见到陌生人感到紧张不安、手足无措等。

（五）抑郁性神经症

抑郁性神经症是一种由社会心理因素所引起的，以持久的轻、中度情绪低落为突出表现的神经症。常伴有焦虑、躯体不适及睡眠障碍等症状，主要表现为悲观、忧伤、冷漠、孤僻和自我贬低，对前途悲观失望，对事物缺乏兴趣。患有抑郁性神经症的人多敏感、胆小、依赖性强，他们在遭受心理刺激或长期处于紧张、压抑的状态下，如亲人病故或分离、突发灾难、重大疾病、考试失败、失恋、生活和工作受挫等，就容易产生抑郁情绪，进而引发抑郁神经症。

患有抑郁性神经症的人通常会感到内心愁苦、缺乏快感、思维迟钝、动作缓慢、情绪焦虑、兴趣索然、失眠早醒、体重下降，严重时会感到悲观绝望、自责自罪，甚至产生自杀的念头。

【案例3.5】小廖，男，20岁，家境不好，家中有母亲和比他长11岁的哥哥。他从小与祖父母一起生活。父亲在他上大学一年级第一个学期时自杀了，他说在奔丧期间自己未掉过一滴眼泪。父亲是家中的长子，尽管很聪明，初中未毕业就早早担起家庭生活的重担。他母亲脾气暴躁，经常与他的小叔、小婶吵架，同时又时常迁怒于他的父亲。父亲为人很老实，不爱说话，只知道干活。他7岁时从祖父母家回到父母身边。从那时起母亲把攻击的矛头转向了他，常因为一点点小事骂他，甚至打他。还曾有过一整天不给他饭吃，在他未注意把厕纸扔在便池中而冲不下去时，他母亲让他用手拿起厕纸放到书包中。他从小爱学习，经常看书到很晚，母亲骂他是讨债鬼，一天到晚什么事情也不做，有时父亲在母子俩中间很为难，但最后总是帮着母亲说他。因为他不能忍受母亲对他的野蛮态度，所以从他懂事起从未叫过母亲妈妈。上高三时，他深感自己在家庭的压力下快要崩溃了，不想参加考试了，在小叔、小婶的鼓励和帮助下，才参加了高考，并获得了好成绩。后来他把小叔、小婶当成了最亲的人。大学第一学期寒假，父亲去世，他没回家，是在学校度过的，后来的暑假则是在小叔家过的。他与小叔、小婶的关系很好。但是在二年级寒假，他在小叔家时小叔因看不惯他抽烟、喝酒和只顾自己不顾别人的行为而批评了他。他感到很不满，与小叔吵了起来，提前回到了学校。他想想自己从来就没有过快乐，有的仅仅是苦闷。以前他和小叔家的关系还不错，现在和他们的关系也搞得十分僵。小廖不知今后自己该如何是好，也不知现在应如何对待母亲，他感到十分孤单。因此影响了学习，在学习时他常常注意力不集中，拿着书心里却想别的事，导致学习成绩大幅度下降，学习成绩由原来可以获得奖学金落到目前班级的中下游水平，为此他十分苦恼，心情压抑，性格也逐渐变得孤僻。看到别的同学有个温暖的家时，他既羡慕又妒忌。

二、人格障碍

人格障碍是指人格特征显著偏离正常状态,使人形成了一贯的反映个人生活作风和人际关系的异常行为模式。这种模式显著偏离特定的文化背景和一般认知方式,会严重影响人的社会功能。人格障碍形成的原因可能与遗传因素有关,也可能与童年的精神创伤和家庭环境等有关。常见的人格障碍有以下几种:

(一)偏执型人格障碍

偏执型人格障碍多以猜疑和偏执为主要特点,通常表现为:过度敏感,不信任或者怀疑他人的忠诚,过分警惕与防卫,嫉妒心强,心胸狭隘;自我评价过高,过分自负,自以为是,习惯将错误与失败归咎于他人和客观环境;具有自卑心理,对挫折和拒绝十分敏感,容易怨天尤人,对他人缺乏宽容和谅解;不能从客观的角度出发看待事物,思想多主观片面;常与人发生争执或沉湎于诉讼,人际关系不良。

(二)分裂型人格障碍

分裂型人格障碍主要表现为:过分内向,胆怯畏缩,害羞孤僻,沉默少语;常做白日梦,易想入非非,沉溺于幻想之中;情感冷漠,对喜事缺乏愉悦感,对生活缺乏热情和兴趣;我行我素,不喜欢人际交往,很少参加社会活动,缺少朋友,显得与世隔绝。

(三)悖德型人格障碍

悖德型人格障碍又称反社会型人格障碍,以行为不符合社会规范为主要特点。这一类人的特点是:缺乏道德情感,忽视社会道德规范、行为准则和义务,极端自私,以自我为中心;没有怜悯、同情之心,对他人的感受漠不关心;易激惹,常发生冲动型行为;缺乏责任感、内疚感和罪恶感,因此常做出违法乱纪的行为,不易接受教训,且屡教不改。

(四)冲动型人格障碍

冲动型人格障碍又称爆发型或攻击型人格障碍,是指具有要进行某些行为的强烈欲望并付诸实施的精神障碍,其行为和情绪具有明显的冲动性,常因微小的精神刺激而爆发非常强烈的愤怒和冲动,且不能自控,行动之后体验到愉快、满足或放松感,无真正的悔恨或罪恶感。间歇期一般表现正常,没有冲动或攻击的迹象。

三、精神病

精神疾病是指在各种生物学、心理学以及社会环境因素的影响下,大脑功能失调,导致认知、情感、意志和行为等精神活动出现不同程度障碍的疾病。常见的精神疾病有以下几种:

(一)精神分裂症

精神分裂症是一种最常见的精神病,其病因并不确定,具有感知、思维、情感和行为等多方面的障碍,精神活动与周围环境不协调。精神分裂症患者一般表现为:行为上的怪异或退缩,与现实环境和情境极不相称;思维上没有清晰的脉络,思维过程混乱不堪,说话语无伦次、答非所问;常常伴有幻觉,幻想听到别人议论自己的声音或者看到引起其强烈焦虑的食物;常感觉有人要伤害自己(被害妄想)、有很多人针对自己(关系妄想),有被跟踪感、被控制感、被洞悉感;情感淡漠、不协调;生活懒散,意志减退,自制力缺乏。

(二) 躁狂抑郁症

躁狂抑郁症简称躁郁症,是以情感高涨、活动增多、联想加快、极度兴奋与情绪低落、意志消沉、思维迟缓交替出现的一组精神障碍。患者表现为躁狂状态与抑郁状态的两极性。如果仅有抑郁发作就叫抑郁症,仅有躁狂发作就叫躁狂症。躁狂状态表现为:情绪高涨,具有强烈而持久的兴奋和喜悦;思维奔逸,联想过程明显加快,口若悬河,滔滔不绝;行为活动明显增多,喜交往,爱凑热闹,好管闲事,整天忙忙碌碌,不知疲倦;自我感觉良好,言辞夸大,脾气暴躁,动辄大动肝火,易激惹。抑郁状态则表现为:情绪低落,无精打采,沮丧忧郁;思维迟钝、麻木,行动明显减少,动作迟缓乃至僵木,兴趣减退、信心下降、动力缺乏、性欲减退、体重减轻、有自杀念头等。

四、治疗方法

(一) 放松疗法

放松疗法又称放松训练,是指在一个安静的环境中,治疗者指导患者使用意念使情绪放松和肌肉放松,以缓解患者紧张、焦虑、不安、气愤等不良情绪。

放松疗法的具体方法如下:

1. 深呼吸放松法

双肩自然下垂,闭上双眼,然后慢慢地做深呼吸,以减弱紧张的情绪反应。

2. 想象性放松法

患者先按要求放松地坐好,闭上双眼,然后治疗师逐步地给予患者言语性的指导,让患者自行想象。想象的内容多为积极的、美好的东西。

3. 渐进放松法

渐进放松法是最常用的一种放松训练形式。它通过循序渐进地放松一组一组的肌肉群,最后达到全身放松的目的。在每一组肌肉群的放松过程中,要求先使这组肌肉紧张,这是为了使初学者知道什么是紧张,从而能通过比较,更好地体会放松的感觉。

(二) 满灌疗法

满灌疗法又称为"冲击疗法"和"快速脱敏疗法"。它是鼓励患者直接接触引致恐怖、焦虑的情景并坚持直到紧张感觉消失的一种快速行为治疗法。著名行为疗法专家马科斯在谈到满灌疗法的基本原理时指出:"对患者冲击越突然,时间持续越长,患者的情绪反应越强烈,这样才能称之为满灌。迅速向患者呈现让他害怕的刺激,并坚持到他对此刺激习以为常为止,是不同形式的满灌技术的共同特征。"

运用满灌疗法时,治疗一开始就应让患者进入最使他恐惧的情境中,一般采用想象的方式,鼓励患者想象最使他恐惧的场面,或者心理医生在旁边反复地甚至不厌其烦地讲述他最感恐惧情景中的细节,或者使用电子设备放映最使患者恐惧的情景,以加深他的焦虑程度,同时不允许他采取闭眼睛、哭喊、堵耳朵等逃避行为。在反复的恐惧刺激下,患者因焦虑紧张而出现心跳加快、呼吸困难、面色发白、四肢发冷等植物性神经系统反应,但其最担心的可怕灾难并没有发生,这样焦虑反应也就相应地消退了,或者把患者直接带入他最害怕的情境,经过实际体验,使其觉得也没有导致什么可怕的后果,恐惧症状自然就慢慢消除了。

(三) 厌恶疗法

厌恶疗法是指将引起痛苦反应的非条件刺激与形成不良行为的条件刺激结合,使患者在发生反应的同时感到痛苦,从而对不良行为产生厌恶,使不良行为逐渐消退。常用的厌恶刺激有电击、药物、手腕套皮筋、厌恶想象等。适应证是嗜酒、吸烟、贪食、吸毒、性变态等不良行为。

学习拓展

素质拓展

1. 阅读图书:《大学生心理健康教育与拓展训练》(方双虎,徐英武)

内容简介:本书在内容上,从知识、技能和自我认知三个层面展开,每个章节都包含三个层次:第一,围绕本章主题,先进行案例导入,分析相关心理健康知识和心理调适技能;第二,心理健康表现领域,从维护心理健康的角度出发,结合拓展性的阅读材料和案例阐述心理问题的识别、预防和矫正的方法,阐明在大学生生活的各个方面如何增进心理健康;第三,课程实践,在前两部分的基础上,通过思考讨论、心理测试及心理练习等方式使大学生在实践中成长。

2. 推荐电影:《迷城》

内容简介:《迷城》讲述了一个发人深省的故事。故事从一段美好的爱情开始,贫穷的大学生赵坡暗恋美貌与智慧并存的富家女大学生殷琦,但身份差异让他自卑,不敢表白。一次偶然的相遇让赵坡认识了美发师甘秀,两人风雨同舟,渐渐相爱。不久后,在一次老乡组织的旅行中,赵坡目睹了甘秀被老乡侮辱后神秘失踪。他的神经受到极大刺激,内心懦弱的他便开始了一段漫长的赎罪之旅……

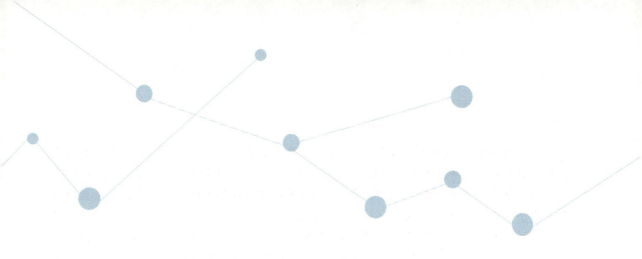

第四章

大学生的自我接受与完善

课程导入

小丁来自农村,当年因家境不佳,所以以优异的成绩"屈就"某大学。这使他从上大学的第一天起就有一种比其他学校的大学生差的感觉。他从内心深处希望改变这一结果。在大学三年的学习中,他一方面努力完成学业,另一方面也为生计奔波。在别人眼里他始终是个坚强而有头脑的人,而他不这么认为,他觉得这只是自己一种无奈的选择。平常他可以与周围的每个人融洽相处,加上他的阅历较广,所以总会有新奇的事说给他人听,让人感觉他似乎是个很开朗的人,但他说这不是真实的他,他不敢与他人谈家庭、谈学校、谈那份奔波的辛苦,因为这些都是他心底最隐秘的东西,是他感到极度自卑的地方,想改变却又是徒劳的,他认为这个自卑的"我"才是真正的"我",而那个外在的"我"不过是个假象而已,从来不曾存在过。

第一节 自我意识概述

进入大学的学生,都会思考一些问题:"我是谁?""我有什么目标?""我为什么上大学?"等。当我们提问:请你向别人描述你自己,你首先想到的特征是什么? 是你的性格特征,如外向、内向;还是外表特征,如高、矮、胖、瘦;或者是社会类别,如男、女呢? 事实上,每个人可能更倾向于用概括性的语言对自己做一个总体评价:"我是一个追求优秀的大学生。""我是一个有些懒惰、自制力弱的人。"这些都是自我意识的内容。

【案例4.1】来访者:"我不是很了解自己,看到别人比自己做得好,就感觉很不舒服,可以说是嫉妒吧,有一种很强的失落感;也不知道自己最擅长什么,优点有哪些,该怎样去接纳自己。"

心理咨询师:"在生活中,每个人都希望自己比别人强,得到别人的关注,这种愿望是好的,偶尔有点嫉妒心也是很正常的,但是你好像总是习惯以别人的强项来打击自己的自信心……"

来访者:"我也不知道自己的强项是什么,觉得自己什么都做不好。"

心理咨询师:"自己的优点是什么其实不难发现,就看自己在做什么事的时候获得的表扬最多,然后再看一下做这件事时是否开心。擅长的事首先是自己做起来感觉较好的事,想一下这样的事有哪些,然后再看一下其中自己做得不错的有哪些……"

一、自我意识的涵义

自我意识是指个体对自己的身心状态及自己与周围环境之间各种关系的认识和态度,是注意力不因外界或自身情绪的干扰而迷失、夸大或产生过度反应,反而在情绪纷扰中仍可保持中立自省的能力。

心理学家约翰·梅耶将自我意识简单地定义为:及时觉察到自己的情绪以及对这种情绪的想法。自我意识也可以解释为对内心状态不加反应或评价的注意,是一个人对自己以及自己和他人关系的知觉,是一个多维度、多层次的心理系统,它包括自我感觉、自我评价、自我监督、自尊心、自信心、自制力和独立性,等等。

从形式上看,自我意识由自我认知、自我体验和自我控制三种心理成分构成,表现为知、情、意三个层面。从内容上看,自我意识可分为生理自我、心理自我和社会自我,即物质的我、精神的我和社会的我。从自我观念看,自我意识又可以分为现实自我、投射(镜中)自我和理想自我。

自我意识具有自觉性、社会性和能动性三个特点。自觉性表现在个人对自己及其与客观世界的关系上有比较清晰的理解和自觉的态度;社会性说明自我意识不是先天就有的,而是人参与社会实践的产物,是客观现实在人脑中的反映;能动性指自我意识对人的心理和行为的调动作用。

二、自我意识的结构

自我意识是一种多维度、多层次的复杂心理现象,它由自我认知、自我体验和自我控制三种心理成分构成。这三种心理成分相互联系、相互制约,统一于个体的自我意识之中。

(一)自我认知

自我认知是主观自我对客观自我的评价,包括自我感觉、自我观察、自我概念、自我分析、自我评价等。其中,自我概念和自我评价是最主要的方面,也是自我体验和自我控制的基础。自我认知主要解决"我是怎样一个人?"的问题。比如有人观察自己的体形,认为属"清瘦型";分析自己的品性,认为自己是个诚实的人;用批评的眼光审视自我时,觉得自己脾气急躁,容易冲动。

在客观的自我认知基础上作出正确的自我评价,对于个人的心理、行为表现及在社会群体中人际关系的协调,都具有重大的影响作用。如果一个人在社会生活中,把自己看得低人一等,没有价值,那么,他就会产生自卑感,做事缺乏胜任的信心,没有主动性和积极性,其结果是无论做什么事情都难以保证质量。相反,如果一个人只看到自己的长处,那么,他就会产生盲目乐观的情绪,自我欣赏,自以为是,其结果是往往不能处理好人际关系,难以与人合作,或被他人拒绝、被群体孤立。可见,自我的客观认知和评价,对个人的健康发展有着不可忽视的影响。

(二)自我体验

自我体验是个体对自己怀有的一种情绪体验,即主观自我(主我)对客观自我(客我)持有的一种态度。它反映了主我的需要与客我的现实之间的关系,主要解决"我对自己是否满意?"的问题。客我满足了主我的要求,就会产生积极肯定的自我体验,即自我满足;反之,客我没有满足主我的要求,则会产生消极否定的自我体验,即自我责备。客我能否满足主我的要求,往往与个体的自我认知、自我评价和个体对社会规范、价值标准的认识有关。自我体验的内容十分丰富,比如自尊心与自信心、成功感与失败感、自豪感与羞耻感等。

自尊心是一种内驱力,激励着个体尽可能地努力以获得别人的尊重,尽可能地维护自己的荣誉和社会地位。自信心是对自己智能与精力的坚信,使个体遇难而进,走向成功。但是,如果自尊心和自信心把握不当,就会产生脱离集体、追求虚荣的个人英雄主义,稍有点成绩就趾高气扬,瞧不起他人,而一旦遇到点挫折,则会自卑、自贬,一蹶不振。

成功感和失败感是根据个体的自我认知与自我期望水平而确定的,决定于个体的内部标准。比如当个体在完成某项工作时,他人认为他未获成功,而个体可以认为自己取得了成功,或者是他人认为他已取得成功,而个体自己却认为是失败的。由于个体的自我期望水平要受社会期望标准的影响,因而,决定个体成功与失败的情绪体验的内部标准在一定程度上要与社会的共同标准相适应。当个体体验到成功感时,就会产生积极的自我肯定,向更高的目标进取;反之,当个体体验到失败感时,则常会产生消极的自我否定,闷闷不乐,甚至放弃努力。可见,如何恰当地处理自我体验,对个体的身心发展具有重大的意义。

(三) 自我控制

自我控制是个体对自己行为、思想和言语等的控制,即主我对客我的制约作用,主要解决"我想成为怎样一个人"的问题。自我控制有两个方面的表现:其一是发动作用,其二是制止作用。人们在克服困难的过程中,个体强制使自己的言语器官和运动器官进行种种活动,这就是自我控制起的发动作用。例如,学生克服贪睡的欲望,晨起跑步、早读。而主我根据当时的情境,抑制客我的行动和言语,则为自我控制所起的制止作用。例如,身患感冒的学生在上课时强行压制自己避免咳嗽。

自我认知是自我体验和自我控制的基础,自我体验能强化自我控制,自我控制、自我调控的结果又会强化、校正、丰富自我认知。三者互相联系、有机结合、完整统一,构成了一个人的自我意识,成为一个人个性的核心内容。

【案例4.2】大二学生姗姗,3月份到学校心理咨询中心时,自述自己很矛盾,既想考专升本,又想考英语四六级,还想做兼职挣点零花钱,但是不知如何选择。实际上,对于大学生来讲,这几个选择都是有发展意义的,关键需要自己果断抉择。一个半月后姗姗第二次来咨询,还在纠结,以至于专升本考试没有认真复习,考试肯定没有希望,于是决定安心复习英语。6月份见到姗姗时,她一脸憔悴,说到处找兼职,英语也没考好,很痛苦,说自己失去了全部的机会。老师只能开导她看向未来而不要纠结过去,并友情提示她马上要期末考试了,还是要先把心思放在考试上,姗姗表示认同。学期结束时,姗姗一脸沮丧,自己期末考试有两门"挂科"。造成这些不良结果的原因都在于她始终没有行动,想得太多,做得太少。

第二节 大学生自我意识的发展及特点

自我意识是隐藏在个体内心深处的心理结构,是个体意识发展的高级阶段,是人格的自我调控系统。大学阶段是个体自我意识急剧增长、迅速发展和趋于完善的重要时期,探讨大学生自我意识发展的特点,寻求合理的培养途径,对培养具有健康人格和德才兼备的人才具有重要意义。一切成就均始于一个意念,认识了自我,就算是成功了一半。

一、自我意识的发展

孔子说:"吾十有五而志于学,三十而立,四十而不惑,五十而知天命,六十而耳顺,七十而从心所欲,不逾矩。"这是孔子对生命的发展观,初步阐述了人的心理发展的特点。心理学研究证明,自我意识不是与生俱来的,是人们后天在社会实践、社会交往中,随着语言和思维的发展而逐步发展起来的,是人区别于动物的重要标准。

心理学研究表明,个体自我意识从发生、发展到相对稳定和成熟,大约需要 20 多年的时间。通过向不同年龄的人们提出同一个简单的问题"我是谁?"心理学家研究了人类的自我概念从孩童到成年是如何演变的。通常儿童的自我概念是一些具体的、具有清楚界限的以及易于观察的特征,如年龄、性别、居住环境及嗜好等。当我们成熟起来,我们便不那么强调生理特征,而是更强调心理状态(我们的想法与感受)及关心他人如何评价自己。一般来说,自我意识的发生、发展大致经过了自我中心、客观化和主观化三个时期。

(一)自我中心期

自我中心期是从婴儿出生后 8 个月到 3 岁这一阶段。在生命降生之初,婴儿是没有自我意识的,他们甚至不能意识到自己和外界事物的区别。他们经常吮吸自己的手指头,就像吮吸母亲的乳头一样津津有味,因为他们把母亲当作了自己的一部分。可见,他们还生活在主体与客体尚未分化的状态之中。8 个月左右,生理自我开始萌生,这就是自我意识的最初形态。到 1 岁左右,儿童开始能把自己的动作和动作对象区别开来,初步意识到自己是动作的主体。例如,当他们手里抓着玩具的时候,不再把玩具当作自己身体的一部分了。1 周岁以后,儿童逐步认识到自己的身体,也开始能意识到自己身体的感觉。不过,他们只是把自己作为客体来认识。他们从成人那里学会使用自己的名字,并且像称呼其他东西一样称呼自己。大约到 2 岁,儿童逐渐学会用代词"我"来代表自己,开始有了自我认定。他们能从镜子中认出自己的容貌,随着自身语言能力的发展,在别人叫他的名字时,逐渐察觉此名与自己有联系。3 岁左右的儿童,自我意识有了新的发展。主要表现在:① 出现了羞愧感与疑惑感。当做错事时,儿童会感到羞愧;当碰到矛盾时,儿童会感到疑虑。② 出现了占有欲和嫉妒感。儿童看到自己喜欢的东西,就想独自占有,不愿与人共享;如果母亲对其他儿童表现出关心和喜爱,儿童会产生强烈的嫉妒感。③ 第一人称"我"的使用频率提高,许多事情都要求"我自己来",开始有了自立的要求。应该说,3 岁儿童的自我意识已经有了一定发展,但其行为仍然是以自我为中心,即以自己的想法解释外部世界,并把自己的想法的情感投射到外界事物上去。

(二)客观化时期

从 3 岁到青春期,是个体接受社会文化影响最深的时期,也是学习角色的时期。个体在家庭、幼儿园、学校中游戏、学习、劳动,通过模仿、认同、练习等方式,逐渐形成各种角色观念,如性别角色、家庭角色、伙伴角色、学生角色等。这一时期,也是获得社会自我的时期,他们开始能意识到自己在人际关系、社会关系中的作用和地位,能意识到自己所承担的社会义务和享有的社会权利等。

青春期以前,个体的眼光是向外的,引起他们兴趣和注意的是客观外部世界,他们对自己的内心世界视而不见。他们虽然已经意识到自己是一个主体,但不了解自己的心理状态,他们常常把自己的情绪视为某种客观上伴随行动而产生的东西,而不懂得情绪是自己的主观感受;他们还不善于运用自己的眼光去认识世界,而只是照搬成人的观点作为自己对外部世界的认识。

(三)主观化时期

从青春期到成年的大约 10 年时间里,个体的自我意识趋于成熟,并逐步获得了心理自我。此时,个体的自我意识表现出四个方面的特点:

① 用自己的观点来认识与评价事物,使自我意识成为个体认识外部世界的中介因素,从而使个体的思想和行为带有浓厚的个人色彩。

② 个体会从自己具有的人格和身体特征出发,强调相应事物的重要性,形成特有的价值体系,以指导自己的言行,提高自己的社会地位。

③ 追求生活目标,出现与价值观相一致的理想自我。

④ 抽象思维能力大大提高,使自我意识能超越具体的情境,进入精神领域。

由于自我意识的发展,进入青春期后身心的急剧变化,各种能力(尤其是想象力、逻辑思维能力)的加速发展,自己在客观化时期从社会中吸取来的东西得到独立的综合加工,他们开始关心自己的形象,开始关心自己的心理活动,不再简单地认同别人的观点,而是有自己独特的见解,具有个人浓厚的主观性。特别是进入大学后,个体要求独立、自治的意识更加强烈,期盼摆脱成人的束缚和影响。大学生的自我意识发展主要集中在这一阶段。

二、大学生自我意识中各结构的发展与差异

(一)大学生自我认识与评价的发展

大学生的自我认识与评价的发展水平有随年龄的上升而提高的趋势。这主要是由于大学的社会生活环境、学习内容发生了变化,智力有所发展,提升了学生的认识能力,因而自我评价的内容丰富起来,同学之间的相互评价也逐渐增多。其表现有以下几个方面:

1. 大学生自我形象的内容更为丰富

大学生在描绘自我形象时,使用分析性的描述,而不像中学生那样使用整体性的描述。这种分析一般能深入个人的内心世界,表达出情绪体验、思想动机、意志特征与理想愿望,如用"大海里的一滴水"或"铺路的石子"等来描述自己;有的分析自己性格形成的途径和优缺点等。

2. 大学生自我形象的社会性更为增强

大学生在评价自己时,更多地从社会政治思想、动机、理想、品德方面,从与他人的比较中观察自己、分析自己,社会文化因素的特点成为构成自我形象的主要依据。这也表明大学生的社会化过程发展到一个新的水平。

3. 大学生自我形象的概括性水平增高

大学生对自我形象的评价已从外部的、具体的、偶然的特征发展到综合自己经常出现的心理特点,用概括的词语或方式来描述自己,如用"富有个性""潇洒的气质"等来形容自我。这表明大学生对自己的认识和思维向抽象化、概括化发展,但也有性别差异,一项调查研究发现,男生性格的理智性、思维的逻辑性比女生更为突出,而女生性格的情绪性、思维的形象性更为突出。

（二）大学生自我体验的发展

1. 大学生自我体验的发展水平渐趋稳定

大学一年级学生与高中三年级学生处于同一水平，其由于自我认识与评价能力的增高，自我体验仍在发展变化。但大学二年级和三年级学生在自我体验的测验中得分有所下降。因为情感体验受到社会需要、主体的意识以及主体与客体的相互关系的影响，尤其是在大学期间，学生的理想与现实往往发生矛盾冲突，这种矛盾一直持续到高年级才能得到解决。

2. 大学生的自我体验较为强烈

大学生在自我评价提高的基础上，认识到自我的价值、地位和作用，责任感和义务感增强，在学习和各项活动中争强、好胜，自尊心有突出的表现，一旦遇挫或失败就会产生内疚和压抑的情绪。同时个人的成功与失败是根据自己的期望值决定的，期望值越高，达到目标的成就感越大。成功与失败都会引起大学生强烈的情绪反应。

3. 大学生的自我体验敏感性大

青年期的学生对涉及自我的一切事物都非常敏感，特别是在与异性的接触中更常常产生情绪的波动，在行为与自我形象的塑造上，往往触景生情，通过想象抒发自己的灵感或生活的体验，因而在思维中经常流露出一些感慨和遐想等。从性别差异来看，在自我体验强度方面，男生大于女生；在体验的持续性上，女生则持续时间比男生长。

（三）大学生自我控制的发展

大学生自我控制的水平随着年龄的增大逐渐达到成熟和稳定，他们的行为表现遵照社会的期望与规范的要求。大学生自我控制的发展有以下几方面的变化：

1. 大学生自我控制的自觉性与自我监督能力的提高

大学生的自我控制已经发展到自觉地进行目的的调节与支持，防止活动的任意改变，坚持实行预定的行动计划，因而能运用逻辑分析提高执行过程的知觉水平。例如，运动员运用逻辑分析来控制跑速。大学生自我监督的自觉性来源于社会责任感、成就目标、生活的价值定向和自我意志的锻炼，而外部的直接诱因的作用则相对地减少了。

2. 大学生自我控制的社会性增加

大学生更多地用社会标准来要求自我。一项对11所院校15个系395名大学生的调查（杨永明、王淑兰）发现，大多数学生都希望做一个为社会多做贡献的、适应时代发展特点的，以及德才兼备、博学多识、富于开拓精神、肩负重任的大学生；而只希望自己做一个普普通通、没有远大社会理想的人的大学生，只占少数。

3. 从超估或低估自我向平衡发展

大学生由于自我评价与自我体验发展的不平衡，有时表现出超估自己的倾向。所谓超估就是自我评价高于他人评价。有些学生的自信心和优越感强，他们用自己之长比他人之短；有的学生出现了盲目的抗拒心理，认为别的同学都不如自己，甚至采用各种方式表现自己的能力，思想偏激、武断，因而出现错误的行为。这种自我扩张型的人行为上缺乏理智，情绪容易冲动，妄自夸大自我形象，幻想高于现实，当现实条件不如意时，就埋怨客观环境不佳，学业与品德向不良方向发展。另一种类型是低估自我，这类学生在大学生活和学习中积累了较多的挫折和困难,自卑感严重,出现了焦虑和紧张,倾向于自我否定。这两种表现都说明大学生在自我控制方面更需要注意三种自我结构因素由不平衡向平衡的发展。

三、大学生自我意识发展的特点

大学生随着生活环境的改变、知识技能的积累、生活经验的丰富和心理水平的提高,在人格倾向性和人格心理特征等方面都有了长足的进步。大学生在身心各方面都已基本成熟,与中学生相比,他们已变得相对沉稳、平静、自信、乐观和宽容,他们的自我体验和自我控制的发展水平已渐趋稳定。一般来说,大学生的自我意识发展的特点大体可归纳为以下几个方面:

(一)大学生自我意识发展的独立性

青年期是个体实现社会化的关键期。在这个时期由于大学环境中交往领域的扩大、社会生活的丰富,大学生热情地参加各种学校群体、小组和社团的活动,参加集体活动越多,成熟得越快、责任感越强。这个时期大学生才真正地把身体成熟、思维成熟与社会成熟联系起来。这种成熟的具体表现就是独立性不断提升。有许多调查发现,大学一年级学生的独立性水平与高中三年级学生的发展水平无显著差异,他们发展的平均数分别为2.384、2.375;而大学二年级的学生与高三学生相比,就发生了显著差异;大学二年级学生与大学三年级学生的独立性相比则无显著差异。大学生从大学二年级起就能够独立地进行自我评价,对社会和集体提出个人独立的看法,有独立的控制行为的方式、体验,独自确定生活的方向。不过,在成熟过程中需要良好的环境和教育者的帮助与指导。

(二)大学生自我评价的广泛性与概括性

大学生自我评价的内容非常广泛,有外部表现,如容貌体态、仪表风度、行为表现;也有内部品质,如性格、气质、道德修养、同学关系、智力特点、特殊才能、学业与活动的成就等。在这个时期大学生特别关心自己在集体中的形象与地位,其中比较关心的占39.5%、非常关心的占54.88%。这种广泛性表明大学生注意对自己进行比较全面的分析与评价。

由于大学生的思维发展到更高的逻辑思维阶段,在自我评价的概括性上出现了以下特点;第一,概括的理论性。这个时期的大学生对自己和别人行为的评价,已能从理论及原则的角度进行评价,他们不是只从印象出发谈现象或具体表现,而是从道德规范与目标、性格与情操、处事的态度与要求、完成任务的情况进行分析。第二,概括的辩证性。大学生的自我评价由于理论思维的提高,克服了片面性,他们评定自己和别人时能辩证地从各个侧面来分析自己、描述自己。既看到个人的优点,也看到个人的不足,立足于抓主要矛盾;既寄希望于未来,也注意现实的具体状况,能综合过去、现在与未来评价自我。第三,概括的类型化。对自我的评价一般都用某种模式或榜样来归类,把自我归属于某一种类型,是大学生概括自我的一个特点。有的按性别角色特征进行概括,有的按学习成绩进行概括,有的按行为方式或风度进行概括。有的称自己为务实型,有的称自己为潇洒型,有的把自己归入浪漫现实主义者,有的把自己归入未来的理想主义者。

(三)大学生自我意识的反省性

个体的自我意识往往隐含着许多潜意识,这些潜意识受客观条件的调控,具有一定的波动性。大学生的需要水平有了新的发展,增添了不少新的内容。他们的学习动机不断明确,大多数学生能将国家和集体的利益当成自己学习的动力。他们的成就动机与交往动机逐渐增强。他们的兴趣和爱好有了一定的倾向性,兴趣渐趋稳定,爱好逐渐广泛而深入。在理想方面,大学生初期刻意模仿理想中的榜样和楷模,后来逐渐走向现实和定型。同时他们的自我反省水平得以提高,大部分大学生能够进行自我反省,能自己或借助他人的帮助对自己的行为加以调节。

(四)大学生自我意识的统一性

自我意识分化、矛盾带来的痛苦不断促使大学生寻求方法以求得自我意识的统一,即自我同一性。自我同一,主要指主体我和客体我的统一、自我与客观环境的统一、理想我与现实我的统一,也表现为自我认识、自我体验、自我监督的和谐统一。

消除矛盾,获得自我统一的途径有三个:一是努力改善现实自我,使之逐渐接近理想自我;二是修正理想自我中某些不切实际的过高标准,使之与现实自我趋近;三是放弃理想自我而迁就现实自我。按照健康心理学的标准,不管哪种途径达到自我意识统一,只要统一后的自我是完整的、协调的、充实的、有力的,就是积极和健康的统一,这种统一有利于个体的心理健康和发展,有助于社会的文明和进步。

总之,大学生的自我意识由分化、矛盾到统一这个过程并不是绝对的,具体到每一个大学生,由于其身心发育的水平、经历的不同,自我分化的早晚、特点,矛盾斗争的水平、倾向不同,统一的早晚、模式也不同。而且自我意识的发展是终身的,并不是说自我意识在青年这个阶段分化、矛盾、统一,就意味着它不再发展,只是在青年期以后它的发展不再像青年期那么突出,比较稳定和平缓罢了。

第三节 大学生自我意识的偏差及其调适

大学生在社会中特殊的地位与所属的特殊的人群结构,使得他们普遍有着较高的自我期望值,即使是高等教育大众化的今天,也依然未能改变这种特点,再加之独生子女的特定成长历程与相应的心理特征,使他们对未来常常抱有不切实际的幻想,这些都可能产生自我意识的矛盾与偏差。

一、大学生自我意识的矛盾

(一)主观自我和社会自我之间的矛盾

进入大学以后,随着学习、生活方式的改变和心理意识的发展,大学生的自我意识有了明显的变化,出现了理想自我和现实自我的分化,并且迅速发展,矛盾冲突日益明显。在"主观自我"和"社会自我"之间出现了所谓理想自我和现实自我的矛盾。这种矛盾分化使得大学生越来越多地注意到"我"的许多细节，发生自我意识的改变，经过自我体验和自我调控，而表现出各种激动、焦虑、喜悦与不安情绪。当理想自我占优势时，往往会将"客体我"萎缩到实际能力以下，总认为自己事事不如人，从而产生较强的自卑感，甚至放弃努力，形成自我怜悯或伤感的心理状态。相反，当现实自我占优势时，往往表现出较强的虚荣心和自我陶醉，特别在乎别人对自己的评价，担心暴露自己的缺点。另外，大学生自我意识中投射自我意识成分明显增强，人际关系也因此变得较为复杂，同学之间的矛盾也日益增多，常会产生自己不为别人所理解的感觉，常常要求别人理解自己，出现"理解万岁"的理念。

（二）自我意识分化迅速与调控能力相对较弱的矛盾

由于自我意识的分化，"主体我"和"客体我"、"理想我"和"现实我"之间的种种矛盾开始出现，在这种矛盾心理的作用下，他们对自己的评价常常是矛盾的，对自己的态度也是波动的，对自己的调控常常是不自觉、不果断的。他们时而看到自己的这一面，时而又看到自己的另一面；时而能客观地评价自己，时而又高估或低估自己；时而感到自己很成熟，时而又感到自己很幼稚；时而对自己充满信心，时而又对自己不满，感到自己什么都不行，等等。面对自我意识中的种种矛盾，大学生开始通过各种活动来重新认识自己，自觉或不自觉地在调节矛盾中认识自我、完善自我。经过一段时间的矛盾冲突和自我探究后，大学生的自我意识就会在新的水平和方向上趋于一致，达到暂时的自我统一。然而新的自我意识矛盾又会产生，还需要不断地自我调控和自我探究。但大学生的这种自我调控能力相对较弱，往往需要借助外界环境的影响。即便如此，在自我意识的统一过程中，也会出现消极的、错误的和不利于心理健康的统一。例如想得多、做得少，自我认识清楚，但自我调控能力太弱，过多关注自己，过于看重自己，而对他人、集体、社会考虑较少等。

（三）独立倾向和依附意识的矛盾

随着大学生心理成熟水平的提高，独立意识迅速发展，希望独立自主地解决自己生活、学习上的一切问题，不愿像中学时代那样生活在老师和家长的"管束"之下。但是大学生的心理成熟度是有限的，而这种成熟度也受到方方面面的制约，往往在现实生活中还离不开家长的支持与老师的引导。

【案例4.3】小王是某高校大一新生，刚上大学的新鲜劲还没过去，就和辅导员起了"冲突"。小王说自己本不爱睡懒觉，但辅导员却整天教育同学们"不要睡懒觉，睡懒觉是空虚无聊、没上进心的表现""年纪轻轻睡懒觉浪费时间"等等。小王心想越不让我们做的事越想做着试试看，又怎么样？这种"逆反心理"的出现是消极的"自我意识"在起作用。

（四）自尊和他人认同的矛盾

进入大学以后，大多数人自我评价至少会受到两个方面因素的影响，即学习成绩的改变以及各方面特点的改变。学习方面的改变就成为大学生自我评价的一个重要因素。而各方面专长的特点，不仅表现为知识面和社会经验，而且还表现为音乐、舞蹈、体育等方面的才能。当发现自己在这些方面与别人存在差距时，也会成为影响他们自我评价的重要因素之一。有的人在进入大学以前主要关注的是自己的学习成绩，而对其他方面的事情很少在意。这时他们对自己的评价主要建立在学习成绩的优劣上，但在上大学后，不仅学习成绩不是评价人的唯一标准，而且发现自己在其他很多方面都与别的同学有很大的距离，对自我的重新评价也就陷入了一种两难的境地。这种两难境地表现为：一方面，他们仍有一种自信和不服气，认为自己不见得如此差；另一方面，他们又担心别的同学会看不起自己，害怕暴露自己的弱点，想尽一切努力弥补或掩盖自己的弱点。这实际上是一种自信和自卑的复杂组合，而且又往往以自卑占上风。这种两难境地对大学生的影响是很大的，其不良后果的表现也因"两难"的程度不同而有所不同。这包括从简单的孤独、压抑情绪，到社交方面的障碍，甚至出现严重的神经症状反应。个别学生因此而不得不中止学业、休学或退学。产生这些不良反应的原因实际上是不能准确评价自己，具体来讲，也就是如何正确看待自己与别人存在差距的问题。

（五）过度自我接受和过度自我拒绝

自我接受是自己认可自己，肯定自我的价值，对自己的长处和短处有一个客观的评价，是心理健康的表现。但过高地估计自己，盲目自大，自以为是，觉得只有自己行，别人都不行，则是过度的自我接受。自我拒绝是指自己不喜欢自己，不能容忍自己的缺点和弱点，妄自菲薄，总是在否定自己。过度自我拒绝则是更严重的、经常的和多方面的自我否定。

过度的自我接受和过度的自我拒绝，都是自我意识的偏差。如何调整过度的自我接受和过度的自我拒绝呢？首先，要树立正确的认知观念，人不可能十全十美，"尺有所短，寸有所长"，人人都有优点和缺点，十全十美和一无是处的人都是不存在的，尤其是大学生，可塑性很强，应该在对事物的认知中不断完善自己。其次，要树立一个合理的参照系，人的价值本来是相对的，只有在相互比较之下方能定出高低，以弱者参照会自大，以强者参照会自卑，人应该立足自己的长处，明了、接受并努力改正自己的短处，不要过度自负，也不能过度自卑。

二、大学生自我意识矛盾的归因

上述由自我意识分化带来的矛盾冲突，是自我意识发展中的正常现象，是大学生人格发展的必经阶段。导致大学生自我意识矛盾冲突的原因是多方面的，但归纳起来主要有两大因素：

（一）客观因素

从社会环境及变迁来看，大学生自我意识中存在理想我与现实我的差距和矛盾是必然的。首先，社会的转型出现了许多消极的因素，一些传统的价值观被打破了，而高校思想品德教育还不能十分切合实际情况。社会上五光十色的诱惑越来越多，这对自我意识发展不平衡的大学生来说无疑是一个挑战。其次，随着改革开放和对外交流的日益扩大，各种各样的西方思潮对大学生的影响也是巨大的，这些西方人本主义思想对强化大学生实现自我价值的作用有些是积极的，有些是消极的。

（二）自身因素

从正在走向成熟而未真正成熟的大学生自身情况来看，导致他们自我意识矛盾冲突也是不可避免的。首先，面对新的学习环境和生活环境，一些大学生出现了不适应和失衡的现象。其次，面对人际交往需要的协调能力和必备的经济条件，许多大学生在精神上和经济上都存在较大的压力。最后,他们正处在青年末期向成年期过渡的转变时期,心理上处于尚不成熟向成熟发展的阶段,尚未完全成熟的心理使一些难以克服的心理障碍和心理弱点成为影响他们自我意识的又一重要因素。

三、大学生常见自我意识的偏差及其调适

(一)自我中心观

自我中心观是指在个体与他人或社会的关系上只从自我立场出发,而不能从他人或社会位置去思考问题或处理问题的认知方式。这种自我中心观是影响个体客观认知他人与正确把握社会规范的一个心理问题。

【案例4.4】学生网上咨询留言:我室友的同学半夜12点到我们宿舍吹头发,我们表示想休息,她说"一会就好",问为何不在自己宿舍吹,原因竟然是她自己宿舍的人都睡了,所以不好意思吹。对此,自己很无语,心想"世界上还有这样的人"。

【解析】这位吹头发的同学正是社会认知上的自我中心观导致行为遭到其他同学讨厌。尽管大学生已处于青年晚期,却仍然没有学会从社会的角度来思考评判自己的行为。这种"只顾自己不顾别人"的行为反映出她在社会认知上仍然没有超越儿童时期的"自我中心状态",其心理水平与社会角色极不一致。

对于存在自我中心观的人,自我调节建议如下:

① 当你想做某件事时,设想一下,如果另外一个人也同样想做,你认为他这样做对你有什么利害关系?

② 设想一下:如果这个世界上只有你一个人,生活会是什么样子?

③ 请回忆一下,在你认识的人当中,发现谁曾经做过不该做的事,列出你认为他不该做的理由。

④ 你认为周围的人应该怎么对待你才是对的?请尽量列出并写在纸上。

⑤ 你认为自己怎样对待周围的人才是对的?请尽量列出并写在纸上。然后,与上一条内容进行对比,看看两者之间有什么差异。

(二)自我意识混乱

自我意识混乱是指个体无法形成正确的自我概念和适宜的自我态度,以致不能达到自我同一性的确立而获得安定、平衡的心理状态。表现为自我定位不准,挫折承受力较差,一旦遇到较大的压力,容易产生过激行为。青年期是被称为"第二次诞生"的时期,是人的自我意识迅速发展和确立的阶段。青年期有一个重大发展课题,就是学习如何认识自我和理解自我,这一发展课题的完成与否直接关系到健全的人格能否建立。

对于存在自我意识混乱的人,自我调节建议如下:

① 找你最信得过的人说说自己目前的心情。

② 找一个安静的地方,努力回忆一下,自己在哪些方面得到过他人的称赞。你的同龄人中,还有谁也曾经经历过类似被人称赞的事?

③ 想一想:你能做到的事,其他的同龄人也能做到过吗?

④ 想一想:你没有做到的事,其他的同龄人也没有做到吗?

【案例4.5】2011年3月31日,"80后"上海青年汪某搭乘航班从日本起飞,于当晚八点半左右抵达上海浦东国际机场航站楼。出站后不久,该留学生就与前来接机的母亲顾某发生了激烈争执。争执时,汪某从日本带回的托运行李中拔出水果刀,向母亲连刺数刀,致其当场昏迷。

【解析】汪某为何要把尖刀刺向母亲?据悉,母子俩因学费问题发生争执。汪某这样描述事发过程:"机场见面时,她说没有钱,甚至说'不可能给你钱,要钱的话就只有一条命了'这种话,我脑子一下子一片空白,冲上去就用刀刺了她。"年轻人缺乏生活经验和自我调控能力,当内心的压抑长期得不到释放,积累到一定程度后暴发出来,后果就往往不堪设想。当现实与理想形成强大的心理落差时,就容易滋生各种心理问题,产生社会矛盾。

(三) 自我评价过低

自我评价过低是指否定自己、拒绝接纳自我的心理倾向。处于这种意识状态的人,往往降低人的社会需求水平,对自我过分怀疑,压抑自我的积极性,并可能引发严重的情感损伤和内心冲突。他们的心理体验常伴随较多的自卑感、盲目性、自信心丧失和情绪消沉、意志薄弱、孤僻、抑郁等现象,尤其是面对新的环境、遇到挫折或发生重大生活事件时,常常会产生过激行为而酿成悲剧。近几年发生的大学生自杀事件,相当一部分就是由此心理问题所致。

【案例4.6】某高校学生小杨,来自农村,家境一般,相貌平平,因为自己身高的原因(身高1.67米),他总感到自己低人一等,在内心深处有一种强烈的自卑感,加上自己在网络上看到"男生1.70米以下属于三等残废"的说法后心情更加压抑。为此,小杨努力想改变形象,一方面努力完成学业,另一方面参加各种社会实践,在其他同学的眼里他是个聪明而有智慧的人。而他自己却不这样认为,他觉得别人只是在恭维他。

【解析】仔细分析小杨的苦恼,这是典型的自我意识误区的表现。他认为这个"自卑"的我才是真正的"我",而那个别人眼中的"我"不过是个假象而已,从来不曾真实地存在过。

对于存在自我评价过低的人,自我调节建议如下:
① 设法接触你最喜欢的一位任课教师,说出自己目前的心态。
② 找一个安静的地方,想一想是哪些事令自己感到苦恼,把它们写在纸上。然后,努力回忆一下,其他同学也遇到过类似的事吗?他们是怎么对待的?
③ 回忆一下,自己曾经做过哪些成功的事?

第四节 大学生的自我接受与完善

正确的自我意识是人们依据周围环境的发展而形成的有关自己的正确认识以及积极的情感和态度,自我意识作为个性心理的核心内容对大学生的成长和发展有重要的作用。自我意识的完善也是一个不断地进行自我认知、自我评价、自我改造、自我完善的过程。

一、大学生的自我评价

自我评价是自我意识的一种形式,是主体对自己思想、愿望、行为和个性特点的判断和评价。儿童把自己当作认识主体从客体中区分出来,开始理解我与物和非我关系后,通过别人在对自己评价和对别人言行评价的过程中,逐渐学会自我评价。它是自我意识发展的产物,其发展的一般规律是:评价他人的行为—评价自己的行为—评价自己的个性品质。它是自我教育的重要条件,人对自己的思想、动机、行为和个性的评价,直接影响其学习和参与社会活动的积极性,也影响着与他人的交往。一个人如果能够正确地、如实地认识和评价自己,就能正确地对待和处理个人与社会、集体及他人的关系,有利于自己克服缺点、发扬优点,在工作中充分发挥自己的作用。实事求是地评价自己是进行自我教育、自我完善的重要途径之一。

自我评价是指一个人对自己思想、动机、行为和个性特点的判断和评价,是自我认识和自我态度的统一。自我评价是自我意识的主要组成部分,在人的个性发展中发挥着重要作用。而大学生的自我评价能力有了较大提高,形成了区别于其他群体的显著特点:

1. 自我评价的自觉性和主动性提高

自我意识强烈的大学生,随着知识的积累和社会阅历的丰富,自我评价自觉地、主动地进行着,而且不断提高和完善。在日常生活中,他们常常把自己与周围的同学和教师做比较来评价自己;他们还对照典型人物来检查、调整自己,试图把理想的人格内化为自己的品质。大学生进行积极的自我评价,是他们积极进步、逐步成熟的重要表现,也是他们早日成才的心理保证。

2. 自我评价的丰富性

大学生正处于智力水平最高的发展时期。他们思维敏捷、反应迅速、求知欲望强烈,不仅关注自己的学习,对社会政治、经济的变革和社会活动,乃至世界形势的变化,都积极学习和探讨,有些活动还踊跃参加。在这些活动中,他们开阔了视野,增加了思考的深度,这就形成了他们自我评价的丰富性。

3. 自我评价的偏差——两极性

大学生的自我意识迅速发展,思维的独立性和批判性也有所提高,对人生、社会的探索精神在加强,喜欢辩论,提出自己的"高见",但是由于社会阅历浅,对生活、对社会的认识和判断能力不够成熟,因此,容易过分夸大自己的能力,自以为了不起;反之,又会低估自我,产生自卑感。于是表现出自我评价的两极性:高估自我和低估自我,最常见的是高估自我。

二、大学生的自我接受与完善

(一)正确认识自我

正确认识自我是形成自我意识的基础。如果一个人能够全面地、正确地认识自己,客观地、准确地评价自己,就能够量力而行,确立合适的奋斗目标,并为实现这一目标而不懈努力。因此,大学生只有打破自我封闭,拓宽生活范围,增加生活阅历,扩展交往空间,积极参加活动,增加社会实践,才能找到多种参考系,才能凭借参考系多方面、多角度地认识自我,做到不自卑也不过于自信,不骄傲也不过于谦虚,才能充分发挥自己的聪明才智,实现自己的人生价值。可通过以下途径来认识自我:

1. 通过对他人的认识来认识自我

深刻的自我认识是以深刻认识和理解他人、理解社会为前提的。大学生应积极主动地投身于认识世界、改造世界的社会实践活动中去,不断丰富自己对自然、社会和他人的认识,通过认识他人、认识外界事物来进一步认识自我。

2. 通过分析他人对自己的评价来认识自我

正确地认识他人对自己的评价,是自我认识的一条重要途径。大学生一般很在乎别人对自己的看法,尤其是有影响力的评价者。他们对别人的评价往往产生两方面的反应:一方面积极地接受别人的看法,另一方面也许认为别人的评价不符合自己的实际。因此,评价者的特点、评价的性质将会影响到他们对评价的接受程度。开展同学之间的互评,教师给予具体而有个性的评价,都有助于自我意识的提高。但应注意评价的准确性、全面性和公正性,不切合实际的、片面的和不公正的评价也可能导致自我认识的误区。当然,大学生应正确对待他人对自己的评价,从分析他人对自己的评价中进一步认识自我。不应对别人指出自己的缺点而耿耿于怀,更不应对自己的优点沾沾自喜。

3. 通过与他人的比较来认识自我

人总是不由自主地将自己和他人进行比较,在比较的过程中发现自己的优势,明白存在的问题,认识自己能力的高低,道德品质的好坏,追求的目标是否恰当等。因此,对大学生进行自我意识的培养时,不仅要引导他们与自己情况差不多的人比较,更要敢于与周围的强者比较。通过比较来认清自己的优势和劣势,长处和短处,达到取长补短,缩小差距的目的。

4. 通过自我比较来认识自我

人们不仅可以通过与他人的比较来认识自我,也可以从比较自己的过去、现在和将来中认识自我。因此,对大学生自我意识的培养,一方面应鼓励学生超越自我,不要满足于现有的成绩,另一方面也要引导学生确立恰当的抱负,不要一味地跟自己过不去,从自己的发展历程中进行比较,从比较中认识自我。

5. 通过自己的活动表现和成果来认识自我

大学生在从事各方面的活动中展现自己的聪明才智、情感取向、意志特征和道德品质。通过活动认识自己,用"实践是检验真理的唯一标准"来检查自己。因此,在培养大学生自我意识的过程中,要引导他们正确分析自己的活动表现和成果,客观地认识自己的知识才能和兴趣爱好,进一步发挥自己的长处,弥补自己的短处。

6. 通过自我反思和自我批评来认识自我

大学生已具备了一定的自我反思和自我批评能力。在自我意识的培养中,要教育、引导他们不断地对自己的心理活动进行反思、分析,勇于解剖自己,敢于批评自己,在自我解剖和自我批评中加深对自己的认识。

(二)积极悦纳自我

自我评价偏低,会导致对自己各种能力的怀疑,限制自己对未来事业及美好生活的憧憬，引起严重的情感挫伤和内心冲突。过低的自我评价不仅对自己的发展和完善不利，对社会也无益。因为过低的自我评价不能最大限度地发挥自己的潜力和才能，在学习与工作上也就不可能取得更大、更好的成绩。当然，不能否认，人对自己的评价适当放低些，可能成为人积极进取的动力。这里讲的偏低是指不能实事求是地评价自己。自尊心强的大学生，为什么也会出现自我评价偏低的现象呢？原因如下：

1. 过强的自尊心

大学生的自尊心比较强，其积极的一面是这可以成为大学生成才的一种心理动力；但自尊心过强也会导致一种消极的心理品质，如虚荣心的要求得不到满足，便不能悦纳自我，就感到自己处处不如别人，心里惆怅，自信心丧失，而逐渐产生了自卑感。自卑心理过于严重就会导致自我拒绝心理，有自我拒绝心理的学生，不但悲观自责，还会自暴自弃、自轻自贱。

2. 自我期望水平偏高

这使"理想自我"与"现实自我"的距离增大，容易引起对现实的不满。"理想自我"的目标水平高一些，对大学生来讲是有积极意义的。但由于一些同学的"理想自我"过于脱离实际，或在实现"理想自我"的过程中缺乏应有的耐心和方法，往往在经过努力仍无法接近目标后，就容易急躁，失去自信，从而产生否定自我的心理。

3. 适应能力差

刚入大学的大学生，有人称之为"大龄中学生"，由于心理调节能力差，所以适应能力弱，往往因为小小的失败，易累积形成一定的挫折感。例如，面临大学复杂、陌生的人际关系，加上正处于心理断乳期产生的心理闭锁性导致交友困难；学习的方式、方法发生变化，加上学习效果不佳而不适应；生活环境的改变，生活上不能自理而不适应；性意识的觉醒，渴求异性朋友未能得到满足而不适应等。种种的不适应产生了一系列的挫折感，对于一些挫折容忍力差的学生而言，他们就会感到孤寂、痛苦和烦恼，对自己不满，认为自己无能，进而转化为自卑感。

4. 认识障碍造成的偏差

由于人生观、生活观不成熟，大学生在认识和理解问题的方式上往往理论多于实践，对社会、人生的认识，尤其是对自我的认识缺乏科学的态度，更未能内化为自己稳定的心理结构，因而对自我的认识常常从消极方面出发，产生自我否定的心理。

（三）有效控制自我

1994年，心理学家日莫曼提出了著名的关于自我意识和自我监控的"WHWW"结构。"WHWW"分别是"Why"（为什么）、"How"（怎么样）、"What"（是什么）和"Where"（在哪里）的第一个字母。日莫曼认为，与人的任何活动一样，自我意识和自我监控也可以通过"为什么""怎么样""是什么"和"在哪里"这四个基本问题进行分析。

在"Why"问题上，自我意识和自我监控的内容就是动机，所解决的任务是对是否参与进行决策，体现了个体内部资源的特征属性。

在"How"问题上，自我意识和自我监控的内容是方法、策略，所解决的任务是对方法、策略进行决策，体现了个体计划与设计的属性。

在"What"问题上，自我意识和自我监控的内容是结果、目标，所解决的任务是对取得什么样的结果和达到什么样的目标进行决策，体现了个体自我觉察的特征属性。

在"Where"问题上,自我意识和自我监控的内容是情境因素,所解决的问题是对情境中的物理因素(如时间、材料及其性质)和社会因素(如成人、同伴的帮助)进行决策和控制,体现了个体敏锐与多智的特征属性。

可见,按照日莫曼"WHWW"结构,自我意识和自我监控具有动机自我意识监控、方法自我意识监控、结果自我意识监控和环境自我意识监控的四维结构。一个情绪化严重的现代青年,他可能具有高智商,可如果他在"为什么"这个维度上存在缺陷,也就是说,他缺乏成功的动机,那么,将很难开发出他智慧的潜能;同样,在"怎么样"问题上存在缺陷的现代人,可能整天忙忙碌碌,却总是事倍功半;而在"是什么"维度上不健全的人则不能合理地估量和揣度事情的结果和结果对他人生的意义,这样的话,成功就容易与他失之交臂;至于在"在哪里"问题上遇到麻烦的同学,他对社会环境以及自己在环境中的位置缺乏清晰的认识,不是高估自己,就是低估自己,从而导致自负或者自卑的消极情绪。

(四)努力完善自我

美国亿万富翁安德鲁·卡内基说过:"一个对自己的内心有完全支配能力的人,对他自己有权获得的任何其他东西也会有支配能力。"当我们开始用积极的方式思考并把自己看成成功者时,我们就开始成功了。思维的态度决定人生的高度,这是一个亘古不变的人生命题。青年期是自我意识迅速发展和确立的阶段,其又一重大发展课题就是学习如何认识自我和理解自我,在这一阶段,对于"客体我"与"主体我"有准确认识,形成准确的自我概念,确立良好的自我形象,培养良好的自我意识,是大学生完善自己个性、实现自我价值的重要途径。

(五)积极调适自我

1. 确立正确的理想自我

确立正确的理想自我是指在自我认识、自我认可的基础上,按社会需要和个人的特点来确立自我发展的目标。大学生要积极探索人生、理解人生,树立正确的人生观、价值观和世界观,为理想自我的确立寻找合适的人生坐标,从个人与社会的联系中认识有限人生的价值和意义,并通过实现这一目标而努力地完善自我。

2. 努力提高现实自我

不断战胜旧的自我,重塑新的自我,既要努力发展自我,又绝不能固守自我,要积极主动地为社会服务,勇于承担重任;既要注重自我价值的实现,又不仅仅追求个人价值,在为他人和社会服务、为国家和民族做贡献的过程中实现自我价值。当然,提高现实自我是一个长期的过程,必须坚持不懈、持之以恒才能使现实自我不断地向理想自我靠拢,并最终实现自己的人生目标,这一过程就是大学生努力完善自我的过程。

3. 认真进行自我探究,逐步获得积极的自我统一

自我统一意味着"主体我"和"客体我"的统一,自我认识、自我体验和自我调控的统一。大学生在认真探索人生的过程中,逐步获得积极的自我统一,实现自身的价值。在获取自我统一的过程中,首先要分析和确认"理想自我"的正确性和可行性,然后与现实自我相对照,最后有针对性地、有计划地解决两者之间的矛盾,缩小差距,最终获得统一。

总之,自我意识的发展是一个漫长的过程,大学阶段是自我意识发展的重要阶段,因此,

正确认识自我意识发展的特点,对引导大学生全面认识自我、积极悦纳自我、努力完善自我具有重要意义。

学习拓展

活动拓展:"爱在指间"

1. 活动程序

将全体成员分成人数相等的两组,一组成员围成一个内圈,再让另一组成员站内圈同学的身后,围成一个外圈。内圈成员背向圆心,外圈同学面向圆心,即内外圈的成员两两相视而站。成员在领导者口令的指挥下做出相应的动作。

当领导者发出"手势"的口令时,每个成员向对方伸出1—4个手指:① 伸出1个手指表示"我现在还不想认识你"。② 伸出2个手指表示"我愿意初步认识你,并和你做个点头之交的朋友"。③ 伸出3个手指表示"我很高兴认识你,并想对你有进一步的了解,和你做个普通朋友"。④ 伸出4个手指表示"我很喜欢你,很想和你做好朋友,与你一起分享快乐和痛苦"。

当领导者发出"开始"的口令,成员就按下列规则做出相应的动作:① 如果两人伸出的手指不一样,则站着不动,什么动作都不需要做。② 如果两个人都伸出1个手指,那么各自把脸转向自己的右边,并重重地跺一下脚。③ 如果两个人都伸出2个手指,那么微笑着向对方点点头。④ 如果两个人都伸出3个手指,那么主动热情地握住对方的双手。⑤ 如果两个人都伸出4个手指,则热情地拥抱对方。

每做完一组"动作-手势",外圈的成员就分别向右跨一步,和下一个成员相视而站,跟随领导者的口令做出相应的手势和动作。以此类推,直到外圈的同学和内圈的每位同学都完成了一组"动作-手势"为止。之后回到各自小组分享。

2. 小组分享

(1) 刚才自己做了几个动作? 握手和拥抱的亲密动作各完成了几个? 为什么能完成这么多(或为什么只完成了这么少)的亲密动作?

(2) 当你看到别人伸出的手指比你多时,你心中的感觉是怎样的? 当你伸出的手指比别人多时,心里的感觉又是怎样的?

(3) 从这个游戏中你得到什么启示?

(4) 小组代表向大家汇报本小组的分享结果。

3. 总结

在人际交往中,我们有一个共同的倾向——希望别人能承认自己的价值,支持自己,接纳自己,喜欢自己。但是任何人都不会无缘无故地喜欢我们、接纳我们。别人喜欢我们也是有前提的,那就是我们也要喜欢他们,承认他们的价值,也就是说人际交往中喜欢与讨厌、接近与疏远是相互的。一般而言,喜欢我们的人,我们才会去喜欢他,愿意接近我们的人,我们才会去接近他;而对于疏远、厌恶我们的人,我们也会疏远或厌恶他。因此,在人际交往中,应遵循交互原则。对于交往的对象,我们应首先主动敞开心扉,接纳、肯定、支持、喜欢他们,保持在人际关系中的主动地位,这样别人才会接纳、肯定、支持、喜欢我们。

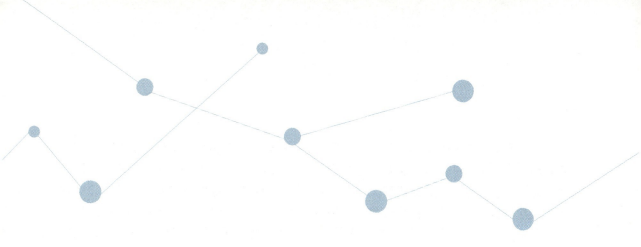

第五章

大学生职业生涯规划

课程导入

> 360度考评是常见的绩效考核方法之一,最早是由被称为"美国力量象征"的典范企业英特尔首先提出并加以实施的。它是指与被考核者在工作中有较多工作接触、对被考核者的工作表现比较了解的不同方面的人员,从不同的角度对被考核者进行绩效评估,评估完成后根据确定的不同评价者的权重得出一个综合的评价结果。这些评价者包括来自上级监督者的自上而下的评价、来自下属的自下而上的评价、来自同级的评价、来自企业内部的支持部门和供应部门的评价、来自公司内部和外部的客户的评价,以及本人的自我评价。

第一节　大学生活的特点及职业生涯规划

一、大学生活概述

(一) 大学生活及其内涵

大学生活是人生可持续发展道路中成长成才的重要过渡阶段。具体来说这个界定包括两个方面的内涵:首先,这个表述体现了大学阶段在人生发展中的总体定位和发展性质。最主要的特征是:它是人生发展中的一个带有质变性质的舞台。其次,它体现了这个阶段的主要目标和任务。这个阶段的主要任务是成长和成才。大学生虽然已是成年人,但由于正处于求学阶段,多数时间都在校园度过。社会化程度较低,因此还面临着社会化诸多方面的锻炼和提高。由于大学阶段完成后,绝大多数学生都要走向社会,学好专业课,提高其自身的专业技能,培养和锻炼好自身的专业素质也显得非常重要。

(二) 大学生活的特点

大学生活是指大学生在大学阶段以学习为主体展开的全方位的活动状况,包括政治参与、学习活动、消费活动、课余休闲活动等,具有以下特点:

1. 学习生活化,生活学习化

大学生的主要任务就是系统学好专业知识,提高理论和实践创新能力。学习是生活的主题,生活又带有浓厚的学习化特点。

2. 学校文化氛围浓厚,教育目的鲜明

大学生的生活方式整体上都处于教育与提高相统一的状态。无论是学习还是课余,他们都可以强烈地感受到无处不在的学习文化环境和氛围。

3. 大学生活的主调是精神的调整熏陶

大学生的学习生活从本质上说更多的是精神活动或者说思想性的提高活动。比如学习就是一项耗费大量脑力劳动的精神活动。再如大学生的娱乐主要是以陶冶情操、促进交流、增进友谊、恢复体能等为目的,其精神活动或追求的意向更明确更突出。

4. 以校为家,逐步社会化

当前的大学生早已远离了"象牙塔"般的闭塞与清高,逐渐以世俗化的身份与角色融入了社会大家庭,在接触了解社会的过程中实现自身知识的价值。

二、职业生涯规划的涵义及步骤

(一)职业生涯规划的涵义

职业生涯规划是指把个人发展与组织发展相结合,对决定一个人职业生涯的主客观因素进行分析、总结和测定,确定其最佳的职业奋斗目标,并为实现这一目标的职业编制相应的工作和教育计划,对完成每一步骤的时间、顺序和路线做出科学的安排。

生涯规划的目的绝不仅是帮助个人按照自己的资历条件找到一份合适的工作,更重要的是帮助个人拟定一生的发展方向,根据主客观条件设计出合理且可行的职业生涯发展方向。

(二)职业生涯规划的主要步骤

职业生涯规划的主要流程为自我评价—环境评价—确立目标—职业测评—职业定位—实施策略—反馈调整。整个规划流程中,正确的自我评价是基础,科学的目标是核心,正确的实施是关键,反馈调整是必要环节。哪个环节做不好或出现偏差,都会导致整个职业生涯的失败。

三、我国高职大学生职业生涯规划的现状

高职大学生的职业生涯规划现状不容乐观,这主要表现在以下几个方面:

(一)职业生涯规划意识不强

职业意识在某种程度上决定着一个人职业生涯规划的主动性和积极性,相应地也就影响着规划的水平。有调查表明,75%以上的高职大学生对自己将来的发展、工作、职业生涯没有规划,20%左右的大学生不明确,只有5%左右的大学生有比较明确的规划。

(二)职业生涯规划存在理想化倾向

1. 职业生涯目标的理想色彩较浓

有调查表明,75%的高职大学生表示自己两三年之内要做部门经理,高于70%的非大城市生源的学生表示30岁之前要达到月薪10万元以上。

2. 偏重对外职业生涯的追求

很多高职院校的毕业生在求职时片面关注用人单位是否有名气、工作是否辛苦、工作时间地点是否符合自己的意愿、工资待遇如何等,而很少有人从工作是否与自己的个性特征相

吻合、公司和个人是否有较好的长远发展等方面来考虑。

3. 倾向于把职业生涯的成功与否归于外因

笔者接触过的许多大学毕业生在职业生涯遇到挫折时,往往将自身不如意的原因归结于社会不公、家庭政治和经济地位等外在因素;对于他人的顺利则认为其家里有人帮助、碰巧遇到了好机会、好上司等,很少有人从自身的知识、观念、经验、能力、心理素质等方面寻找原因。

(三) 不知道如何做职业生涯规划

高职大学生目前对职业生涯规划有以下几种态度:绝大多数高职大学生对职业生涯规划方面的知识既渴望又陌生,对自己的职业生涯规划感到茫然不知所措;虽然大多数高职大学生都认为职业生涯规划非常重要,但是对于寻求专业机构或专业人士的帮助却表现出犹豫;学习"职业生涯规划"课程没有明确目的,往往是出于好奇或表现出从众心理;部分学生自认为自己各方面的优势(或劣势)非常明显,因此产生了强烈的优越感(或自卑感),觉得没有必要进行什么规划(或规划也没有用),从而根本就不重视对自己的职业生涯进行规划,有的根本就没有想过要进行什么规划。

 相关阅读

目的:帮助同学们建立当下的职业目标,以此目标规划学习和生活。
步骤:首先老师介绍"5W"模型,通过案例介绍,加深同学们对"5W"模型的理解(表 5.1)。根据自己的情况,设立职业目标,并以此规划自己现阶段的学习和生活。

表 5.1 "5W"模型

5W	你的回答
Who are you?(你是谁?)	
What do you want?(你想做什么?)	我的兴趣、想法
What can you do?(你能做什么?)	我擅长的事
What can support you?(环境支持或允许你做什么?)	我可以从外界获得哪些支持和帮助
What you can be in the end?(最终,你将成为什么样的人?)	我希望我能够成为什么样的人

(四) 大学生的职业生涯规划存在不科学性

1. 以自我需求为中心的完美主义倾向

许多大学生在进行职业生涯规划时往往只关注自己的感性需要,很少考虑自身特质、社会现实和客观需求。如有的高职大学生在进行规划时根本就不考虑自己的个性特征、专业特点、素质能力等因素,盲目地将职业生涯路线锁定在经商等。

2. 应急性

很多大学生在校期间不认真分析、理性思考,即使有学习如何进行职业生涯规划的机会也不珍惜,到临近毕业或毕业后求职不顺利时才临时抱佛脚,一旦找到工作就又将职业生涯规划和管理抛之脑后,从而使职业生涯规划失去了实际意义。

3. 急功近利性

主要表现为有的学生在规划时,往往只考虑哪个职业热门、什么职业工资待遇好、什么职业社会地位高或者什么职业最容易得到岗位等,至于是否适合自己、社会是否需要、是否有利于长远的发展等则很少顾及。

四、立足职业规划,充实大学生活,完成就业准备

(一)做好职业规划,完成就业的思想准备

职业规划是一个人在职业选择和职业发展过程中的思想反映。职业规划的制订过程本身就是一个人对自己主观因素和客观条件的认识,结合社会实际确定职业目标和实现目标采取措施的过程。因此,制订合理、切合自身因素和社会实际的职业规划,能够促进大学生做好就业前的思想准备。大学生毕业时面临的初次就业作为大学生实现职业规划的关键一步具有重要意义,只有做好了充分的思想准备工作,才能走好这第一步。

1. 客观、全面地认识、定位自我,确定理想的职业目标

通过全面、深入、客观地分析和了解自己,归纳出自己为人处世的原则和性格特点,确定自己职业的希望目标,找出思想上的弱点等,反复地自我认识和全面剖析,形成一个客观、全面的自我认识和定位,然后确定自己理想的职业目标。

2. 树立正确的人生观、价值观和择业观

(1) 树立正确的人生观和价值观

人生观是一个人对人生的看法,是对人生存的目的、价值和意义的看法;价值观是人们对各种事物和现象的价值进行认识和评价时所持的基本观点。正确的人生观和价值观是人进行日常活动和制订、实现职业规划的思想保证。大学生职业规划是否合理,首先应看是否树立了正确的人生观和价值观。所以,人生观和价值观的形成是大学生就业思想准备的根基。

(2) 树立切合实际的择业观

择业观是一个人在职业选择时的人生和价值取向,即选择何种职业。树立切合实际的择业观是大学生职业规划过程中重要的一环。因为大学生长期生活在家庭和学校的呵护下,接触社会的机会较少,对社会了解不深入,所以,树立正确的择业观对于在校大学生来说,既困难又现实。

3. 加强思想锤炼和修养,做好适应社会的思想准备

有了正确的人生观、价值观和择业观,只是完成了职业规划制订的基础工作,有了初步的落脚点,而对于即将步入社会的大学生来说,其思想准备远远不够。社会的复杂性、人生的坎坷、工作的艰辛等都需要大学生有充分的思想准备。

相关阅读

成功其实很简单

1965年,一位韩国学生到剑桥大学主修心理学。在喝下午茶的时候,他常到学校的咖啡厅或茶座听一些成功人士聊天。这些成功人士包括诺贝尔奖获得者、一些领域的学术权威和一些创造了经济神话的人,这些人幽默风趣,举重若轻,把自己的成功都看得非常自然和顺理成章。时间长了,他发现,在国内时,他被一些成功人士欺骗了。那些人为了让正在创业的人知难而退,普遍把自己的创业艰辛夸大了,也就是说,他们在用自己的成功经历吓唬那些还没有取得成功的人。

作为心理系的学生,他认为很有必要对韩国成功人士的心态加以研究。1970年,他把《成功并不像你想象的那么难》作为毕业论文,提交给现代经济心理学的创始人威尔·布雷登教授。布雷登教授读后,大为惊喜,他认为这是个新发现,这种现象虽然在东方甚至在世界各地普遍存在,但此前还没有一个人大胆地提出来并加以研究。惊喜之余,他写信给他的剑桥大学校友——当时正坐在韩国政坛第一把交椅上的人——朴正熙。他在信中说:"我不敢说这部著作对你有多大的帮助,但我敢肯定它比你的任何一个政令都能产生震动。"后来这本书果然伴随着韩国的经济起飞了。这本书鼓舞了许多人,因为他们从一个新的角度告诉人们,成功与"劳其筋骨,饿其体肤""三更灯火五更鸡""头悬梁,锥刺股"没有必然的联系。只要你对某一事业感兴趣,长久地坚持下去就会成功,因为上帝赋予你的时间和智慧够你圆满做完一件事情。后来,这位青年也获得了成功,他成了韩国泛业汽车公司的总裁。

(二)掌握专业知识,完成就业的知识准备

21世纪是知识经济的时代,随着社会、经济和科技的发展,掌握扎实的专业知识是实现职业规划必需的重要条件,特别是高职大学生,专业知识水平是其职业发展历程中的核心要素,也是就业过程中的关键因素,因此,获取、掌握专业知识是职业规划前期准备的重要一环。

1. 刻苦学习,不断强化基础知识

基础知识是大树的躯干,大学生无论将来选择何种职业,也不论向哪个专业方向发展,都少不了宽厚、扎实的基础知识,就像万丈高楼平地起,全靠地基来支撑一样。随着社会主义市场经济体制的建立和完善以及我国人事制度改革的深入,人才流动成为大趋势。大学生的职业规划在步入社会后将会不断调整,职业岗位的变化也会随之加快,这些都必须依赖扎实、宽厚的基础知识,只有具备了扎实、宽厚的基础知识,才能在职业规划的调整和岗位的变化中游刃有余,才能有更大的调整空间和发展余地。

2. 广泛涉猎,扩大知识面,优化知识结构

随着科学技术突飞猛进的发展,交叉科学、边缘学科不断产生,工程技术和现代管理不断地向综合性发展,现代职业对就业者文化素质、知识结构的要求越来越高。以一个企业为例,企业对其成员的整体知识结构要求是财政、会计、商业、保险、管理等知识与具体技术,而对企业中处于不同层次的个体来说,要求掌握的上述知识的比例是截然不同的,从而构成各自不同的知识结构。因此,大学生在其职业规划的前期准备阶段应当根据准备选择的职业

目标构建自己的知识结构,充分利用学校的有利资源和有限时间,广泛涉猎,在学有余力的前提下,通过"双学位""主辅修""选修"等形式,利用图书馆、资料室等资源,抓紧时间在书本、课堂和实践中进行不断的积累,将自己的知识科学地组合,以形成合理的知识结构。

(三)提高自身素质,完成就业的能力准备

当今社会,用人单位对毕业生的要求越来越高,除需具备优秀的专业成绩外,往往还要考查专业知识外的其他能力和素质,特别是适应能力、组织协调能力、创新能力、领导能力和学习能力等。大学生应该从企业录用毕业生的基本标准入手,总结用人单位的要求,结合大学生活、校园文化及实践活动提高自身的基本素质和能力。

1. 注重日常积累,提高适应能力

一个人适应社会的能力是其素质、能力的综合反映,适应社会能力的强弱与他的思想品德、知识技能、活动能力、创新能力、处理人际关系的能力以及健康情况等密切相关。对社会、环境的适应,是主动的、积极的适应,不是消极的等待和对困难的屈服,更不是对落后、消极现象的认同。

现代大学把学习和生活融为一体,一个学校基本上就是一个小社会,有较为齐全的生活设施,给大学生的学习、生活创造了一个相对稳定和安逸的环境。大学生毕业后到了用人单位,生活环境会出现较大的变化,工作单位的性质、条件、地域等千差万别,有的单位生活条件较为完善,有的单位生活条件可能相当艰苦。大学生在学校接触的主要是老师和同学,在工作单位接触的是国家公务员、工人、技术人员、客户等,人际环境发生了明显变化。另外,工作地区的风俗人情也与在校时有一定差异。

因此,大学生应该在大学生活中做好适应职业环境的思想准备,根据自己的职业目标,了解职业目标所在地及用人单位的基本情况和工作、生活环境,有意识地多角度、多侧面地观察社会、了解社会,在社会的大背景中认识自我,摆正理想和现实的关系,养成勤俭节约、艰苦奋斗、百折不挠的良好习惯。大学生只有在大学学习期间注意提高自己适应社会的能力,步入社会后才能尽快缩短自己的适应期,充分发挥自己的聪明才智。

2. 积极参与校园文化和实践活动,培养沟通协调能力及团队协作能力

沟通协调能力与团队协作能力越来越为用人单位所看重,平时在学校参加过社团、组织策划过某些项目的大学生最受用人单位的欢迎,而且这些大学生到了新的工作环境后,上手很快,不久就能承担一些重要的工作了。进入单位后,他们能与领导、同事们配合工作,容易与人沟通。

第二节 大学生能力概述及发展目标

一、能力概述

(一)能力的概念

能力是指人们顺利完成某种活动,并且直接影响活动效率的个性心理特征。理解这个定义要把握以下三个要点:

① 能力是顺利完成某种活动的主观条件。要完成任务需要各种条件,既有物质方面的客观条件,也有绘画、运动、设计那样的主观条件,而能力是指顺利完成任务的主观条件。

② 能力是主观条件中的一种心理特征。主观条件既包括能力,又包括知识、经验、技能和思想水平,它们对完成任务都有影响。而能力是影响某种活动完成的最直接、最基本的个性心理特征,缺乏这个特征,任何活动都无法顺利完成。

③ 能力总是和某种活动相联系并直接影响人的活动效率。能力总是存在于具体活动中并在活动中表现出来。

(二) 一般能力和特殊能力

能力可分为一般能力和特殊能力,一般能力是指人从事一切活动必须具备的一些基本能力的综合,如观察力、记忆力、注意力、思维力等;特殊能力则是完成专业活动特需的能力的综合,如音乐能力、绘画能力等。一般能力和特殊能力有机地联系在一起,一般能力的发展为特殊能力的发展创造了有利条件,而在活动中发展相应的特殊能力的同时,也发展了一般能力。

一个人如果具有完成某种活动必需的各种能力,并且能够把这些能力很好地结合并成功地、出色地完成某种活动,那么就可以说这个人具有从事这种活动的才能,如数学才能的基本组成部分为:对解决数学材料迅速而广泛的概括能力;解决数学问题时敏捷的思维能力;熟练的数学运算能力等。

(三) 能力与知识、技能

苏联教育家苏霍姆林斯基指出:不要使知识和能力之间的关系失调,要正确认识和处理知识和能力之间的关系。历史上的两种教育理论不能正确阐述能力和知识的关系。形式教育论者认为:人类知识浩如烟海,不可能全部灌输给学生,教育与其灌输知识,不如发展能力,教育的主要任务在于用一些专门知识去发展学生的智力;实质教育论者认为:教育的主要任务在于使学生获得知识,学生的心灵不过是一个容器,需要用各种具体知识来充实,学生掌握了知识,也就发展了能力,教育的重要任务在于使学生获得知识。这两种教育理论在处理能力和知识关系上都带有片面性。现代专家认为:能力、知识、技能既有区别,又有密切联系。

 自我测试

认识我自己

下面我们开始做一个小游戏,给自己一个重新认识自我的机会。

在表 5.2 中列出你的强项:取得的成绩、素质和特质。至少列出 40 条。如果你觉得 40 条太多,你可能低估了你自己,在你认为自己最强的 10 项旁边画上★号,在你感到最骄傲的 7 项旁边画上▲。

表 5.2　我的强项

1.	2.	3.	4.	5.
6.	7.	8.	9.	10.
11.	12.	13.	14.	15.
16.	17.	18.	19.	20.
21.	22.	23.	24.	25.
26.	27.	28.	29.	30.
31.	32.	33.	34.	35.
36.	37.	38.	39.	40.

填写表格后,请继续回答以下问题:

你最擅长做哪一件事?＿＿＿＿＿＿＿＿＿＿＿＿＿＿＿＿＿＿＿＿＿＿

你现在认识到自己有这么多强项,感觉如何?＿＿＿＿＿＿＿＿＿＿＿＿＿＿＿＿＿＿

你有多长时间置这些强项于不顾?＿＿＿＿＿＿＿＿＿＿＿＿＿＿＿＿

你有哪些强项是周围人比较认可的?＿＿＿＿＿＿＿＿＿＿＿＿＿＿＿＿＿＿

如果没有别人认可的强项,你认为是什么原因?或者你觉得展示自己的强项令人尴尬吗?＿＿＿＿＿＿＿＿＿＿＿＿＿＿＿＿＿＿＿＿＿＿＿＿＿＿

你周围的人懂得欣赏你吗?＿＿＿＿＿＿＿＿＿＿＿＿＿＿＿＿＿＿＿＿＿＿＿＿

如果你希望自己的强项在现实中得到认可就得靠自己,你认为可以采取什么措施改变现状?＿＿＿＿＿＿＿＿＿＿＿＿＿＿＿＿＿＿＿＿＿＿

在表 5.3 中列出你需要改进的 7 个方面。

表 5.3　我需要改进的 7 个方面

序号	7 个生活中需要改进的地方
1.	
2.	
3.	
4.	
5.	
6.	
7.	

如果你已经完成,请回答:

承认自己的弱项,你感觉如何?＿＿＿

在日常生活中,你应该如何应对或者避开自己的弱项?＿＿＿

有什么方法可以让你改进这些弱项?＿＿＿＿＿＿＿＿＿＿＿＿＿＿＿＿＿＿＿＿＿＿

1. 区别

(1) 它们属于不同范畴

知识是人类社会历史经验的总结和概括;技能是由于不断练习而自动化了的动作方式;能力则属于人的个性心理特征。

(2) 知识、技能的掌握与能力的发展不是同步的

能力的发展比知识的获得、技能的掌握要慢得多,而且不是永远随知识、技能的增加呈正比例发展的。人的知识、技能在一生中可以随年龄的增长而不断地积累,但能力随年龄的增长,有一个发展、停滞和衰退的过程。有的学生虽具有相当水平的知识、技能,但他们的能力不是处于相同水平的;而有的学生虽然能力水平相同,但不一定获得同等水平的知识、技能。一般说来,有的学生成绩好,他们的智力发展水平也是较高的,但是同样学习成绩很好的学生,有的是智力发展水平较高,而有的则智力发展处于中等水平。

2. 联系

(1) 能力是在掌握知识、技能过程中形成和发展的

在组织得当、方法合理地掌握知识、形成技能的过程中,能力同时得到了发展,能力是在学习和实践中获得的,离开了学习和训练,任何能力都不可能得到发展。

(2) 掌握知识、技能又以一定的能力为前提

能力是掌握知识的内在条件和可能性,一个人的能力影响着他学习和掌握知识的快慢、难易、深浅和巩固程度。智力水平高的学生掌握知识又多又快;智力水平低的学生,掌握知识常有较大的困难。可见,能力既是掌握知识技能的结果,又是掌握知识技能的前提,彼此是相互促进的。

【案例5.1】三个大学生一个豆腐坊创业零食界

在沈阳市大东区洮昌街道合作社区里,有一家小店叫"豆逗食零吧"。社区里的老人们看着这豆腐坊在开业三个多月的时间里一天天火起来,可有不少议论呢。最开始他们说,三个大学生,怎么就做这些小商小贩做的事情,这大学不是白念了?可现在他们却说,到底是大学生,主意就是多。

张志是沈阳大学高职学院的学生。大二那年,他在电视上看到了上海一家现代化豆腐坊制作的系列袋装豆浆,深受上班族欢迎的节目。当时就对同窗挚友陈君说,以后我要是有了钱,一定开一个现代化的豆腐坊。两年后,张志和陈君攒了点钱。他们觉得是时候实现梦想了。在社区的帮助下,张志和陈君贷款2万元,找了一处20多平方米的房子做加工点;人手不够,又雇了一名叫刘子键的大学毕业生。7月底,"豆逗食零吧"正式开业。经营的品种有豆腐、豆浆、绿豆饼、饼干、面包,但是,这个豆浆可不一样,这里有花生豆浆、黑豆豆浆和核桃豆浆,后来还加上了女士红枣豆浆和无糖豆浆,天天不到中午就断货,供不应求。

按常规思维,买豆浆油条做早点,买块豆腐做菜,没什么营销可言。可大学生们干这事就不同了,为了扩大经营,三个大学生主动出击"谈业务",就是向四周的超市、食杂店和KTV推广食零吧的豆浆。有一家KTV允许试试,每天订五份豆浆看看顾客的反应,没想到吸引了不少唱歌的人。总结他们成功的经营之道,三个大学生都认为并不是产品创新和现代化的营销理念,而是老祖宗传下来的老话:诚信。张志说,害人的事儿咱们不能干,宁可提高成本,也要挑好豆子和好糖。眼望着回头客越来越多,张志觉得值。

三个年轻人对未来充满憧憬:希望有一天我们可以做得和永和豆浆一样,把连锁店开到全国各个城市甚至全世界去。

二、大学生的发展目标

（一）大学生应具备的能力

1. 良好的表达能力

表达能力是指运用语言阐明自己观点、意见的能力。表达能力主要包括口头表达能力、文字表达能力、数字表达能力、图示表达能力等几种形式。表达能力是生活和工作中最直接的工具，对生活和工作有着最为直接、广泛的影响。目前，我们很多学生缺乏这方面的锻炼，有的在公共场合不敢说话，在座谈会上不敢发表自己的看法，有的即使说了，也是说不清、表不明。

2. 实际操作能力

实际操作能力就是我们通常说的动手能力。它是人的智力转化为物质力量的凭借，是专业工作者必须具备的一种能力。这种能力对于大学生来说也是非常重要的。在教学、科研、生产第一线，不仅要求理论上要懂，而且要求在实践中会干，也就是说既要讲出科学道理来，又要动手干出样子来。

3. 主动适应社会的能力

人和社会的正确关系是既要适应又要改造。只有适应社会生活的纷繁复杂，才能在社会上站稳脚跟，才能找到改造世界、创造业绩的切入点。大学生应该注意培养自己适应社会的能力，只有这样，走向社会后才能尽可能地缩短自己的适应期。

4. 开拓创新的能力

开拓创新能力是一种综合性的、高层次的思维能力和行动能力。它是在多种能力发展的基础上，利用已经积累的知识和信息，通过不断地探索研究，创造出新颖独特并具有社会价值的新理论、新思维、新产品的能力。它是人才素质的核心，包括发现问题、提出问题、解决问题的能力和发明新技术、创造新产品的能力，等等。

5. 正确有效的人际交往能力

人际交往能力实际上就是与他人相处的能力。大学生一旦步入社会，由于工作、生活的关系，会与各种各样的人员进行交往，能否正确有效地处理、协调好工作、生活中的人际关系，不仅影响一个人对环境的适应情况，而且影响工作效能、心理健康和事业成败。在人际交往中，应坚持诚实守信、以诚相待、守法守诺、灵活对待的原则。这是建立良好的人际关系的基础。还要学会尊重他人、理解他人、宽容他人。

6. 一定的外语水平和熟练的计算机应用能力

随着我国社会的发展与对外开放的不断扩大，许多部门和行业也逐步走向了国际，没有较高的外语水平，很多工作就难以胜任。计算机的应用已渗透到社会生活和工作的各个环节，不论是科研、教学还是生产，都离不开计算机。用人单位非常重视大学毕业生的外语和计算机的能力，一些用人单位也把这方面的能力作为接收大学生的先决条件。

 **相关阅读**

4 类成功个性的企业家

人们对"成功"企业家的特质进行了 20 年的广泛调查,并对 100 名企业家系统研究了 7 年,使人们对企业家及其"成败"原因有了新的认识。首先,企业家并非千人一面。准确说来,它有 4 种不同类型,且各具自己鲜明的个性。

(1) 个人"奋斗"者。这是一种传统类型的企业家。这种人在企业里精力充沛,工作起来夜以继日。他们喜欢做"计划",喜欢听别人对自己业绩的反馈。他们做事积极主动,对其企业具有高度的奉献精神。

(2) 超级销售员。人际关系对这种人甚为重要。他们喜欢出入各种社交场合,对人热情,是一名忠实听众。他们很乐于接纳别人的意见。这种人注重突击短期问题,重行动而不擅计划。这种人成功创业需要采取推销之路:自己尽量投身销售,放手让别人去"管理"企业。

(3) 创新企业家。这是一类富于创新的新型企业家,能发现创意并用之于新的环境。因此,这种人对创意情有独钟,比如寻找缝隙市场、谋取竞争优势或创新管理流程。不过,这种人的热情会使他们"想入非非",从而不能精确地估计风险。

(4) 专业经理。这种人喜欢负责,是个称职的企业领导。他们喜欢权力、竞争力强、决策果断、对当权者很有好感。他们一般是从大企业出来创业的。身为企业家,他们能进行成功的营销,部分原因是能对营销流程进行有效的管理,但更多的是因为他们非常善于销售。

 自我测试

人格特质可以支持或阻碍个人的职业发展,比如一个人社会人际交往方面的人格特质得分较高,同时他又想要从事销售类工作,该人格特质就支持这一选择。

下面我们通过 MBTI 测验了解人格与发展的关系,MBTI 量表共有四个维度:

(1) 能量倾向,即希望自己的注意力集中于何处,从何处得到活力。

(2) 接受信息,即如何获取信息。

(3) 处理信息,即如何做出决定。

(4) 行动方式,即如何与外部世界打交道。如图 5.1 所示。

图 5.1 中的四个维度的组合构成了不同的人格特质。例如 ISTJ 代表"内倾 I""感觉 S""思考 T""判断 J"这四种偏好组合。MBTI 共有 16 组人格类型(表 5.4),了解自己的人格类型可以帮助自己了解职业兴趣。

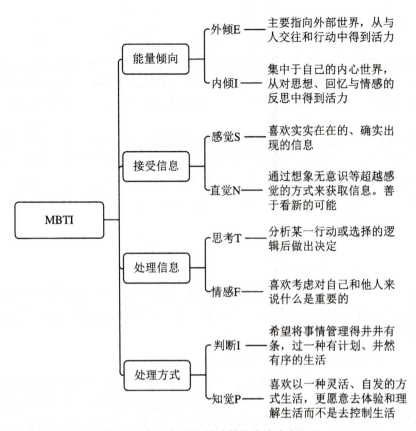

图 5.1 系统状态和估计器状态的响应误差

表 5.4 16 组人格类型

ISTJ	ISFJ	INFJ	INTJ
从事能够让他们利用自己的经验和对细节的注意完成任务的职业	从事能够让他们运用自己的经验亲历亲为帮助别人的职业，这种帮助是协助或辅助性的	从事能够促进他们的情感、智力或精力发展的职业	从事能够让他们运用智力创造和技术知识去构思、分析与完成任务的职业
ISTP	ISFJ	INFP	INTP
从事能够让他们动手操作、分析数据或事情的职业	从事能够让他们运用友善、专注于细节的特征来提供相关服务的职业	从事能够让他们运用创造力且符合他们价值观的职业	从事能够让他们基于自己的专业技术知识独立、客观分析问题的职业
ESTP	ESFP	ENFP	ENTP
从事能够让他们利用行动关注必要细节的职业	从事能够让他们利用外向的天性和热情去帮助那些有实际需要的人的职业	从事能够让他们利用创造和交流去帮助促进他人成长的职业	从事能够让他们有机会不断承担新挑战的工作

续表

ESTJ	ESFJ	ENFJ	ENTJ
从事能够让他们运用对事实的逻辑和组织完成任务的职业	从事能够让他们运用个人关怀为他人提供服务的职业	从事能够让他们帮助别人在情感、智力和精神上成长的职业	从事能够让他们运用实际分析、战略计划和组织完成任务的职业

以上MBTI提供的性格类型描述仅供测试者确定自己的性格类型使用,性格类型没有好坏,只有不同,每一种性格类型都有其价值特点和优缺点以及需要注意的地方,清楚地了解自己的性格类型优劣势有利于更好地发挥自己的特长,而尽可能地在生活中工作中避免自己的性格劣势,更好地和他人相处,更好地做出决策。

(二) 大学生能力存在的问题

1. 传统的教育教学体系影响了大学生能力的发挥

由于受传统教学思想的影响,学校教育往往重知识传授、轻能力培养,讲提高教学质量也仅是考虑学生在学校接受的知识量。满足于教学计划中既定课程的开设,检查教学质量也多以考试、分数为依据。

2. 自我认知的偏差加大了理想自我与现实自我的差距

大学生是未来社会高素质人才的核心,他们的内心世界充满了高昂激情和美好幻想,加上社会对大学生寄予的厚望,他们对未来往往有着过高的角色期望。但在实现理想的过程中,他们忽略了客观条件的限制,现实生活中有许多不完善、不尽如人意的地方,与他们的期望形成强烈的反差,从而使他们感到困惑、迷惘。

3. 较弱的心理承受能力制约了大学生能力的发挥

当代大学生大多是"90后""00后",他们从小就受到长辈的百般宠爱,在求学的道路上也大都比较顺利。由于没有经受过生活的磨难,他们的心理承受能力较弱。同时,他们的依赖心理也比较强烈,缺乏在困难和逆境中的磨炼。

(三) 大学生能力的培养途径

1. 营造合作学习氛围,发展社会交往能力

交往是人的社会性需要,不仅表现为物质和利益的交流,还表现为思想和情感的交流。人们在交往中结成的人际关系的好坏往往是一个人的心理健康和社会适应能力的综合体现。

2. 培养学生的自我认知能力,增强自信心

学会正确评价和认识自己是提高大学生社会适应能力的重要环节。一个人对自我的认识往往是不够全面的,尤其是对于高职大学生来说,由于社会生活经验不足和年龄较小等客观条件的限制,常因个人的经验、知识、情绪、态度、个性等因素的影响,要么过高评价自己,要么过低评价自己,在自我认知方面出现问题。

3. 培养独立生活和工作能力

独立生活能力关系到一个人一生的发展和成功。要有意识地结合健康生活知识的传授,使学生学会通过多种途径获取现代社会中健康生活的知识,使他们逐渐学会照顾自己。

4. 实施挫折教育,提高大学生的心理承受能力

挫折一方面可以培养人的坚强意志,引导人们总结经验、吸取教训,使自己的追求得到完善和提高;另一方面,它又可以使人变得消沉,情绪低落。正确应对挫折,培养学生的抗挫折能力,有助于大学生社会适应能力的提高,防止和克服消极情绪,正确地面对人生、社会和工作。

5. 培养创新能力和竞争意识

青年大学生要顺应社会的变革和发展,就需要不断地用新思想、新观点、新知识充实自己,根据社会需要主动灵活地调整自己,这就需要培养自己的创新能力,树立创新意识。强烈的创新意识是创新的前提,它表现为主动性强,喜欢标新立异,与众不同;善于利用现有的条件和资源,化不利为有利。

第三节　大学期间职业生涯规划的制定

"如果说职业是无法逃避的选择,那么,职业规划则是一种立足现实、理想和梦想之上的管理艺术。"职业规划对每个人来说,都是至关重要的。大学阶段是年轻人价值观形成与知识储备的重要时期,是为未来从事的工作过渡的一段时光,也是做好未来要从事的职业规划的最好时机。如果能够在大学里就规划好自己的职业生涯,那么就会比别人早走一步,距离成功也就近了一步。大学生应该从一踏入大学校门就对自己的大学生活有一个总体设计,为自己的发展设立长远目标。在充分做好大学生活规划的同时,根据自身特点做好职业规划,同时在职业规划的指导下规划好大学生活,确立大学生活每个阶段的具体目标。

从职业规划周期和大学生所处的年龄特点分析来看,大学生正处在职业探索期,这个时期主要是通过学习、娱乐活动、自己的生活经历和他人的经验介绍等,经过自我认识、反省,形成对职业的初步认识和职业价值观。一般来说,这个时期对职业价值观以及职业的认识往往是比较模糊和易变的,甚至是不客观的,容易受到一些临时因素的影响。有很多问题值得去思考,比如是否能清楚地了解自己的兴趣和爱好,自己的缺点和优点是什么,是否仔细思考过自己所学的专业和自己未来要从事的职业,是否能给自己一个恰当的定位,是否能合理地安排自己的大学生活。找出症结所在,对我们的生活有一个详尽而又合理的规划,我们会发现大学生活中原来有这么多的事情值得我们去做,我们的大学生活原来是如此的丰富多彩。我们也会更加了解自己的兴趣和爱好所在,就能合理地安排时间和生活,对未来从事的职业也有清楚的了解,从而更好地发展自己。

一、制定职业生涯规划的准备

(一)职业生涯规划的影响因素

1. 健康

健康对于职业选择特别重要,几乎所有的职业都需要健康的身心,要敢于正视自己的健康状况。

2. 教育

教育是赋予一个人才能，塑造人格，从而促进个人发展的活动。拥有不同教育程度的人，在个人职业选择或被选择时，具有不同能量。一般来说，接受过较高水平教育的人竞争力也较强。专业与职业也会有密切的联系。有专业限制的职业必须要专业对口，如教师这一职业要求必须要有教师资格证书才能上岗。

（二）职业生涯规划的基本步骤

大学生职业生涯规划的总原则：一切为了自己，为了自己的一切。一切为自己负责，为自己一切负责。简而言之，职业生涯规划就是：知己、知彼，合理选择职业目标和路径，并以最优的策略、高效的行动去实现职业目标的过程。

1. 自我认知（知己）

根据"职业生涯规划测评""360度评估"等方法，客观分析自己的职业兴趣、能力倾向、职业价值观、行为风格、个性特征等，了解自己喜欢干什么、能够干什么、适合干什么、最看重什么、人岗是否匹配。

2. 职业认知（知彼）

通过多种途径（书籍、互联网、社会实践、专家咨询等）和方法（外部环境分析、目标职业分析、职业素质测评、SWOT分析等），全面了解目标行业、目标职业、目标企业（用人单位）的相关资讯，结合自己的专业情况、就业机会、职业选择、家庭环境、社会需求等因素，理性评估职业机会。

相关阅读

SWOT 分析法

SWOT是四个单词的缩写。这种分析法是由美国旧金山大学的管理学教授在20世纪80年代初提出的，主要被用于制定集团发展战略和分析竞争对手情况。

(1) 优势（strength，S）：是组织机构的内部因素，具体包括有利的竞争态势、充足的财政来源、良好的企业形象、强大的技术力量、具有规模经济、良好的产品质量、较大的市场份额、领先的成本优势、强大的广告攻势等。

(2) 劣势（weakness，W）：是组织机构的内部因素，具体包括设备老化、管理混乱、缺少关键技术、研究开发落后、资金短缺、经营不善、产品积压、竞争力差等。

(3) 机会（opportunity，O）：是组织机构的外部因素，具体包括需要新产品、存在新市场、存在新需求、外国市场壁垒解除、竞争对手失误等。

(4) 威胁（threat，T）：是组织机构的外部因素，具体包括新的竞争对手、替代产品增多、市场紧缩、行业政策变化、经济衰退、客户偏好改变、突发事件等。

3. 职业生涯规划设计

(1) 选择职业目标和路径

在自我认知、职业认知的基础上，进行职业定位，选择最适合自己的职业目标，并确定相应的职业发展路径。

(2) 制订行动计划和策略

围绕职业目标的实现,制订具有针对性、明确性与可行性的行动计划,在校大学生要重视大学期间和毕业后五年内的实施计划。在制订计划时要注意区分轻重缓急,在行动计划和策略制订完成后,要加强学习、要高效行动,学会时间管理和应对干扰,确保行动计划的顺利完成。

(3) 计划修正与备选方案

由于社会环境、家庭环境、组织环境、个人成长曲线等变化以及各种不可预测因素的影响,一个人的职业生涯发展往往不是一帆风顺的。为了更好地主动把握人生,主动适应、利用各种变化,我们需要定期评估、反馈、调整、优化自己的职业生涯规划,包括拟定备选的职业生涯规划方案都是非常必要的。

二、大学生职业规划应注意哪些问题

1. 根据社会需求进行职业规划

选择职业必定受到一定社会需要的制约。任何人选择职业的自由都是相对的、有条件的,如果择业脱离社会需要,将会很难被社会接纳。

2. 根据所学专业进行职业规划

大学生都有自己的专业,每个专业也都有一定的培养目标和就业方向,这就是大学生职业规划的基本依据。用人单位对毕业生的需求一般首先基于大学生某方面的专业特长。大学生除了要掌握宽厚的基础知识和精深的专业知识外,还要拓宽专业知识面,掌握或了解与本专业相关、相近的若干专业知识和技术。

3. 根据个人兴趣与能力特长进行职业规划

个人要明白自己将来要干什么,要知道自己的兴趣所在,但实际情况往往是毕业生挑花了眼,不知道自己需要的是什么,三心二意、犹豫不决。职业规划要与自己的性格、气质、兴趣、能力、特长等方面相结合,充分发挥自己的优势,扬长避短。需要提醒的是,知识多、学历高不一定能力强,大学生切不可将学习成绩作为评价能力高低的唯一尺度。

4. 针对目标行业的职业,积累相关知识

大学生一旦决定了自己的兴趣、爱好,就要针对这些目标行业的职业做一些"家庭作业"。例如,打算应聘会计事务所,不要等到应聘时才开始了解会计事务所到底是做什么的。如果大学生改了行,到新的岗位上适应新的环境,面对新的人、新的挑战,需要学习新的知识,这将更辛苦。

自我测试

我们在规划职业生涯中面临两难抉择、无法理性做出决定时,可以通过决策平衡单简化决策问题(表 5.5)。决策平衡单将重大问题的思考集中于 4 个方面:个人物质方面的得失、他人物质方面的得失、个人精神方面的得失、他人精神方面的得失。

决策平衡单的实施步骤如下:① 建立决策平衡单:在生涯决策平衡单中列出 3 至 5 个潜在职业。② 判断职业选择项的利弊得失:根据 4 个参考方面的重要得失,以"+5""-5"的

评分方式为每个职业选项评分。③ 设定考虑因素的权重：根据个体自身的判断取向，对每个考虑因素设置加权(1—5分)：1分表示不看重该考虑因素，5分表示最看重。④ 计算各职业选项得分：将各考虑因素的权重与得分相乘，再将每个职业选择下考虑因素的加权得分相加，即得各个职业选择的总分。⑤ 排列各职业选择优先顺序：按照各个职业选择总分高低，进行排序。

表5.5 决策平衡单

选择项目 \ 考虑		权重	目标1		目标2		目标3	
			打分	加权得分	打分	加权得分	打分	加权得分
个人物质方面的得失	1. 经济收入 2. 工作的难易程度 3. 升迁的机会 4. 工作环境的安全 5. 休闲时间 6. 生活变化 7. 对健康的影响 8. 就业机会 9. 社会资源 10. 其他_____							
他人物质方面的得失	1. 家庭经济收入 2. 家庭地位 3. 与家人相处的时间 4. 与朋友相处的时间 5. 其他_____							
个人精神方面的得失	1. 生活方式的改变 2. 成就感 3. 自我实现的程度 4. 能力和潜能的发挥 5. 兴趣的满足 6. 挑战性 7. 社会声望的提高 8. 其他_____							
他人精神方面的得失	1. 父母的认同 2. 师长的认同 3. 朋友的认同 4. 其他_____							
总分								

在生涯决策中需要考虑客观环境因素(如社会需求、家庭环境等)与主观因素(如个体的人格、兴趣、能力和价值观等)的影响。影响生涯决策的一些阻碍性心理因素有：① 意志薄弱。大学生在进行生涯选择时，常常因为家人、朋友主流社会价值观的影响，而改变自己的选择，甚至放弃自己真正想要的。② 犹豫不决。由于充满担忧与焦虑，总是不愿付诸行动，开始和生涯规划有关的行为。③ 性格特质，由于自己的性格特质，在生涯规划或职业生涯规划中遇到阻碍，例如，自负或自卑。④ 信息匮乏。不了解探索职业世界信息的渠道，或是不积极搜集相关信息。⑤ 专业选择。对目前选择的专业不感兴趣，也没有对自己感兴趣的领域进行探索。⑥ 学习困扰。在学业上未能取得进展，对学习成果不满意，对自己的能力不自信。

生涯发展和职业决策过程会影响心理健康。例如，当工作要求与我们的能力、资源或需求不匹配时，就会产生职业压力。过度的职业压力会引起我们的生理症状、心理症状与行为症状。再如，工作环境中不良的人际关系也会引起我们的不适，例如，工作时间内与工作伙伴过多的接触，导致下班后不愿再与家人、朋友沟通，久而久之就会影响到我们的人际关系，甚至引起人格特质的改变。

既然不良的工作状态会影响我们的心理健康，那么，在生涯过程中，就需要考虑保持心理健康的策略。这里主要可以从四个方面着手：① 界定工作与生活之间的界限：不要模糊两者的边界，工作是为了让我们更好地生活，而在生活中可以安抚工作带来的劳累。② 在工作中寻找乐趣：如果我们对自己的工作总是持有消极的态度，那么，工作就成了一件难以忍受的事情。对待工作恰当的态度，应该是保持好奇心，在工作任务中找到乐趣，享受工作过程。③ 更换职业，改变职业环境：如果现阶段的职业计划确实不适合你，那么，及时转换工作，换个环境。只有做自己真正喜欢的事情，才能不断发挥自己的潜力，在工作中更有动力。④ 当工作带来的负面影响已经远远超出自己的承受范围时，记得及时求助他人，或者寻找专业人员帮助你渡过困境。

第四节　学会时间管理

高效的时间管理可以让我们掌握正确的时间管理技巧，制订适合自己的时间管理计划，拥有充分的个人休闲时间。很多人认为，时间管理的意义在于让我们工作得更有效率。这确实是掌握时间管理技能的一大好处。然而，时间管理的本质并非如此。时间管理的根本是人生的自我管理。它应该是每个追求成功的人的必备素质。

一、时间管理的含义

（一）定义

所谓时间管理，是指用最短的时间或在预定的时间内，把事情做好。善于利用时间的人不会把时间花在需要做的事情上，而会花在值得做的事情上。事业上的成功离不开高效的时间管理。高效的时间管理可以让企业提高工作效率，减少管理成本，在规定时间内完成超额的任务。高效的时间管理可以让我们掌握正确的时间管理技巧，制订适合自己的时间管理计划,拥有充分的个人休闲时间。

(二)实质

成功包含"效能"和"效率"两个方面。"效能"是指一个人是否在"做正确的事",即是否确立了适合他自己的人生目标并为此行动;"效率"是指"正确地做事",即在实现目标的过程中是否采取了正确的方法并行之有效。因此,时间管理不仅涉及"效率",更要关注"效能",才能真正体会到成功带来的喜悦。"效能"为本,"效率"是末。

很多高职大学生面临着"如何确定人生目标"这样的困扰,我们常常感叹:说起来容易,做起来难!我们都知道人活着应该有目标,这说起来确实容易;但到底怎样确立目标,什么样的目标才是正确的,的确是个难题。

知识链接

高效能(成功)人士的8个习惯

1. 积极主动;
2. 以终为始;
3. 要事第一;
4. 双赢思维;
5. 知彼知己;
6. 统合综效;
7. 不断更新;
8. 找到心声。

(三)影响因素

(1) 自身因素

如缺乏计划,时间观念不强,追求完美,不愿委托或授权等。

(2) 组织因素

如绩效管理等制度不健全,沟通不畅,文山会海等。

(3) 环境因素

如突发事件多,应酬多,同事时间观念不强等。

(4) 技术因素

如缺乏科学的时间管理方法和有效的时间管理工具等。

二、时间管理的原则:要事第一

著名科学家科维提出时间管理理论,把工作按照重要和紧急两个不同的程度进行了划分,分为既紧急又重要、重要但不紧急、紧急但不重要、既不紧急也不重要四个象限,如图5.2所示。

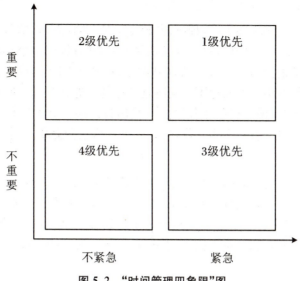

图 5.2 "时间管理四象限"图

三、如何进行时间管理

(一) 时间的特性

要想能够真正地了解时间并且管理"时间",我们有必要对时间的本质有深刻的认识,首先让我们先了解时间的四个独特性:

1. 供给毫无弹性

时间的供给量是固定不变的,在任何情况下不会增加,也不会减少,每天都是24小时,所以我们无法开源。

2. 无法蓄积

时间不像人力、财力、物力和技术那样能被积蓄储藏。不论愿不愿意,我们都必须消费时间,所以我们无法节流。

3. 无法取代

任何一项活动都有赖于时间的堆砌,这就是说,时间是任何活动不可缺少的基本资源。因此,时间是无法取代的。

4. 无法失而复得

时间无法像失物一样失而复得。它一旦丧失,则会永远丧失。花费了金钱,尚可赚回,但倘若挥霍了时间,任何人都无力挽回。

(二) 时间管理的具体方法

由于时间具备的四个独特性,所以时间管理的对象不是"时间",它是指面对时间而进行的"自管理者管理"。即你必须抛弃陋习,引进新的工作方式和生活习惯,包括要订立目标、妥善计划、分配时间、权衡轻重和权力下放,加上自我约束、持之以恒才可提高效率,事半功倍。

1. 积极利用情绪良好的时段，以提高工作效率

想做一件事情，但是懒于动手，这种所谓"缺少干劲"的状态，相信每一个人都曾经有过。有些人说，遇到这种"没劲"的场合，只要自己勉强干上30分钟到1个小时，注意力就会慢慢地产生，效率也会逐渐地提高。不过采取这种做法，在到达"干劲十足"之前，工作效率会很差。因为勉强工作，你在精神方面免不了会感觉到痛苦。遇到"不起劲"时，就会立刻把手边的工作置于一旁，再从"非做不可的工作"之中，找出自己最喜欢的工作，立刻着手去做。因为是自己喜欢的工作，自然就会产生工作热情，效率自然也会提高。

2. 为了提高效率，不妨在接近限期时仍然做别的工作

很多人都认为，只要耗费时间工作，总能够完成任务，实际上不见得完全如此。时间太充足的话，势必将在无关紧要之处多耗费时间，做起事来拖拖拉拉，缺乏一种紧张感。可以试着这样，除非接近限期，否则都是先做别的工作。只有到了"不做将会来不及"时，才着手做这项工作。处于这种情况时，由于限期将至，效率会有很大的提高。管理者称之为"期限届满的效果"。

3. 感到效率直线下降时，应该"积极的休息"

上午工作的状态一般来说都不会太差，但是到了下午，由于疲劳的累积，工作效率将逐渐下降。遇到这种情况，适度的休息是必要的。与其驱使浑浑噩噩的头脑"长期作战"，不如适当地休息几分钟，使精神恢复后继续投入工作，如此才能提高工作效率。

4. 遇到麻烦时，先让精神放松一下，然后再开始工作

比如做错了事被上司批评，顾客抱怨发牢骚时，将有很长时间让你感到苦恼。心中感到苦恼时，即使勉强地工作，效率也不会提高。这时不妨让自己放松一下，想着遇到问题首先必须解决问题，再以一种积极的心态投入工作。也可以暂时从事简单的工作，如此内心就会逐渐地风平浪静，新的干劲也会跟着产生了。比如整理资料、整理杂物都很不错。

5. 只要把日常的工作"格式化"，就可以防止工作的错误与疏忽

为了使工作有效率地进行，最好把各种工作"格式化"，即把来自经验的诀窍"格式化"。如此，无论在何时何地，任何人都可以采取最好的方法，在不发生错误的情况下开始工作。对于这种工作的格式化，有些公司已经开始实施，不过格式化的对象，几乎都是具有高难度或者复杂的工作。在决定"格式化"之际，有一件事必须特别注意，那就是不能一开始就期待"完美"。不管期待得如何完美，仍然会发生意外的事情。因此，必须在这种心理下规定"格式"，再经过实际运用后，不断地添加内容。

6. 对于千篇一律的工作，只要"怀疑"以前的做法，就可以提高效率

很多人以抱怨的口吻说："每次都做千篇一律的工作，实在叫人感到厌倦……"的确，每天都依照同样的方式做事很难叫人产生干劲。只要不盲从以往的做法，自己想出一些点子的话，就能够使你感到趣味盎然。

7. 使用"进度表"把必须做的事"视觉化"，让眼睛体会到成就感

目前完成了多少？还剩下多少？可以把工作"视觉化"。对你来说，可以用自制"进度表"的方式，使目标的完成"视觉化"。在一张纸上画上细小的格子，格子上写着实现目标必须做的事情，每完成一件事情，就使用红笔把该格子涂掉。这样就可以一目了然地看出，自己正处于起点与目标之间的哪一点，对于下一步应该做什么才能胸有成竹，不至于感到茫然。

8. 只要意识到自己的时间被浪费,工作的效率就会完全不同

一旦认为时间很充裕,往往就会毫不惋惜地使用它。工作方面亦是如此。如果认为今天做不完,明天再来,或者加班,效率就会一天比一天低。时间也有代价。如果不能在一定的时间内,取得所费时间价值以上的东西,收获将会为负值。正因为如此,应时常存有对自己时间价值的意识判断。如此,想提高生产积极性的意识就会发生作用,自然就能够高效率地进行工作。

9. 完成一件工作之后,尽早地写下解决问题的诀窍

越是重复出现错误的工作,越能得到新的窍门并能有效反省存在的问题。如果把这种贵重的"副产品"忽略掉,它就会被赶到意识的角落。遇到下次又得做同样的工作时,还得从头再来。因此,在做完一件事以后,一定要以备忘录的方式,把跟下一次工作有关的新发现、反省的事项记录下来。如此,把眼睛能看到的"东西"记录下来,下次就不至于犯同样的错误,也不会在同一个地方浪费时间,就算是委托他人,也可以高效率地进行。

知识链接

番茄时间管理法

这是一种极好的帮助你集中注意力、获得更高工作效率的方法。它的实施步骤如下:
(1) 确定你想要做什么(例如,翻译一篇外文)。
(2) 设定一个25分钟的定时。
(3) 工作,直到定时结束:这就是一个"番茄钟"。
(4) 休息5分钟,继续下一个番茄钟。
(5) 每4个番茄钟做一次长时间的休息。

大多数人都会对其做一些细微调整来适应自己。例如,你可以选择每两个番茄钟——而不是四个,做一次长时间的休息,特别是在你刚开始应用这种方法时。

第五节 准备走进职业角色

一、职业前的准备

由于目前高职毕业生求职的时间提前,有些毕业生可能在大三上学期末就能确定工作单位,也有一部分毕业生确定单位可能要到大三的最后一个学期。但不管是哪种情况,从找到工作单位到真正走向社会仍有一段时间可以加以利用,在这段时间之内,大学生仍有大量的事情需要做。

(一)善始善终,圆满完成学业

大学生求职择业基于一个最基本的前提——能圆满完成学业,拿到毕业证书。用人单位之所以录用你,也是基于这样一个前提。如果你不能拿到毕业证书顺利毕业,那么,你原来已经敲定的单位,很可能因此而与你无缘。正因为这一原因,有些精明的用人单位会在与你签的协议书上加上这样一句话:"圆满完成学业,取得毕业证书"等。因此,毕业生在找到工作单位的情况下,千万不要以为大功告成,将时间全用在玩上,而应该认真地学好自己最后的必修课和选修课,将自己的大学生涯认真总结回顾一下,将自己学过的课程重新梳理一遍,看学分是否修够,利用最后的时间和机会将学业缺损的地方修复完整,集中精力完成毕业设计或做好毕业论文,用最好的成绩给自己的大学生活画上一个圆满的句号。

(二)抓住机会,弥补能力缺陷

通过寻找工作单位和与社会的广泛接触,大学生一定能感觉到自己在知识和技能上存在的不足。既然发现了就要想办法尽快补上,在大学生活的最后阶段里,自己的知识和阅历都达到了足以使个体在短时间内重塑自我的程度,同时还有老师可以给自己提供必要的指导,而且有时间翻阅大量的资料,走上社会就不会再有这么宽裕的时间和良好的条件了。当然面临毕业,有些东西也不是一下子就能补上的,但要知道"行动是最好的老师",因为有些知识和技能是同学们走上社会之后必须用到的,如果抱着"得过且过"的态度,那走上社会后很有可能会因为某些偶然的"不慎"丢掉某个重要的机遇。反之,如果说个人已经尽了最大的努力,而后来在工作中仍然碰到无法逆转的"挫折",那也不会为此后悔莫及。

(三)捕捉信息,奠定"顶岗"基础

如果说在做好以上两件事的同时仍然还有时间可以利用,那么,同学们可以在网上查阅自己签约单位的详细资料,也可以积极主动地向将要供职的单位索取有关资料或找有关领导及未来的同事对单位的现状及今后的发展前景做一较为系统全面的研究。比如企业的发展历史、发展前景、用人机制、核心价值观、企业文化等,当然还包括与企业的生存有关的大环境、大市场等,从而使自己在未来的职业岗位上能尽快以主人翁的面貌出现。

(四)文明离校,保持良好心态

毕业生在办理离校手续期间,遇事不能急躁。遇到不顺心的事,要静心处理,不要与同学、管理人员等发生冲突。几年的大学生活,难免与同学磕磕碰碰,毕业之际,要与人为善,相互谦让,珍惜同学情谊,化干戈为玉帛,放弃前嫌,握手言和,展望未来,共同发展。尤其是因某种原因受过处分或找的工作单位不理想、没有找到工作单位的同学,切忌以毕业为名,找同学报私仇,大打出手;或发泄私愤,拿学校公物出气,结果将因自己的鲁莽而酿成大祸,轻则受到校纪处分暂缓毕业,重则受到法律惩罚。

大学毕业生经过了十几年的学校教育,即将走向社会,应以饱满的热情、高尚的情怀、积极向上的人生态度对待自己、他人和社会。办理离校手续期间,要热心为老师和同学服务,学会用恰当的方式表达自己对母校的意见和建议。

二、职业心理准备

近年来,随着我国市场经济的深入发展,就业形势和大学生的择业观发生了显著的变化。一方面受到社会发展的影响,大学生超前择业的特点越来越明显,往往在进入大学没多久就开始忙于毕业求职的准备,比如校外兼职,忙于外语、计算机考证,选修实用性课程等。

但另一方面,由于大学生缺乏必要的社会阅历,对于毕业后面临的个人社会化历程,并没有在心理和思想上做好充分准备。实际上,大学生择业不能仅仅倚重技能、证书,能否理解、适应职业并进行相应自我调整,对未来职业生涯将产生深刻的影响。

(一) 正确认识自身条件,主动适应社会

在社会主义市场经济条件下,"双向选择"作为一种新的就业方式已为用人单位和择业者普遍认同。每个毕业生作为社会的一员,都有他个人的要求,而社会作为无数个人的集合体也有其自身的需要。我国地域辽阔,现阶段生产力发展水平还很不平衡,人们的生活总体水平不高,因此也导致就业供需形势的不平衡。很多毕业生希望能进入大城市以及自认为有发展前途的大机关、大公司、大企业等大单位工作,从而加剧了就业竞争。而广大的中小城市、农村、边远地区、服务业、艰苦行业、基层单位和第一线还急需人才。国家还将通过宏观调控,控制人才流向,鼓励大学生到缺乏人才又急需人才的地方去工作。另外,我国目前毕业生就业市场还存在不规范的地方,还需要进一步完善。并且随着社会的发展,用人单位对毕业生的要求也更加严格。大学生在求职时应面对现实,认真了解国家的就业政策和就业市场的现状,并对自身的求职条件、专长、能力、兴趣、爱好等作出正确的自我认识与评价,避免因对自身条件作出过高或过低的估计而影响择业成功的机会。

(二) 确立主动出击的竞争意识

竞争是现代市场经济的显著特征。在职业生涯中,每个人面临的机会是平等的,但机会又偏爱那些有准备、有竞争心理的人。职业是双向选择,是"我择业,业择我",对此,每个毕业生都不能消极坐等和依赖,而应大胆参与竞争,努力充实完善自己,提高自身的综合素质,不轻易放弃任何一个可以抓住的机会。

敢于竞争,首先要有竞争的意识。作为时代骄子的大学生,应有青年人的朝气和锐气,有敢想敢干、勇于拼搏、敢为天下先的精神。敢于竞争,要靠真才实学,而不能纸上谈兵、夸夸其谈,更不能相互拆台或相互嫉妒。竞争应在互相学习、互相勉励、共同进步中进行。敢于竞争,还应注意不要轻易示弱和言败,不要自认为自身条件不如人而不敢与人竞争,"天生我材必有用",世上没有弱者和失败者,只有胆怯和懦弱者。面对困难,大学生要有坚忍不拔、不屈不挠、勇往直前的战斗精神。

【案例5.2】张华在大学学的是财会专业,在一个招聘会摊位前,他看中了一家国内著名的太阳能热水器代理公司提供的职位——营销员,但公司要求应聘者是市场营销专业学生。张华决定碰碰运气。他问招聘人员公司为何只招聘市场营销专业的学生。招聘人员告诉他,公司要扩大业务,需要有市场开拓能力的学生。张华随即表示自己具备市场开拓能力,并列举了自己曾在某电动车厂实习时,参与开拓市场并取得不俗成绩的经历。张华的自我介绍和专业水准使招聘人员对他很满意。最后他顺利通过了面试,谋到了这个理想的职位。

(三) 面对挫折,战胜挫折

毕业生在求职择业的过程中难免会遇到挫折,这是一种正常的现象,毕业生应有充分的心理准备。常言道:失败是成功之母。困难和挫折是磨炼人的意志的最好机会。面对挫折不要消极退缩,而要保持清醒的头脑,采取积极的态度,认真分析出现挫折的原因,调节好心理状态,迎接新的挑战。

(四)放眼未来,保持良好心态

尽管社会为大学生择业提供了"双向选择"的机会,但并不是所有的大学生都能一次成功地选择到满意的职业。对此,大学生应有充分的认识和思想准备,要立足现实,放眼未来,保持良好的心态,不要受"一业定终身"的传统观念的束缚,不要因为第一次择业不够理想就丧失信心,要树立先就业、再择业、后立业的职业理想,通过在实践中不断努力和反复比较,寻找适合自己的工作岗位,最终实现自己的职业理想。

三、转换角色度过适应期

大学生经过十几年的寒窗苦读,走出校门踏上全新的工作岗位,呈现在他们面前的是一个几乎完全陌生的新环境,因此无论是在生理、心理上,还是在工作上都有一个适应的过程。纷繁而复杂的社会与宁静而单纯的校园相比,存在着很大的差别,如何尽快实现从大学生到职业人员的角色转换,顺利地度过这个转换的适应期,对自己的职业生涯的顺利发展具有重要意义。

大多数毕业生走上社会之后,对新的社会环境一般经过兴奋好奇阶段、矛盾冲突阶段、调整平衡阶段、稳定发展阶段,都能较快地度过适应期。但也有一些毕业生对环境迟迟不能适应,不仅影响了工作,而且挫伤了自信心。那么,如何尽快采取措施进行自我调适呢?

首先,应该根据自己的具体情况,冷静地分析一下自己不能适应工作环境的原因。一般情况下,可能就是生理、心理或是知识技能等方面的原因。如果你的不适是由于生理原因造成的,那就应该适当地调整你现在的生活节奏,正确地处理好工作与生活作息的关系。合理地计划、科学地安排,做到有张有弛、劳逸结合。如果你上班忙忙碌碌,下班又心事重重,弄得整日寝食难安,不仅会感到疲惫不堪,而且也不可能精力充沛地投入工作。

如果你的不适应来自于复杂的人际关系,那也不必过于烦恼。社会是个大课堂,其中存在各种各样的人、各种各样的事。重要的是你要把握好自己,既不要恃才傲物、自视清高,也不必缩手缩脚、羞于见人。要敞开心扉,坦诚交流,虚心学习,多做少说。尤其在处理同事间的关系上,要尽量做到以诚待人、热情得体、不卑不亢。对于每一个同事都要同等对待,不要冒失地卷入人事纠纷中去。切忌搞小圈子,与部分人拉帮结派,而应尽力与所有同事发展团结互助的良好关系,同时还要有宽广的胸怀。要有容人的雅量,只要不是原则问题,让他三分又何妨?把自己的主要精力用在工作上,必定会使你的工作更加出色,而你开朗的性格、坦诚的为人、广泛的兴趣爱好,也一定会有助于你在新的工作环境中进行广泛的交流,建立起融洽的同事关系。

如果你是因为一时不胜任工作而感到不适应,那你就应该正确认识自己,认真分析原因,找出问题的所在,并针对自己的弱点加以克服。刚走上工作岗位的大学生,都面临着一个把知识内化成自己能力的过程。这一时期,有的人能尽快地完成这种转换,而有的人则需要一段较长的时间。由于我国高等教育体制中存在的某些弊端,在校大学生往往还没有形成综合技能,这就与社会所要求的讲竞争、重实效的行为方式产生了矛盾。而社会和单位上的人往往认为:大学生既然是"高级专门人才",就应该是能文能武的"全才",因此对大学生的期望值往往过高,求全责备,从而给毕业生带来一定的心理压力。在这些情况下,毕业生首先要对自己充满信心,相信自己具备一定的专业知识和专业技能,做到不急不躁、勤学多练、虚心求教,尽快完成自己的角色转换和知识技能的提升。

学习拓展

活动拓展:我的故事

1. 活动目的

了解自己的意志力。

2. 活动程序

(1) 小组里不相识的两个人迅速组成搭档,分 A、B 角色,A 先向 B 讲述一件凭借自己的意志力完成的事情,然后角色互换。

(2) A 再向 B 讲述由于自己意志力不坚强放弃的而事后看来是很遗憾的一件事,然后角色互换。

(3) 每人讲述 3 分钟。

3. 讨论

(1) 曾经仔细体会过自己的意志力吗?自己是个意志力强的人吗?
_____

(2) 当凭借意志力完成某种挑战时,心情是怎样的?
_____

(3) 在困难面前选择放弃的时候,心情是怎样的?
_____

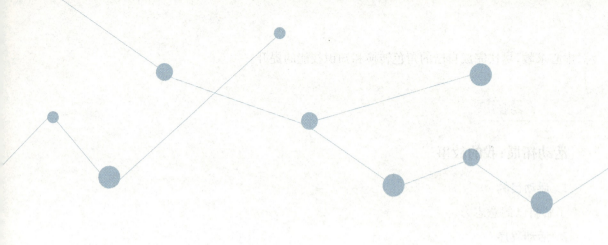

第六章

大学生人格心理

课程导入

徐某,女,来自农村。大一入学后,她与同宿舍同学关系紧张,经多次调解,仍无法与舍友缓和关系,严重影响同宿舍同学的日常生活和学习,后办理走读。大二下学期,她谈了男朋友,为同专业学生,两人相处时间不长,男方因她过于敏感、多疑,提出分手,但她不依不饶,多次纠缠男生及其室友,甚至威胁对方。大三上学期末,她与另一名男生确立男女朋友关系,交往过程中依旧敏感多疑,一个月后,男生提出分手,她仍是不依不饶,通过报警、人身威胁等方式逼迫男生复合。在对该事件的处理过程中,学校与学生双方密切沟通,经过艰难的思想教育及多方协调,做了大量工作,最终化解了矛盾,避免了事态进一步升级。

第一节 人格概述

"人格"一词是我们日常生活中的高频词汇,我们经常说"他具有高尚的人格""他出卖了自己的人格""他具有健全的人格"等。而人格(personality)一词最初来源于古希腊语persona,是指演员的面具,面具会随着角色的变化而不断变化。后来此词被用于描述人的心理。

一、人格及其特征

人格指一个人表现于外的给人以印象性的特点和生活中扮演的角色以及与此角色相应的个人品质、声誉和尊严等。

(一)人格的内涵

心理学上的人格内涵极其丰富,但基本包含两方面的意义:一是个体在人生舞台上表现出的种种言行,人格遵从的社会准则,这就是我们可以观察到的外显的行为和人格品质;另一方面是内隐的人格成分,即面具后面的真实自我,是人格的内在特征。

(二)人格的特征

1. 独特性

个体的人格是在遗传、环境、教育等先天、后天环境交互作用下形成的。不同的遗传及教育环境,促进个人形成各自独特的心理特点,我们经常说的"人心不同,各如其面"指的就是这个意思。

2. 稳定性

人格的稳定性是指那些经常表现出来的特点,是一贯的行为方式的总和。正如我们所说的"江山易改,本性难移"。一个人的某种人格特质一旦稳定下来,要改变是较为困难的事。

3. 统合性

人是极其复杂的,人的行为表现出多元性、多层次的特点。在每个人的人格世界里,各种特征并非简单的堆积,而是如同宇宙世界一样,依据一定的内容、秩序与规则有机组合起来的动力系统。

4. 功能性

人格是一个人生活成败、喜怒哀乐的根源。正如人们常说的"性格决定命运"。人格决定了一个人的生活方式,甚至有时会决定一个人的命运。人们常常使用人格特征解释某人的言行及事件的原因。面对挫折与失败,有志者认真总结经验教训,在失败的废墟上重建人生的辉煌;而怯懦的人一蹶不振,失去了奋斗的目标。

二、人格类型与发展

"人格"在心理学意义上指个体在先天物质遗传环境的基础上,通过与后天环境的相互作用而形成的相对稳定和独特的心理行为模式。人格包括气质、性格、自我调控等,其中性格是核心。这就意味着人格在时间上有一致性,在空间上具有普遍性,但人格相对的稳定性并不意味着它在一生中一成不变,随着生理的成熟和环境的改变,人格具有可塑性和可变性。

(一)人格的类型

1. 气质

(1) 气质的定义与特征

所谓气质(temperament)是指个体不以活动目的和内容为转移的典型的、稳定的心理活动的动力特性,是一个人心理活动在发生速度、灵活性、强度和指向性等方面特征的综合。气质的这种心理活动的特征,主要表现在心理活动的强度(如情绪体验的强弱、意志努力的程度等)、速度(如言语、知觉、思维的速度等)、稳定性(如注意力集中时间的长短等)、灵活性及心理倾向性和指向性上(如内向、外向等)。

(2) 气质类型

① 多血质。活泼好动,反应迅速,动作敏捷,思维灵活,但往往不求甚解,注意力易转移,情绪不稳定,感情易表露且体验不深,易适应环境,喜欢交往,做事粗枝大叶,具有外倾性。

② 胆汁质。精力旺盛,反应迅速,智力活动具有极大灵活性,直率热情,表里如一,情绪体验强烈,易冲动,有顽强拼劲和果敢性,但缺乏耐心,整个心理活动笼罩着迅速而突发的色彩,具有外倾性。

③ 黏液质。安静沉稳,喜欢沉思,反应缓慢,灵活性不足,比较刻板,注意力稳定,不易习惯新环境、新工作,情绪不易外露,善于忍耐,坚韧执拗,具有内倾性。

④ 抑郁质。敏锐稳重,情感体验深刻、持久、少外露,行动缓慢,胆小、孤僻、不善交往,遇困难或挫折易畏缩,有较强的敏感性,容易体察到一般人不易觉察的事件,具有内倾性。

知识链接

气质对心理健康的影响

气质并无好坏之分,但每种气质都有有利或不利于心理健康的一面。例如,多血质的人情绪丰富,容易适应新环境,但注意力不稳定,兴趣容易转移。抑郁质的人工作中耐受力较差,易感到疲劳,但感情比较细腻,做事审慎。比较而言,在环境不良的情况下,那些典型或较典型的胆汁质或抑郁质的人,尤其是胆汁质-抑郁质混合型的人较容易产生心理问题,进而影响学习、生活和成功。从神经类型的角度看,对神经系统弱型的人来说,承受外界刺激的能力较低,容易在不良因素的刺激下产生心理障碍或心身疾病,如神经衰弱、抑郁症或胃溃疡。而对于神经系统强而不均衡的人来说,经常处于兴奋、紧张和压力之下,容易患心血管疾病,属于这些气质类型的学生应积极改善气质,扬长避短,促进自身心理健康。

此外,气质不同的人在说话、走路、与别人交流、学习、工作、休息以及怎样表现自己的痛苦与快乐、怎样对不同事件做出反应等方面都会有所不同。了解这一点,对于同学间加深理解,融洽相处很有好处。大学生大都有这样的体会,彼此摸透了脾气,自然就增加了了解,不再因别人说话急躁而不愿与其打交道,不再因别人不那么热情而感到不快,减少在人际关系问题上的苦恼。

2. 性格

(1) 性格的定义与特征

性格是个性心理特征中的核心部分,它是一个人稳定的态度系统和相应习惯了的行为风格的心理特征。人与人的个性差别首先表现在性格上。性格是在社会生活实践过程中逐步形成的。由于各人所处的客观环境不一样,先天的素质不同,形成了各种各样类型的性格。

① 性格的态度特征。性格的态度特征是指个体在对现实生活各个方面的态度中表现出来的一般特征。

② 性格的理智特征。性格的理智特征是指个体在认知活动中表现出来的心理特征。

③ 性格的情绪特征。性格的情绪特征是指个体在情绪表现方面的心理特征。

④ 性格的意志特征。性格的意志特征是指个体在调节自己的心理活动时表现出的心理特征。自觉性、坚定性、果断性、自制力等是主要的意志特征。

(2) 性格类型

性格的类型是指一类人身上共有的性格特征的独特结合,可以按一定原则和标准把性格加以分类。

① 以心理机能优势分类。根据理智、情绪、意志三种心理机能在人的性格中所占优势的不同,将人的性格分为理智型、情绪型、意志型。理智型的人通常以理智来评价周围发生的一切,并以理智支配和控制自己的行动,处事冷静;情绪型的人通常用情绪来评估一切,言谈举止易受情绪左右;意志型的人行动目标明确,主动、积极、果敢、坚定,有较强的自制力。

② 以心理活动的倾向分类。瑞士心理学家荣格根据一个人里比多的活动方向来划分性格类型,里比多活动的方向可以指向内部世界,也可以指向外部世界。前者属于内倾型,其特点是处事谨慎,深思熟虑;后者为外倾型,其特点是心理活动倾向于外部,活泼开朗。

③ 以个体独立性程度分类。分成场依存型和场独立型。前者也称顺从型,后者又称独立型。场依存型者倾向于以外在参照物作为信息加工的依据,易受环境或附加物的干扰,常不加批评地接受别人的意见;场独立型者不易受外来事物的干扰,能独立判断事物、发现问题、解决问题,应激能力强。

④ 以人的社会生活方式分类。根据人认为哪种生活方式最有价值,可以把人的性格分为六种类型,即经济型、理论型、审美型、宗教型、权力型、社会型。经济型的人:一切以经济观点为中心,以追求财富、获取利益为个人生活目的。实业家多属此类。理论型的人:以探求事物本质为人的最大价值,但解决实际问题时常无能为力。哲学家、理论家多属此类。审美型的人:以感受事物美为人生最高价值,他们的生活目的是追求自我实现和自我满足,不大关心现实生活。艺术家多属此类。宗教型的人:把信仰宗教作为生活的最高价值,相信超自然力量,坚信永存生命,以爱人、爱物为行为标准。神学家是此类人的典型代表。权力型的人:以获得权力为生活的目的,并有强烈的权力意识与权力支配欲,以掌握权力为最高价值。领袖人物多属于此类。社会型的人:重视社会价值,以爱社会和关心他人为自我实现的目标,并有志于从事社会公益事物。文教卫生、社会慈善等职业活动家多属此类型。现实生活中,往往是多种类型的特点集中在某个人身上,但常以一种类型特点为主。

(3) 十六型人格

性格问题的研究核心是"性格类型分析",也称作"心理类型研究",它是由瑞士伟大的哲学家和心理学家荣格在1923年提出的。荣格认为:"在人的一生中,他应该做的,只是在固有人格的基础上,去最大限度地发展他的多样性、连贯性与和谐性。"我们完全可以根据这些客观规律,找到人性的内在规律,做出主观判断,可以用类型学的方法来区分人们的性格,荣格将人们的性格归纳为四种性格组合、八大气质行为。在现实人生中,人们要做的并不是改变性格类型,而是在固有性格类型的基础上,发展性格表象的多样性,以适应亲子、情感和职场等不同领域。

(二) 人格的发展

先天遗传素质是人格发展的物质基础和前提条件,但只是为人格发展提供了必要的基础和可能性,后天的环境和教育在一定条件下对人格发展起着决定性的作用,而人格的发展又是在儿童和青少年成长中的矛盾运动中实现的。儿童和青少年人格的发展遵循一定的规律、依赖一定的前提,儿童和青少年在现实生活中,为了反映和适应客观要求而产生了新的需要,这一新的需要与其原有的心理状态之间便产生了矛盾,对这一矛盾的处理与解决,推进了他们人格的发展。随后新的矛盾又产生出来,这样便伴随着矛盾的不断产生与合理解决,儿童和青少年的人格就会在此矛盾运动过程中完成由量变到质变的发展和飞跃。

第二节 大学生人格特征

社会的发展首先是人的发展,而人的发展首先是健全人格的形成。现在的大学生能否在未来适应社会发展的要求,能否为社会做出贡献,最根本的问题不在于掌握知识的多少,而在于是否具有获取知识的学习能力和适应社会的健全人格。

从心理学的人格范畴看,和谐人格是一种健康的心理人格。它强调构成个体内部心理的各个因素健康积极、协调统一、完整平衡。它既表现为构成个体内部心理的各个因素,如需要和动机、兴趣和爱好、智慧和才能、人生观和价值观、理想和信念、性格和气质都能主动而积极地向健康方向发展,特别是直接影响人格发展的心理因素,如感性、理性和非理性因素之间完整平衡、相互促进,既感觉敏锐、情感丰富,又头脑睿智、理性智慧;它又表现为构成个体心理活动过程的知、情、意、行相互协调,表里如一,知行统一等。

一、当代大学生的人格发展特点

(一) 能正确认知自我

首先是能自我接纳,能接受一切属于自我的东西,从而形成对自己积极的看法;其次是自我客体化,对自己的所有与所缺都比较清楚和明确,理解现实自我与理想自我之间的差别。大多数人都有明确的奋斗目标和愿望,并为之而努力。

(二) 智能结构健全而合理

具有良好的观察力、记忆力、思维力、注意力和想象力,没有认知障碍,各种认知能力能有机结合并发挥其应有作用。

(三) 对社会环境的适应能力较强,不断地进行社会化活动

当代大学生对外部世界有着浓厚的兴趣,有着广泛的活动范围和许多爱好,人际交往范围扩大,积极参与各种形式的社会实践。同时,能容忍别人与自己在价值观和信念上存在的差别,能根据事物的实际情况看待事物,而不是根据自己的主观愿望看待事物。

(四) 富有事业心,具有一定创造性和竞争意识

能把事业看成生活的重要组成部分,在事业上有较强的进取心和责任感;具有竞争意识,具有开放性的思想观念,少有保守思想;喜欢创造,勇于创新,甘愿冒险,独立性强,富有幽默感,态度务实。

(五) 情感饱满适度

情绪上稳定性与波动性、外显性与内隐性并存,情感丰富多彩,积极的情绪、情感体验在学习、生活中占主导。

知识链接

蓝领知识化时代即将到来,你准备好了吗?

在传统观念里,"蓝领"似与大学毕业生不沾边,但时下,它或许将成为年轻人求职的重要选项,有关专家也认为,这将是大学生就业的趋势所在。

日前,高校毕业生面临的就业压力大增。某抽样数据调查表明,在我国,无论是本科毕业生还是高职高专毕业生,其基本工作技能普遍低于所从事工作岗位的要求。而由上海市

教育科学研究院发布的《大众化阶段毕业生供求趋势预测与高等教育转型发展》调查报告的调查数据表明,压力之下,未来十年,普通高校毕业生有40%左右需进入蓝领岗位就业,成为知识型工人、知识型农民和知识技能型商业服务人员。

这意味着,随着我国逐步向信息化社会迈进,更多高校毕业生将走向蓝领岗位,"蓝领知识化"时代正在到来。

二、大学生人格发展中的问题

(一)大学生人格发展缺陷的常见表现

1. 自卑

自卑是自我评价过低的心理体验,在心理学上又称为自我否定意识。主要表现为对自己的能力、学识、品质等自身因素评价过低,心理承受能力脆弱,经不起较强的刺激,谨小慎微,多愁善感,常产生猜疑心理,行为畏缩,瞻前顾后。

2. 社交障碍

社交障碍是一个人自我防御心理过强的结果,他们常常过于担心被动,过于谨小慎微,过于关注自己,自信心不足。

3. 懒惰

懒惰是不少大学生为之感到苦恼而又难以克服的一种人格发展缺陷,是意志活动无力的表现。懒惰是大学生积极进取、张扬青春活力的天敌。

4. 狭隘

受功利主义影响,大学生中的"狭隘"现象有增无减。凡事斤斤计较、耿耿于怀、好嫉妒、好挑剔、容不得人等都是心胸狭隘的表现。

5. 抑郁

抑郁是大学生常见的情绪困扰,是一种感到无力应付外界压力而产生的消极情绪,常伴有厌恶、痛苦、羞愧、自卑等情绪体验。

6. 焦虑

焦虑是个体主观上预料将会有某种不良后果产生或模糊的威胁出现的一种不安感,并伴有忧虑、烦恼、害怕、紧张等情绪体验。

7. 自我中心

随着自我意识的发展,大学生越来越感到内心世界的千变万化、独一无二,越来越多地把关注的重心投向自我,尤其是那些有较强自信心、自尊心、优越感、独立感的学生,比较容易出现自我中心倾向。

(二)大学生人格发展缺陷的因素分析

1. 生理因素

各种气质类型的人在人格上会有其特定的倾向性。如抑郁质的人会更易形成抑郁、自卑、孤僻、固执、多疑等人格缺陷;胆汁质的人会更容易形成冲动、狂躁、攻击性等人格缺陷。大学生处于青春发育后期,青春期带来的生理变化常引起他们躁动不安,有些大学生由于不了解人的一些正常生理发育规律而导致对发生在自己身上的一些"异常"行动(如性梦、手淫、单相思等)进行自我斥责、自我怨恨、自我鄙视等。

2. 心理因素

大学生在认识、能力、意志、情感、性格、气质等方面的缺陷都会促使其形成人格发展缺陷。如当大学生担忧自己的前途或缺乏理想追求,或对人格发展缺陷的危害性认识不足时,都会促使他们形成某些人格发展缺陷;而当大学生缺乏自理能力、人际交往能力,学习成绩不佳,或因个人的容貌不佳、生理缺陷、家庭贫困等原因而不能正视和接受自我时,也会促使他们形成某些人格发展缺陷。

3. 社会因素

大学生所处的社会环境是导致他们形成人格发展缺陷的重要因素。从家庭环境来看,父母不和、缺乏父母关爱、家长期望值过高、家长的教育方式不科学、父母自身的人格不良倾向等都是促使孩子形成人格发展缺陷的社会因素;从学校环境来看,教师的期望值过高、学生的学习负担过重、班风校风不正、人际关系不和谐以及教师的人格缺陷等都是促使大学生形成人格缺陷的重要因素;从社会环境来看,社会上存在的各种不合理竞争、腐败现象以及各种媒体不良的影响等都会导致学生人格发展缺陷。

第三节 人格发展异常表现与矫治

人格障碍,亦称变态人格。它是一种人格发展的内在不协调,是在没有认知过程障碍或没有智力障碍的情况下出现的情绪反应、动机和行为活动的异常。

一、常见的人格障碍

著名的精神病学家施奈德对人格障碍的定义是:人格障碍是一种人格异常,由于其人格的异常而妨碍其人际关系,甚至给社会造成危害,或给本人带来痛苦。

(一) 人格障碍的类型

根据人格的特质理论,可将人格障碍分为10种类型。

1. 偏执型人格障碍

主要表现为固执、敏感、多疑、情感不稳定、易躁易怒、心胸狭隘好嫉妒、自我评价过高。

【案例6.1】张某,男,大一学生,经常要求调换宿舍而被辅导员介绍前来咨询。该生来自农村,排行最小,上有三个哥哥,爸爸和三个哥哥的脾气都很暴躁,经常打骂他。他高考落榜后到某地区一所学校复读,一位老师经常在课堂上对他冷嘲热讽,他认为老师经常借课堂的内容来影射他,而同学们都跟着嘲笑他,使他心理受到创伤。上大学后刚好与来自该地区的同学分在同一宿舍,让他感到难受,辅导员已几次为他调换宿舍,但他仍与同学相处不好,认为同学都排斥自己,因此常与舍友发生矛盾,晚上不回宿舍而选择睡到宿舍大楼的电梯口。他很希望能学到真正的知识,但上课时总认为老师讲的内容是在讽刺他,和其他同学也相处不好,总觉得同学把他当成怪物,不喜欢他。

该生的 SCL-90 测试结果显示,强迫倾向、人际关系敏感的得分均超过 4 分,焦虑、敌对、偏执三个因素的得分均超过 3 分(一般 2 分以上为存在心理问题)。UPI 得分为 41 分,第 25 题(想轻生)作肯定回答,属于 I 类,即存在严重心理问题。

2. 分裂型人格障碍

主要表现为退缩、孤僻、胆怯、沉默和怪癖,不爱社交。

【案例 6.2】王某,大二学生,因经常有奇怪的言行举动前来咨询。

王某自诉:我不知道自己是怎么了,周围总有人说我行为怪异,我有时会无端自负,沉入幻想之中。我的人际关系不是很好,比较敏感,有时候喜欢说一些毫无意义和逻辑的话,出现一些多余的动作;我一直认为自己很厉害,认为自己很有能力,但有时做事情的时候又显得能力不足,总是做不好。

知识链接

分裂型人格障碍的特征

(1) 有奇异的信念或与文化背景不相称的行为,如相信透视力、心灵感应、特异功能和第六感官等。

(2) 有奇怪的、反常的或特殊的行为或外貌,如服饰奇特、不修边幅、行为不合时宜、习惯或目的不明确。

(3) 言语怪异,如离题、用词不当、繁简失当、表达意见不清,并非文化程度或智能障碍等因素引起。

(4) 不寻常的知觉体验,如一过性的错觉、幻觉、看见不存在的人。

(5) 对人冷淡,对亲属也不例外,缺少温暖体贴。

(6) 表情淡漠,缺乏深刻或生动的情感体验。

(7) 多单独活动,主动与人交往仅限于生活或工作中必需的接触,除一级亲属外无亲密友人。

患者症状至少符合上述项目中的三项,方可诊断为分裂型人格障碍。

3. 戏剧化型人格障碍

以人格不成熟、情绪不稳定、受暗示性和依赖性强、感情用事和喜欢用夸张言行吸引他人注意为特点,表现为表情丰富、矫揉造作、爱表现自己、经受不起批评、任性、以自我为中心、富于幻想等。

4. 自恋型人格障碍

这种人主要表现为过分地自我关心、自夸。比如自以为是了不起的人物,夸大自己的成就、能力与外貌。平时好出风头,喜欢得到别人的注意和称赞。不能接受别人的建议和批评,从不考虑别人的利益,要求别人都按自己的意愿去做,不能替别人着想,不理解别人的难处和苦衷。

> **相关阅读**

自恋型人格障碍

古希腊传说里有一个美少年纳喀索斯,称得上是"照镜子"的"典范"。他在湖水里照见了自己,于是再也无法爱上其他任何人,结果掉到湖里变成了一辈子以湖为镜的水仙花。心理学家将这样的人称为"自恋型人格障碍者"——以自我为中心,过度关注自己,极端自我欣赏,缺乏对外界真正的兴趣。正因为如此,所以会捕捉一切可以自我欣赏的机会,照镜子是常见的表现之一。想知道自己是否属于"水仙花"吗?对照下面的标准检查一下自己吧!

(1) 对批评的反应是愤怒、羞愧或感到耻辱(尽管不一定当即表露出来);
(2) 喜欢指使他人,要他人为自己服务;
(3) 过分自高自大,对自己的才能夸大其辞,希望受人特别关注;
(4) 坚信自己关注的问题是世上独有的,不能被某些普通的人了解;
(5) 对无限的成功、权力、荣誉、美丽或理想爱情有非分的幻想;
(6) 认为自己应享有他人没有的特权;
(7) 渴望持久的关注与赞美;
(8) 缺乏同情心;
(9) 有很强的嫉妒心。

5. 反社会型人格障碍

以行为不符合社会规范、经常违法乱纪、冷酷无情为特点,往往缺乏正常的人间友爱,缺乏骨肉亲情,没有焦虑和罪恶感,常有冲动行为,举止放荡,无法无天。

6. 边缘型人格障碍

以反复无常的情绪变化和行为不稳定为主要特点。这种人不能控制自己的感情,常发怒闹脾气。常与周围人发生矛盾,以致人际关系紧张。常做出一些冲动性行为和无法预料的破坏性行为。

7. 回避型人格障碍

回避型人格障碍又称逃避型人格,特征是行为退缩、心理自卑、面对挑战多采取回避态度或无能力应付。

8. 依赖型人格障碍

主要特点是极度依赖他人。他们虽然有较好的工作能力,但由于缺乏自信心,缺乏独立能力,遇事没有主见,事事依赖别人。

【案例6.3】一位咨询者自述:我今年19岁,我真不该上大学,现在觉得一天也待不下去。我是爸爸妈妈的独生女,在上大学前,一切事都是爸爸妈妈照料,甚至连衣服鞋袜都不用自己洗。进大学后,我非常想念自己的家,对大学的生活很不适应,经常做梦,梦到自己的爸妈,醒来后常常暗自流泪。为此,我力求使自己快乐起来,强迫自己忘掉家中的温馨幸福,把自己的注意力集中在学习上,但无论如何,我眼前总是浮现出父母以及家乡同学的身影。我该怎么办?

9. 强迫型人格障碍

主要表现为在平时常有个人不安全感和不完善感，因而出现焦虑并过分自我克制，过分自我关注。

10. 被动攻击型人格障碍

被动攻击型人格障碍的主要特征是习惯以被动的方式表现其强烈的攻击倾向，这类人外表总是表现得被动和服从，甚至唯唯诺诺，背地里却不予合作，内心充满敌意和攻击性。例如，日常生活或工作中经常故意迟到、故意不回电话、故意拆台使别人的工作无法进行等。性格方面经常表现为顽固执拗、不听调动、拖延时间、暗地里破坏或阻挠他人的事情等，仇视情感与攻击倾向十分强烈，经常牢骚满腹，心里却又十分依赖权威。

此外，还有多重人格一说。多重人格（multiple personality）是一种心因性身份的障碍，也即由心理因素引起的人格障碍。多重人格症是指一个人同时具有两种或多种非常不同的人格。此类患者行为的差异无法以常人在不同场合、不同角色的不同行为来解释，好像是完全不同的人，每种人格有其特别的姓名、记忆、心理特质及行为方式。

（二）人格障碍的自我矫正方法

1. 反向观念法

反向观念法是指自己主动与自己原有的不良自我观念唱反调，原来是以自我为中心，现在则应逐渐放弃以自我为中心，学习设身处地为他人着想。采用此法的要点是：先对自己的错误观念进行分析，然后提出相反的改进意见，在生活中努力按新观念办事。

2. 习惯纠正法

人格障碍者的许多行为已成为一种习惯，破除这些不良的习惯有利于人格障碍的矫正。以依赖性人格为例，实施这种方法有三个要点：一是清查自己的行为中有哪些事习惯地依赖别人去做，有哪些事由自己做决定，可以每天做记录，记录一个星期。二是将自主意识很强的事归纳在一起，如果做了，则当作一件值得庆贺的事。而对自我意识差、没有按自己意愿做的事，自己提出改进的想法，并在以后的行动中逐步实施。三是找一个你信赖的人做监督者，并与监督者订立双边协议，当你有良好表现时，予以奖励，当你违约时，予以惩罚。

3. 行为禁止法

对于人格障碍者的许多不良行为可以采取该法。例如，一个偏执型人格障碍的人当对一件事忍无可忍而将要发作时，可对自己默念如下指令："我必须克制住自己的反击行为，我至少要忍10分钟。我的反击行为是过分的，在这10分钟内。让我当即分析一下有什么非理性观念在作怪。"采取这种方法后不久你就会发现，每次你认为怒不可遏的事，只要忍上几分钟，用理性观念加以分析，怒气便会随之消减。不少你认定极具威胁的事，在忍耐了几分钟后，你会发现灾难并未降临，不过是自己的一种无谓的担忧罢了。

4. 情绪调整法

人格障碍者多伴有情绪障碍。例如，戏剧型人格的情绪表达太过分，旁人无法接受。采用此法首先要做到的便是向你的亲朋好友做一番调查，听听他们对你的看法。对他人提出的看法，你应持全盘接受的态度，千万不要反驳，然后你扪心自问，上述情绪表现哪些是有意识的，哪些是无意识的；哪些是别人喜欢的，哪些是别人讨厌的。对别人讨厌的坚决予以改进;对别人喜欢的则在表现强度上力求适中。对无意识的表现,将其写下来,放在醒目处,不时地提醒自己。

二、人格障碍的治疗方法

(一) 对自恋型人格障碍的治疗

一般可采用以下方法:

1. 解除自我中心观

自恋型人格的最主要特征是自我中心,因此,要治疗自恋型人格,可把自己认为讨人嫌的人格特征和别人对你的批评罗列下来,然后一条一条改正。

2. 学会爱别人

对于自恋型的人来说,光抛弃自我中心观念还不够,还必须学会去爱别人,唯有如此才能真正体会到放弃自我中心观是一种明智的选择,因为你要获得爱,首先必须付出爱。生活中最简单的爱和行为便是关心别人,尤其是当别人需要你帮助的时候,只要你在生活中多一份对他人的爱心,你的自恋症就会自然减轻。

(二) 对偏执型人格障碍的治疗

应以心理治疗为主,以克服敏感多疑、固执、不安全感和自我中心的人格缺陷。主要有以下几种方式:

1. 认知提高法

全面了解自身人格障碍的性质、特点、危害性及纠正方法,对自己有正确、客观的认识,并自觉自愿产生要求改变自身人格缺陷的愿望。

2. 交友训练法

交友要真诚相见,以诚交心,交往中尽量主动给予知心朋友各种帮助,注意交友的"心理相容原理"。

3. 自我疗法

具有偏执型人格的人喜欢走极端,要找出非理性观念,然后加以改造。

4. 敌意纠正训练法

经常提醒自己不要陷于"敌对心理"的漩涡中;要懂得只有尊重别人,才能得到别人尊重的基本道理;要学会向你认识的所有人微笑;要在生活中学会忍让和有耐心。

(三) 对分裂型人格障碍的治疗

目标是要纠正孤独离群性、情感淡漠和与周围环境的分离性。具体方法有以下几种:

1. 社交训练法

旨在纠正孤独不合群,提高认知能力,懂得孤独不合群、严重内向的危害,自觉投身心理训练。

2. 兴趣培养法

兴趣是指积极探究事物而给予优先注意的认识倾向,并具有向往的良好情感。因此,兴趣培养有助于克服兴趣索然、情感淡漠的人格。

(四) 对依赖型人格障碍的治疗

可以采用如下方法:

1. 习惯纠正法

依赖型人格的依赖行为已成为一种习惯,首先必须破除这种不良习惯。清查一下自己的行为中哪些是习惯性地依赖别人去做,哪些是自做决定的。你可以每天做记录,记满一个星期,然后将这些事件按自主意识强、中等、较差分为三等,每周一小结。

2. 重建自信心

依赖型的人缺乏自信,自我意识低下,这与童年期的不良教育在心中留下的自卑痕迹有关,应该努力克服。重建勇气,不论做什么事情,绝不依赖他人。

(五) 对强迫型人格障碍的治疗

主要应采用自我心理疗法,具体的方法有以下两种:

1. 听其自然法

由于具有强迫型人格的人的主要性格是把冲突理智化,过分压抑和控制自己。因此,强迫型人格障碍的纠正主要是减轻和放松精神压力,最有效的方式是任何事听其自然,该怎么办就怎么办,做了以后就不再去想它,也不要对做过的事进行评价。

2. 当头棒喝法

强迫型人格障碍患者把行动的自主权交给了"规矩与习惯",把自己活泼的心智锁进了牢笼。因此,要砸开锁链,打开牢笼,让曾被囚禁的自由思想主宰自己的行为,当头棒喝便是打开牢笼的妙法。

(六) 对攻击型人格障碍的治疗

接受青春期有关生理、心理方面的教育,使自己能正确认识自己,认识自己外部的变化和心理的变化。参加多种形式的业余文艺、体育活动,让自己体内的能量寻找一个正常的释放渠道。

第四节 大学生人格塑造与完善的途径

人格是社会文化的产物。改革开放的社会背景和校园文化氛围使大学生有了更大的适应性、灵活性和更大的发展可能,也为人格塑造提供了一个广阔的天地。在改革开放伊始,大学生强烈的主体意识显现为"寻找自我、渴望成才",这是20世纪80年代大学生人格发展的显著特点。进入90年代以后,随着社会主义市场经济体制的建立,大学生逐步形成自立、平等、开放、竞争等人格特征。我国有关学者的研究表明,具有创造力的当代大学生的人格特征是:勇于创新和开拓、有努力取得成就的坚韧性、富有热情、自信心强等。然而,急剧变革、观念多元的社会文化亦使人格的形成变得困难,变得更加不确定,从而使大学生的人格发展出现更多的迷茫和冲突。

一、健康人格概述

对于健康人格的理解,在心理学上一直有很大的争议。"人是环境的产物",这是18世纪法国唯物主义哲学家爱尔维修提出的命题。它在一定程度上揭示了环境对人的重要性。人的社会化离不开一定的社会化的环境,而在社会化环境中,家庭是首要的、最基本的文化环境,是个体最早接受教化的场所。孩子们在后天形成和发展起来的心理素质如何,能否像大部分家长希望的那样成"才",跟家庭环境的好坏有着极其密切的关系。在一定意义上,早期的家庭教育对于青少年的成才有着决定性的影响。

相关阅读

你的性格,谁在做主

有关人的性格形成一直有两种观点:第一种先天论认为,我们具有怎样的性格在一出生时便决定了,基本由遗传做主;另一种观点认为,"人之初,性本善",每个人降临到世界时,他的思维都是空白,何谈性格?完全是生活环境与接受的教育在塑造着不同的性格。

这两种观点有点像先有鸡还是先有蛋的争论,彼此都有道理,可彼此却也很难说服对方。如果赞成前者,那无疑认为我们的性格无论优劣,都是天生注定的,既然是先天的就说明是难以改变的,那后天的教育不就成了多余的无用功?

而拥护后者也不能自圆其说,因为性格品行的遗传和家传现象比比皆是。

现代主流科学认为,我们的性格形成是遗传和生长环境综合作用的结果。就以音乐家为例,遗传固然重要,但耳濡的熏陶更不可小视。特别是那些从小就在悠扬悦耳的琴声中长大的孩子,环境的影响可能胜过遗传的因素。

(一) 健康人格的特征

从不同学派的心理学家对健康人格的探讨来看,他们大都从知、情、意、行的角度来研究和讨论健康人格在认知水准、情绪调控、意志品质等的状态和表现。从知、情、意、行角度出发,可以归纳出一些适合当代大学生实际及符合社会发展需要的健康人格标准:

① 自我悦纳,接纳他人。客观地看待周围事物,表现出良好的适应性,也能因自己的理想追求保持一定的独立性。

② 稳定、乐观、开朗的情绪和良好的社会情感。乐观的人生态度是个人心理健康的基础,是健康人格的重要内容,可以说形成丰富而稳定的社会情感是人际和谐的表现。

③ 坚韧的意志品质。有着良好的自制力和坚持不懈的精神。

④ 能够充分发挥自己的潜能,把自己的智慧有效运用到能获得成功的工作和事业上。

> **知识链接**

人格健全的 9 种有价值的心理特质

(1) 幸福感,这是最有价值的特质。
(2) 和谐,包括内在和谐及与环境的和谐。
(3) 自尊感。
(4) 个人的成长,即潜能的发挥。
(5) 个人的成熟。
(6) 人格的统一。
(7) 与环境保持良好接触。
(8) 在环境中保持有效适应。
(9) 在环境中保持相对独立。

(二)健全人格的标准

一般人的人格内容主要包括以下几个方面:

1. 日常习惯的养成

包括个人行、坐、卧的日常行为举止和对言谈的把握程度。日常习惯的养成是个人人格教育和养成的基础内容。

2. 个人生活方式的养成

包括个人对待衣、食、住、行的态度和整洁化等要求。因为人在生存、发展的过程中,健康生活方式的养成是形成健康、正确价值观和人生观的开端。

3. 个人心理倾向的养成

主要是外向或内向心理倾向的养成问题。外向的心理倾向易于接受新事物,但也存在思想观念易于波动变化的问题;内向的心理倾向易于稳定和求同,但却存在僵化和不易灵活变通的缺点。

4. 个人人际习惯的养成

不是指一般意义上的人际关系。作为人格的一种表现,在人际习惯教育和养成中要注意克服现代思想观念中不正确的"自我意识"和"自我价值"观,消除人们的自我中心意识。

(三)当代大学生理想人格的特征

马斯洛的人本主义心理学理论核心是人通过"自我实现",满足多层次的需要系统,达到"高峰体验",重新找回被技术排斥的人的价值,实现完美人格。马斯洛归纳出如下 14 条理想人格特征:

① 了解并认识现实,持有较为实际的人生观。自我实现者对世界的知觉是客观的、全面的和准确的,因为他们在感知世界时,不会掺杂自己的主观愿望和成见,或带有自我防御,而是按照客观世界的本来面貌去反映。

② 悦纳自己、别人以及周围的世界。对于可以改造或可以调整的不足,他们会以积极

的态度来对待,而对那些不可改变的不足,他们能顺其自然,不会自己跟自己、跟他人和自然过不去。

③ 在情绪与思想表达上较为自然。在人际交往中,自我实现者具有流露自己真实感情的倾向,他们不会装假或做作,他们的行为坦诚、自然。

④ 有较广阔的视野,就事论事,较少考虑个人利害。自我实现者以自己的价值和感情指导生活,不依靠别人求得安全和满足,他们依靠的只是自己。

⑤ 能享受自己的私人生活。他们一般都喜欢安静独处,这样做并不是因为害怕别人,也不是要有意逃避现实,而是为了在减少干扰的条件下,更好地深思,更全面地比较,以便去寻求更为合理的问题解决方案。

⑥ 有独立自主的性格。他们更多依赖自己而不是外部环境,能够抵制外部环境和文化的压力,独立自主地发挥思考的能力,自我引导和自我管理。

⑦ 对平凡事物不觉厌烦,对日常生活永感新鲜。自我实现者能够对周围现实保持奇特而经久不衰的欣赏力,充分地体验自然和人生中的一切美好的东西。

⑧ 在生命中曾有过引起心灵震撼的高峰体验。高峰体验是人感受到的一种强烈的、心醉神迷的狂喜或敬畏的情绪体验。当它到来时,人会感觉到无限的美好,具有极大的力量、自信和决断意向,甚至连平凡的日常活动,也可以被提升为压倒一切的、妙不可言的活动。

⑨ 爱人类并认同自己为全人类的一员。在自我实现者看来,他人的快乐就是自己的快乐,他们已经把自己从满足自身狭隘需求的牢笼中解放出来了。

⑩ 有至深的知交、有亲密的家人。自我实现者关心的不局限于他们的朋友、亲属,而是扩及全人类。他们把帮助穷困受苦的人视为自己的天职,具有同所有的人同甘苦、共患难的强烈意识,千方百计为他人着想。

⑪ 有民主风范,尊重别人的意见。自我实现者谦虚待人,尊重别人的权利和个性,善于倾听不同的意见。对他们来说,社会阶层、受教育程度、宗教信仰、种族或肤色,都是不重要的,重要的是他们是否掌握真理。

⑫ 有伦理观念,能区别手段与目的,绝不为达到目的而不择手段。他们强调目的,而手段必须从属于目的。自我实现者把活动经历当作目的本身,因而比常人更能体验到活动本身的乐趣。

⑬ 带有哲学气质,有幽默感。自我实现者善于观察人世间的荒诞和不协调现象,并能够以一种诙谐、风趣的方式将其恰当地表现出来。

⑭ 有创见,不墨守成规。他们每个人都在某个方面显示出独到之处和创造性。虽然他们中某些人并不一定是作家、艺术家或发明家,但他们具有同儿童天真想象相类似的能力,具有独创、发明和追求创新的特点。

二、大学生人格完善的途径

(一) 加强心理素质相关知识学习

1. 强化自我意识培养

大学生应对自己有一个正确的认识和定位,学会调节和控制自己的情绪和行为,在悦纳自我的基础上努力发挥自身的潜能和个性特长,培养自主精神和人格的独立性。

2. 注重人生观、价值观培育

人生观、价值观是一个人对自然和社会的基本观点,是调节和控制个人行为的内在标准。大学生应保持积极进取的心理品质,选择正确的学习榜样,树立正确的人生观和世界观,克服依赖和惰性心理,不断提高自己的需求层次,并从中享受到成功的快乐,以此激发自己积极向上的热情。

3. 提升人际交往和沟通能力

良好的人际关系有助于个人智力开发和学习效率的提高,有助于个人自我意识的发展与完善,并能促进个人的心理健康。良好的人际关系建立在人际交往和沟通能力之上。大学生应克服孤僻、封闭、自卑、羞怯等社交心理障碍,学会有礼貌、真诚地与人交往,掌握一定的交往技巧,提高自己的人际交往能力和沟通能力。

4. 参加恋爱心理与性健康教育学习

大学生应正确对待和处理两性关系,选择正确的异性交往方式,克服与异性交往中的烦恼,珍惜青春年华,使友谊和爱情成为学习的动力。

5. 增强竞争意识和挫折承受力

当今社会是信息时代、知识时代,科学技术日新月异,各种新知识层出不穷,社会生活竞争激烈,每个人都在承受竞争、挫折和失败,大学生应培养抗压、抗挫折的心理品质,学会自觉、主动地利用和发挥主客观优势,克服和消除不利因素,勇敢面对困难和挫折,形成持之以恒、百折不挠、善始善终的良好意志品质。

(二)创造良好的社会环境和心理环境

环境是诱发大学生人格发展缺陷的一个不可忽视的外部因素。从良好的社会环境来讲,整洁、美观、健康、充满朝气的校园与和谐、温馨的家庭,会使个人保持更加良好的心理状态,避免和减少人格发展缺陷的产生。从良好的心理环境的创造来讲,父母应努力营造民主、和谐的家庭气氛,注意尊重孩子、信任孩子,多给孩子鼓励和支持,主动与孩子进行沟通,给他们更多爱与关怀;学校的教师尤其是班主任,应热爱、尊重、信任学生,尽力创造让学生表现自己能力、才智、闪光心灵的机会,这是培养他们自尊、自信、自强的心理基础;创造良好的教育情景和心理氛围,特别是良好的集体生活情景和富有教育意义的活动与交往,是调控学生心态的重要手段和条件。此外,实施愉快教学、加强民主管理、协调人际关系也是促使学生保持良好心态、避免人格缺陷形成的有效方法。

学习拓展

(一)素质拓展

推荐图书:《九型人格》(海伦·帕尔默)

九型人格不仅仅是一种精妙的性格分析工具,更主要的是为个人修养、自我提升和历练提供更深入的洞察力。与当今其他性格分类法不同,九型人格揭示了人们内在最深层的价值观和注意力焦点,它不受表面的外在行为的变化影响。它可以让人真正地知己知彼;可以帮助人们明白自己的个性,从而完全接纳自己的短处、发挥自己的长处;可以让人明白其他不同人的个性类型,从而懂得如何与不同的人交往沟通及融洽相处,与别人建立更真挚、和谐的合作伙伴关系。

(二) 活动拓展

团体游戏:妙人妙事

(1) 器材:空白卡片、纸箱。

(2) 方法:

① 发给每人三张空白卡片,一张上面写自己的姓名,一张写时间、地点(如在黄昏时候的海边、没有月亮的晚上),一张写做什么事(如吃饭、跳舞、做噩梦)。

② 卡片按姓名、时间、事置于三个纸箱中,然后请三个人,分别各抽出一张大声朗读,如"杨××,在喝醉酒的晚上,唱山歌……"由于随意组合,可能出现许多妙人妙事(被××抽出姓名者,应起立)。

第七章

大学生学习心理

课程导入

我的专业我做不了主

齐某,女,某大学电气工程及其自动化专业二年级学生,两年以来所有专业课均不及格,专业课老师反映其要么上课睡觉、不交作业,要么不来上课,教务处发出教学预警,再有一门专业课不及格就要被劝退,学校通知其家长到学校沟通。齐某心情非常复杂,自述:自己在上高中时就不喜欢理科,喜欢文科,被家长逼着选择了理科,上高中时迫于家长和班主任的压力拼命学习,居然考上了大学,由于父母都在电力部门工作,迫使她选择了电气工程及其自动化专业,由于自己不喜欢理工科,所以对学习没有兴趣,没有动力,学不进去,一看专业课书就犯困,心里非常排斥。所以一上专业课就睡觉,也不交作业,专业课的书从来不看,才导致挂科。眼看大学已经过去大半,自己有一堆的专业课都不及格,学校已经下发最后通牒,心里非常着急,担心将来无法就业。

该生的学习兴趣不在理工科,对于专业课非常排斥,毫无学习动力。兴趣是最好的老师,虽然兴趣是可以培养的,但是每一个人的天资禀赋不同,有人擅长人文学科,有人擅长理工学科,学习哪一个专业应该根据学生不同的特质去选择。专业对一个人的职业生涯来说非常重要,如果大学生对其所学专业不感兴趣,那学起来是十分痛苦的,所以大学生应该根据自己的具体情况选择自己喜欢的专业。

第一节 大学生学习心理特点与发展

学习是每个大学生都要面对的一件大事。但事实上,很多大学生入校后没有注意观察高校中的学习环境和教学秩序不同于以往,应试教育体制之下积累的学习方法并不能很好地适应大学时期的学习任务。因此,对大学生而言,了解大学生的学习心理特点,端正学习态度,建构明确的学习动机很有必要。

一、大学生的学习特点

大学生的学习过程是在教师的指导下,有目的、有计划、有组织地掌握系统的专业知识和技能,发展各种能力,形成一定世界观和道德品质的过程。大学阶段的学习活动不同于中学的学习活动——在他人督导下掌握知识。同时,高职院校学生的学习不同于本科阶段的学习。高职大学生既要学习一定的专业理论知识,还要学习一定的专业技能。学院根据社会对技能型人才综合素质的要求,学生就自身的特点、兴趣,选择相应学习的内容,采用多种学习方式,构建自己的知识与技能体系,以适应社会的需要。大学生学习的特点有如下六种:

（一）专业性

专业性是指大学生的学习有一定的专业指向性和职业定向性。这种专业性是随着社会对本专业要求的变化和发展而不断深入的，知识不断更新，知识面也越来越宽，技能要求越来越高，为适应当代社会发展的既高度分化又高度综合的特点，有更具体、更细致的专业目标是大学生学习的显著特点。

（二）自主性

培养学生"学会学习"是现代教育的主流思想。大学学习既要求大学生善于从课堂上学到知识，又要求大学生能充分利用学校的实验实训条件、场地、仪器设备、图书资料、学习环境、网络等手段积极主动地、自觉地学习，有意识地培养自己多方面的才能，学会自我学习，掌握学习方法和提高学习能力。在大学必须学会自学的本领，因为自学能力已成为衡量大学生学习效果的主要因素，是大学生适应大学学习自主性的一个重要方面。同时，更重要的是，在校期间大学生通过自学总结、摸索一套适合自身特点的自学方法，毕业后才能不断地汲取新知识进行创造性的工作。

（三）广泛性

广泛性反映了大学学习的多层面、多角度的特点，表现为大学生在学习过程中可以通过各种不同的途径和渠道吸收知识，也可以靠广泛的兴趣探求课程之外的知识。上课时间之外，大学生有较多时间自由支配，可以在学校为其提供的各种条件下进行广泛的学习，如通过图书馆、阅览室查阅资料，通过学术报告、知识讲座、专题讨论、社会调查等方式学习，还可以通过实验、实训、社会实践获得技能。众多学习模式为学生从不同层次、不同角度学习知识创造了条件。

（四）选择性

选择性是大学生对学习内容具有一定程度的自由挑选的灵活性特点。虽然大学生入学后重新选择专业的机会不多，但是学校为大学生开设了大量的选修课程，大学生可以依据自己的兴趣、特长，在学科方向、课程内容方面有取舍选择的灵活性。

（五）实用性

大学特别是高职院校的人才培养目标是为社会提供应用型、技能型人才。应该说高职教育更侧重实用性。学生通过在校学习，不仅学习了较为系统的专业理论，更重要的是掌握了相关专业的基本技能，学校要求他们获得本专业与相关专业的技能等级证书。一般说来，高职大学生学习的实用性更加契合我国现阶段对技能型人才的需求。

（六）探索性

大学生学习不仅是为了掌握专业的知识与技能，而且还要掌握专业知识与技能的形成过程。随着对专业的不断深入了解，大学生还应对本专业的各个领域进行探索，对一些问题提出自己的新观点、新见解、新方法。

这六种特点既有区别，又有联系。其中专业性、自主性是大学生学习活动的基础，广泛性与选择性是大学生学习活动效果的保证,实用性、探索性是学习的目标。

二、大学生学习心理特点

大学生学习心理是指大学生在学习过程中产生的心理现象及其规律,主要包括大学生在学习过程中表现出的学习动机、心理适应能力、情绪情感和意志品质等个性心理特征。大学生的学习心理状态和学习水平大致可以分为几个不同的层次:最低层次,即学习心态和学习状态都较差,经常处于考试焦虑和缺乏明确的学习动机甚至厌学的心态之中,没有良好的学习策略,机械被动地完成学习任务,勉强能应付学习和考试;中间层次,即学习心态和学习状态中等,有较明确和强烈的学习动机及较大的学习兴趣,学习认真积极,能较好地完成学习任务,考试成绩较好;最高层次,即学习心态和学习状态健康良好,学习目标非常明确、学习动机强烈、有旺盛的学习热情和浓厚的学习兴趣,积极进取、不怕困难,学习不仅是一种任务,而且是一种乐趣,他们不仅能较好地完成学习任务,而且能够发现式地、学究式地、创造性地学习。

(一)学习动机的特点

大学生的学习动机既是内部动机,也是外部动机。一方面,发展成才是大学生的内在需要;另一方面,教育受社会经济发展的制约,并最终由经济决定,在市场经济的冲击下,大学生必然受到商品经济文化的影响,在思想上更趋现实。随着市场的变化,大学生学习的目的性越来越强,明确的学习目的提高了大学生的学习效率。他们不再满足于简单的书本知识和专业课程的学习,而是更加注重能力培养与学习,更大的愿望是得到能力培养与训练。

多元化的社会环境已经渗透到大学生的学习生活中,尤其对其学习兴趣产生了比较深远的影响。社会上新鲜事物不断涌现,也给大学生带来了无限的机遇,同时激发了他们广泛的学习兴趣。例如电子信息的普及,让大学生对电脑的基本操作知识有了很大的兴趣。当代大学生的学习兴趣不仅表现出广泛性这一特点,而且在深度方面,有的对自己感兴趣的东西研究得很透彻,有的可能对什么事情都感兴趣但都只是知道皮毛。

多数大学生希望在学习中获得好成绩,借以赢得相应的地位、荣誉、自尊和长辈的赞许。但是小部分大学生在学习成绩上没有很高的追求,而是希望自己的实践能力不断增强。

(二)学习态度的特点

在认识上,主要体现在学习主体由老师转变成学生,学生的自主性提高。高中的学习总是让学生产生一种感觉:我们是为老师、家长学的。大学里几乎没有学生这样抱怨,因为专业和课程的很大一部分都是自己选择的。大学生逐渐认识到,学习是自己的事情,不会再有老师催着你学这学那,家长也更加尊重你的意愿。因此,大学生有了明显的"我的学习我做主"的感觉。也正是因为没有人规定大学生要学什么、怎样学,他们学习的自主性才更好地体现出来。

认识的转变影响着大学生学习的行为。有些大学生很好地适应了大学里的学习模式,把自己的学习任务、学习要点、学习目标计划得有理有据,并且严格按照计划进行,过着充实的大学生活。也有一些大学生,虽然认识到了学习的自主性,但是不能运用在实践中,总是让自己的计划一拖再拖,甚至没有一个可以付诸实际的计划。更有一些大学生没有认识的转变,认为只要跟着老师讲的走就足够应对了,或者认为自己的父母会为自己计划好一切,没有什么可操心的。于是,他们还像高中一样,上课、放学等着按老师或家长的吩咐来做。

(三)学习策略的特点

单纯知识的学习已经不能满足大学生的需要,能力、素质的培养也逐渐成为他们注重的部分。学习,在中学里主要被理解为对知识的掌握,但是如果大学生还这样理解就会被笑话了。随着大学生心智的成熟,他们认为掌握学习方法、工作技巧能帮助自己学得更快更好。随着知识水平的提高,大学生对自己整体素质的要求更严格,例如,建立和谐的人际关系、增强自己的领导组织能力等。

(四)学习适应性的特点

大学的学习、生活环境一般需要大学生花一段时间适应,而适应的速度和结果会与大学生个体的性格、气质有很大的关联。例如,活泼外向的人比较容易接受新鲜的事物;内向、怀旧的学生就需要较长的时间来适应新的环境。因此,大部分大学的第一个学期安排的课程比较少,并且多安排新生适应新环境新生活的讲座或者活动。

大学生适应学习过程中的探索性与创新性是其另一个重要的特点。以往,大学一年级学生适应大学学习的方法不外乎向前辈请教、自己摸索。现在的大学生有更多更好的方法:形成讨论小组,分享大学里的学习、生活,观察、了解不同于高中的学习氛围等。

(五)学习心理的差异性

上面讲到的是当代大学生学习心理一般的特点,但是大学生学习心理在性别、年级、学科等方面存在一些差异。例如,学习态度会随年级的增长而变化,学习动机会因性别的不同而不同。不同学科和不同性别的大学生的学习心理特点也是有差异性的。

三、大学生学习心理的发展变化

(一)学习动机和学习兴趣的变化

有研究发现,社会转型期大学生的学习心理特点大致可分为三种类型。

① 愿望型。大学生都知道学习的重要性,都抱有多学知识、学好知识的愿望,可是大多数大学生缺乏动力,所以他们的学习心理停留在愿望层面上。

② 应试型。不少大学生仍是应试教育的产物,应试型的学习心理就是死记硬背型的学习心理。

③ 习惯型或传统型。根据过去的经验来判断和处理现在及未来的学习活动。

(二)学习态度和自主性的发展

当今大学生的学习态度和自主性总体上有了更好的发展,具体表现在四个方面。

① 大学生有自己安排时间的习惯。一是因为大学里的课程安排表现出课程少、同科目连上等特点,学生有比较多的课余时间;二是随着年龄的增长,大学生开始计划自己的人生。所以,大学生对自己的时间进行整体安排也是一个比较突出的特点。

② 在选课方面希望自己有更多的自主权,即学生参与公共课和专业课的选择。
③ 通过论坛讲座进行自主学习。
④ 通过参与科研活动自主学习。

(三) 学习心理特点随年龄和年级变化而变化

大学生的学习心理特点存在着一定的年龄差异。研究发现,大一新生的学习心理特点如下:学习愿望强烈但学习动机不足,学习的生理条件具备但心理条件不具备,学习的自觉性较好但受情绪影响强烈。二年级大学生的学习心理特点表现为:目标和学习态度出现了差异,同时学习兴趣与学习热情高涨,自主学习能力明显增强,学以致用的意识不断发展。高年级大学生的学习心理特点为:学习目标、学习态度、学习兴趣定型化,同时普遍存在失落感、缺憾感和紧迫感并且专业是否符合个性特征的认识明朗化。

第二节 大学生学习能力的培养及潜能开发

学习是大学生在校期间的主要任务。进入大学学习的学生,在学习上较之高中阶段的学习有其共性,也有特有的规律性。一项研究结果表明:"学习"是大学新生入学后最难以适应的内容之一,学习活动不仅影响大学生的心理过程和人格的发展,影响着专业知识和技能的获得,而且也影响科学世界观和道德品质的形成。培养正确的学习观和学习能力,对一个人而言是受益终身的。

一、大学生的技能学习

大学教育要求学生专业性强,而其中高职院校的办学目标是培养应用型、技能型人才,所以学生不仅要学好"够用"的专业理论知识,还要重视专业技能的训练与拓展。技能学习应该是高职大学生学习的重要特点。

(一) 技能概述

技能是指通过练习获得的完成某一任务的动作系统。写字、运算、绘画、开车、操作机械都是技能,都是经过多次练习获得的,都是由一系列动作构成的动作系统。根据技能的熟练程度可分为初级技能与技巧性技能。初级技能只是"能够"完成某一工作,"会做"某件事情,掌握初级技能之后经过反复训练达到自动化程度,就是技巧性技能。如一个电脑操作员每分钟录入汉字要达到 60 个左右,这就达到了技巧性技能的水平。

(二) 技能与知识、能力的关系

技能、知识、能力是三个不同的概念。它们既有区别,又有联系。技能是指完成某一任务的动作系统。能力是顺利完成某活动任务,能影响掌握和运用知识技能效率的个性特征。知识则是对事物的意义、结构和规律的认识。

技能与知识、能力也有密切联系。技能是知识转化为能力的中间环节,知识是形成技能的必要前提。没有写字的知识经验就不能形成写字的技能。没有写字技能的长期实践,也

不会形成带有个性特点的写字能力。知识不能直接转化为能力，必须经过技能的中介，才能发展成为能力。

技能学习对于大学生的学习活动和将来的职业活动具有重要意义。大学生掌握听说读写、运算、实验、实际操作等基本技能是当前学好专业课程的必要条件。只有学好必需的专业技能，掌握技能学习的一般规律，才能为未来的职业生涯奠定良好的基础。

（三）技能学习的过程

技能学习是掌握动作要领、进行反复练习、逐步达到熟练的过程。这个过程是建立在练习中知觉与动作不断协调的基础上的，又叫知动学习。这个过程有以下几个阶段：

① 认知定向阶段。学生根据老师的讲解和示范动作，了解与某一技能有关的知识、动作的要领和程序。

② 局部动作阶段。在实际练习中，把整套动作分解为许多单个的局部动作，使学生容易学习。但在两个动作联结和过渡时比较困难。初入学的学生，注意范围较小，不易分配与转移，常出现情绪紧张、顾此失彼的情况，也常有多余动作。

③ 整套动作阶段。在局部动作基础上把整套动作的程序固定下来，并与知觉协调起来，形成了连锁的反应系统。

④ 熟练技巧阶段，也叫自动化阶段。此时全套动作连贯协调完善，得心应手，靠动觉控制动作。此时的动作已有广泛的适应能力和概括能力，能在各种条件下灵活应变。

经过反复练习，才能由初步技能发展到熟练技能，在这一过程中，技能学习有以下几个特点：

① 意识的控制作用。开始时意识控制作用较强，以后逐步减弱，直到自动化。对动作的控制，开始时以视觉控制为主，逐步转化成以动作控制为主。

② 通过反馈逐步达到知觉与动作的协调一致。开始练习时，根据知觉做出的第一次动作与教师的示范动作相比较，还存在一定差距。经过知觉反馈到大脑中枢，由大脑校正再下令做第二次动作。通过多次反馈，就能建立起比较准确的知觉与动作的协调系统，形成自动化的熟练技巧。

在高职学校的培养计划中，理论学习和技能实训的比例一般达到6∶4，现在很多学校已经开始实行"一体化教学"，就是把理论教学融入实训的过程中，让理论指导实训，在实训中学习必要的理论知识。因此，学生应该了解技能学习的一般规律，重视自身专业技能的培养，以适应社会的需求。

二、大学生应建立的基本能力结构

在现代社会中，除对不同专业的大学生有一定的知识结构要求外，同时大学生还需具备一些共同的基本能力，高职大学生还特别要求具有从事本行业的实际动手能力。从某种意义上说，能力比知识更重要，学生只有将合理的知识结构和适应社会需要的各种技能统一起来，才能在社会竞争中立于不败之地。

（一）自学能力

知识经济时代的一个重要特征就是知识的更新比以往任何时候都要来得迅速，新的知识、方法、工艺不断产生,旧的知识不断被替代。只有掌握正确的学习方法,才能具备良好的适应性。在现代社会,"文盲"的含义已经有了变化,不具有自学能力的人,将是新的"功能性文盲"。

(二)时间管理能力

时间管理能力也就是合理地安排和使用时间的能力,能够在有限的时间内完成最多的工作,取得最大的效益。首先,要具有现代化的时间观念。现代化的时间观念的核心,就在于主动地、积极地提高工作效率,最大限度地利用每一"寸"光阴。其次,要科学地支配时间。掌握运筹时间的艺术,以免在繁重的学习和工作中顾此失彼,疲于应付。时间安排要做到全面、合理、高效。

(三)实际操作能力

实际操作能力主要是指专业学习中必备的实践能力和动手能力。对于大学生而言,没有熟练的实际操作能力,是很难胜任工作的。在校期间必须注重培养实践能力。应该多看、多练、多想,看得多、接触得多才有可能提高自己动手操作的技巧和能力。如参加具体的教学实践活动,以提高实际的动手能力。

(四)表达能力

表达能力是指以口头或书面的方式,准确、鲜明、生动地表达自己思想、认识和情感的能力,其中表达的准确与否是表达能力强弱的主要标志。社会交往中的一切资讯都需要以语言、文字、图表、数字等表达方式体现出来。在校期间的学习活动、毕业后的职业生活都离不开与他人进行信息交流,所以表达能力的培养显得尤为重要。

(五)组织管理能力

组织管理能力是指运用管理者的知识和能力去有效地影响一个组织机构的活动,并达到最佳的工作目标。

它主要包括组织计划能力、组织实施能力、组织决策能力、组织指导能力以及平衡协调各种关系的能力等综合管理能力。无论你将来从事什么职业,处在一个什么环境中,无论组织管理水平的高低,只要你具有较好的组织管理能力潜质,就会给你的职业生涯提供更多发展的机会。

(六)知识服务于应用的能力

学习的目的不单是为了学习知识和技能,而且要用学到的知识与技能指导实际应用,知识不能在生产、生活实际中使用,那只能是死知识。高职大学生尤其要培养将知识服务于应用的能力。

(七)创造能力

创造能力是指对已积累的知识和经验进行科学的加工,从而产生新知识、新思想、新方法、新工艺,进而形成新技能和新产品的能力。创造能力是一种高层次的思维能力和行动能力。创造能力是在实践中不断地锻炼和培养出来的。三百六十行,行行都可以在自身的努力下有所发明、有所创造、有所成就。

以上是大学生能力结构的七个组成部分及其优化的方法。培养合理的知识结构,进而不断地优化能力结构,这是大学生早成才、成好才的关键。只要坚持不断地探索、不断地实践、不断地总结,知识结构、能力结构就会不断地完善、优化,不断地趋于合理。

三、学习策略的运用

(一) 什么是学习策略

学习策略是指学习者为了提高学习的效果和效率,有目的、有意识地制订有关学习过程的计划和方案。学习策略也是学习者为了更好地完成学习目标,通过制订学习计划而有效地、积极主动地使用的一种学习方法。具体而言,学习策略是指在学习活动中有效地学习程序、规则、方法、技巧及调控的方式。它既可是内隐规则系统,也可是外显的操作程序和步骤。

(二) 学习策略的特点

学习策略的主要特点是主动性、效率性、过程性和通用性。主动性是指学习者为了达到学习目的自觉地分析学习任务和自身特点,制订适合自己的学习方案;效率性是指采用一定的学习策略实现学习的高效率;过程性是指学习策略规定了学习时做什么不做什么、先做什么后做什么、用什么方式做、做到什么程度等贯穿学习过程始终的问题;通用性是指学习策略是一种程序性知识,是由一套规则系统或技能构成的。如学习任务和学习者个人特征不同,每个人每次学习采用的学习策略都不可能雷同。但同一类型的学习存在着相同的计划和方法。

关于学习的名言警句

(1) 旧书不厌百回读,熟读精思子自知。——苏轼
(2) 吾生也有涯,而知也无涯。——庄子
(3) 我的努力求学没有得到别的好处,只不过是愈来愈觉察自己的无知。——笛卡儿
(4) 创造千千万,起点是一问。人力胜天工,只在每事问。——陶行知
(5) 读书是易事,思索是难事,但两者缺一,便全无用处。——富兰克林
(6) 少而好学,如日出之阳;壮而好学,如日中之光;志而好学,如炳烛之光。——刘向
(7) 书山有路勤为径,学海无涯苦作舟。——韩愈

四、大学生常用的学习技巧

(一) 整体与部分学习法

整体学习法是指将学习材料作为一个整体来学习。在学习过程中,应将材料从头至尾

反复学习,以获得对材料的总体印象,进而了解一些较为具体的内容。部分学习法是指将学习材料分成几个部分或几个具体的概念,每次集中学习其中一部分或一个具体概念。对每个具体的部分或概念要根据其难易程度的不同,具体安排学习时间或次数。

这两种方法使用起来各有利弊。整体法使人较易把握学习材料的全貌,但对具体的材料内容就可能掌握不好;而部分法则能使学习者较好地掌握每一个具体部分,但难以对材料形成一个总体印象,从而使具体学习的各部分内容不能很好地融会贯通起来。要使这两种方法最好地发挥作用,可以将两者结合起来使用,采取整体—部分—整体的方法。具体做法是:首先采用整体法,对所学材料有一个大概的了解,在头脑中形成一个较为清晰的轮廓;其次采用部分法,对学习材料实行"各个击破",并重点学习那些较难或较重要的问题;最后再采用整体法,将已仔细学习过的材料作为一个整体重新复习一遍,让各部分的具体内容前后联系起来,在头脑中形成一个更为清晰全面的印象。实践证明,两者相互结合的方法比分别采用某一种方法更有效。

(二) 集中与分散学习法

集中学习法是指较长时间地进行学习活动,学习的次数相对少一些。一次学习时间的长短则取决于学习的材料的性质及其他因素。一般来讲,比较复杂难懂的材料,用集中法较为合适,这样可以保证学习者在一定时间内集中注意力,有利于理解并掌握那些抽象难懂的材料。但集中学习的时间不宜过长,否则容易引起学习者的疲劳,使学习效率下降。至于多长时间为宜,要视个人的体力与脑力情况而定。分散学习法与集中法不同,它是指将学习时间分成几个阶段,每学习一段时间就稍事休息。实验证明,假如分散学习的时间不是太短,这种方法是较为有效的。至于每次分散学习的时间多久为宜,也要视学习材料的性质以及个人的具体情况而定。

(三) PQ4R 方法

近年来在西方被学生广泛应用于理解和记忆的学习技巧是 PQ4R 方法,这是由托马斯和罗宾逊提出来的,PQ4R 分别代表预览(pre-view)、设问(question)、阅读(read)、反思(reflect)、背诵(recite)和回顾(review)。

(四) 过度学习法

所谓过度学习,是指对知识的学习达到勉强可以回忆的地步后,继续进行学习。也就是说,在对知识技能全部学会以后再继续学习一段时间,以达到巩固学习成果的目的。心理学家曾做过一项实验,让测试者识记一组序列词汇,第一组学习到全部能回答时就停止学习,第二组则继续学习,进行 50% 的过度学习,第三组则进行 100% 的过度学习。结果表明过度学习对材料的保持率起着很重要的作用。过度学习越多,保持率越高。但有一点也要注意,过度学习超过 50% 之后,对内容的记忆效果有下降的趋势。因此,并非过度学习越多,学习效果越好,它有一个限度,在这个限度之内,过度学习的学习效果较好。

(五) 分类读书法

首先要掌握读书步骤。拿到一本书,首先应当先看一下前言、后记与目录,以对将要阅读的书形成一个总体印象,并以此确定可读不可读,值不值得读。在确定可读之后,仔细研读是读书过程中最重要的一步。在这个过程中要认真阅读书中的每一章,细细地领会其中的内容,必要的时候,还应做读书笔记,如做眉批、做摘录、写提要以及写心得。在读书过程中和读书之后,应注重思考,不能唯上唯书,可就书中的内容做一番思考,提出自己的观点和看法,同时使书本内容与自己头脑中的知识结构相互融合、有机联系,只有这样,才是真正的读书。其次要学会分类读书。读书要根据读书对象而定,分为浏览的书、浅尝品味的书和深入研究的书三类。无论是业余书籍还是专业书籍,都可以分为这三类。从业余书籍方面看,有的书只要浏览一下,了解大致内容即可;有的书可以稍稍品味一下其中的滋味,作为一种消遣与享受;而有的书,特别是本专业的图书,则必须仔细学习,深入研究。

(六)"辅助"记忆法

学习离不开记忆。记忆是一个过程,在发生的时序上是先记后忆,是通过识记、保持、再认识或重现的不断重复,最终达到记忆的效果。因此,要提高记忆水平就要不断强化记忆的过程。我们可以采用一些手段来"辅助"我们的记忆过程,如通过联想记忆、归类记忆、首字连词记忆、位置记忆、指代记忆等方法来帮助记忆。如将一些有逻辑关系的数学公式归类放在一起记忆,就比单独记忆效率要好,又如记住一个英语短语,可以记住其中每个单词的第一个字母,如 CBA 表示"China Basketball Association"(中国篮球协会)等。

五、大学生学习成功感及其培养

(一)学习成功感的作用

学习成功感是个体意识到自己在学习上成功地接近、达到或超过自己的抱负水平(目标)时体验到的满意、喜悦、自豪感等情感。学习成功感包括认知和情感两个部分,它主要取决于个体在学习活动中抱负水平与实际成绩之间的差距,但他人评价、学习情境和个体的人格特征也会影响学习成功感的获得。

苏霍姆林斯基曾这样告诫教师:"请记住成功的乐趣是一种内在的情绪力量,它可以成为促进学习的愿望。请你记住无论如何不要使这种力量消失,缺乏这种力量,教育上的任何巧妙措施都是无济于事的。"每位大学生都希望自己学业有成,学习上的每一点进步,都会使他们感到愉快,从而更加激发努力学习的愿望,学习成功感得到提高,学习行为变得更积极更有效。

在大学教学与心理咨询中,咨询师经常感受到大学生在学习过程中总是体验到失败感,而不是成功感。大学生逃课、厌学的原因是多方面的,但未能从学习中体验到成功的欢乐是一个重要的、普遍的原因。而且不少大学生为此产生了心理障碍,甚至走上了轻生的绝路。让大学生在学习过程中获得学习成功感,不仅能激发大学生的自信心,提高学习成绩,而且有利于大学生的心理健康。

(二)学习成功感的培养

我国学者杨秀君、孔克勤在对有关理论进行研究的基础上,初步提出了影响学习成功感获得的主要因素有个体的抱负水平、学习情境成功或失败的归因、人格特征等,他们通过实验研究得出以下结论:通过抱负水平指导,可以使学生的"抱负水平与实际成绩之间的差距"

变小,从而帮助学生提高学习成功感,并使其行为变得更为积极;归因训练可以帮助学生归因向积极方向转化,有助于学生的学习成功感的提高并可以促使学生的行为向积极的方向转化。

1. 确立恰当的抱负水平

高抱负水平有助于个体获得各种成功,但若抱负水平太高,又会给个体的心理带来太大的压力,往往欲速而不达;中等的抱负水平,学习者在努力后可以达到,不至于总是失败,是比较适合的抱负水平;低抱负水平是一种禁锢,起不到应有的激励作用,是个体获得成功的障碍。所以,为自己设立一个恰当的抱负水平,减少抱负水平与实际成绩之间的差距可以帮助我们提高学习成功感。

相关研究发现,学习成功感与远期抱负水平和近期抱负水平均达到显著正相关,与"近期抱负水平与成绩的差距"是显著负相关的。而且学习成功感与"近期抱负水平与成绩的差距"的相关的绝对值比学习成功感与远期抱负水平和近期抱负水平之间的相关的绝对值都要高。这说明,为了提高学习成功感,我们应该从设置恰当的近期抱负着手,使抱负水平与实际成绩之间的差距变得尽可能小一些。

大学生都想获得优良的学习成绩,都想更好地掌握服务社会的本领。但是每个人的能力是有限的,因此,既不要过分苛求,也不要盲目攀比,要把奋斗目标确定在自己力所能及的范围内。大学生还可以把远景目标分解成若干个近景目标,通过自身的努力可以在较短时间得以实现,积小胜为大胜,不断获得成功的体验,享受到学习成功的喜悦感和成就感,进一步激发学习兴趣,促使自己更加努力地学习。

2. 建立积极的归因模式

归因理论认为,学生对自己学业成败的归因倾向将影响其未来的学习活动的选择、坚持程度、情感状态和动机强度。如将学业成功归因于内部、稳定、可控制的因素时,个体就会产生自豪、满意的情感,会积极去争取成功;而将成功归因于外部、不稳定、不可控的因素时,则会产生侥幸心理,不会产生多大的动力;如果将失败归因于内部、稳定、不可控制的因素时,个体会产生羞愧、绝望的感受,表现出冷漠、压抑、自暴自弃,进而产生习得性无助感;如果将失败归因于外部不稳定因素,则会生气;如果将失败归因于可控制的因素,则会继续努力。至于什么样的归因模式是理想的、适当的,取决于许多条件,研究者从不同的条件出发,所得的结论也不完全一致。

学业成功与失败是大学生在学习活动中经常遇到的,不同的归因倾向会引起不同的期望和情感体验,由此产生不同的学习行为。进行归因训练,建立积极的归因模式可以提高大学生的学习成功感,激发大学生积极主动学习的内部学习动力。

3. 塑造健康的人格

研究结果表明,学习成功感与个体的人格特质、自尊、心理健康和积极的行为都有着非常紧密的联系。学习成功感高的个体表现得较为外向,情绪较为稳定,不容易感到焦虑,也较少表现出倔强、固执和粗暴等人格特征,且自尊较高、自我评价比较恰当、心理症状较少、行为主动积极;学习成功感低的个体在以上变量上则正好相反。塑造健康的人格可以从以下几个方面进行:① 保持良好的心境。做情绪的主人,学会有意识地调节和控制自己的情绪,建立积极乐观的生活情趣。② 加强意志锻炼。做行动的主人,能自觉地、主动地控制自己的行为,培养意志的坚持性和对挫折的承受力。③ 培养良好的性格。修正性格中的弱点,培养乐群、自信、勤奋、自省自律、持之以恒、乐观进取、开拓创新等良好的性格。④ 树立远大理想。理想是努力的目标、前进的动力。

我们在树立理想时一定要把个人的理想与社会的需求结合起来,在追求理想目标的过程中不断地去完善现实的自我,使个性得到升华。

第三节　大学生的学习心理问题及调适

我们看到,在学习过程中,大学生会产生一些学习心理问题。积极的学习能够开发大学生的智力,在实际学习过程中挖掘、利用和提高他们的各种能力及完善人格,而消极的学习则会产生各种学习障碍。下面就大学生学习中出现的一些心理问题及如何调适作一个简单介绍。

一、学习动力缺乏与调适

(一) 学习动力缺乏

学习动力缺乏是指学习没有内在的驱动力量,没有明确的学习方向,被动学习甚至不想学习。造成大学生学习动力缺乏的原因是多方面的,主要有:

1. 没有明确的学习目标

不知道到学校来的目的是什么,部分大学生对学习没有明确的目标,缺少或者没有奋发向上努力学习的原动力,对待学习基本上采取一种放任的态度。

2. 对所学专业缺少兴趣

这是造成学习动力缺乏的重要原因之一。一种情况是在高考填报志愿时,由于学生和家长对专业缺乏了解,学生开始学习后才发现对本专业并不喜欢;另一种情况则是家长从当前社会就业"热点"出发,为子女填报了所谓好找工作挣钱又多或相比之下较轻松的专业,而实际上学生本人对家长选定的专业并无兴趣。心理学认为兴趣是追求认识、探究某种事物的心理倾向,是一个人对某事物所抱的积极态度。既然对所学专业没兴趣,必然就不会有学好它的积极态度。

【案例 7.1】 王某,女,20 岁,大二学生。她自幼聪明活泼,学习成绩总是在班上名列前茅。父母对她寄予了很高的期望。刚上大学时她很有雄心壮志,立志一定要在大学里混出个样子来,让父母为自己高兴、骄傲。但她的志向比较模糊、笼统,不知具体应该怎样去做,她也没有多想。她虽然考上了自己喜欢的专业,但仍然很失望,甚至有些气愤。大一的课都是基础课,不太合她的胃口。她原来憧憬的大学课堂是充满知识、智慧和艺术的,教材博大精深、新颖、独特,教师才华横溢、幽默风趣。而现在,她发现教材不少是十几年前编的,陈旧乏味,老师也呆板枯燥,毫无激情,更谈不上睿智深刻,课堂上冷冷清清,不少同学逃课。有的同学即使在教室也在玩手机、打瞌睡。她很无奈,自己喜欢的专业就是这个样子,她不知道该追求什么,心里有一种难以言状的苦闷和空虚。她觉得很没劲,没有学习热情,无所事事,就经常在宿舍里睡觉,有的同学戏称她为"睡虫"。王某有时间也翻翻书,只是看不进几个字就想睡觉,原来的豪情壮志早已荡然无存。她怀疑自己是神经衰弱。直到期末考试,她有两门课未及格,才像被泼了盆凉水清醒过来,痛下决心自己再也不能这样混下去了。

【解析】王某出现的问题不是神经衰弱,而是学习上的懒惰,这是学习动机不足者惰性的明显表现之一。动机是引发人们从事某项活动,以达到一定目标的内部动力和原因,也是使人们继续表现某种行为的原动力。学习动机是激励和维持学习行为并引向学习目标的内部力量和心理倾向。

(二) 学习动力缺乏的调适

1. 强化学习动机

学习动机是直接推动大学生进行学习的一种内在力量,是有效地进行学习的必要因素。学生的学习动机是随着年龄、个人经历、教育影响和社会条件的不同而发生变化的。首先,大学生的学习动机具有多元化的特点。我国对部分大学生的抽样调查表明,大学生的学习动机分为报答型动机(报答父母、不辜负老师的苦心等)、自我实现型动机(为了自己的荣誉、自尊心、求知欲等)、谋求职业型动机(谋得一份合适的工作、获得满意的生活等)和事业成就型动机(国家命运、民族振兴的使命感、责任感、义务感等),而谋求职业型动机和事业成就型动机者占多数,这说明我国大学生学习动机主流是健康、积极向上的。其次,大学生的学习动机具有间接性。大学生的学习动机逐渐由追求分数、赞赏和奖励转向求知、探索、成就和创造,注重自身能力的培养。最后,大学生的学习动机具有社会化、职业化特点。大学生的学习动机与高中时期有明显的不同,由高中的单一化、直接化和非职业化转变为大学的多样化、间接化、社会化、职业化,只有尽快完成这种转变,才能明确学习目标。

2. 培养学习兴趣

兴趣是指在积极探究某种事物或从事某种活动的过程中,伴随着一定的情感体验的心理倾向。兴趣是引起和维持注意的一个重要内部因素,是学习过程中一种积极的心理倾向。当广泛的认识兴趣成为学生的人格特征时,他们将不需要或很少需要外来的奖励,而能自觉学习,甚至离开学校以后仍然能坚持学习。学习兴趣是学习动机的重要心理成分,其特点是在从事学习活动或探求知识的过程中伴随愉快的情绪体验,从而产生进一步学习的需要。

3. 端正学习态度

学习态度是指学生对学习的较为持久的肯定或否定的内在反应倾向,通常可以从学生对待学习的注意状况、情绪倾向与意志状态等方面来加以判定和说明,如喜欢还是厌倦、积极还是消极等情绪、情感。学习态度受学习动机的制约,是影响学习效果的一个重要因素。端正学习态度的根本要求是要有正确的学习目标。

4. 关注学习过程

长期以来,人们一直把关注学习的焦点放在考试分数上,考试分数作为学生学习结果的一种体现当然是很重要的。但关注学习结果带来的负面效应除了对当前学习有不良影响外,还直接影响学生对学习的态度,有的学生为了取得好的成绩不择手段地选择作弊、抄袭他人试卷、偷偷涂改成绩等错误行为。假如我们把着眼点转到关注学习过程上,必然会有全新的体验。在这个过程中,要把握两个原则:一是关注在学习过程中的努力;二是关注在学习过程中的成功体验。当一个人把精力放在关注自身的努力上时,他就不在乎别人怎么评价他,不关注一时的成败,他明白,自己每付出一份努力,都是在向目标前进一步。因此,即使面对困难，他也不畏惧，并设法克服，为了实现目标，他敢于尝试，敢于探索，所以他的努力、态度是积极的，学习起来是主动的，这时的学习动机是持久的、内在的。

二、厌学及学习障碍与调适

（一）厌学与学习障碍概述

厌学是指对学习没有兴趣、被动应付、设法逃避并伴有焦虑情绪的心理现象。其表现是：学习无目标，上课注意力不集中，记忆不佳，看书听讲不易掌握中心思想，一看专业书就感到疲劳，难以坚持；逃课现象严重，借故不听课或随意逃课；考试作弊不以为耻，违规违纪现象增多；情绪不稳定，睡眠质量差，夜间难眠，多梦易醒，联想与回忆多，往往控制不住；有些严重者产生疑病观念和焦虑不安，致使长期陷入苦闷之中，自暴自弃。学习障碍是一种心理障碍，也是一种勤奋进取的腐蚀剂和阻力。它使学生背上沉重的心理包袱，意志消沉，情绪压抑，烦恼忧郁，人际关系紧张，反过来加重心理障碍。情绪压抑，精神重负，必然产生多种躯体症状。例如，失眠、呆滞、心神不定、注意力涣散、记忆力下降、精神萎靡、忧郁悲观、看不到自己的前途等，从而引起逃课、消极或走向犯罪，心理疾病的发病率亦大大增高，如神经官能症、考试综合征、学校恐惧综合征等。

【案例7.2】郑某，男，自尊心强，是一位复读生，复习了三年才考入大学。初入大学时，郑某表现积极，并凭借积极肯干的态度，在大一下学期进入了所在学院的学生会。由于学生会工作日渐增多，他耽误了不少课程，慢慢地发现课越落越多，跟不上了，上课如听天书，越来越听不懂。他开始逃课，作业也不独立完成，渐渐产生了厌学情绪。在大二下学期结束时他的学习成绩一落千丈，险些留级。学院也因此免去了他在学生会的干部职务。但这并没有让郑某警醒，他开始发泄对学校、老师、同学的不满并产生自暴自弃的情绪。看到网络媒体报道的一些社会不公平现象，他更加厌恶学习，逃课也愈加严重，成绩一路下滑。离开了学生会后，他开始终日沉迷于网络，甚至数日不吃不睡一直挂在网上，什么活动也不参加，和同寝室同学的关系也很淡漠。

（二）厌学与学习障碍的调适

① 自我剖析引起厌学和学习障碍的原因。树立信心，鼓足勇气，直面问题。恐惧、漠视或回避问题只能使问题越积越多，趋于恶化。而相信事在人为，"困"则思变，就有希望解决问题。对自己的学习障碍做深入、细致的分析，找出导致学习障碍的主客观因素。重点寻找主观原因，必要时去心理咨询门诊检查，这样才能"对症下药"。

② 明确学习意义，端正学习动机，培养学科兴趣，制订课程学习目标。

③ 掌握科学的学习方法，合理制订学习计划，充分利用记忆技巧，提高阅读效率，做到课前预习、课堂记录、课后复习。

④ 平时多下功夫，考试时不要紧张，注意保证足够的休息和睡眠。学会放松自己，消除消极暗示，增强自信心。如果有焦虑症，可用系统脱敏法予以消除。其实，考试的适度紧张有利于考出好成绩。

⑤ 若不存在学习动力障碍，客观条件也不错，那么应该从心理上找原因。引起学习障碍的心理原因有很多，必须用科学的方法一一鉴定，并有效地排除学习障碍。如学习节奏

掌握,过快过难的学习进程都会导致学习障碍。

三、学习疲劳与调适

(一)学习疲劳

学习疲劳是因长时间持续学习,在生理、心理方面产生的劳累致使学习效率下降,持续学习受到影响。生理疲劳表现为腰酸背痛、动作不准确、打瞌睡等。心理疲劳表现为注意力不集中、思想迟钝、情绪躁动、精神萎靡不振、学习效率下降、错误增多、出现失眠等。造成学习疲劳的主要原因是缺乏正确的学习方法、学习时过分紧张、注意力高度集中、持久的积极思维和记忆、学习的内容单调乏味、缺乏学习的兴趣、睡眠不足等。

【案例7.3】小何,男,22岁,某理工大学电子信息管理专业三年级学生,出生于普通农民家庭,性格内向。大学三年级下学期时他计划考研,于是报了英语班和高等数学班。平时他要上繁重的专业课,周末还要参加辅导班,每天都看书看到深夜。一个月下来他感到全身疲乏,心烦气躁,学习注意力不集中,学习效率也大大降低,计划的学习进度减慢甚至停滞。他感觉快要坚持不下去了。特别是高等数学这门课特别难,原本基础就没打好,很多题都看不懂,根本不知从何下手。为了学好这门课,小何几乎把所有的时间都花在了看书和做习题上,可是结果还是没有起色。于是他产生了不论自己再怎么努力都学不好的想法,对自己产生了怀疑,感到越来越焦虑和自卑。最近,在辅导班上,小何总是无法集中注意力,辅导老师讲得特别快,他完全听不进老师讲的内容,下课以后感觉呼吸都要停滞了,身心疲惫不堪。最近遇到不会做的数学题时他特别烦躁,经常摔笔、摔书,憎恨可恶的数学。

(二)学习疲劳的调适

1. 学会科学用脑

大脑两半球具有不同功能,左半球与逻辑思维有关,分管智力活动中的计算、语言逻辑、分析、书写及其他类似活动;右半球则与形象思维有关,分管想象、色觉、音乐、韵律、幻想及类似的其他活动。如果长时间地运用一侧大脑半球,就容易产生疲劳。因此,应根据大脑两半球的不同分工而交替使用大脑,就可以延缓疲劳现象的发生。

2. 劳逸结合,保证睡眠

在紧张学习一段时间后,应适当休息。一天学习之后,应保证有进行文体活动的时间,只有这样,才可以使身心得到放松和调节,利于消除疲劳。保证充足的睡眠时间,可使头脑清醒,精神振奋,消除疲劳。

3. 把握自己的生物钟

人在一天中,生物机能上午7—10时逐渐上升,10时左右精力充沛,处于最佳工作和学习状态,此后逐渐下降;下午5时再度上升,到晚上9时又达到高峰,11时后又急剧下降。然而,人群中最佳学习时间的分配又存在着差异,有的人上午无精打采,晚上精力十足;有的人白天精神好,晚上提不起精神。大学生应摸清自己的生物节律,把握"黄金时间",在其间安排难度较大的学习活动,避免过度疲劳。

4. 培养对学习的兴趣

兴趣在繁重的学习活动中起着重要作用。教育实践证明,如果学习兴趣浓厚,学习时心情愉快,即使长时间地学习也不易感觉疲劳;反之,没有学习兴趣,则很快就会进入疲劳状态。

5. 创造良好的学习环境

学习环境尽量布置得优雅、整洁,使人感到身心舒畅;不在有刺耳噪声的地方学习,避免心烦意乱、焦躁不安;不在过暗或过亮的地方学习,避免头晕目眩,出现视觉疲劳;不在空气污浊的条件下学习,避免胸闷、呼吸困难等。

相关阅读

上大学的学习方法

上了大学以后,很多同学都会发现大学的学习模式跟中学的很不同——自由了,这是考验同学们的自律性的时候了。

1. 学习要自主

大学老师的角色定位是"引路人",一门课程通常是一周2到3节课,按一学期上课18周计算,总共才36或54个课时,可见课堂时间是非常有限的。而大学教材又几乎都是大部头,动辄四五百页,因而老师要完成教学任务就必须一堂课几十页地讲。一些同学会抱怨大学老师讲课太快,内容不够详尽,这其实是对大学的教学方式认识不足所致。简而言之,大学课堂学的是"知识的精要",真正的功夫下在课堂之外,你要做自己学习的监督者。

自学要做到:课前预习,课中勤学,课后复习,适当扩展。上课前预习教材相关内容(建议同学们在学期初把教材以浏览的方式过一遍,这样一是对将要学的东西有一个整体的认知,二是便于日后的预习中能"以后补前",前面一些内容你读时可能不理解,但读到后面部分就会豁然开朗),问问自己"我读懂了什么?""哪些问题还不太理解?",做预习笔记。带着问题去听课,你会发现自己听得更专心。课堂上老师的讲解会让你茅塞顿开,同时还会给你新的启发,你要做好课堂笔记。课后复习,把笔记整理补充好,若预习时产生的问题老师没有讲解到或自己仍理解不透,要及时向老师寻解,不要把问题拖后,否则会被遗忘或不了了之。

2. 个性做笔记的方法

"PPT打印稿填补法":现在大部分大学老师都采用PPT板书,有的同学会课前将板书打印好,上课时只需将板书中没有的内容补上即可,节约不少劳动。

"教材笔记二合一法":把笔记记在书本相关内容的空白处,不够再贴纸写,此法减少了复习时频频翻看课本对照笔记的烦恼。

"录音笔记法":用MP3、录音笔等工具录下讲课内容,课后再整理成书面笔记。

依据个人喜好和习惯还可创造出各种新的方法,但切忌只抄不想,做笔记的同时必须跟上老师的思路,自己动脑筋思考,否则就变成"抄写课"了。

3. 大学各科学习方法

数学是一门比较重视基础的学科,一定要把概念、公式弄清楚,一定要稳扎稳打,这样才能以不变应万变。

英语是大学中的必修课程,大一、大二两年一定要把英语基础打好、打牢、打实,这绝对马虎不得。因为大学要求过英语四级,还关系到能否拿到学位证以及就业等诸多事情。现在很多单位都要求英语四级或者六级才有机会面试,所以英语学习至关重要,英语的学习在平时,主要是知识的积累过程。

计算机作为就业时的一块强有力的敲门砖,必须学好、学精,平时上课要注意听讲,课后要勤上机练习,熟悉所学语言,相信只要功夫下到了,没有不成功的。

考试是学校生活里必要的一部分,要以端正的态度面对。但是尤其重要的一点是,考试并不是证明我们在进步的唯一方式,一定要找到自己的兴趣所在,利用好时间,找准目标,努力坚持。

不管做什么事都应该有一个计划,大到自己的学习生涯规划,小到自己的一天什么时刻该做什么,这样才能做到有的放矢。"把简单的事情千百次地做好就是不简单!"用心做好每一次小事,日积月累,就会收获富足,即时地消化学习内容,有规律、有计划地安排预习和复习,平常多积累,将会学得轻松而愉快。

四、学习注意力不集中与调适

(一)学习注意力不集中的表现

学习注意力不集中在大学生中是一个比较普遍的现象,主要表现在:对学习的内容不大感兴趣,自控能力差,上课开小差,学习目标不明确;尽管有压力,但总是抱着侥幸心理,希望老师降低要求,或画出考试要点;情绪不稳定,忽热忽冷,三天打鱼两天晒网,易受环境的干扰,且长时间不能静心;经常被一些无关紧要的事情打扰,学习时间没有保障;参加活动,如体育运动,久久沉浸在对活动细节的回忆之中。

(二)注意力不集中产生的原因

① 由于大学生在发展过程中承担的角色与任务多,因而压力与心理冲突加剧,特别是由于恋爱、性幻想等更容易引发注意力问题。

② 生活事件导致心理应激,如考试失败、家庭生活发生重大变故、经济困难、评优失败、失恋、宿舍关系失和等造成的思想负担重,精力分散。

③ 学习动力不足,学习焦虑水平过低,缺少压力与紧迫感。

(三)学习注意力不集中的调适

克服学习走神,要做到以下几点:

① 要有信心和决心。信心和决心在提高注意力方面也是适用的。在有了充分信心的基础上,下定决心,将注意力集中于学习。

② 调整情绪,静下心来。拥有良好的情绪、轻松的心情,去掉与学习无关的杂念,才能使注意力高度集中。

③ 规定期限、有紧迫感。这样,个人就会在这个期限内,高度集中注意力,从而推动个人较快地取得成果;同时适当休息,防止疲劳。疲劳是注意力集中的大敌。一般说来,学习

的最佳安排方式是：集中一段时间稍休息一下，然后再集中。适当间隔的休息有助于下次集中过程出现飞跃性的突破，也是产生灵感的润滑油。

④ 养成良好的生活习惯与学习习惯，保持旺盛的精力。习惯训练，首先要从对小事的注意开始，包括对良好的生活规律、积极的体育锻炼、有计划的学习、克服困难的毅力等进行有意训练，可以经常进行一些精细的工作，以提高注意力。其次用内部语言进行经常的自我提问或自我提醒。在学习和生活中，要经常给自己设置一些注意力训练的难题，不断地提高克服注意力不集中的能力，在战胜困难的过程中磨炼自己，使自己的注意力日益集中起来。

⑤ 选择理想的学习环境，减少与学习无关的活动，学习自我监控。学习情境对注意力有较大影响。良好的学习环境可使人在学习活动中身心舒畅，注意力集中，从而提高学习效率；嘈杂、脏乱的学习环境则使人心烦意乱、焦躁不安、注意力涣散，从而降低学习效率。由于每个人的心理特征不同，个人喜好的学习环境也不同，如有的人必须在绝对安静的环境下才能集中注意力，而有的人在轻柔的音乐声中更能集中注意力。因此，大学生应根据个人的不同情况，选择适合自己的学习环境。大学生大多过着集体生活，当无法选择环境和排除干扰时，需要提高抗干扰的能力。

⑥ 学会注意力转移，尽快从生活应激事件与挫折中摆脱出来。学会注意力转移的主要目的是抵抗内、外干扰。注意力集中不仅体现在没有干扰的情况下能够做到，更主要体现在有各种干扰的情况下也能做到。内部干扰主要指疲劳、疾病以及和学习无关的思想情绪等。克服内部干扰主要从三方面入手：一是培养健康的思想情操；二是提高挫折承受与应对能力；三是学习科学用脑，避免用脑过度。排除外部干扰，除尽量避免外界刺激外，还要有意识地锻炼意志，培养闹中求静的本领，使注意力高度集中且具有韧性。

五、考试作弊问题与调适

考试作弊问题被称为当代大学的流行病，引起了越来越多人的关注。

（一）考试作弊的原因

考试作弊既有学生自身的原因，也有考试纪律松懈及不良社会风气影响等客观原因。从学生方面看：一是学习及学位的压力。在作弊问题上，学位是一把双刃剑，既是学生不作弊的主要原因，也是作弊的主要原因，成绩较差的学生特别是当面临丢掉学位的现实压力时，可能铤而走险；而更多的无个人明确作弊动机的学生作弊是受小团体氛围的影响，在一个大多数人都寻求考试捷径的环境中，如果个体不作弊，学生会认为别人作弊对他不公平。二是利益的驱使。目前与学生利益相关的评奖评优均与成绩息息相关，成绩较好的学生希望在考试中获得成功，保持学业上的优势；成绩较差的则希望通过作弊获得好成绩。三是课程的重要程度及个人兴趣爱好。学生对那些自认为不重要或不感兴趣的课程，容易产生厌学情绪和作弊行为。

以上是大学生考试作弊的外部因素，而起主要作用的是学生的内在因素。首要的内在因素为侥幸心理和投机心理，希望侥幸通过考试。其次为道德观念的弱化。有的大学生不仅不认为作弊可耻，而且还为自己的作弊行为寻找各种借口，如教师授课存在问题、试卷过难、其他人也作弊。最后，纪律观念的缺乏也是一个重要因素，对作弊后果考虑不足也是一个重要方面。

社会大环境的影响也不容忽视。现代社会中存在的部分不良舞弊习气,对大学生产生了负面影响。大学生的欺骗行为不仅发生在考试中,还包括抄袭作业、提供虚假信息等行为。

(二)考试作弊问题的调试

一是增强学生内在学习动机。内在学习动机不足是大学生考试作弊的深层动因。从心理健康的角度看,提高大学生学习的积极性主动性,激发其内在学习动机是防治作弊的核心手段。二是加强道德教育,提高学生的思想道德素质和诚信意识。三是加强学风建设,强调考风考纪。良好学风对学生成才起着潜移默化的作用。四是营造积极向上的学习与考试氛围。帮助学生确立正确的学习观,正确对待考试与荣誉,增强学生的自信心。

六、网络综合征及调适

相关阅读

中国游戏产业与游戏成瘾

2022年7月21日,中国音数协游戏工委公布了《2022年上半年中国游戏产业报告》。报告显示,2022年1—6月,中国游戏市场实际销售收入为1477.89亿元,游戏用户规模约为6.66亿人,其中移动游戏用户规模约为6.55亿人。

2018年初世界卫生组织(WHO)决定将游戏成瘾列入精神疾病。最新统计数据显示,我国游戏成瘾患病率已达27.5%。

游戏成瘾的主要表现包括:对游戏行为的开始、频率、时长、结束、场合等失去控制;游戏优先于其他生活兴趣和日常活动;尽管已经因游戏产生了负面后果,但依然持续游戏甚至加大游戏强度。上述3个基本特征需持续至少12个月以上。

(一)网络综合征

网络是继报刊、广播和电视之后崛起的第四媒体,具有信息量大、传播速度快、覆盖面广、高度的开放性、交互性、广泛性、便捷性和隐匿性等特点,越来越成为大学生获取知识和各种信息的重要渠道。但任何事物都有其两面性,网络也不例外。对于大学生"网虫"来说,花样繁多、引人入胜的网上娱乐为他们提供了梦幻般的空间,随着乐趣的不断增强逐渐欲罢不能,难以自控,网络上有关的情景反复出现脑际从而漠视了现实生活的存在。一旦上网成瘾,就难以自拔。这种不自主的强迫性现象被称为网络综合征。患有网络综合征的人,初时是精神依赖,渴望上网"遨游";随后发展为躯体依赖,表现为情绪低落、头昏眼花、双手颤抖、疲乏无力、食欲不振等。网络综合征对人的健康危害很大,尤其会使人体的植物神经功能严重紊乱,导致失眠、紧张性头痛等。甚至会使人出现幻觉、痴迷和妄想,造成人体免疫机能严重下降。人们把由于沉迷于网络而引发的各种生理心理障碍总称为网络综合征。

各高职学校中网络综合征患者不在少数,其主要特征是:头发乱乱的,脸色黄黄的,眼睛红红的,衣服脏脏的,神情呆呆的,上课昏昏的。别看他们一派萎靡、落魄之相,只要一谈起网络游戏或坐到计算机前立马精神抖擞,完全换了一个人似的。他们大多在学习上的表现很糟糕,不及格是家常便饭,起初还有悔过之心,时间长了也就随它去了,一学期成绩下来,几乎全部"挂红",留级退学也就习以为常了。

(二)网络综合征的表现与判断

被判定为网络成瘾的学生,平均每周上网时数在20小时以上。这些沉迷于网络的学生,经常无法有效控制上网时间,也无法管理金钱,与父母、师长等的关系容易破裂,甚至因为上网时间太长而赔上健康。怎么判断一个人是否对网络游戏、上网聊天等上了瘾?心理学家提出十项标准可以自我诊断"网络综合征":

① 你是否觉得上网已占据了你的身心?
② 你是否觉得只有不断增加上网时间才能感到满足,从而使得上网时间经常比预定时间长?
③ 你是否无法控制自己上网的冲动?
④ 每当网线被掐断或由于其他原因不能上网时,你是否会感到烦躁不安或情绪低落?
⑤ 你是否将上网作为解脱痛苦的唯一办法?
⑥ 你是否对家人或亲友隐瞒迷恋网络的程度?
⑦ 你是否因为迷恋网络而面临失学、失业或失去朋友的危险?
⑧ 你是否在支付高额上网费用时有所后悔,但第二天仍然忍不住还要上网?
⑨ 你是否不上网时情绪低落、不愉快、对其他事物无兴趣?
⑩ 你是否出现生物钟紊乱、食欲下降、思维迟缓等现象?

如果你有5项或5项以上表现,并已持续一年以上,那就表明你已患上了"网络综合征"。

(三)"网瘾"归因

1. 学习失败

迷恋网络的学生一般都是学习动力不足、学习成绩不好的学生,学习给他们很强的挫败感。但是在网上,他们很容易体验成功:闯过任何一关都可以得到"回报",这种成就感是他们在现实生活中很难体验到的。

2. 理想"失落"

一些同学对上高职或对所学的专业感到并不满意,进入学校后又觉得一切和自己的希望相去甚远,他们对"努力学习"的目的产生了怀疑。于是,一些人开始迷恋网络。其实,造成这些学生依赖网络的根本原因是没有形成正确的学习观。

3. 人际关系不好

他们希望上网逃避现实。许多学生虽然成绩不错,可是性格内向、猜忌心强,而且小心眼,碰到问题时没能得到及时解决就沉迷于网络,学习和生活受到严重影响。

4. 家庭关系不和谐

这些同学通常在家里得不到温暖,但是在网络上,他们提出的任何一点儿小小的请求都会得到不少人的帮助。现实生活和虚拟社会在人文关怀方面的反差,很容易让"问题家庭"的同学"躲"进网络。

5. 自制力弱

他自己也知道这样不好,也不想这样下去,但是一接触电脑就情不自禁。这是典型的自我控制力不强。生活中要面对很多选择,选择什么是对、什么是错,选择什么该做、什么不该做。如果将人生的元素尽量简单化,那么人生最重要的事情就是选择,选择的正确率越高,成功率也越大。

(四)如何防止网络成瘾

① 不要把上网作为逃避现实生活问题或者摆脱消极情绪的工具。事实是"借网消愁愁更愁",因为离开网络以后问题仍然在那儿。其次,不断的上网行为会在不知不觉中得到强化。因为上网—注意力从现实中转移—忘记生活中的烦恼,一般不需要几次,就会如同巴甫洛夫实验中的狗记住铃声会带来食物一样,记住上网能忘忧,这样一想就会兴奋不已。

② 上网之前先定目标。可以每次花两分钟时间想一想自己准备上网干什么,把具体要完成的任务列在纸上。不要认为这个两分钟是多余的,它可以为你省 10 个两分钟,甚至 100 个两分钟。

③ 上网之前先限定时间。看一看自己列在纸上的任务,用一分钟估计一下大概需要多长时间。假设估计要用 40 分钟,那么把闹钟定到 20 分钟,到时候看看进展到哪里了。如果嫌用闹钟麻烦的话,可以在电脑中安装一个定时提醒的小软件,在上网的同时打开,这样就能帮助你有效控制上网的时间。

④ 丰富其他业余生活的内容。比如外出旅游、找朋友聊天、串门、散步、锻炼等,不可陷入"非上网不可"的泥潭。同学或朋友在请网络综合征患者参加体育运动的项目时最好是其感兴趣的项目,如没有感兴趣的项目,可慢慢培养,在获得成就感和技术提高中建立兴趣。在重症期最好不要长时间上自习,那样反而会加重病情。

⑤ 注意饮食。在饮食上应注意多吃些胡萝卜、豆芽、瘦肉、动物肝脏等富含维生素 A 和蛋白质的食物。

创造力自我测验题

美国普林斯顿创造力研究所对招聘科技人员有一整套测试方法。以下是从中选出的 45 个问题,答毕再看后面每题的得分,将总分相加。

1. 我在学习、工作时总是用正确的方法解决问题。(　　)
　A. 非常同意　　　B. 一般同意　　　C. 模棱两可
　D. 不同意　　　　E. 强烈反对

2. 如果知道提出问题没有希望得到答案而依然提出问题,这是浪费时间。(　　)
　A. 非常同意　　　B. 一般同意　　　C. 模棱两可
　D. 不同意　　　　E. 强烈反对

3. 我认为解决问题的最好途径是循序渐进。(　　)
　A. 非常同意　　　B. 一般同意　　　C. 模棱两可
　D. 不同意　　　　E. 强烈反对

4. 有时我明知我的有些意见提出之后别人会不感兴趣,我仍然要提出我的看法。
（   ）
    A. 非常同意   B. 一般同意   C. 模棱两可
    D. 不同意   E. 强烈反对

5. 我花费很多时间考虑别人对我的看法。（   ）
    A. 非常同意   B. 一般同意   C. 模棱两可
    D. 不同意   E. 强烈反对

6. 我认为做一件事主要是自己觉得应该去做,而不是为了赢得别人的赞同去做。
（   ）
    A. 非常同意   B. 一般同意   C. 模棱两可
    D. 不同意   E. 强烈反对

7. 我能长时期盯住解决起来有困难的问题不放。（   ）
    A. 非常同意   B. 一般同意   C. 模棱两可
    D. 不同意   E. 强烈反对

8. 有时我会对某些事物显得过分热情。（   ）
    A. 非常同意   B. 一般同意   C. 模棱两可
    D. 不同意   E. 强烈反对

9. 我经常在无所事事之时获得灵感。（   ）
    A. 非常同意   B. 一般同意   C. 模棱两可
    D. 不同意   E. 强烈反对

10. 解决问题的过程中,分析问题很快,而综合得到的信息却很慢。（   ）
    A. 非常同意   B. 一般同意   C. 模棱两可
    D. 不同意   E. 强烈反对

11. 我有搜集某些物品的嗜好。（   ）
    A. 非常同意   B. 一般同意   C. 模棱两可
    D. 不同意   E. 强烈反对

12. 幻想是我的许多设想的源泉。（   ）
    A. 非常同意   B. 一般同意   C. 模棱两可
    D. 不同意   E. 强烈反对

13. 如果现在让我在医生和勘察人员两种职业中任选一种,我选择前者。（   ）
    A. 非常同意   B. 一般同意   C. 模棱两可
    D. 不同意   E. 强烈反对

14. 我在同行面前比在其他人面前显得更为自信。（   ）
    A. 非常同意   B. 一般同意   C. 模棱两可
    D. 不同意   E. 强烈反对

15. 我具有高度的美感。（   ）
    A. 非常同意   B. 一般同意   C. 模棱两可
    D. 不同意   E. 强烈反对

16. 直觉的预感对解决问题并不可靠。（   ）
    A. 非常同意   B. 一般同意   C. 模棱两可

D. 不同意　　　　　E. 强烈反对

17. 我对提出新的设想比兜售它更感兴趣。（　　）
A. 非常同意　　　B. 一般同意　　　C. 模棱两可
D. 不同意　　　　　E. 强烈反对

18. 我力图避免处于对自己可能不利的场合。（　　）
A. 非常同意　　　B. 一般同意　　　C. 模棱两可
D. 不同意　　　　　E. 强烈反对

19. 在评价信息时,我着重研究它的来源,而不是内容本身。（　　）
A. 非常同意　　　B. 一般同意　　　C. 模棱两可
D. 不同意　　　　　E. 强烈反对

20. 个人的自尊远比别人对他的尊重重要。（　　）
A. 非常同意　　　B. 一般同意　　　C. 模棱两可
D. 不同意　　　　　E. 强烈反对

21. 我认为追求尽善尽美的人是不明智的。（　　）
A. 非常同意　　　B. 一般同意　　　C. 模棱两可
D. 不同意　　　　　E. 强烈反对

22. 我喜欢做对他人有一定影响的工作。（　　）
A. 非常同意　　　B. 一般同意　　　C. 模棱两可
D. 不同意　　　　　E. 强烈反对

23. 我认为每件事各得其所是很重要的。（　　）
A. 非常同意　　　B. 一般同意　　　C. 模棱两可
D. 不同意　　　　　E. 强烈反对

24. 那些愿意考虑"古怪念头"的人是不切实际的。（　　）
A. 非常同意　　　B. 一般同意　　　C. 模棱两可
D. 不同意　　　　　E. 强烈反对

25. 我愿在一些新的设想上花时间,即使实际上会毫无收获。（　　）
A. 非常同意　　　B. 一般同意　　　C. 模棱两可
D. 不同意　　　　　E. 强烈反对

26. 如果对某一问题的思考停步不前,我能很快把我的思想转变方向。（　　）
A. 非常同意　　　B. 一般同意　　　C. 模棱两可
D. 不同意　　　　　E. 强烈反对

27. 我不愿意提出显得自己无知的问题。（　　）
A. 非常同意　　　B. 一般同意　　　C. 模棱两可
D. 不同意　　　　　E. 强烈反对

28. 转变志趣方向的能力比转向适合自己的工作的能力强。（　　）
A. 非常同意　　　B. 一般同意　　　C. 模棱两可
D. 不同意　　　　　E. 强烈反对

29. 不能解决问题往往是由于提错了问题。（　　）
A. 非常同意　　　B. 一般同意　　　C. 模棱两可
D. 不同意　　　　　E. 强烈反对

30. 我能经常预见问题的答案。（　　）
    A. 非常同意　　　　B. 一般同意　　　　C. 模棱两可
    D. 不同意　　　　　E. 强烈反对

31. 分析失败的原因,这是浪费时间。（　　）
    A. 非常同意　　　　B. 一般同意　　　　C. 模棱两可
    D. 不同意　　　　　E. 强烈反对

32. 只有糊涂的思想家才会求助于隐喻和比拟。（　　）
    A. 非常同意　　　　B. 一般同意　　　　C. 模棱两可
    D. 不同意　　　　　E. 强烈反对

33. 在某些工作刚开始时,我往往只能朦胧地预计一些工作过程,还说不出什么。（　　）
    A. 非常同意　　　　B. 一般同意　　　　C. 模棱两可
    D. 不同意　　　　　E. 强烈反对

34. 我会经常忘记人的姓名、街道、公路以及小镇的名字。（　　）
    A. 非常同意　　　　B. 一般同意　　　　C. 模棱两可
    D. 不同意　　　　　E. 强烈反对

35. 我认为成功之路在于刻苦工作。（　　）
    A. 非常同意　　　　B. 一般同意　　　　C. 模棱两可
    D. 不同意　　　　　E. 强烈反对

36. 我有约束自己内心冲动的能力。（　　）
    A. 非常同意　　　　B. 一般同意　　　　C. 模棱两可
    D. 不同意　　　　　E. 强烈反对

37. 我感到自己对事业可以作出很大的贡献。（　　）
    A. 非常同意　　　　B. 一般同意　　　　C. 模棱两可
    D. 不同意　　　　　E. 强烈反对

38. 我厌恶那些变化不定和无法预测的事情。（　　）
    A. 非常同意　　　　B. 一般同意　　　　C. 模棱两可
    D. 不同意　　　　　E. 强烈反对

39. 我在工作中愿意和别人一起干,不喜欢独闯。（　　）
    A. 非常同意　　　　B. 一般同意　　　　C. 模棱两可
    D. 不同意　　　　　E. 强烈反对

40. 许多人之所以烦恼,主要是他们过于认真。（　　）
    A. 非常同意　　　　B. 一般同意　　　　C. 模棱两可
    D. 不同意　　　　　E. 强烈反对

41. 我经常被问题"迷住"而不能自拔。（　　）
    A. 非常同意　　　　B. 一般同意　　　　C. 模棱两可
    D. 不同意　　　　　E. 强烈反对

42. 我能为了最终目标而很快地放弃暂时的收益。（　　）
    A. 非常同意　　　　B. 一般同意　　　　C. 模棱两可
    D. 不同意　　　　　E. 强烈反对

43. 如果我现在是大学教授,我宁可讲授一些实际性的课程,而不是讲理论性的课程。
（　　）
  A. 非常同意　　　　B. 一般同意　　　　C. 模棱两可
  D. 不同意　　　　　E. 强烈反对

44. 我寄望于直观性的预感或感觉上的"好""坏"来逐步解决问题。（　　）
  A. 非常同意　　　　B. 一般同意　　　　C. 模棱两可
  D. 不同意　　　　　E. 强烈反对

45. 我对人生充满信心。（　　）
  A. 非常同意　　　　B. 一般同意　　　　C. 模棱两可
  D. 不同意　　　　　E. 强烈反对

【计分方法】4、6、7、8、9、12、15、17、20、25、26、29、30、33、34、35、37、40、41、42、43、45题选答A者得2分,答B者得1分,答C者无分,答D者得-1分,答E者得-2分。其余各题答A者得-2分,答B者得-1分,答C者无分,答D者得1分,答E者得2分。

【答案与分析】

  总分为70—90分,恭喜你! 你非常富有创造力:你的思路非常独特而且想象力丰富,遇到问题能想很多解决的方法。你一定被朋友们认为是非常聪明的家伙。

  总分为50—69分,很不错,你已超过了平均创造力水平;你一般不会被生活中的难题吓倒,总是能想出解决之道。

  总分为30—49分,还可以,你已经达到了创造力的平均水平;你具有一般人对事物的正常反应。

  如果你的总分为10—29分,比较糟糕,你低于平均的创造水平;不过没关系,只要加强努力,就能提高自己的创造力,而你的生活将受益匪浅。

  如果得分在10分以下,很不幸,你要好好改善你的创造力。笨鸟先飞,勤能补拙;只要按照前文介绍的训练办法去努力,就能改善眼下这种落后的局面。

  这个小测验只是为了帮助你分析自己的不足和指明今后努力的方向。只有当你发扬了长处,并不断克服了自己的短处之后,创造的才能才会不断增强。

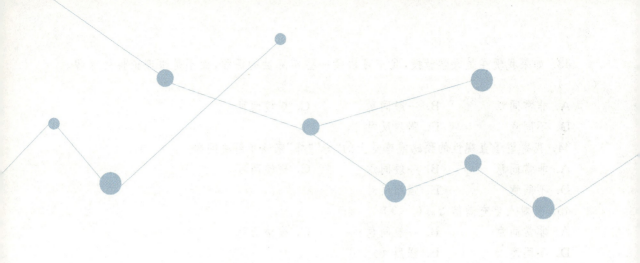

第八章

大学生情绪管理与调试

 课程导入

> 小静是某高校的学生。高中时,她是班里的学习尖子,但高考那年因为身体原因和临场发挥欠佳,没能考上本科院校。拿到录取通知书后,她的心里很不是滋味,不想去读普通专科学校。父母再三做她的思想工作,说去上为好,只要她好好学习,大三再专升本,家里一定尽全力支持她。进校以后,父母经常到学校给她洗衣叠被,并走访老师,鼓励她一心一意学习,不要分心。父母的过分关注使她背上了沉重的心理包袱,她总担心自己万一考专升本失败该怎么办,越担心越难以集中精力学习。大三刚开始,她的精神就变得越来越紧张,出现了明显的情绪问题,失眠、焦虑、肠胃功能紊乱全都"找"上了她。她已经无法安心看书,经常出现头脑空白的状态。她去找心理咨询老师,想调整状态,安心复习。

第一节　情　绪　概　述

常言道:"人非草木,孰能无情?"。在成长的过程中,我们时而高兴万分,时而焦虑不安,时而悲痛欲绝,时而怒气冲天,时而百感交集……复杂多变的情绪体验使我们的生活丰富多彩、真切可感。

一、情绪的概念

生活中我们必然要遇到得失、顺逆、荣辱、善恶等各种情境,因而有时积极、有时消极、有时高兴、有时气愤、有时恐慌、有时轻松、有时悲伤、有时焦虑,这些不同的心理状态渗透在我们的生活、学习、交往中,并直接影响我们的生活、学习和健康。

心理学认为:情绪是人对客观事物的态度体验及相应的行为反应。需要是情绪产生的基础,当客观事物符合并满足人的需要时,就会使人产生积极的情绪体验(正面的情绪),如喜爱、满意、愉快、喜悦、振奋、热情、自信、感恩、安详、平静、轻松、自在等;当客观事物不符合、不能满足人的需要时,就会使人产生消极的情绪体验(负面情绪),如怨恨、紧张、焦虑、担心、自卑、痛苦、沮丧、伤心、狂躁、悲哀、厌恶、忧愁、愤怒、嫉妒、愧疚、害怕、恐惧、无聊、寂寞等。

二、情绪的分类

人的情绪是多种多样的,《礼记》提出"七情"说,即喜、怒、哀、惧、爱、恶、欲。20世纪70年代初,美国著名心理学家伊扎德用因素分析的方法提出人类的基本情绪有10种,即兴趣、惊奇、痛苦、厌恶、愉快、愤怒、恐惧、害羞、轻蔑和自罪感。

按照情绪发生时的强度、紧张度和持续时间的长短,可以将情绪分为心境、激情与应激三种。

(一) 心境

心境是一种微弱、平静、持续时间较长的情绪状态。如心情愉快、舒畅或心情烦闷、抑郁不快,在一个相当长的时间内持续下来。这种情绪状态倾向于扩散和蔓延,处在某种心境中的人,往往以同样的情绪状态看待一切事物。譬如,高兴时看什么都高兴,俗话说"人逢喜事精神爽",似有"万事称心如意"之状态。烦闷、不高兴时,看什么都不顺眼,"感时花溅泪,恨别鸟惊心",如林黛玉看见落花伤心,看见月缺也流泪。影响心境的原因是多种多样的。客观方面,社会生活条件的变化是影响心境的根本原因。还有时令季节的气候变化也会影响心境,正如"秋风秋雨愁煞人"之体验。

心境可以由对人具有某种意义的多种情况引起。工作的顺逆、事业的成败、人们相处的关系、健康状态,甚至自然环境,都可以成为引起某种心境的原因。引起心境的原因人们并不都能意识到,所以经常可以听到人们这样说:"不知为什么这几天我这么烦闷?"心境虽然由客观事物引起,但它还受人的主观意识调节和支配。除了由当前情境产生暂时的心境外,人还可以有各自的独特、稳定的心境或称主导心境。同一事件对某些人的心境影响较小,而对另外一些人的影响则较大。性格开朗的人往往能很快忘掉不愉快的过去,而性格内向的人则容易耿耿于怀。心境在人的现实生活中有重要的意义。心境有积极和消极之分,良好的心境能使人精神振奋,有助于积极性的发挥和工作效率的提高;消极的不良心境使人精神萎靡、意志消沉,降低人的活动效率,有碍于健康,不利于学习和工作的顺利进行。因此,人们必须学会把握自己的心境,使自己经常处于良好的心境之中。

(二) 激情

激情是一种强烈、短暂,然而具有爆发性的情绪状态。狂喜、愤怒、恐惧、绝望等都属于这种情绪状态。激情由对人具有重大意义的强烈刺激和发生对立意向冲突而过度抑制或兴奋引起。在激情状态下,总是伴有激烈的内部器官活动变化和明显的表情动作。如愤怒时全身发抖,紧握拳头;恐惧时毛骨悚然,面如土色;狂喜时手舞足蹈,欢呼跳跃。激情的发展大致要经历三个阶段:一是初始阶段。由于意志力减弱,身体变化和表情动作越来越失去控制,高度紧张使细微的动作发生紊乱。这时人的行为受情绪体验和控制能力左右。二是爆发阶段。人失去意志的监督,发生了不可控制的动作和失去理智的行为。三是激情爆发后的平息阶段。这时会出现平静和疲劳现象,严重时甚至精力衰竭。控制激情是完全可能的。在激情发生的最初阶段有意识地加以控制,能将危害性减轻到最低限度。激情有积极的和消极的两种。激情的意义是由它的社会价值决定的。凡能激发人积极向上、符合社会要求的激情是积极的。这种激情通常与冷静的理智和坚强的意志相联系,能够成为推动人的活动的动力。凡对机体有害的、不符合社会要求的激情都是消极的。

(三) 应激

应激是在出乎意料的紧张情况下出现的情绪状态,是人对意外的环境刺激作出的适应性反应。人们在不寻常的紧张状况下把自身各种资源(首先是内分泌资源)都动员起来,以应付紧张的局面时产生的复杂的生理和心理反应都属于应激状态。应激状态对人的活动有很大的影响。有时应激引起的身心紧张有利于人全力解决紧急问题,维持一定的紧张度,保持高度警觉,有助于认知功能的发挥,使人做出平时不能做出的大胆判断和动作。但是,有时应激造成的高度紧张又会阻碍认知功能的正常发挥。紧张和惊恐也会导致人们的感知、注意产生局限,思维迟滞,行动刻板,正常处理事件的能力反而大大削弱。应激状态会改变机体的激活水平,特别是肌肉的紧张度、血压、腺体的分泌、心率、呼吸系统都有明显的变化。这些反应有助于个体适应急剧变化的环境刺激,维护机体功能的完整性。但是,长期处于应激状态也引起人体生物化学保护机制的溃退,会导致某些疾病的出现。据统计,日常医疗工作中有50%—75%的疾病都是与应激有关的疾病,如头痛、高血压、意外事故、酒精中毒、溃疡病、心脏病及精神病等。人若长期处于应激状态,对健康不利。应激状态的延续能击溃一个人的生物化学保护机制,使人的抵抗力降低,以致被疾病侵袭。因此应在生活和学习中进行应激调节,这是消除应激的最好最有效的途径。这里主要是指在营养、睡眠、运动和生活规律等方面进行自我调节。在营养方面,要根据自身身体状况,合理安排自己的饮食,保证充足的睡眠,养成良好的作息习惯;在运动方面,要养成体育锻炼的好习惯,这有助于消除生活、工作和学习中的疲劳;在学习方面,要根据自身身体状况、精神状态,合理安排学习时间。

三、情绪的表达

情绪表达指的是在不同情境下通过恰当的方式准确表达适当情绪,使自己的情绪保持在一个合理状态,包括生理表达、外部表现以及心理表达三个层次,其基本功能是缓解情绪强度。情绪表达的结果依靠外部世界对我们情绪的解读。尽管真实的情绪表达有时是健康的,但并不总是处理情绪最好的方式。如果情绪是以伤害别人、伤害自己或以不符合社会规范的方式表达出来,则不仅缓解不了原来的负面情绪,反而会产生大量新的负面情绪。

(一)情绪的生理表达

生理表达是以生理的形式进行情绪表达,指在神经-体液调节下,伴随着情绪活动,有机体表现出的系列生理活动的变化,如心血管、呼吸、消化、内分泌、代谢、皮肤、血液等的变化。这些受植物神经系统支配,一般不由意识直接控制,也不会在意识上给人以清晰的感觉,不能主观控制和调节。如突然惊恐时,呼吸会出现暂时中断;悲伤时,呼吸频率变慢;愤怒时,呼吸频率加快,呼吸深度加大;满意、愉快时,心跳节律正常;恐惧和愤怒时,心率加快、血压升高、血糖增加;在焦虑状态下,抗利尿激素分泌受到抑制,等等。

(二)情绪的外部表现

情绪的外部表现包括面部表情、姿态表情、语调表情。

1. 面部表情

面部表情是指通过眼部肌肉、颜面肌肉和口部肌肉的变化来表现各种情绪状态。例如,高兴和兴奋时"眉开眼笑",愤怒时"怒目相对",忧愁时"双眉紧锁",震惊时"目瞪口呆",悲伤时"两眼无神",憎恨时"咬牙切齿",紧张时"张口结舌"等。

2. 姿态表情

姿态表情可以分为身体表情和手势表情。人在不同的情绪状态下,身体姿态会发生不同的变化,如高兴时"手舞足蹈",恐惧时"紧缩双肩",紧张时"坐立不安"。手势表情通常和语言一起使用,表达赞成或反对、接纳或拒绝、喜欢或厌恶等态度和思想。在无法用语言沟通的条件下,单凭手势也可以表达开始或停止、前进或后退、同意或反对等思想,如图 8.1 所示。

图 8.1

3. 语调表情

语调的高低、强弱、抑扬顿挫等,也是表达情绪的手段。例如,播音员播报足球赛事时声音尖锐急促、声嘶力竭,表达了一种紧张而兴奋的情绪;而当播报某位名人逝世的公告时,语速缓慢而深沉,表达了一种悲痛和惋惜的情绪。

(三)情绪的心理表达

心理表达是指在心理层面上将情绪表达出来,这是一种有意识的行为,可以进行主观调节和控制,可以分为内在主体独立表达和借助于客体的表达。

1. 内在主体独立的表达

有时,由于不能意识到情绪的变化,或虽能觉察到情绪,但对情绪的起因、性质、特点等了解不清,难以做到情绪向自我的表达。向自我表达是情绪表达的关键和基础。当我们对自己的情绪有清晰的意识时,才有可能将其清楚地表达出来。我们要关注自己的情绪,经常跳出来看看自己的情绪状态。

2. 借助于客体的表达

包括向他人表达和向客观环境表达。

(1) 向他人表达,即将情绪向周围的人表达出来,让他人认识我们的情绪。如朋友送你礼物时,用拥抱、高兴的表情及语言表达喜悦;受到伤害时,用抗议、指责等表达不满和愤怒。

(2) 向客观环境表达,如到空旷的操场上奔跑,到健身房挥汗如雨,在无人的地方独自哭泣等。

 自我测试

你的情绪稳定吗?

你的情绪是稳定的吗?如果你想知道结果,不妨完成下面的题目。每题有三个选项,请根据自己的情况选择,将选择项填在后面的括号内。

1. 我有能力克服各种困难。( )
   A. 是的　　　　　　B. 不一定　　　　　　C. 不是的
2. 猛兽即使是关在铁笼里,我见了也会惴惴不安。( )
   A. 是的　　　　　　B. 不一定　　　　　　C. 不是的
3. 如果我能到一个新环境,我要( )
   A. 不确定　　　　　B. 和从前相仿　　　　C. 把生活安排得和从前不一样
4. 整个一生中,我一直觉得我能达到预期的目标。( )
   A. 是的　　　　　　B. 不一定　　　　　　C. 不是的
5. 我在小学时敬佩的老师,到现在仍然令我敬佩。( )
   A. 是的　　　　　　B. 不一定　　　　　　C. 不是的
6. 不知为什么,有些人总是回避我或冷淡待我。( )
   A. 是的　　　　　　B. 不一定　　　　　　C. 不是的
7. 我虽善意待人,却常常得不到好报。( )
   A. 是的　　　　　　B. 不一定　　　　　　C. 不是的
8. 在大街上,我常常避开我不愿意打招呼的人。( )
   A. 极少如此　　　　B. 偶然如此　　　　　C. 有时如此
9. 当我聚精会神地欣赏音乐时,如果有人在旁高谈阔论,我( )
   A. 仍能专心听音乐　B. 介于A、C之间　　 C. 不能专心,并感到恼怒
10. 我无论到什么地方,都能清楚地辨别方向。( )
    A. 是的　　　　　　B. 不一定　　　　　　C. 不是的
11. 我热爱所学专业和所从事的工作。( )
    A. 是的　　　　　　B. 不一定　　　　　　C. 不是的
12. 生动的梦境经常干扰我的睡眠。( )
    A. 经常如此　　　　B. 偶然如此　　　　　C. 从不如此
13. 季节气候的变化一般不影响我的情绪。( )
    A. 是的　　　　　　B. 介于A、C之间　　 C. 不是的

【评分与结果解释】第1、4、5、8、9、10、11、13题,A:2分,B:1分,C:0分;第2、3、6、7、12题,A:0分,B:1分,C:2分。

你的总分是_____。

17—26分表示你的情绪稳定。你的情绪稳定,性格成熟,能面对现实,通常能以沉着的

态度应对现实中出现的各种问题，行为充满魅力，有勇气，有维护团结的精神。有时也可能由于不能彻底解决生活中的一些难题而强自宽解。

13—16 分表明你的情绪基本稳定。你的情绪有变化，但不大，能沉着应付现实中出现的一般性问题，然而在大事面前，有时会急躁不安，不免受环境的支配。

0—12 分表明你的情绪不稳定。你的情绪较易激动，容易产生烦恼，不容易应付生活中遇到的各种阻挠和挫折，容易受环境支配和心神动摇，不能面对现实，常常急躁不安，身心疲乏，甚至失眠等。要注意控制和调节自己的心境，使自己的情绪保持稳定。

第二节　大学生情绪特点及其影响

一、大学生情绪的主要特点及其影响

（一）丰富性和复杂性

大学生的情绪活动非常丰富。随着他们自我意识的不断发展，各种新的需要强度不断增加，其情绪也日益丰富起来，几乎人类具有的各种情绪都会在大学生身上反映出来，他们的注重独立感，自尊心、自信心和好胜心增强；求知欲、好奇心强烈，热爱科学和真理，憎恨迷信和谬误。随着社会体验和内心世界的不断丰富，他们情感也不断丰富，他们在各种活动中对不同的事物有不同的体验，从而表现出不同的情绪。同时大学生的情绪还具有复杂性的特点。他们有时陶醉于某种愉快的、肯定性的情绪状态之中，有时沉溺于某种负性情绪状态中，有时又陷入某种想象性的忧虑之中，即时的情绪短时间内难以被另一种情绪所代替。

【案例 8.1】一天，咨询室里来了一位长相阳光帅气的男生，表情略带焦虑与害羞，自述女朋友最近情绪波动特别大，让自己也很焦虑，希望能找到方法帮助她解决情绪困扰，也缓解他们之间目前不融洽的关系。

他自述自己与女朋友在大一时开始恋爱，关系一直很好，但是到了大二，女朋友变得非常善变，有时候会对他非常不满，说他整天就知道黏人没有上进心，甚至屡次哭着提出分手；有时候又会对他特别好，又是道歉又是补偿，有时候又会抱着他哭诉说自己也舍不得分手。而他自己，因为学的是航海专业，毕业后可能与女朋友聚少离多，所以一直都对女朋友特别好、特别迁就，所有的课余时间都跟女朋友在一起，非常珍惜这样的大学时光。但是才刚刚大二，女朋友就开始想毕业以后的事情，开始觉得他天天黏着她是不求上进的表现，其实他上课和晚自习时间都非常用功，但是告诉她这些她还是不满意，还是晴一天雨一天的，情绪多变。

情绪的发展与需要关系密切。大学生的需要与中小学生、成人差别较大。大学时期是人生的重要时期，也是情绪丰富多变、相对不稳定的时期，随着社会地位、个人能力的提高与所处年龄段的影响，在情绪表现上有其独特性。

（二）稳定性与波动性

大学生具有一定的自我控制情绪的能力，一般能用理智约束冲动，对不良情绪进行自我

调适,并出现了心境化的情绪特点。所谓心境化特点是指情绪一旦被激发,即使外界刺激消失了,还会转化为心境,要持续一段时间。比起中小学生,大学生的情绪在时间上有更长的延续性,他们的许多不良情绪如焦虑、自卑就具有这种心境化的特点。同时大学生的情绪与成人相比,波动性仍然很明显。表现为心境的变化比较频繁,情绪有较大起伏性,因学习、交友、恋爱、入党、生活、择业等问题产生挫折,都可能引起他们的情绪波动。

(三) 外显性和内隐性

大学生对外部刺激的反应迅速、敏感,喜怒哀乐溢于言表。在一般情况下,他们由情绪引起的内心体验和外部表现是一致的,呈现出外显性特点。然而,在一些特定场合或特定的问题上,其外部表现和内心体验并不一致,甚至有的时候完全相反。例如,当他们感到受到了不友好、不公正的对待,得不到理解和尊重时,会把心扉紧闭,不轻易表露真情实感。有的男女同学之间,明明是很在意对方、有好感的,很希望在一起互相学习、交流思想,但由于自尊或者其他原因,反而在行为上有意表现出冷淡、回避的姿态,有时还会采用文饰、反向的办法来掩饰内心情感,显示出内隐性的特点。

(四) 强烈性与细腻性

大学生的情感强烈,在外界刺激的作用下很容易产生激情。由于自我意识的发展,他们对各种事物比较敏感,精力旺盛,易处于激情状态下。如常常对喜爱的对象表示热衷,对感兴趣的事物表现出强烈的欲望,对不平之事表示愤慨或者牢骚满腹。而消极的激情,也可能使他们做出不假思索、不听劝阻甚至不计后果的举动。尤其是发生在大学校园里的斗殴、自杀甚至杀人事件,大多是因为对一些小事的不冷静、不慎重,发展到了激怒或绝望,情绪失控,最终导致意外事件发生。

(五) 阶段性和群体性

大学阶段由于不同年级培养重点不同,教育方式和课程设置也有所不同,因而面临的问题也不完全相同。新生由紧张的高中生活来到一个全新的环境,对一切感到新鲜、好奇,但很快新鲜的刺激被紧张的大学生活替代,加之有些同学对院校、专业不太满意,对学习不了解,学习动力不足,学习适应困难,人际关系不良,心理敏感度增加,有的随之会感到失望、迷惑,甚至自卑;高年级学生社会责任感明显增强,社会性情感日趋丰富,更多地关心个人与社会的关系、思考人生价值,同时因面临择业的压力,存在紧迫感、忧虑感,情绪障碍明显增多。

二、不同大学生群体的情绪特点及其影响

不同的大学生群体呈现出不同的情绪特点。

(一) 男女生差异

女生的情绪状态具有热情开放、富有激情和幻想、敢想敢做等特点,但容易出现抑郁、焦虑、多愁善感等不稳定情绪。男生的情绪状态要比女生相对趋向稳定,主动和敢为性强,更有独立性和刚毅性,但当情绪冲动时,也容易出现情绪失控,行为过激。

（二）年级差异

刚刚入学的一年级新生，往往对一切存有幻想，对各种知识领域都充满了疑问与兴趣，对自己的评价往往过于自负，对自己的认识缺乏全面系统的分析，处于不定阶段；二年级是情绪波动较大的阶段，这突出反映在大学一年级的新鲜感已经荡然无存之后，暴露出大学生在大学生活、学业、人际交往等方面面临的矛盾冲突及情绪困扰；从三年级开始，学生的情绪自控能力有所增强，他们对大学的生活环境已经基本适应，并具备了一定的情绪自控能力，情绪状态相对比较稳定，但由于即将走上社会，人生将面临着重要的转折，此时的情绪状态再次呈现出矛盾性和复杂性。

（三）生源差异

来自农村的学生朴实、好学、意志力强，但由于进入大城市的生活环境，与都市文化形成一定的心理反差；不少农村学生是抱着上大学、跳龙门、在大城市找工作的想法来到学校的；一些农村学生还面临着程度不同的经济负担。这些都会造成自卑、焦虑、忧郁、心理压力过大等情绪问题。城市学生绝大多数为独生子女，在情绪特点上，更加开朗、乐观，自我适应性较强，但同时呈现的问题是，由于在家庭中备受关注，一些学生责任意识淡薄，学习缺乏动力，心态浮躁。

三、大学生情绪健康的标准

健康的情绪，即良好的情绪状态。良好的心理状态，首先是情绪上的成熟，是指一个人的情绪的发展、反应水平和自我控制的能力与其年龄和社会对此的要求相适应，并为社会所接受。美国心理学家马斯洛在阐述关于"自我实现者"的情绪特点时，曾经提出了健康情绪的六个特征，即平和、稳定、愉悦和接纳自己，有清醒的理智、适度的欲望，对人类有深刻、诚挚的感情，富于哲理，有善意的幽默感以及丰富、深刻的自我情感体验。

大学生情绪健康的标准有：

（一）保持积极乐观的心态

保持好奇心，善于关注和发现生活、学习中积极的事物，并能够充分地享受快乐。主动创造能使自己感到快乐的生活和事业。快乐不是等待和被赐予，而是一种发现和创造。

（二）能接纳自己的情绪变化

能接受自己的情绪，不苛求自己，不过于追求完美。以平常心面对自己情绪上的波动。

（三）善于及时调整自己的不良心态

包括能够保持一个正确、客观的理性认知；善于采用多种方式及时宣泄自己的情绪；在遇到生活中的挫折时能够积极地自我暗示，或使自己的情感升华。

（四）宽容别人

保持良好的人际沟通，并能够理解和宽容别人，尤其在对方有过失时，不去怨恨别人，更不拿别人的错误来惩罚自己。怨恨是一把双刃刀,既会伤人,又会伤己。

(五)掌握有效的自我情绪调节的方法

包括保持幽默的方法、自我认知的方法、行为调节的方法、自我积极暗示的方法和自我宣泄的方法等。

两则故事

1. 男孩与钉子

从前,有一个脾气很坏的男孩。有一天,他的爸爸给了他一袋钉子,告诉他,每次发脾气或者跟人吵架的时候,就在院子的篱笆上钉一根钉子。第一天,男孩钉了37根钉子。后面的几天他学会了控制自己的脾气,每天钉的钉子也逐渐减少了。他发现,控制自己的脾气,实际上比钉钉子要容易得多。终于有一天,他一根钉子都没有钉,他高兴地把这件事告诉了爸爸。

爸爸说:"从今以后,如果你一天都没有发脾气,就可以在这天拔掉一根钉子。"日子一天一天过去,最后,钉子全被拔光了。爸爸带他来到篱笆边上,对他说:"儿子,你做得很好,可是看看篱笆上的钉子洞,这些洞永远也不可能恢复了。就像你和一个人吵架,说了些难听的话,你就在他心里留下了一个伤口,像这个钉子洞一样。"

2. 雨天卖伞,晴天晒盐

一个老太太有两个儿子,大儿子卖伞,小儿子晒盐。无论天气晴还是阴,老太太都闷闷不乐,整日地唉声叹气,晴天替大儿子担忧,"天不下雨,大儿子的伞可卖不出去了",雨天替小儿子担忧,"天下雨,小儿子可晒不了盐了"。结果老太太得了抑郁症,去看医生,医生问清缘由后告诉她:"你为什么不倒过来看呢?晴天多好啊,小儿子可以晒盐了;下雨也不错,大儿子的伞可以卖出去了啊!"这则故事告诉我们这样一个道理:天下本无事,庸人自扰之。一个人情绪的好坏、心情是否愉悦,在很多情况下都是由自己决定的。面对激烈竞争的社会,面对无穷尽的挫折和不断的失败,一个人如果真能做到"宠辱不惊,看庭前花开花落;去留无意,望天上云卷云舒",说明他的自我调节达到了相当成熟的程度。

第三节 培养良好的情绪

大学生正处于从易感性向稳定性过渡的心理发展特殊时期,情感丰富、活跃、容易走极端,经常在肯定与否定、积极与消极、紧张与轻松、激动与平静之间波动。因此,控制与调节情绪,关系到大学生能否适应社会,能否更好地发展自我。

情绪对一个人的心理成长和发展有着极大的影响。对于大学生来讲,培养良好的情绪、管理情绪、调节情绪、驾驭情绪、做情绪的主人,不仅是维护身体健康的需要,而且也是自我发展和人格形成的条件。

【案例8.2】小王是一名学生干部,为了保持优秀的学习成绩,每次考试,小王都异常焦虑。一次考试,因为过度紧张焦虑,小王没有办法专心复习,自认为复习不充分的小王还打了小抄。考试现场小王被老师抓到作弊,但小王矢口否认,又羞又恼,对老师恶语相向。结果小王不仅没有通过考试,还被学校通报批评,失去了继续当学生干部的资格。

考试焦虑本是正常现象,但小王却过于焦虑烦躁而无法专心复习,甚至在考场丧失理智,在作弊被抓后与老师发生争执,不能自控。

一、情绪管理的概念

情绪管理是对情绪进行控制和调节的过程,即通过一定的策略,使情绪在生理活动、主观体验和表情行为等方面发生一定变化,以建立和维护良好的情绪状态。

有效的情绪管理是对强烈感受和过高生理唤醒情绪的削弱、掩盖过程,也是对较低强度情绪的维持和增强过程,使个体大部分时间能保持良好心境。有效的情绪管理是健康的"护航者",是智力活动的"激发器",是良好人际关系的"润滑剂",是良好性格的"塑造者"。

情绪管理包括情绪识别、情绪调控、情绪表达、自我激励等多方面内容。

(一) 情绪识别

即了解自己和他人的情绪,培养情绪认知能力。情绪智商的核心是情绪认知能力,即当自己的某种情绪刚一出现就能觉察的能力。完整的情绪认知能力不仅指情绪的自我认知,还包括对他人情绪的识别,理解他人情绪的能力。

(二) 情绪调控

即培养情绪自我控制能力。情绪调控主要是指对负性情绪的控制、疏导和消除,并培养乐观的积极情绪。它是在准确识别自己情绪的基础上,分析这种情绪产生的原因,并通过适当的方法予以缓解。情绪的产生受很多因素的影响,进行情绪的归因训练能帮助人们提高情绪的自我理解和领悟能力。情绪调节和控制的方法有很多,不同的理论流派有不同的技术和方法,转移和升华、倾诉、宣泄、认知重建、放松训练等方法都可以用来调节自己的情绪。

(三) 情绪表达

即合理地表达情绪以发展人际交往能力。人们在交往过程中会因为交往内容和方式的改变而体验到各种情绪,情绪也深深地影响着交际的内容和方式。正确的情绪认知和表达可以抒发自己内心的感受,让别人更了解你,增进彼此的关系;错误的情绪表达方式往往会导致许多防御性不良互动,会让彼此的关系变得紧张。情绪管理要求我们在学会识别自己和他人情绪的基础上恰当地表达情绪,发展良好的人际关系。

(四) 自我激励

即通过自我调动,建立和维护良好的情绪状态。这就要求人们了解良好的情绪状态的表现,为实现一定的目标进行自我调动,指挥自己的情绪。包括能始终保持高度热情,不断明确目标,使情绪专注于目标等。通过自我激励,培养良好的情绪,控制情绪低潮,保持乐观心态,不断自我完善。

> **心理故事**

学习识别和表达情绪

下午,小华焦急地在麦当劳门口等小王。他们约好5点准时见面,但5点30分还不见他的人影。又过了5分钟,小华觉得过了好久好久,心里开始纳闷小五是不是忘了,打电话去问,家里人说他4点多就出门了。都已经5点40分了,小华在麦当劳附近已经绕了好几圈仍不见小王的踪影,不禁开始担心"会不会骑摩托车出事了呢?"小华焦急地像热锅上的蚂蚁,坐立不安,非常担心。这时小王却满脸笑容地出现了。

小王兴高采烈地说:"对不起,让你等那么久,我碰到中学同学,就跟他们聊了一会儿,他们过得都不错,我们还约好有时间一起去……"

小华面无表情地站着,也不说话。

小王又说:"走吧,我们不是还要赶下一场电影吗?"

"我不想去了。"小华说。

1. 你若是小华,当看到小王满脸笑容地出现时,你会说(　　)
   A. 我刚才真是又担心又着急,怕你出事,没事就好。
   B. 你太过分了,不顾及我的感受,难道我们的约会对你来说无所谓吗?
   C. 气死人了,让我等你那么久,你讲不讲信用呢?
   D. 我刚才真是又担心又着急,怕你出事,怎么会迟到这么久呢?
2. 小华的"我不想去了"隐含了什么意思?她的真实意思是不去了吗?(　　)
   A. 她不想去看电影了,可能另有打算,她莫名其妙地生气了。
   B. 真的不想去了,刚才的焦急、担心使她没心情再去看电影了。
   C. 她不想去,女孩子就爱撒娇、善变。
   D. 她其实想去,但她感觉到很气愤、失落,觉得男朋友不够重视自己。
3. 如果你是小王,听到"不想去了",你会怎么回答呢?(　　)
   A. 不想看电影,那我们去麦当劳吃炸鸡、喝可乐好了。
   B. 不看就不看,干嘛为小事生气,我跟同学聊聊天也不行吗?
   C. 为什么不看?不是说好要去看吗?怎么又变卦了?
   D. 对不起,让你等那么久,我知道等人真的很难受,你一定担心死了。

若都选择D,说明你善解人意,既能识别情绪,又能清楚合理地表达自我;A与D接近,但"没事就好"不能给小王以警告;而B、C是强烈的直接表达,容易发生误会。小华的真实意愿是要去看电影的,但是,她想得到安慰,并希望以后能避免发生类似情况。人际交往中的情绪表达要有技巧,要能够设身处地地为他人着想。

二、情绪管理的方法

对情绪的管理不等于对情绪的抑制或压抑。正常的情绪体验和反应如果受到过多的压抑,将会影响正常的免疫功能,有害于身心健康。人具有主观能动性,情绪是可以改进和完善的。

（一）保持恰当的需要

人的情绪以需要为基础，需要得到满足，人就愉快；需要得不到满足，人就不愉快。然而，人的需要有很多，又在天天变化，要想事事都如愿以偿是不可能的。对难以得到的东西和力所不及的事情不要奢望，许多烦恼与忧虑常常是和不知足相联系的，要学会知足者常乐，同时淡化烦恼给自己带来的心理压力，即做到"难得糊涂"。

另外，同样的生活事件，由于人们对待其的态度不同，应激的策略和方法不同，它对身心健康的影响也是不同的。如就业、失恋等，这些事件的成败得失，有的人可能因挫折而悲伤、愤怒甚至心理失常；有的人则能泰然处之。如果人们对待目标的追求能放眼估量，而不急功近利；对待需要的满足能适当抑制，而不贪得无厌；对别人的情感能设身处地理解，而不苛求于人；对矛盾的解决善于等待和忍耐，而不急于求成，那么，人们就会对不同的事件做出恰当的应激反应，以利于身心健康发展。

（二）变换角度，学会辩证思维

消极情绪并非由事物本身引起，而是由人对事物的评价引起的，对引起消极情绪的事物重新评价，改变原有认识，就可以使消极情绪得到化解。当你为别人的过失生气时，当你想去责怪别人时，最好是双方来个心理位置调换，站在对方的角度看待问题，这样你就容易与对方心灵沟通，宽容对方，理解对方。万事都有两面，好事可变坏事，坏事可变好事，如"塞翁失马焉知非福""破财消灾""失恋比婚后离婚好"等，辩证思维可以使人从容地对待挫折和失败，人的心境就可以保持泰然了，因而可避免有害的消极情绪。

（三）提高自己的情绪能力

有些人的情绪调控能力比较低，源于他情绪能力较低或能力欠缺，提高自己的情绪水平，必须学会和完善以下几个方面：

① 了解自己的情绪，能立刻察觉自己的情绪，了解产生情绪的原因。心理学研究表明，只要能识别自己的情绪，就能在一定程度上缓解情绪压力。

② 控制自己的情绪，能够安抚自己，摆脱强烈的焦虑忧郁以及控制刺激情绪的根源。

③ 激励自己，能够整顿情绪，让自己朝着一定的目标努力，增强注意力与创造力。

④ 了解别人的情绪，理解别人的感觉，察觉别人的真正需要，具有同情心。

⑤ 维系融洽的人际关系，能够理解并适应别人的情绪。

（四）合理宣泄

情绪宣泄就是人为地创造某种主体能接受的情境或活动，把自己压抑的情绪释放出来。心理学研究表明，能适时适当地把情绪表达出来，心理压力就会大幅度减轻。

情绪宣泄分为积极宣泄和消极宣泄。积极宣泄是一种对身心健康有益的宣泄，对其他人无影响而自己却受益无穷。如体育运动（打球、跑步、爬山）、文娱活动（唱歌、跳舞、打鼓、吹奏）、看影视作品（电影、电视）、看书、写信、写文章、找朋友聊天都是比较好的宣泄方法。哭也是宣泄的一种好方法，流泪或放声大哭后会令人有"如释重负"之感，有利于缓解内心压抑和紧张。消极的宣泄方式，是把怨气和烦闷指向某物或某人，表现为砸、摔物品，或者与人吵架，它不仅损害自己或他人的物质利益，也影响自己和他人的人际关系，因此，消极的宣泄虽然能缓解人内心的紧张和压抑，但带来的新的问题会使人的不良心态产生恶性循环，所以，我们应尽可能多地采取积极、合理的宣泄方式。

（五）适度的期望值

辩证地对待自己的情绪，有些人把自己的抱负定得过高，根本无能力达到；有些人做事要求十全十美，往往因为小小的瑕疵而自责。如果把自己的目标和要求定在自己的能力范围内，自己就会心情舒畅了。心理学研究表明：人的期望值只有达到适中的水平，才有可能实现最高的活动效率。同时我们也要降低对他人的需要水平，许多人把希望寄托在他人身上，若对方达不到自己的要求，便会大失所望，我们通常所说的"希望越大，失望也越大"就是这个道理。

（六）积极心理暗示

所谓心理暗示就是运用内部语言或书面语言的形式来调节自我情绪的方法。暗示对人的情绪有一定的影响和调整作用，既可以缓解紧张情绪，也可以激励自己。积极的心理暗示对学习和生活有积极的动力作用，如始终以成功人士的言行和情绪来暗示自己，就容易使自己不断走向成功。

（七）学会转移

当争执双方怒气冲冲、情绪发作时，要立即主动地（或被动地）离开争执的现场，以利于双方冷静下来，避免情绪继续高涨而引发更强烈的冲突。转移就是转移注意力，当个体出现消极情绪时，通过借助各种有益的形式或方式，如运动、读小说、听音乐、看电视、旅游等，使自己的情绪得以转移、抵消、释放，使情绪逐渐恢复平静；也可参加一些有益的社会活动，在活动中可以使自己忘却烦恼，而且还可以确定自己的价值，获得珍贵的友谊。

（八）常笑，多幽默

有心理学家认为，人不是因为高兴才笑，而是因为笑才高兴；不是因为悲伤而哭，而是因为哭才悲伤。生活中要多笑勿愁，笑一笑十年少，愁一愁白了头；笑还有较好的生理作用，如吸氧量增加，按摩心脏，松弛肌肉，降低基础代谢等。幽默是不良情绪的消毒剂和润滑剂，学会幽默可以减少消极情绪。

（九）补偿和升华

补偿就是当一个人追求的目标（或理想）受挫时，以其他能获得成功的活动或方式来弥补自己的自尊和自信，而自身的情绪不受到影响，即所谓"失之东隅，收之桑榆"。另外，我们要学会适应外部环境，避免不良刺激引起心理冲突，提高心理承受力，自觉运用积极情绪客服消极情绪。升华即把受挫产生的消极情绪引向崇高的境界，化悲痛为力量，把全部身心都投入到伟大和崇高的事业中，如著名文豪歌德在失恋后，把失恋的情绪能量升华到文学写作中，写出了名篇《少年维特之烦恼》。

除了上述方法外，像认知疗法、放松训练、音乐疗法、心理治疗及药物治疗也常常被用来调适情绪。

第四节　不良情绪的表现及调适

大学生的常见情绪障碍主要有焦虑、激动易怒、压抑苦闷、抑郁消沉、虚荣嫉妒。情绪障碍一旦发生，正常的心理和生理活动就会受到影响。了解大学生有哪些消极情绪，掌握如何自我调节不良情绪，对于保持愉快的心境，促进情绪的成熟、稳定，从而形成良好的情绪有着十分重要的意义。

【案例8.3】小李是一名大二女生，自述当自己情绪不好时，不想跟任何人说话，不想做任何事情，就只吃东西。她常常在食堂吃过后，又到超市买一大堆吃的回宿舍继续吃，近乎疯狂，不可理喻。她吃东西的时候也知道不对，但就是无法控制自己，就想不停地吃下去，什么都不用想。但等到胃撑得很满的时候她又很后悔不该这样。吃很多东西又带来很多问题，如花钱太多，自己越来越胖。她不喜欢现在的自己，发誓下次不能再这样吃了，可是下次还是克制不住。她自我感觉生活一团糟，可是还是很难控制住自己的情绪，情绪总是很容易莫名受影响，且波动很大。

一、焦虑

焦虑是当人们在面临威胁或预料到某种不良后果时，产生的一种由紧张、害怕、担忧、焦急混合交织的情绪体验。焦虑是人处于应激状态时的正常反应，适度的焦虑可以唤起人的警觉、集中注意力、激发斗志，是有利的。而过度焦虑使大学生感到紧张害怕、心烦意乱，注意力难以集中，思维迟钝、记忆力减弱，同时常常伴有头痛、心律不齐、失眠、食欲不振及胃肠不适等身体反应。

要减轻或避免焦虑困扰，大学生可从以下三方面进行自我调节：

一是放下包袱、轻松上路。易为焦虑感困扰的大学生，常常在头脑中固守着许多不恰当的观念和想法，而且深信不疑，结果使自己像负重行路一样，疲惫不堪。比如认为自己决不能失败或认为一旦发生了某件事（退学、失恋）就完了等。类似的观念和想法使得他们过分注重事件的成败结果，对可能产生的后果无限夸大，心理压力太重。因此要先丢开或改变这些观念，放下包袱，才能放松心情、轻松上路。

二是当机立断、积极行动。对于正面临选择的大学生来说，解除焦虑感的最好办法是衡量利弊得失后当断则断，不再犹豫。大学生在面临选择和困难时，应勇敢正视、积极行动，并认识到每一种选择都有得有失，在行动中体会战胜自我、克服困难的快乐和自信。

三是动静结合、身心放松。身心放松可以使人心境安宁、平静，排除各种不良情绪的干扰，有助于减轻和消除焦虑感。身心放松有多种方式，大学生可以采用动静结合、一张一弛的办法，即把进行适量的体育锻炼和想象法、音乐法等静态调节方式结合起来，既在运动中释放出紧张的情绪，使人身心舒畅、精神焕发，又通过想象放松、音乐调节平静心情，排除杂念，从而达到解除焦虑、有益身心的目的。

二、激动易怒

愤怒是由于客观事物与主观愿望相违背，或愿望一再受阻、无法实现时产生的激烈情绪反应，程度可以从不满、生气、愠怒、激愤到暴怒，特别是当人们认为他所遭受的挫折是不公正、不合理的，或被恶意造成时，最易产生愤怒情绪。愤怒对人的身心有极为不利的影响，会使人的自制力减弱或丧失，不能正确评价自己行为的意义和后果，做出不理智的冲动行为，如打架斗殴、毁损物品等。

要克服激动易怒的不良情绪，大学生应该做到：

第一，加强修养。大学生应认识到发怒并不能解决任何问题，只会激化矛盾和招来别人的敌意和厌恶，只有加强自身修养，以开阔的胸襟宽容体谅他人，不为小事斤斤计较，才能得到别人的信任、尊重和理解，并建立真诚的友谊。

第二，冷静克制。在与人发生矛盾冲突，即将动怒时，要用理智和意志控制冲动的情绪，尽量缓解或避免怒气发作。这时可以暂时离开使自己动怒的环境，之后可以对问题冷静地商量解决。也可进行自我暗示，如在情绪激动时心中默念："要冷静，别发火"，或在床头壁上贴上"制怒""三思而行"等字条，以时刻提醒自己。

第三，合理疏泄。如果一味克制、压抑而不加以疏泄，同样会不利于身心健康，因此，大学生要学会通过适宜途径合理疏导不良情绪。可以采用与人交谈、写书信、记日记等方式缓解愤怒情绪，还可以在情绪激动时进行剧烈的体育活动或喊叫以宣泄愤怒，但是，无论是哪种方式，都要适时适度，既不能影响他人，也不能损害自身，更不可危害社会。

三、压抑苦闷

压抑是当情绪被过分克制约束，不能适度表达和宣泄时产生的内心体验，它混合着不满、苦闷、烦恼、空虚、困惑、寂寞等诸种情绪。处在压抑、苦闷状态中的大学生常常精神萎靡不振，缺少青年人应有的朝气和活力，对生活失去广泛兴趣，不愿主动与人交往，感觉迟钝、容易疲劳，不满和牢骚较多。长期压抑极易导致心理障碍。

时时感到苦闷压抑的大学生，首先要尽量做到客观理智地分析自己的现状及情绪，找出造成压抑的根本原因。如有的大学生感到压抑是因为在交往中过于注重对方的感觉和需要，以对方为中心，不敢大胆说出自己的不同意见和真实想法，以为这样才能维护友谊，结果自己感到十分压抑，这种情况就要先认识到人际交往是一个相互满足内心需要的过程，既要注意相互谦让，又要注意保持自己的个性，达到互相补充、共同发展，友谊才能历久弥坚。

其次，适当宣泄是减少或消除压抑感的有效途径。当你感到内心压抑苦闷时，不妨向亲朋好友倾吐心中的忧愁和不愉快。也可以以日记、书信的方式来疏散郁闷情绪。坚持进行体育锻炼也是一种行之有效的方法，它可令大学生身体强健、精神饱满、心情愉快、充满朝气，一扫萎靡不振的精神状态。此外，在不影响他人的情况下，适度表达自己的喜怒哀乐，对于消除压抑感也很必要。

四、抑郁消沉

抑郁是一种持续时间较长的低落消沉的情绪体验。处于抑郁状态中的大学生,看到的一切仿佛都笼罩着一层暗淡的灰色,对什么事都提不起兴趣,常常感到精力不足、注意力难集中、思维迟钝,同时伴有痛苦、羞愧、自怨自责、悲伤忧郁的情绪体验,自我评价偏低,对前途悲观失望。长期处在抑郁情绪状态,会使大学生的学习、工作和生活受到极大影响。

被抑郁情绪困扰的大学生可从以下方面入手,进行自我调适:

第一,纠正偏误,端正认识。大学生要找出并纠正自身持有的一些偏见和误识,如"挫折和不幸是不该发生的","我决不能失败"等,要做好承受挫折的心理准备,并把困难和不幸视为生活的磨砺、成长的契机,认识到世上没有绝对化的事物,光明之处必有阴影,要多看光明面,相信自己有能力闯出困境,到达成功的彼岸。

第二,重新评价,悦纳自我。自我评价过低是大学生自卑、消沉的主要原因之一,因此,心境抑郁的大学生需要对自己重新进行评价,不要以己之短比人之长,对于自身的缺点和不足,属于可以改进和完善的,则进一步努力加以改进和完善;而属于不可改变的,如家庭、相貌等,就须坦然接受,然后尽量在其他方面加以弥补。只有正确地进行自我评价,大学生才能实现自我接受和自我悦纳,只有肯定和喜爱自己的人,才会充满热情地拥抱生活。

第三,积极交往,参加活动。良好的人际交往、和谐的人际关系是大学生消除抑郁感的重要途径。大学生要增强交往的主动性,改变孤僻、退缩的行为方式,主动与同学微笑、致意并简短交谈,多关心、帮助他人,积极参加各种文体娱乐活动,在互帮互助、友爱关心中感受友谊的珍贵和生活的美好。

五、虚荣嫉妒

嫉妒是因为自己的社会尊重需要未得到满足而产生的不良情绪,是一种企图缩小和消除与他人的差距,恢复原有平衡关系的消极手段。嫉妒是大学生中普遍存在的不良情绪,表现为看到他人的才华、能力、品行、荣誉甚至相貌、衣着等超过自己时,感到恼怒、痛苦、愤愤不平,当别人遭到不幸和灾难时则幸灾乐祸,言语上讥讽嘲笑、行动上冷淡疏远,甚至在人后恶语诋毁、中伤,蓄意打击报复。严重的嫉妒感是一种极不健康的心态,它使人的心灵扭曲变形,使美好的情感被抹杀,是一种情绪障碍。嫉妒严重危害良好交往。

虚荣心强、好嫉妒的大学生可从以下方面进行自我调适:

第一,贵在自知。俗话说:"人贵有自知之明。"的确,能够清醒、准确地了解自己的人是难能可贵的。大学生对自己也应有一个正确的评价,既要看到自己的优势,也要知道自己的缺点,想事事不落人后、样样不逊于人是不可能的,只有善于吸收别人的长处,克服自己的缺点,扬长避短,充分发挥潜力,才能赢得属于自己的辉煌和成功。

第二,合理转化。嫉妒别人是一种不服输、不甘落后的好胜心的体现,要将消极的嫉妒情绪转化为发奋进取、积极向上的动力。好嫉妒的大学生在羡慕他人的成功、荣誉时,应该对自己说:"他行我也行。"然后发奋努力,逐步缩小差距,化消极情绪为积极动力。

第三,充实生活。大学生应把精力集中在对专业知识、技能的学习上,同时积极参加各类有益身心的活动,如体育比赛、文艺演出、集邮、摄影、旅游、社会实践等;要培养广泛的兴趣,使生活充实愉快,在学习、工作和生活中不断丰富知识、发展能力、完善个性、陶冶情操,就一定能克服嫉妒心理,与同学、朋友携手并进,共同发展。

掌握合理情绪的理论和方法,不仅当我们遇到情绪困扰时可以帮助我们认识和摆脱不良情绪的困扰,更重要的是,它能使我们保持一种客观的认知心态,避免不良情绪的发生。

 知识链接

合理情绪理论——情绪控制与调节的重要方法

合理情绪理论又称为 ABC 理论,是由美国临床心理学家艾里斯提出的。

合理情绪理论认为,对事件正确的认识一般会导致适当的行为和情绪反应,而错误的认知往往是导致不良情绪产生的直接原因。导致人们对事件发生错误的认识的背后,往往是某些不合理的信念,艾里斯称其为非理性观念。非理性观念会使人陷入情绪的逆境中,而不能自拔。如学生提出了"人活着是为了快乐"并没错,但是提出"人怎样才能快乐? 当然就是没有烦恼和痛苦……"这本身就存在着不合理的观念,因为没有痛苦与烦恼并不等于快乐(有的人并不痛苦,但是也不快乐);而且有了痛苦和烦恼,也不能说就一定没有快乐。合理情绪理论认为,改变不合理的观念,建立合理的观念,就会产生积极的情绪反应。该理论通过对引起不良情绪的非理性观念的纠正,达到情绪改善的目的。合理情绪理论的应用有:

第一,将引发不良情绪的事件和认识一一列出。

第二,找出引发不良情绪的非理性观念。有以下几种:

(1) 绝对化。即对什么事物都怀有认为必须或不会发生的信念,这种特征常常表现为日常生活中"应该""必须""一定""绝对"等用语上。具有绝对化非理性观念者,在生活和人际交往中,刻板僵化,总是在苛求完美,很容易陷入不良情绪的困扰。

(2) 过分概括化。即以偏概全的思维方式,在这种非理性特征中,世界上的事物只有两类,要么正确,要么错误。一次的工作失误,就被认为是不可救药了;朋友的一次失约,就被认为是从来就不可信。

(3) 灾难化。常会表现为"一旦出现了……即天就要塌了""再没有比这更可怕的了",等等。例如,有的大学生因一次考试的失利,就认为自己已经彻底失败了。

第三,通过对非理性观念的认识和纠正,找出合理的观念。

第四,通过建立合理的信念,最后达到情绪感受的改变。

(一) 素质拓展

推荐图书:《如何控制自己的情绪》(奇普·康利)

内容简介:本书的作者,一位风光无限的顶级企业家,曾堕入消极情绪的黑暗世界,数年间无法自拔,甚至到了死亡的边缘。后来他发现了情绪方程:"遗憾=失望+责任感""绝望=苦难-意义""焦虑=不确定性×无力感""幸福=想要拥有的÷拥有想要的",等等;创造情绪方程的过程,也是他理顺纠结、重启人生的过程。

（二）活动拓展

情绪大竞猜

1. 活动目的

通过角色扮演，能辨认各种情绪并了解它们发生的原因，知道各种情绪反应对身心行为的影响，并初步学习表达情绪的有效方法。

2. 活动准备

准备好角色扮演用的题目、个案；每小组8人左右。

3. 活动操作

（1）设置情景，轮流抽签进行角色扮演，其他人猜测，将情景与表演对应起来。

① 有人把你的电脑里面比较重要的资料弄没了；

② 不知道自己啥时候得罪了同学，他告诉你晚上会找人一起"给你点颜色瞧瞧"；

③ 当你正在家里看你喜欢的电视节目时，妈妈突然把它调到了别的频道；

④ 你把好朋友送你的一件很重要的纪念品弄丢了；

⑤ 你在公共汽车上被人踩了一脚；

⑥ 同学喊你的绰号；

⑦ 在某次竞赛或考试中你获得了第一。

（2）讨论：

在碰到以上各情景时，你会有何种情绪产生？

① _____ ② _____ ③ _____

④ _____ ⑤ _____ ⑥ _____

⑦ _____

（3）你如果有不适当的情绪反应，会有什么结果（每次思考/讨论一种情绪）？就自己在日常生活中因不适当的情绪反应造成不良后果的情形举例。

因为_____（事件），我_____（如何想的），于是我_____（如何做的），结果_____。

（4）针对自己比较难以应对的情景，请小组成员根据情景设计多种应对方式进行角色扮演。

（5）逐个观看并进行评论，可以参考以下几个问题：

① 面对引起自己消极情绪的事件，思考对该事件的看法，想一想有没有其他的解读呢。

② 对事件的不同的解读带来的感受有什么不同？

③ 在动怒或指责别人之前有没有站在对方的角度去考虑？

④ 如果给情绪表达一个缓冲的时间，是否能够减少人际冲突、提升沟通效益？

⑤ 你觉得引发情绪的主体是_____。

⑥ 该为你自己的情绪负责的人是_____。

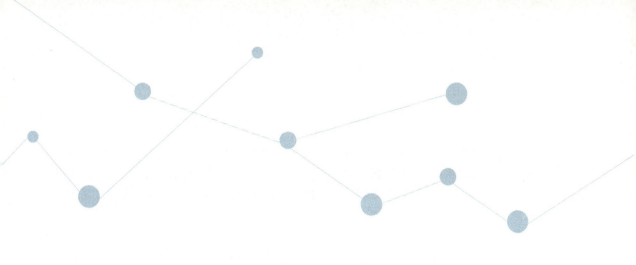

第九章

大学生人际交往

课程导入

> 小谢是一个大二的清秀男生,来自皖南的一个偏远山村,他从小就喜欢与人比赛,凡事喜欢比个高低和输赢,并且很在乎结果和别人的评价。小谢自称性格比较内向,儿时的梦想是走出大山,看看外面的世界,高中的理想是考上一所自己心仪的重点大学。尽管他努力拼搏,但只考上一所高职院校。
>
> 到学校一段时间之后,小谢看到有的同学整天不学习,吃喝玩乐,加上听到考上理想大学的那些高中同学讲述他们学校的故事,他心里非常不是滋味。想想自己家庭贫寒,又没有特别的才能,感觉在很多方面都低人一等。渐渐地,小谢发现自己的生活开始了"三不政策":不抬头说话、不主动社交、不出风头,周末很怕其他大学的同学或老乡前来串门,也从不愿意向别人提起自己是大学生,干什么事都提不起神,计划好的事情就是无法坚持下去,每天都在消磨时间,身心极为疲倦。
>
> "我有前途吗?""我为什么总是处处不如别人呢?""我的未来在哪里?""我该怎么办?"……这些问题总是闪现在小谢的头脑中,后来发展到寝食不安,不想上课,无法集中精力学习,他陷入了深深的绝望之中。

第一节 大学生人际交往概述

人际交往是人健康成长的基本条件。心理学研究表明,人类对爱、关心、尊重等交往性活动的需要,并不亚于对食物、性等生理的需要。如果这类需要不能得到满足,人就会像吃不饱饭而营养失调一样,导致心理上的失调。卡耐基集众多人的成功经验总结道:一个人的成功,15%靠专业知识,85%靠人际交往。由此看来,无论我们乐于交往还是惧怕交往,都不能避开它。对于我们绝大多数人而言,交往的成败在很大程度上决定着我们生活和事业的成败。

大学生们以其敏锐的观察和判断,已深知人际交往的重要性。而且对他们所处的人生阶段来说,交往需要在其心理上占有更为突出的位置。他们渴望爱与被爱,渴望得到他人的尊重,渴望得到社会的承认,渴望有所归属。也正因如此,由交往产生的苦恼和困惑亦显得格外突出,诸如同学间的不和、师生间的分歧或误解,等等。这些问题如果得不到及时解决,便会对学习、生活乃至身心发展造成严重影响。

一、人际关系与人际交往

(一)人际交往的概念

人际交往,就是指人们为了达到相互传达信息、交换意见、表达情感等目的,运用语言、行为等方式实现的沟通,是人类社会活动的主要方式。一个人总是不断地受他人影响并影响他人,人际交往是人与人之间通过一定方式进行接触,人际关系是在交往的基础上形成的人与人之间直接的心理关系。人际交往是人的各种社会关系得以实现和发展的手段，交往是人与人之间所有关系的一种表现方式。因此，交往就必须在各种各样的人际关系下进行，人际交往不仅在人与人关系良好时才能得以进行，即使是在关系不好时也会随时发生。当然，积极的、良好的人际交往，会有助于一个人的身心健康发展；而不良的人际交往，则会妨碍一个人的身心正常发展，甚至导致各种消极的心理后果。

在当代信息社会，伴随着人际交往形式的多样化，人际交往的作用也越来越明显、越来越重要。以现代科学技术为手段的人际交往，正在改变着社会，也改变着每一个人的思想和观念。人际交往也是一个人由无知的孩童转变为合格的社会人的基础。人要适应社会，在社会环境中更好地发展自己，必须主动与人交往。大学生的人际交往有其自身的特点，这是由他们所处的环境特点决定的。大学生的交往对象，主要是同龄人，因而常常出现的是在平等环境下的人际交往；大学生都是处于半独立状态的，因而他们的交往更多的是精神层面的；大学生正处于人生的青春阶段，因而他们的交往常常显得浪漫而不现实；大学生正处在求学阶段，因而他们的交往往往又带有较强的理想色彩。

（二）人际交往的作用

1. 满足个体的心理需要，消除孤独感

人是社会性动物，对孤独有一种本能的恐惧感。人际交往是最基本、最有效地消除孤独感的方法和途径。达尔文认为："独自一人的禁闭是可以施加于一个人的最为严厉的刑罚的一种。"鲁滨孙漂流到荒岛上，只有小动物为伴，土人"礼拜五"的出现，才使其生活丰富多彩。

2. 传递信息，增加个人的知识经验

个人的活动范围总是有限的，因此，所能获取的信息也是有限的。要在一定时间内掌握尽可能多的信息，增加个人的知识经验，方法之一就是开展人际交往。

3. 增进了解，调节情绪

人际交往可以使个体对社会形成较全面的认识，对各种社会现象有较为深刻的理解。当团体成员之间发生矛盾时，人际交往又可以及时地消除误会、沟通思想、调节情绪、缓和矛盾。

4. 促进个人身心健康

人都有群体的需要，通过彼此间的相互交往，诉说各自的喜怒哀乐，找到能彼此体谅的倾听对象，减轻心理压力，增进亲密感和安全感，消除寂寞感；通过交往增进成员之间的思想情感的交流，从中汲取力量。这些都有助于人的身心健康发展。

（三）人际关系的发展

心理学家勒温格等人认为，人际关系的发展有三个阶段，第一是单向注意阶段，双方没有互动。第二是表面接触阶段，双方有初步的、浅层的互动，但是还没有相互卷入，也就是说没有走进彼此的私我领域。一般的泛泛之交就停留在这一阶段。第三是相互卷入阶段，双方向对方开放自我、分享信息和感情，这是情谊发展的阶段。

心理学家阿特曼等人提出了社会渗透理论来解释关系发展的过程。他们认为人际交往主要有两个维度：一是交往的广度即交往或交换的范围；二是交往的深度即交往的亲密水平。关系发展的过程是由较窄范围的表层交往，向较广范围的密切交往发展。人们根据对

交换成本和回报的计算来决定是否增加对关系的投入。阿特曼等人认为,良好人际关系的发展,一般经过四个阶段:定向阶段、情感探索阶段、情感交流阶段、稳定交往阶段。

1. 定向阶段

在人际交往中,人们对交往的对象具有很高的选择性。进入一个交往场合,人们往往会选择性地留意某些人,而对另外一些人视而不见,或者只是礼貌性地打个招呼。对于注意到的对象,人们会进行初步的沟通,如谈谈自己的职业、工作、对最近发生的新闻事件的看法,等等。在这个阶段,人们只是表层地自我表露。

2. 情感探索阶段

假如在定向阶段双方有好感,产生了继续交往的兴趣,那么就可能进一步地自我表露,例如工作中的体验、感受等,并开始探索在哪些方面双方可以进行更深的交往。这时,双方有一定程度的情感卷入,但还不会涉及私密性领域。双方的交往还会受到角色规范、社会礼仪等方面的制约,故比较正式。

3. 情感交流阶段

如果在情感探索阶段双方能够谈得来,建立了基本的信任,就可能发展到情感交流阶段。这时彼此就有比较深的情感卷入,谈论一些相对私人性的问题,例如相互诉说工作、生活中的烦恼,讨论家庭中的情况等。这时,双方的关系已经超越了正式规范的限制,比较放松、比较自由,如果有不同意见也能够坦率相告,没有多少拘束。

4. 稳定交往阶段

情感交流如果能够在一段时间内顺利进行,人们就有可能进入更加密切的阶段,双方成为亲密朋友,可以分享各自的生活空间、情感、财物等,自我表露更深更广,相互关心也更多。一般来说,能够达到这种境界的关系相对较少,这也就是人们常说的"千古知音最难觅"。

还有一些研究讨论了关系退化的原因,综合起来,导致关系的亲密程度减弱的原因主要有:① 空间上的分离,交往的一方迁徙到别的地方,虽然分离的双方可以通过书信、电话、网络等形式保持联系,但是最现代的通信工具也取代不了面对面交往;② 新朋友代替了老朋友;③ 逐渐不喜欢对方行为上或人格上的某些特点,一方面个人的喜好标准可能发生变化,另一方面交往中可能发现对方的一些新特点,而这些特点恰恰是另一方不喜欢的;④ 交换回报水平的变化,即一方没有按照另一方所期望的水平给予回报;⑤ 妒忌或批评;⑥ 对与第三方的关系不能容忍,在亲密关系中,这一点比较突出,因为亲密关系,尤其是异性之间的亲密关系往往有一定程度的排他性;⑦ 泄密,即将两人之间的秘密透露给其他人;⑧ 对方需要时不主动帮忙;⑨ 没表现出信任、积极肯定、情感支持等行为。

自我测试

不再害怕和别人说话

(1) 目的:消除人际交往焦虑。

(2) 时间:80分钟。

(3) 准备:通过校园海报征集愿意提高自己人际交往能力的、具有人际交往焦虑的同学12人,分成4组。

（4）操作：先向每位成员介绍本次活动的整个过程。

① 每个组组内成员之间相互自我介绍，介绍自己的优点和缺点。每位同学认真记清另外两位同学的情况。

② 每位同学向另外两位同学转述自己对另外两位同学的印象和看法。并询问另外两位同学，自己对他们的印象和理解是不是准确。

③ 解散原来的小组，围成一个大圆，鼓励每位同学向其他所有成员介绍自己小组的两位伙伴。

④ 每位同学都谈一下自己刚才在小组里和陌生的两位同学刚认识的时候谈话的感受，是不是紧张焦虑？紧张什么？焦虑什么？担心什么？事实和自己原来的猜测有什么不同？可以先找一个同学带头，也可以由心理咨询师先开头。

⑤ 每位同学谈一件自己人际交往焦虑的具体事情，自己在这件事当中事前的想法，交往过程中遇到的情况以及交往过后自己的想法、情绪，与大家交流，共同讨论应对策略。在这一过程中，心理咨询师要给予正确的指导。

⑥ 谈一谈在这次活动中自己的收获：自己以前对于人际交往所持的观点有哪些不足之处？自己应当怎样改正？

⑦ 布置作业：每天要主动和本班的同学有三次聊天等形式的交往，以书面的形式记下自己在三次交往过程中的感受，并思考怎样纠正自己原来不合理的认知和不恰当的做法。

二、大学生良好人际关系的调整与建立

（一）影响大学生人际关系的原因

1. 社会环境的影响

人类的行为是后天在社会实践中习得的，人们总是不断总结经验、更新知识、改变自己的行为模式与生活方式，使之适应社会发展的要求。人们的社会交往方式自然会受到社会观念的影响。

当今社会处于转型时期，传统中国文化要求学生对权威的服从、崇拜，对集体的义务、奉献，对他人的宽容、忍耐，与今天强调个人价值的自我实现、尊重个人的意志等观念会产生某些冲突。同时，社会上浮躁的虚荣心理、急功近利的短视行为，导致许多人缺乏忍耐性与自我反思、自我修正的精神。

市场经济的开放性、公平性、竞争性等特征必然引起人们观念的变化：金钱观念在强化，竞争观念在强化，平等观念在强化。在市场经济条件下，人际关系被蒙上一层商品的色彩，更看重利益的互惠互补。过去曾是合作的伙伴，今天可能成为竞争的对手，利益成为人际关系的主要纽带。

大学生在人际交往中，其价值取向也明显地受到社会观念变革的影响，如在交友中，重视强强联合或彼此能够相互照应，特别是一些有较好家庭与社会背景的学生，心理上会有一种优越感；相反，一些来自弱势群体家庭的孩子相形见绌，表现出自卑、敏感等人际交往障碍。因此，现在大学生中的盲目攀比现象，可以说是一种在人际交往中强烈要显示自尊的心理体现。

2. 家庭教育的影响

由于家长的教育素养参差不齐，在早期家庭教育观念上差异较大。每个人的人际交往模式又与儿时在家庭中父母的教养态度、教养方式及父母为人处世的态度有直接的联系。因此，大学生的人际交往观念、能力和技巧也存在很大的差异。传统的家庭教育中，大多数人信奉"棍棒底下出孝子"，因此，最理想的家庭教育模式是"严父慈母"。许多成长在改革开放以前的人都会感受到，那个年代很少有娇惯孩子的父母，孩子的自立能力都较强，但在内心也不可避免地留下一些创伤。

当代大学生多为独生子女，生长在经济快速发展时期，父母大都具有"再苦不能苦孩子"的意识，在孩子成长方面，父母关注得较多。因此，孩子在与父母和他人交往中出现了一些新的特点。现在许多孩子以自我为中心、娇惯任性、很难接受别人的批评和建议，这与家长的教育方式有直接的关系。

3. 学校教育的影响

当代教育改革不断深入，强调以人为本，尊重学生的意愿、人格、价值和尊严。传统的教育方式面临着严峻的挑战，而新教育理念的落实还需要一个循序渐进的过程。因此，在新旧观念冲突的时刻，教师也感到前所未有的压力，甚至有的教师出现"现在的学生都怎么了？"的困惑。

过去的学生"听话"，循规蹈矩，没有太多的个性，特别是学生都很尊敬老师，做教师的也感到很有成就感。但现在有的学生不尊重教师，学习冷淡，有自己鲜明的个性，"难管难教"。这与社会在快速发展，但教师的教育观念和各方面素质提升较慢有很大的关系。如果教师还用传统的教育观念和管理方式来约束现在的学生，就会出现许多对立的情况。由于学生不满意教师的教育方式，在课堂上，学生直接向教师发难的事情时有发生；由于个别教师缺乏威信，学生不尊重教师的现象也经常会见到。如果教育者不能正确引导，很容易导致师生关系的紧张，进一步影响学生对社会的认知和理解，从而形成不正确的交往方式。

4. 学生个人的经验背景

大学生离家住校，与同学一同学习、一起生活，彼此间的影响也是持久的。由于同学间个人的家庭背景、经济条件、社会地位、个人素质的差异，在人际交往中就会出现不同的交往方式。但同学间能否以正确的心态去面对与他人的交往，能否理解、体谅和宽容他人，将会成为影响同学间交往的最重要因素。

正是由于那么多与众不同的成长经历才造就出每个人独特的个性，也造就出多姿多彩的人生。

（二）学会心理换位、反思自己的认知是否存在偏差

在生活中，由于我们总是从自己的角度去思考问题，出现矛盾后又往往只从外部找原因，致使我们在人际交往中易"以自我为中心"。青年往往较少考虑别人的感受。对青年而言，这也并不是缺点，因为人都要经历以自我为中心的过程，然后才慢慢学会和别人合作。我们要承认别人是有缺点的，但是自己也有缺点，而且自己也应该学会宽容别人。用"我行，你也行"的人生态度，肯定自己，也肯定他人。持这种态度的人，能充分体会到自己拥有一种强大的理性能力，对生活的价值也有恰当的理解。他们能客观地悦纳自己与他人，正视现实，善于发现自己、他人和世界的光明面，并努力去改变他们能改变的事物。

顺利地获得"我行,你也行"的见解,这是一种成人式的生活态度,这是宽容精神和乐于接受的表现,既宽容接受自己的弱点,也宽容接受别人的弱点,只有这样,才能既尊重别人,也尊重自己。

(三) 培养交往能力

人际交往能力是在学习和生活中与他人在思想、行动上的沟通与协调能力,包括四个方面:认知能力、表达能力、协调能力和反思能力。

1. 认知能力

认知能力是指学生对自己所处的人际环境有一定的认知,并能使自己在行为上较快地融入人际环境的能力。这里的认知包括对社会情境、人际关系、个体的人格特征等的认知。

2. 表达能力

表达能力是指学生在人际沟通过程中恰当地表达信息、传播信息、增进沟通的能力。不恰当的表达不但不能清晰、准确地传达自己的思想、意图,而且还会引起别人的误解,影响正常的人际交往。

3. 协调能力

协调能力是指学生根据交往情境和交往对象的变化,能够适时地调整自己的交往方式、交往策略的能力。

4. 反思能力

反思能力是指学生通过分析自己在人际交往过程中的表现,找出自己行为方式中的缺点,借以提高自我的能力。

人际交往能力的四个方面密切联系、协调发展。任何一个方面能力过低,都可能会导致大学生人际关系失衡和社会适应不良。

有些大学生因不善于与人交往进而形成较严重的心理问题,影响了他们的学习和生活。例如,有一位男生入学以来就表现出较强的上进心,总想找机会、创造条件以施展自己的才华,为此他花费了很多心血。在学生社团组织的活动中,他由于缺乏良好的人际交往能力,与各方面沟通都出现了障碍。有人觉得他说话没有原则,有人认为他不知天高地厚,也有人认为他名利思想太重。尽管他的行为没有伤害他人,但由于其做法不被周围人接受,原先比较赏识他的人也渐渐疏远他,他自己也觉得很苦恼,觉得人们不理解他、嫉妒他,而且周围人的不理解更加重了他的孤立独行的心理。究其原因是他的交往方式和策略使用不当,处处总要显示自己的与众不同,并想在自己的号召下,别人都积极响应。这位同学在交往过程中认知能力、协调能力欠缺,不能根据具体环境的变化调整自己的行为方式,进而影响了人际交往的效果。

 自我测试

交往形象训练

(1) 目的:通过训练,提高自己对人际交往形象的认识。
(2) 具体操作:

① 将相熟的人分成4—5人的小组,发给每人若干张白纸。
② 每人先用一些时间思考自己人际交往的心理特点,写在第一张纸上,如"随和""宽容"等。
③ 请思考同学眼中的你,他们会选用人际交往的哪些词来形容你,写在第二张纸上。
④ 再思考师长眼中的你,他们会选用哪些词来描述你与人相处的特点,写在第三张纸上。
⑤ 在小组讨论中,可把大家的描述放在一起(都不写自己的姓名),每人轮流抽出一张来读,请大家猜猜写的是谁,像不像,像在什么地方,哪里不像。
⑥ 对自己不满意的人际交往形象,请组员帮助看看如何克服。对写得较准确的人,组员认同率高的如三张纸上的内容组员都猜中是谁的,要给予鼓励并请他谈谈自己此时此刻的感受。

第二节 大学生人际交往特点与发展

对于新入学的大学生来说,大学校园是一个全新的生活环境。远离了父母和昔日的师长同学来到一个完全陌生的生活环境,这使他们既怀念昔日的亲情、友情,又渴望新的友谊。这种特殊的生活环境增加了大学生对人际交往的需求。

一、大学生人际交往的基本特点

大学生年龄一般在十八九岁至二十三四岁,属于青年中期。他们的交往是一种独立的交往,是一种面向社会的交往。他们模仿成人的交往,按照他们认同的成人交往方式来组织自己的交往,并在模仿过程中形成一种更具自己特色的方式。从总体上来说,当前大学生的人际交往呈现出以下主要特点:

(一)交往需求的迫切性与交往行为的被动性

在中学阶段,学生的注意力主要集中在学习上,很少有时间和精力进行人际交往。进入大学以后没有了升学的压力,时间相对充裕,加之大学生思想活跃、精力充沛、兴趣广泛、活泼好动,人际交往需求非常迫切,他们力图通过交往去拓宽视野,获得同伴的认可、接受、尊重和信任。所以,大学生表现出比以往更加强烈的交往愿望。在实际交往中,不少大学生较为被动,他们或是缺乏人际交往的技巧,或是表现出独生子女的以自我为中心,性格怪僻,表现为交往被动,不敢与人交往,不敢加入学生社团等。

(二)交往内容的情感性与交往动机的现实性

大学生普遍希望通过交往获得友谊。对友谊的珍惜与渴求以及青年人情感丰富的心理特点,使大学生在人际交往中十分注重感情的交流,讲究情投意合和心灵深处的共鸣。但是面对评奖、就业等压力,迫于社会现实,为了毕业后找工作或有利于将来事业的发展,他们也会进行一些功利性的交往,从而表现出交往的现实性。

（三）交往范围的扩大性与交往途径的广泛性

随着现代社会越来越开放，时代对大学生的要求越来越高，大学生的交往范围由班级到宿舍发展到其他班、系、院校，交往对象也由同班同学发展到其他院系同学，由老师发展到社会各类人员，交往范围不断扩大。同时，现代通信设备的飞速发展使得微信、QQ、手机短信等成为大学生交往的新型互动工具。交往途径的广泛性使大学生的人际交往更便捷，扩大了交往范围。

（四）异性交往的强烈性与交往行为的开放性

随着性生理和性心理的逐渐成熟，大学生对于爱情的渴望与日俱增，有着强烈的与异性交往的愿望。一方面，大学生对校园里的异性交往持默认态度，但往往由于交往经验不足，且对恋爱婚姻问题认识不够深刻，仅凭一时感情冲动导致异性交往失败，甚至交往双方彼此伤害。另一方面，受时代风气的耳濡目染，大学生异性交往行为愈来愈开放，出双入对，花前月下，有些大学生甚至同居、婚前怀孕、堕胎等，使大学生尤其是女大学生的身心受到极大的伤害。

二、大学生人际交往的主要类型

人际关系是错综复杂的，有个体与个体之间的关系，如同学关系、恋人关系等；有个人与群体之间的关系，如个人与家庭、个人与群体的关系；有群体与群体之间的关系，如班级之间的关系等。从社会学的角度分，人际关系又分为血缘关系、地缘关系和业缘关系等。对于大学生来说，人际交往主要有以下几种：

（一）与老师的交往

相对中学阶段比较密切、严肃的师生关系，大学里师生关系相对松散、活泼。大学生接触最多的是自己的辅导员。他们与学生的关系平等，会像朋友一样与学生交流思想，促膝谈心，并参与班级组织的各项文体活动。任课教师面对不同班级的学生，数量多，时间短，流动性大，一般情况下，这些任课教师上课来下课走，接触机会相对较少，只在其授课时间与学生接触，切磋学问，探讨问题，因而一般是单纯的教学关系。此外，大学生自主意识增强，对教师的授课质量有更高的希望和要求，经常会对教师的教学内容、方法、工作态度进行评价，更愿意与学术水平高、教学态度好的老师接触，由衷地敬佩甚至崇拜这些老师。

管理育人的行政人员、服务育人的学校职工等也是大学生经常要面对的人际交往对象，比如宿舍、食堂、图书馆的管理人员等。与师生关系不同，这些交往的顺利进行，必须建立在自觉遵守相应的规章制度的基础上，否则大学生的行为就会受到批评和制约。

（二）与同学的交往

大学班集体由不同地域背景和生活习惯的大学生组成，同学间的交往情况发生了重要的变化。一方面，入学初期大多数学生社会阅历浅，思想单纯，相互之间能够自然地产生淳朴的"同窗"情谊，形成友好的同学关系。另一方面，随着相互交往和了解的深入，不同的地域出身、家庭背景、个性特点、生活习惯甚至不同的方言都有可能成为继续交往的障碍。而大学生在学习、课余活动等方面的激烈竞争中,往往夹杂着利益冲突,容易对相互间的正常交往造成伤害,有些人因此开始逃避与周围同学的交往。但是大学生远离了家人的呵护,独立地生活,许多人际交往不再是可有可无的,不可以再任性、随意,特别是同宿舍的同学朝夕相处,低头不见抬头见,大家必须遵守共同的规则,必须学会彼此尊重、宽容忍让,与性格不同、生活习惯不同的人友好共处,否则必然会感到孤独,感到同学间没有友情,使自己的大学生活备受煎熬。

在大学校园里,很多新生都热衷于找老乡,与居住地相同或相近的老乡进行交往成为大学生交往不可或缺的一个方面。共同的乡音俚语、饮食习惯,很容易使不同专业、不同年级甚至不同学校的大学生们联系起来,大家一起交流大学生活经验,减轻心理震荡,获得情感共鸣,摆脱暂时的孤独和对家乡的思念。但只热衷于老乡关系是有失偏颇的交往方式。因为人际交往是复杂的,形式可以多种多样,唯此才能有利于自身的成长。因此,大学生需要与老乡交往,但不能局限于与老乡的交往,否则就会造成一定程度的封闭,减少与其他人的交流。

心理故事

宿舍那点事

女生307宿舍有4名成员:小周、小张、小吕和小邵。小周的这3位室友各有特点:小张才貌双全,骨子里的优越感无形中与人拉开了距离;小吕沉静大气,爱好文学艺术;小邵性格直率,为人热情。开学初话剧社要招新,小周、小张、小吕、小邵都报名了。面试的内容是即兴表演一部电影的桥段。小周因为精彩的表演,当场被录取;小吕因为出色的文笔被选到编剧部。话剧社因录取名额有限,只能在小张和小邵中选一位留下,所以又给她们出了一道面试题目:陈述我入话剧社的优势。可是,面试结果出人意料,自以为成功在握的小张竟然落选了。每次小周、小吕和小邵在宿舍谈论话剧社的事情时,小张的脸色都不太好看,因此她们三人形成了一种默契,只要有小张在场,她们就不谈论话剧社的话题。有一天小张从外面回来,快走到门口时听见小周、小吕和小邵聊得很热闹,可是自己推门进去后,她们的谈话却戛然而止,好像有意回避自己似的,小张顿时感到自己和她们有了很深的隔阂。从此,小张早出晚归,尽量少在宿舍待。慢慢地,小张成了大家最熟悉的"陌生人"。这一天小张在图书馆上网,无意中进入"人际交往"主题的百度贴吧,看到了这样一篇求助帖——《换还是不换?》引发了她对于自己的思考。

换还是不换?

我想也许我是那种天生就不合群的人,不知道该如何与他人相处,因此朋友很少。进入大学我决定要改变这种状况,我曾经很努力地融入大家。开始我觉得朋友就是要互相信任,因此我什么话都和室友分享,什么事情都和大家一起去做。可是渐渐地我发现大家和我疏远了,她们有事也不叫上我,既然这样我也尽量躲着大家吧。宿舍其他人总是成群结队地一起上课、逛街,而我总是形单影只。想到这些我心里有些沮丧,虽然我不喜欢热闹,但我也害怕孤单。我很想换宿舍。我担心的问题有:① 如果新宿舍的人不欢迎我,我可能还是会被孤立;② 如果我搬过去了,那将会和现在宿舍的人彻底不和;③ 如果发生前面两种情况,那我会非常尴尬难堪,被现在宿舍的人笑话。我好怕,现在才大一,后面还有几年的大学生活。我该怎么办呢?

1. 如果这件事发生在你身上,你会怎么办?
2. 你会如何安慰劝导小张?

(三) 与父母的交往

大多数大学生觉得自己长大了,会有意识地、积极地调整心态以适应新的环境。他们能体谅父母对自己思念的心情,因此他们会通过电话及时、主动地向父母汇报自己的学习生活等情况,和父母加强思想感情的交流。有的同学因家境困难很体谅父母的辛苦,进入大学就开始勤工俭学,经济上逐步独立,不仅减轻了家里的负担,甚至有时还能给家里一定的帮助。他们让父母欣慰地感觉到孩子真的长大了、懂事了。有些平时对父母依赖性很强的学生会非常想家想父母,电话天天打,而且经常抽空或逃课回家,甚至有的要退学回家。这类大学生像长不大的孩子,他们的情绪常常会影响父母,只能让父母牵肠挂肚,放心不下。比如有的高校就出现了家长申请到校陪读,或者在校外给孩子租房子雇保姆的事例。

也有少数学生则完全相反,他们自认为是"象牙塔"里的"天之骄子"。随着知识的增加,和父母越来越没有共同语言,因而不再经常与父母联系,更不用说进行感情沟通了,只有缺钱了才想起父母。大学生究竟应该如何与自己的父母保持感情的沟通和联系,值得每一位同学认真思索。

情景表演

小曦回家的路上遇到了小偷,追小偷的过程中不小心扭伤了脚,这时正巧遇到她的同学李桐,李桐不仅帮小曦抓到了小偷,还陪她去医院做了检查,之后李桐将小曦送回家。当他们到达小曦家的时候已经是晚上10点多了,小曦很感激李桐,邀请他进来坐坐,但李桐说:"很晚了,我不进去了,你早点儿休息吧!"然后转身离开。这时,小曦一进家门……

情景一:

妈妈:你到哪里去了?都这么晚了,你还知道回来啊?你一个女孩子,知不知道这么晚回来很危险?

小曦:有你这样当妈的吗?我回来晚了你也不问问为什么,不分青红皂白就知道吼。

妈妈:我吼?我吼还是轻的呢,你能有什么原因?刚才是一个男同学送你回来的吧?这么晚不回家,你跟他干什么去了?你和他是什么关系?

小曦:男孩子送我回来怎么啦?我就不能有异性朋友啦?送我回家就一定有什么吗?就算有男孩子追我又怎么啦?我的事情不用你管。小曦一瘸一拐地走进了房间,"砰"的一声将房门关上。

情景二:

妈妈:你到哪里去了?都这么晚了,你还知道回来啊?你一个女孩子,知不知道这么晚回来很危险?

小曦:能让我有个解释的机会吗?

妈妈:你有什么理由?说来听听吧。

小曦:今天真是倒霉,我回家的路上碰到一个小偷抢了我的包,我追小偷的时候不小心扭到了脚,不过幸亏遇到了我班的同学李桐,他不但抓到了小偷,还把我送到医院,又是拍片子，又是拿药，这么晚了还把我送回来。我想给你和爸爸打个电话，但是手机没电了，害你们担心，我真的感到很抱歉。

妈妈：你的脚受伤了？快让妈妈看看。

小曦：没什么大事，在医院拍了片子，医生说就是扭了一下，休息几天就好了，你别担心。

妈妈：我说刚才怎么看见一个男孩儿送你回来呢，这孩子倒还是个热心肠，真不错。

小曦：妈妈，我知道你担心我的安全，因为我是女孩子，你怕我交了男朋友，这么晚回家怕我会吃亏，我现在长大了，交朋友会有分寸，我知道什么该做，什么不该做，也会保护好自己，你放心吧。

妈妈：嗯，你这么说妈妈就放心了，赶紧去擦洗一下，吃点东西吧，改天让李桐来咱们家玩吧，妈妈得谢谢他。

【解析】 从我们出生那天开始，我们就成为父母一生的牵挂。尽管他们表达的方式不同，但是每一位父母都是深爱自己的孩子的。由于角色不同，思考问题的角度不同，我们和父母的沟通常常会出现障碍。也许很多同学会责怪父母不理解他们，会抱怨父母的唠叨和管教，但是不要怀疑父母对我们的爱。我们要学会接纳父母的不完美，尝试体谅父母的心情，换一种方式积极与父母交流、沟通。

（四）社会交往

大学阶段，对大学生的人际沟通能力有了更高的要求。就业压力日益增大，大学生们要想在激烈的竞争中脱颖而出，找到理想的工作，较强的社会交往能力是必不可少的条件。扩大社会交往的方式多种多样，如加入学生社团、参加社会公益活动、勤工助学等积极健康的社会实践活动，这是扩大社会交往面的一个必不可少的途径。

通过各种社会实践活动，大学生们既可以增加对社会的了解，也可以扩大社会交往的范围，还能够提高自己独立谋生的本领。但需要注意的是，在如何对待社会交往的问题上应注意避免两种倾向：一种是社会交往活动太多，对象太杂，频率太高，认为"多一个朋友多一条路""关系也是生产力"，抱着这样的心态盲目交往，结果可能是毫无选择的社会交往严重影响学习，甚至使自己染上不良嗜好。另一种是社会活动、社会交往过少，"两耳不闻窗外事"，只管埋头读书，注重了书本知识的积累，却忽视了实践能力的培养。

现代大学生要善于在各种社会交往中培养自己的亲和力，掌握与不同类型、不同层次的人交往的技巧、方法，为自己营造一个和谐的人际环境；同时，社会毕竟是复杂的，思想单纯、阅历不深的大学生们要有自我保护意识，谨慎交往，以免上当受骗。

（五）网络交往

网络拓展了人类交往的空间，网络交往已经成为一种重要的新型人际交往方式，人们可以在网络虚拟空间中聊天、交友、游戏等。

一般来说，网络人际交往对大学生来说具有双重效应：一方面是积极影响，有的大学生通过网络交往结交了许多朋友，获取了很多有价值的信息，开拓了思路，使自己受益匪浅。另一方面是消极影响，有的大学生患上了网络人际依赖症，他们将虚拟当作了现实，过度热衷于网络交往，过分迷恋在网络上产生的友谊或爱情，并幻想用这些虚拟的人际关系取代现实的人际关系。他们与周围的人没有共同语言，缺乏社会沟通和人际交流，出现孤独不安、情绪低落、思维迟钝、自我评价降低等症状，症状严重的甚至出现自杀意念和行为。还有的大学生在进行网络交往时受到不良影响,在网络空间里肆无忌惮地放纵自己的思想、言语和行为,全然丧失了道德良知,责任意识淡薄。

为了消除网络交往的消极影响,同学们要学会充分利用网络为自己的学习、工作和生活服务,不在网络上无谓地消磨时光。只有"进得去,出得来"才能使虚拟社会与真实社会相互补充,相得益彰,才能在虚拟社会与真实社会中健康成长。同时,要具备必要的网络伦理知识,培养道德自律意识,正确把握网络人际交往。

在五种不同的交往中,情是相牵、相连、维系始终的东西。与父母的交往,你得到和感受的是绵延不断的亲情。与老师、同学及社会方方面面的交往,你寻觅和向往的是友情。你不但领受着亲情、友情、爱情,同时你还要真心付出亲情、友情、爱情。亲情是桨,友情是帆,爱情是水。三者功能各异,感觉不同。所以有人说:"在一生中,只有体验了亲情的深度,领略了友情的广度,拥有了爱情的纯度,这样的人生才称得上是名副其实的人生。"

【案例9.1】已经大三的小周因为在学业上受了挫折,变得很内向,再也无法融入同学中,于是一天到晚地上网。身边人劝他时,他有自己的上网理由:"我喜欢泡在网上,因为在网上可以给我更好的感觉,没有人看不起我。我在网上交了许多朋友,有的朋友甚至会打电话来称赞我,说我有个性,说我幽默。在网络上我似乎找到了我要找的东西。"他也有上网的困扰:"我不知道网络对人格发展究竟有没有影响。在网络上,一方面一个人的性格可以得到极度的张扬;另一方面,一个人很多时候表现出来的又不是现实生活中真实自我的性格。我也担心自己会更加脱离现实。"

如同案例中的小周,很多在现实交往中受挫的大学生会转向网络寻求心灵的安慰。网络以其匿名性、隐蔽性、便捷性为大学生孤独的心灵搭建了通往外界的桥梁,拓展了他们与世界的联系。然而网络交往并不能取代现实交往,如果一个在网络中如鱼得水的人在现实中却寸步难行,恐怕这个人无法适应社会。

在人际交往的实践活动中,人们都存在不同程度的恐惧心理,只是每个人的反应程度不同。有一部分大学生在这方面反应特别强烈,由于害羞、自卑等心理的作用,在与人交往时显得特别紧张,例如会心跳气喘、面红耳赤,两眼不敢正视对方,交谈时显得语无伦次、词不达意。这些大学生尤其在人多的场合或者在集体活动中更感到恐惧,不敢和人打交道,不敢表现自己,严重的会患上社交恐惧症。

三、大学生人际交往的心理发展

心理健康的人会心胸豁达、情绪稳定,对同学和朋友热情、体贴,乐于助人。因此,能够建立起良好的人际关系,能够把自己的力量融入集体的力量之中,团结合作,从而取得成功。心理健康的人在人际交往中表现在以下五个方面:

(一)能客观地了解他人和悦纳自己

心理健康的人不会以表面印象来评价他人,不将自己的好恶强加于人,而是客观、公正地了解和评价他人。同时,不片面地与他人进行简单的对比,能接纳自己在人际交往中的表现。

（二）了解彼此的权利和义务，关心他人的需要

心理健康的学生既重视对方的要求，又能适当满足自己的需要。心理健康的学生知道只有尊重和关心别人，才能得到回报。良好的人际关系只有在相互信任、尊重和关心中才能获得发展。这就是"君子贵人而贱己，先人而后己"的道理。

（三）诚心地赞美和善意地批评

心理健康的学生不是虚伪地恭维别人，而是诚心诚意地称赞别人的优点。对于对方的缺点也不迁就，而是以合理的方式加以批评，并帮助其改正。

（四）积极地沟通

心理健康的学生对沟通采取积极主动的态度，在沟通中明确地表达自己的想法，并认真听取别人的意见。他们沟通的方式是直接的，在积极的沟通中增进人与人之间的感情和友谊，而不含糊其辞。

（五）保持自身人格的完整性

心理健康的学生能与人和谐相处，亲密合作，但不放弃自己的原则和人格，即在保持个性和差异的前提下亲密合作。

自我测试

人际关系综合诊断量表

这是一份人际关系行为困扰的诊断量表，共28个问题，每个问题做"是"（画√）或"非"（画×）两种回答，请根据自己的实际情况如实回答。注意：答案没有对错之分。

(1) 关于自己的烦恼有口难言。
(2) 和陌生人见面感觉不自然。
(3) 过分地羡慕和妒忌别人。
(4) 与异性交往太少。
(5) 对连续不断地会谈感到困难。
(6) 在社交场合，感到紧张。
(7) 时常伤害别人。
(8) 与异性来往感觉不自然。
(9) 与一大群朋友在一起，常感到孤寂或失落。
(10) 极易受窘。
(11) 与别人不能和睦相处。
(12) 不知道与异性相处如何适可而止。
(13) 当不熟悉的人对自己倾诉他的生平遭遇以求同情时，自己常感到不自在。
(14) 担心别人对自己有什么坏印象。
(15) 总是尽力使别人赏识自己。

(16) 暗自思慕异性。
(17) 时常避免表达自己的感受。
(18) 对自己的仪表(容貌)缺乏信心。
(19) 讨厌某人或被某人讨厌。
(20) 瞧不起异性。
(21) 不能专注地倾听。
(22) 自己的烦恼无人可倾诉。
(23) 受别人排斥与冷漠。
(24) 被异性瞧不起。
(25) 不能广泛地听取各种各样的意见、看法。
(26) 自己常因受伤害而暗自伤心。
(27) 常被别人谈论、愚弄。
(28) 与异性交往不知如何更好相处。

【记分表与评分标准】画"√"的给1分,画"×"的给0分。把每题得分按表9.1题号相加。再算出各栏的总分,并计算总得分。

表9.1 得分表

Ⅰ	题目	1	5	9	13	17	21	25	总分
	得分								
Ⅱ	题目	2	6	10	14	18	22	26	总分
	得分								
Ⅲ	题目	3	7	11	15	19	23	27	总分
	得分								
Ⅳ	题目	4	8	12	16	20	24	28	总分
	得分								

(1) 总分为0—8分,说明你在与朋友相处上的困扰较少。你善于交际,愿意和朋友们在一起,他们也都喜欢你,你们相处得很愉快。你不存在或较少存在交友方面的困扰,人缘很好,能获得许多的好感与赞同。

(2) 总分为9—14分,说明你与朋友相处存在一定程度的困扰。你和朋友的关系并不牢固,时好时坏,经常处在一种起伏波动之中。

(3) 总分为15—28分,说明你在与朋友相处上的困扰较严重;分数超过20分,表明你的人际关系困扰程度很严重。你可能不善于交际,也可能是一个性格内向或者有一定的人际交往障碍的人。

以上是从总体上评述你的人际关系。下面将根据你在每一横栏上的小计分数,具体指出你与朋友相处的困扰行为及可资参考的纠正方法。

(1) 记分表中Ⅰ横栏上的小计分数表明你在交谈方面的行为困扰程度。如果你的得分在6分以上,说明你不善于交谈,只有在极需要的情况下你才同别人交谈,你总难于表达自己的感受,往往也无法专心听别人说话或只对单独的话题感兴趣。

如果得分为3—5分,说明你的交谈能力一般。你会诉说自己的感受,但不能讲得条理清晰;你努力使自己成为一个好的倾听者,但是做得还不够。如果你与对方不太熟悉,开始时你往往表现得拘谨与沉默,不大愿意跟对方交谈。经过一段时间的接触与锻炼,你可能主动与别人交谈,此时表明你的谈话能力已经大为改观,在这方面的困扰也会逐渐消除。

如果你的得分为0—2分,说明你有较高的交谈能力和技巧,善于利用恰当的谈话方式交流思想感情,因此在与别人建立友情方面,你往往比别人获得更多的成功。这些优势不仅为你的学习与生活创造了良好的心境,而且常常有助于你成为伙伴中的领袖人物。

(2) 记分表中Ⅱ横栏上的小计分数表示你在交际方面的行为困扰程度。如果你的得分在6分以上,表明你在社交活动方面存在着较大的行为困扰。比如,在正常集体活动与社交场合,你比大多数伙伴更为拘谨;在有陌生人或老师存在的场合,你往往因为感到更加紧张而扰乱你的思绪;你往往过多地考虑自己的形象而使自己处于越被动越孤独的境地。总之,交际与交友方面的严重困扰,使你陷入"感情危机"和孤独困窘的状态。

如果你的得分为3—5分,则往往表明你在被动寻找被人喜欢的突破口。你不喜欢独自一个人待着,你需要与朋友在一起,但你又不太善于创造条件并积极、主动地寻找知心朋友,而且你心有余悸,生怕主动行为后的"冷"体验。

如果得分低于3分,则表明你对人较为真诚和热情。总之,你的人际关系较和谐,在这些问题上,你不存在较明显的持久的行为困扰。

(3) 记分表中Ⅲ横栏的小计分数表示你在待人接物方面的行为困扰程度。如果你的得分在6分以上,表明你缺乏待人接物的机智与技巧。在实际的人际关系中,你也许常有意无意地伤害别人,或者你过分地羡慕别人以致在内心妒忌别人。因此,别人回报你的可能是冷漠、排斥甚至愚弄。

如果你的得分为3—5分,表明你在待人接物方面较为灵活。对待不同的人,你有不同的态度,而不同的人对你也有不同的评价。你讨厌某人或被某人所讨厌,但你却极喜欢另一个人或被另一个人所喜欢。你的朋友关系在某方面是和谐的、良好的,在某些方面却是紧张的、恶劣的。因此,你的情绪很不稳定,内心极不平衡,常常处于矛盾状态中。

如果你的得分为0—2分,表明你较尊重别人,敢于承担责任,对环境的适应性强,你常常以你的真诚、宽容、责任心强等个性获得众多的好感与赞同。

(4) 记分表中Ⅳ横栏的小计分数表示你跟异性朋友交往的困扰程度。如果你的得分在5分以上,说明你在与异性交往的过程中存在较为严重的困扰。也许你存在着过分的思慕异性或对异性持有偏见。这两种态度都有它的片面之处。也许是你不知如何把握好与异性同学交往的分寸而陷入困扰之中。

如果你的得分为3—4分,表明你与异性同学交往的行为困扰程度一般,可能会觉得与异性同学交往是一件愉快的事,有时又会认为这种交往似乎是一种负担,你不懂得如何与异性交往最适宜。

如果你的得分为0—2分,表明你懂得如何正确处理与异性朋友之间的关系。对异性同学持公正的态度,能大大方方地与他们交往,并且在与异性交往中得到了许多从同性朋友那里不能得到的东西,增加了对异性的了解,也丰富了自己的个性。你可能是一个较受欢迎的人,无论是同学还是异性朋友,多数人都较喜欢你和欣赏你。

第三节　大学生人际交往原则及技巧

人际交往不仅是一门科学，也是一门艺术。一个想在未来社会获得成功的大学生，人际交往能力是一项必不可少的技能。要获得成功交往的技能不仅要求大学生要有较全面的学识及才能，积极培养健康的人格，更需要大学生能把握关于人际交往的基本原则和交往技巧。

一、大学生人际交往的原则

人际交往的复杂性使交往者在交往中有可能出现不正常的需要和越轨行为。因此，人际关系的发展要有一个社会准则，这就是法制纪律和伦理道德。只有把这两者作为人际交往的界定线，才能使人际关系健康发展。

（一）守法有德原则

在我国社会主义制度下，人际交往双方的一切交往活动首先必须是合法的，是对他人和社会无害无损的。处理人际关系首先要考虑自己与交往者相互的交往是否有益于社会，有益于他人。一切有利于工作和事业发展的人际关系就应该尽可能地建立和发展在生活领域中，有助于培养、提高人们的生活情趣，提高生活质量，有助于家庭和睦、社会稳定的人际关系也应积极建立和发展。在学习过程中，一切有益于交流思想、探讨问题、相互启发、获得知识的人际关系都应努力去建立和发展。

伦理道德是发展人际关系的重要行为准则。它的直接作用对象就是人们的社会交往，对人际关系起直接的指导和约束作用。人际关系的产生、巩固和发展都在一定程度上依赖、决定于人们的伦理道德观。交往者在交往中，必须考虑一切行为是否符合社会主义道德标准，考虑人际关系的发展方向是否符合道德规范。

（二）真诚与信任原则

真诚是做人之本，是人际交往最有价值、最重要的基本原则。真即出自本心，诚则忠于本质。大学生在交往中要坚持言行一致、表里如一才能赢得他人的信任。坚持真诚与信任的原则，可以从以下几个方面体现：

1. 真诚不欺、信守诺言

对事、对人实事求是，对朋友的不足能诚恳批评，对不同的观点能直陈己见而不是口是心非，既不当面奉承人，也不在背后诽谤人。只有以诚相待，才能使交往双方建立信任感，并结成深厚的友谊。

2. 相互帮助、委以"重任"

真诚必须做到热情关心、真心帮助他人而不求回报，同时当别人要委托你办事时，则应尽力完成，如果确实力不从心，也要尽己所能，说明不能完成的理由，并向对方表示歉意。

（三）尊重他人与平等交往的原则

每个人都有自己的人格尊严，并期望在各种场合中得到尊重。尊重能够引发人的信任、坦诚等情感，缩短交往的心理距离。一般来说，大学生的自尊心都较强，因此在人际交往中尤其要注意尊重的原则，不损伤他人的名誉和人格，承认或肯定他人的能力与成绩，否则易导致人际关系的紧张和冲突。

坚持尊重的原则，应注意在态度上和人格上尊重他人、平等待人，讲究语言文明、礼貌待人，不开恶作剧式的玩笑，不乱给同学取绰号，尊重同学的生活习惯。

平等，主要指交往双方态度上的平等，我们每个人都有自己独立的人格、做人的尊严和法律上的权利与义务，人与人之间的关系是平等的。在交往过程中，如果一方总是居高临下，那么他很快便会遭到孤立。坚持平等的交往原则，就要正确估价自己，不要光看自己的优点而盛气凌人，也不要只见自身弱点而盲目自卑，要尊重他人的自尊心和感情。

（四）热情与坦率的原则

热情是一种高级情感形态，健康的自我是热情坦率的。一个热情坦率的人在人群中就像磁石一样，能发挥凝聚的核心作用。美国教育家卡耐基在《积极人生》一书中说："一个人成功的因素很多，而居于这些因素之首的就是热情。没有它，不论你有什么能力都发挥不出来。"热情坦率在人际交往中主要体现在以下几个方面：

1. 有积极的自我意识

自我意识是一个人对自己的认识与评价、期望与要求，它是心理态度和个性表现的核心，对个人的人际交往能力具有决定作用。在人际交往中，具有积极自我意识的人能拥有一种客观看待世界的自信与勇气，能感到自己是美丽聪慧或强大有力的。曾有一位女大学生提出这样一个问题："在与人交往中，我最怕的就是别人看轻自己，因此我常常忍不住要贬低别人，是赞扬的话，我听着就顺耳；当有人与我的看法不合，我就忍不住要挖苦对方。我一直认为自尊是最重要的，但近来我却感到同学们对我日渐疏远。有人说是我的自尊害了我。我不明白，难道自尊还有什么不好吗？"这位女大学生的所谓"自尊"和维护"自尊"实质上不是真正的自尊，而是自卑的一种畸形表现。她怕别人看轻自己，害怕暴露自己的弱点，正是这种自卑心理及其消极的自我意识，才使她总通过贬低别人来保护自我。这种消极的自尊意识是无法在人际交往中真正建立起友谊的。

2. 表现真实自我、坦露个性

著名心理学家西德尼·朱拉德说："只有向别人表露自己，才能逐渐了解自己。"表现真实的自我是为了更好地培养和增强积极的交际意识。有这样一个例子：三位女大学生同居一个宿舍，星期天其中两个结伴去超市购物没邀小芳，小芳洗完衣服回宿舍一看，两个同伴不见了，只剩下她一个人孤单单的，她既伤心又气愤。待那两个同学回来时，她第一个本能的反应是假装不在乎，想把不满憋在心里，以免显得自己软弱、被人轻视。最终她实在忍不住，还是脱口把自己的不满、难受和气恼说了出来。那两个同学不但没有笑她、轻视她，反倒突然明白了她们的友情对于小芳是那么的重要，便忙不迭声地向小芳道歉解释。如果小芳假装满不在乎、始终把不满憋在心里，那又会怎样呢？表面看一时平安无事，但实际上她们之间的心理距离必然会疏远,其结果是各自烦恼。由此可见,不要怕表露真实的自我,只有让人了解你的真实情感,别人才会觉得跟你的距离更接近了。

3. 真实、适时地赞美他人

一个为人热情坦率、心底无私的人,不会吝啬给予别人适时的赞美和鼓励,这表达和传递了你对人的尊重和友爱,具有一种催人上进的力量。

(五) 理解与互利的原则

理解原则指交往双方互相设身处地、互相交心和谅解。孟子曰:"人之相识,贵在相知,人之相知,贵在知心。"因为只有相互理解,才能心心相通,才有同情、关心和友爱。在交往中,每个人对事物的看法通常都有自己独特的见解,这就需要设身处地以宽容、公平、冷静的心态站在他人的位置上思考,理解、尊重他人以达到友好相处。理解人主要体现在以下几个方面:

1. 要注意了解相互的情况

特别是了解对方的理想抱负、人格等状况,并以此为基础在交往中相互体谅关爱,想人之所想,急人之所急,关心朋友的困难和需要,分担朋友的痛苦,给予慰藉和力量。

2. 要善于"心理换位""移情交流"

即感人之所感、知人之所感,既能分享他人的情感,对他人的处境感同身受,又能客观地站到对方的立场上理解他人。移情是一种理解他人的能力,也是一个信息传递的过程,这一过程能构建情感共鸣,从而促使良好交往行为的发生。

3. 要相互满足各自的需求

互利原则是指在人际交往中,关系的双方都相互满足各自的需要,同时获得一定的利益和好处,达到双赢。一个人要想得到他人的关心、尊重和爱护,就必须考虑到对方也有同样的需要,必须自己首先要懂得付出,才能获得一定的回报;如果交往的一方只索取不给予,交往关系必会中断。

二、大学生人际交往的技巧

大学生进入学校的那一刻就已决定其交往需要,交往需要是大学生人际交往的基础。而人际魅力是在人际交往过程中形成的。每个人都有自己喜欢的人,并愿意与之交往;每个人也都有自己讨厌的人,不愿意和这些人交往。那么,大学生如何增强人际吸引力,做一个受欢迎的人呢?要建立良好的人际关系,主要有以下方法策略:

(一) 努力建立良好的第一印象

怎样表现才能给人留下良好的第一印象呢?心理学家卡耐基在其著作《怎样赢得朋友,怎样影响别人》一书中总结出给人留下良好的第一印象的六种途径:
① 真诚地对别人感兴趣;② 微笑;③ 多提别人的名字;④ 做一个耐心的倾听者,鼓励别人谈他们自己;⑤ 谈符合别人兴趣的话题;⑥ 以真诚的方式让别人感到他很重要。

（二）提高个人的外在素质

追求美、欣赏美、塑造美是人的天性。美的外貌、良好的风度能使人感到轻松愉快，并且在心理上构成一种精神的酬赏。所以，大学生应恰当地修饰自己的容貌，扬长避短，注意在不同场合下选择样式和色彩适合自己的服装，形成自己独特的气质和风度。同时，大学生应注意追求外在美和内在美的协调一致，即外秀内慧，因为随着时间的推移、交往的加深，外在美的作用会逐渐减弱，对他人的吸引会逐渐由外及内，从相貌、仪表转为道德、才能。

（三）培养良好的个性特征

良好的个性特征对建立良好的人际关系有吸引作用，不良个性特征对建立良好的人际关系有阻碍作用。生活中，大家都愿意与性格良好的人交往，没有人愿意与自私、虚伪、狡猾、性情粗暴、心胸狭隘的人打交道。因此，要不断形成良好的个性特征，注意克服性格上的弱点。

（四）加强交往，密切关系

心理学研究表明，人与人之间空间距离上的接近是促进人际吸引的重要因素，因为人与人之间的空间位置越接近，彼此交往的频率就越高，越有助于相互了解、沟通情感、密切关系。即使两个人的人际关系比较紧张，通过交往，也有可能逐步消除猜疑、误会。反之，即使两人关系很好，但如果长期不交往，彼此了解减少，其关系也可能逐渐淡薄。大学生同住在一起，接触密切，这是建立良好友情的客观条件，应充分利用这一条件，与朋友保持适度的接触频率，才能使人际关系不至于淡化甚至消失。

（五）赞扬他人

无论是心理学研究还是人际交往的实践都表明，赞扬往往能赢得朋友。一般人们的倾向是肯定和维持自己现有的思想和行为。来自别人的赞扬强化了我们对自己的思想、行为的信念。这种奖赏使人感到舒畅和自我价值的实现，因而对赞扬者亦会给予感激或友善的回应。

但是赞扬的有效性是有条件的。如果赞扬太慷慨，看起来毫无根据或赞扬者本人被怀疑心有所图，赞扬就不会有好的效果，甚至会令人反感。此外，对于当事者不愿公开、不愿让人了解的言行，不分场合地加以赞扬也会起反作用。赞赏必须发自肺腑，否则就成了恭维。而发自肺腑的赞赏需要一颗爱心，需要一种不断学习他人、完善自我的胸怀。

最有效的赞赏是赞扬他人身上那些并不显而易见的优点。如果你赞赏一个领导能力强，他也会高兴，但若是赞扬他有风度或是很会教育子女，他一定会更高兴。如果你赞赏一个容貌出众的女孩子漂亮，可能不会引起太大的反响，因为她对这一点很自信；如果你说她性格很好或聪明，她可能会更为高兴。

（六）主动而热情地待人

心理学家发现，"热情"是最能打动人、对人最具吸引力的特质之一。一个充满热情的人很容易把自己的良性情绪传染给别人。在这里，首先让自己变得愉快起来是必要的。一个面带微笑的人很容易被他人接纳。大学生愉快地面对生活可以从行动入手，让自己高兴地去做事,以微笑去待人。威廉·詹姆斯曾说过:"行动似乎是跟随在感觉之后,但实际上行动和感觉是并肩而行的。行动在意志的直接控制之下,而我们能够间接地控制,不在意志直接控制下的感觉。因此,如果我们不愉快的话,要变得愉快的主动方式是,愉快地做起来,而且言行都好像是已经愉快起来的样子……"

要热情待人还须从心里对他人感兴趣,真心喜欢他人。"对别人不感兴趣的人,他的一生中困难最多,对别人的伤害也最大。所有人类的失败都出自于这种人。""只要你对别人真心感兴趣,在两个月之内,你所得到的朋友,就会比一个要别人对他(她)感兴趣的人,在两年内交的朋友还要多。"

(七)要学会倾听、乐于沟通,养成一种开放的心态

一切心理疾病都源于个体对自我心理的长期封闭。认真倾听,即便有不同的意见使你恼火,也要克制地听到底,然后再发表自己的看法,反驳需有分寸、有礼貌。眼睛注视对方,仔细把握说话人的一切"无声语言",并及时、适宜地给予应答性的反馈表情。沟通时要坦诚,接纳彼此的看法,并积极地倾听对方表达的信息。培养幽默感,在气氛紧张的关头,一句轻松的笑语、一个善意的玩笑,都有可能使面临破裂的友谊继续下去。精神愉快的人最为明显的特点就是具有善意的幽默感。我们平时应多欣赏、多赞美别人的长处。人人都需要鼓励,积极地肯定别人的长处或进步能有效地促进友谊。

(八)学会宽容,把求同存异作为人际沟通的主要桥梁

每个人的理解不同,差异自然存在,要理解并尊重别人的价值观念、行为方式,要包容别人与自己的差异,寻找双方的共同点。一个人无法包容其他人的缺点,就无法走进别人的内心世界。包容是一种风度,更是一种境界。在意见不一致,固执己见可能会影响人际关系的时候,可保留自己的意见,避免争论,遇到矛盾可先转移注意力,待双方心平气和时再进一步沟通和交流,争论只能是两败俱伤。

(九)要善于与人合作

在人际关系中,人与人之间经常表现为合作与竞争,在一个群体中既有合作,也有竞争,两者往往是并存的。合作是群体成员为追求共同目标,同心协力、相互支持和帮助的协作性行为。竞争是个人或群体各方力求胜过对方的对抗性行为。只有善于协调彼此的立场,取得"双赢"的人,才会在合作中成功。在利益面前切莫斤斤计较,要考虑长远的利益。在激烈竞争的年代,企业间进行强强联合,成立具有更大竞争优势的"作战军团",同样,个人之间交往也倾向选择能够相互扶持的伙伴。

(十)坚持做人原则,自尊赢得他尊

在主动与人交往中要学会维护自尊,别人才不会勉强你、误会你。保持适当的交往距离。学会批评、学会说"不",过分利他将导致自我迷失,明确过分利他是一种不健康的行为,要保持人格的独立和完整。

(十一)学会批评

批评应注意场合。批评要想奏效,必须尽量减轻对方的防卫心理。如果我们在大庭广

众下批评别人,对方很可能首先意识到自己的形象和自尊受损而不是自己所犯的错误,他会马上以敌视的态度来反击你,以保护受到威胁的自尊心。这样,你的批评除了增加对方的反感和抵触外,不会有任何效果。所以,批评应尽量在只有你们俩在场的情况下进行。

批评对事不对人。比起一些具体的言行来,人们对自身的人格、能力等看得更重。如果你的批评含有贬低其能力、人品的意味,便容易激怒对方。如果你在肯定其能力、人品的前提下指出其某一个具体言行的错误,他往往容易接受。如"按你的能力,这件事本来可以做得更好些""依你的为人,不该说出这种伤人的话",等等。

批评应针对现在,而不要纠缠老账。如果习惯于用"你怎么总是……"之类的形式批评别人,是不会取得好效果的。因为这样的说法暗示对方:"你旧习难改。"卡耐基告诉我们:让对方感到自己的错误很容易改掉。这样对方往往会有信心去改变自己。另外,翻老账的做法也容易引起对方的反感。一两件事可以归因于偶然,许多件事则更可能归因于人品,所以翻老账等于在贬低对方人品。记住,批评只针对当前这件事。

(十二) 正确对待批评

他人的批评激起我们的第一个反应常常是为自己辩解,甚至反击。但这种态度和行为除了造成对自己的进一步伤害外,不是误会他人的好意,便是让他人的恶意得逞。

卡耐基说:"虽然我不能阻止别人对我做任何不公正的批评,我却可以做一件更重要的事:我可以决定是否要让我自己受到那些不公正批评的干扰。"这一见解对我们具有极大的启发意义。过分看重批评往往使人寸步难行。对待批评的方法是认真、冷静地分析其中是否含有可供参考、有助于自我完善的东西。对于不公正的批评,也要轻松对待,置之不理是消解不公正批评的好方法,做到这一点不容易,需要有充分的自信心和博大的胸怀。傻人受到一点点的批评就会发脾气,可是聪明人却急于从这些责备他们、反对他们的人那里学到更多的经验。

(十三) "我信息"艺术

"我信息"艺术是指在交往中双方都用"我"开头,交流各自的感受。每句话都只说自己的真实感受,不要用"因为""假如"这一类带有前提色彩的词,不解释所说的内容,也不提问题。

生活在同一个宿舍里的同学,每个人的生活习惯都不同,难免会产生摩擦。例如有的同学喜欢安静,早睡早起,而有人则是"夜猫子",晚上又玩电脑又聊天;有的学生爱干净,室友则不注意小节,从来不打扫宿舍卫生。在解决这些矛盾时,学会运用"我信息"去交流和沟通,效果会很好。可以这样说:"我最近上课总是想打瞌睡,我想可能是你晚上玩游戏影响了我的睡眠。"以"我"的感受为出发点进行沟通,室友就容易接受、认可。相反如果你说:"你最近像个夜猫子,害得我晚上睡不着觉,影响第二天上课。"这样,把矛头直接指向对方,让对方难以承受,结果往往适得其反,加剧矛盾冲突。正如一句话所说:"当你把一个手指头指向对方时,有三个手指头指向自己。"因此,在人际交往中,要学会谈"我"的感受。

(十四) 委婉拒绝

拒绝别人是人际交往中的难题。委婉拒绝是指在交往中不直接拒绝,采取含蓄婉转之词从而达到拒绝目的,运用得好,可以达到文雅得体、弦外有音、余味无穷的奇妙境地。通常有以下方法：

① 两可式拒绝。当交往方提出某些问题时，不明确表态，即不表示同意也不表示不同意。

② 诱导式拒绝。针对对方问题，不马上回答，先讲一点理由，提一些条件或反问一个问题，诱导对方自我否定，自动放弃。

③ 延时式拒绝。当别人提出一些不切实际或根本办不到的事时，如果你正面回答一定会使对方很失望。这时可用"能否让我考虑一下再答复你""我听懂你的意思了，让我想想这个忙怎么帮"或"让我试试，不敢肯定"这类语言，比一口回绝给对方的刺激要小得多。

处理人与人之间的关系的确是一门学问，是一种艺术，有许多具体的原则、警言可供我们参考、借鉴。但是，掌握这种艺术的关键是我们对人性的了解和掌握，是我们对自身的了解和把握。了解他人需要什么，并满足这些需要，就能赢得他人的好感。了解自己的长处和局限，并不断地完善自己，我们就能减少防卫，更坦然地走向他人，更自信地与他人交往。

自我测试

积极共情能力评估

根据表9.2对自己的积极共情能力进行评估。

表 9.2 心理健康测验表

题 目	完全不符合（1分）	有点符合（2分）	比较符合（3分）	符合（4分）	非常符合（5分）
当别人得到惊喜时，看到他们的反应我会很兴奋					
当我看到别人微笑时，我会情不自禁地跟着微笑					
如果我不理解别人为什么兴奋，我会试着想象他们的处境，去理解他们的想法和感受是什么					
当别人情绪高涨时，我也会情不自禁地兴奋起来					
当别人在某件事情上取得成功时，就算我觉得这不怎么重要，我仍能理解他们为什么开心					
当人们谈论自己的希望和梦想时，我常常希望他们能实现这些希望和梦想					
当我跟其他兴奋的人在一起时，我也常感到兴奋					

【计分方式】 根据自己与题目叙述的符合程度进行评分，填完后，将所有分数相加。

【结果解释】 积极共情能力评估分数反映了个人在多大程度上能够理解他人的积极情绪，并且体会和分享他人积极情绪的能力。分数越高，意味着个人理解和体会他人积极情绪的能力越高。

研究发现，积极共情能力强的人，他们的人际关系质量更高，对人际关系更满意，更能体验到亲密感和信任感，他们的幸福感也更强，他们能够从分享他人的积极情感中获益，会有更多的积极情绪，对生活的满意度也更高。此外，积极共情能力能够丰富人们的个人资源，让人们更好地迎接生活的挑战和机遇。

共情能力也是可以通过训练而提高的能力，方法如下：

（1）个人愿意。你是否真的愿意去理解他？去关注他所说的？去体会他的感受？如果是，那么恭喜你，你已经迈出了提高共情能力的第一步。

（2）倾听。倾听是共情能力的基础。个人只有了解了对方在说什么，才能更好地理解对方，因为自己的想法往往会阻碍自己理解对方。当你的朋友在向你诉说一件最近遇到的烦心事的时候，你只需要静静地倾听，不要发表自己的意见，只用"嗯""哦""这样"等简单的方式回应你的朋友，表明你在听。等朋友诉说结束后，你可以向朋友反馈你听到的内容，看看他的反应如何，如果他愿意继续跟你谈论，那么恭喜你，你的倾听能力有进步了。

（3）关注情绪。非言语信息往往比言语更能准确地告诉人们对方的真实感受，因此，你需要学会准确地识别情绪，以便更好、更真实地理解对方，快速地抓住对方想表达的重点。

（4）换位思考。你要尽可能地站在他人角度考虑问题。设想如果自己处于对方的情境，会怎么想，怎么做，有什么样的感觉，用对方的思维来考虑问题。要做到这一点，你需要真正地去了解对方的处境、遭遇、背景等。

（5）将你的理解和体会反馈给对方。你在理解别人的想法和感受后，还应该学会反馈。你要将积极、正面的情绪带给别人，这样不仅可以使自己的人际关系质量更高，而且自己的主观幸福感也会更高。

第四节 大学生人际关系障碍及调适

人际交往是一种非常复杂的动态过程。大学生又处在渴求交往时期，良好的人际关系像春雨甘露一样滋润着他们的心灵，使之健康、快乐成长。然而有些人在交往时如鱼得水，游刃有余，而有些人却举步维艰、困难重重，这都是一些常见的心理问题所致，是大学生人际关系障碍的表现。

一、大学生人际交往的心理学原理

（一）首因效应

首因效应，即第一印象效应，是指最先的印象对人的认知具有强烈的影响，如当与人接触、进行认知时，留下了良好的印象，这种印象就会左右人们对他以后一系列特征做出解释，反之亦然。一般人们在与陌生人打交道时，首因效应的影响较大。它会使人际认知带有表面性,容易使人际认知产生片面性。我们应意识到第一印象先入为主的作用,尽量减少它对自己的影响,正确地认知他人;同时,利用第一印象的作用,增强自己的个性表现力,给人以良好的印象,为以后的交往打下成功的基础。

心理学实验中曾经有一个著名的"看照片"实验。给两组受试者看一个成年男子的照片,在看照片之前,先给受试者灌输第一印象(即首因效应)。对A组说,照片上的人是一个屡教不改的罪犯;对B组说,照片上的人是一个著名的学者。然后,让两组受试者分别从这个人的外貌来说明他的性格特征。结果,两组受试者对同一张照片做出截然不同的解释:A组受试者认为,照片上的人深陷的目光中隐藏着冷酷,突出的额头表明这家伙既固执又强硬,既阴险又狡诈;B组受试者则认为,此人深沉的目光表明了他思想深刻,突出的额头表明他具有坚强的意志和探索精神,且睿智大度。

(二)晕轮效应

晕轮效应是指仅仅依据某人身上一种或几种特征来概括其他一些未曾了解的人格特征的心理倾向。如看到一个人举止热情、大方,便容易得出此人聪明、慷慨、能力强的结论;看到一个人性格冷漠,则可能得出此人狡猾、僵化的结论。这是指在观察某个人时,由于他的某种品质或特征给你的印象极深,这种现象因为很像月亮上的晕轮,故称为"晕轮效应"。

比如我们看到我们尊敬的人,总觉得他是完美的,往往忽视其身上的弱点,甚至对其弱点也做出合理的解释。看到我们不喜欢的人,总是觉得他这也不是,那也不是,往往忽略了他身上的闪光点。在晕轮效应中,被依据的特征仿佛光环一样耀眼夺目,把人们的注意力吸引过去,使人们难以看清,甚至也不愿努力去看清罩在光环之内的全部真相。这样就会导致我们做出错误判断和错误行为,使正常交往受到破坏。

(三)刻板印象

刻板印象是人在长期的认识过程中形成的关于某类人的概括而笼统的固定印象。实际上是一种心理定势,有一定的概括性,但容易导致过度概括的错误,也易导致偏见。如认为男人就应具有胸怀宽广、意志坚强、直爽大方、深思熟虑、有勇有谋等品质;女人就应具有细心、善操家务、性情温和、心地善良、软弱、多愁善感等特质。

由于刻板印象把同样的特征赋予团体中的每个人,而不管其成员的实际差异,所以很可能形成某种偏见,影响交往的顺利进行。比如,有的城市学生认为从农村来的学生土气、少教养,于是从一见面开始就抱着一种居高临下、不屑一顾的态度,结果产生了许多对立和误解。

(四)自我服务倾向

自我服务倾向是指在对他人的行为进行推测与判断时往往从自身的经验出发,以己度人。这种推测与判断往往存在偏差,因此导致交往双方的矛盾产生。

在人际交往过程中,要学会反思,通过分析自己在人际交往过程中的表现,了解自己的认知是否受到一些固有的认知模式的影响,自己的认知是否客观、公正。找出自己行为方式中的缺点,避免偏激刻板、缺少弹性、分不清亲疏远近、强求公正与完美等不良心理。

(五) 投射效应

投射效应是指把自己具有的某些特质加到他人身上的心理倾向。比如心地单纯善良的人会以为别人也都是善良的,一个经常算计别人的人会觉得别人也在算计他。有时,投射效应是出于一个人自我防御的心理需要而发生的。自己有某些缺陷、毛病或不良品质,于是不自觉地会怀着一颗敏感的心,在别人身上搜寻有关蛛丝马迹,在别人身上"发现"同样的毛病,进而对自己的毛病变得心安理得:人都是这样,我也不必过多自责和不安。

二、大学生人际交往的心理误区及调适

由于认知上的偏差,大学生很容易产生人际交往的心理障碍,比如闭锁、嫉妒、自负、自卑等心理问题。据心理学家的研究,影响大学生人际交往密切程度的因素有四个:时空的接近性、交往的频率、态度的相似性、需要的互补性,而有害于人际交往的因素主要有害羞、闭锁、自负、从众等。

(一) 害羞心理

害羞心理有三种类型:一是气质性的,是天生的;二是认知性的,过分注意自我,属于可调节性的;三是经验性的,受过打击、意外伤害等,也是可调节的。

那么,如何克服交往中的害羞心理呢?以下建议可供参考:第一,丢下包袱,即不要怕在交往中做错事、说错话,要认识到说错了话、做错了事,尽管不令人愉快,但是错误是可以改正的。第二,要增强自信心,不要过分关注别人对自己的评价,不管别人怎样评价自己,我还是我。如果过分关注或很在意别人对自己的评价,就会在交往中缩手缩脚。第三,解决害羞的直接有效办法就是积极地进行交往。这是最重要的一点。如果不进行交往,害羞始终存在而无法克服,必要时要强迫自己或请求他人督促自己进行交往活动。只有在不断的交往中总结经验教训,肯定自己的成功之处,才能逐步摆脱害羞心理。

(二) 闭锁心理

有的人自我意识较强,不愿轻易向别人袒露内心世界,容易把自己的心灵之门关闭起来,出现闭锁心理。长期封闭自己的心理,就会产生一种莫名的孤独感。自我封闭者,试图把自己关在一个狭小的天地里,仿佛"心即世界"。实际上是生活能力不强,对自己的交往能力信心不足,害怕交往失败给自己带来痛苦的表现。越是回避交往,心理上就越容易产生被他人遗弃的感觉,越容易加剧自己的封闭观念,行为上愈发处处设防,导致人际关系严重不协调。要恰当地自我暴露,主动地敞开自己的心扉,尤其是对自己信任的朋友,从而得到群体中其他人的接纳,成为集体中受人尊重的一员。

【案例9.2】小闵,男,大二学生,性格孤僻、内向,而且十分自卑,从不主动也不愿与周围的同学交流,与同学关系冷淡。他觉得班上的同学都瞧不起他这个从农村来的同学,也怕同学们笑话他有年纪足以当他们爷爷奶奶的父母。有时,他也有和同学交往、改善关系的愿望,但不知该怎么做,往往弄巧成拙,被人误解。于是他就干脆放弃努力,任其自然。

在小闵上初中时,有一次下大雨,母亲去学校接他,周围的同学看见他的妈妈,都以为那是他奶奶,在他说明那不是他的奶奶而是他的母亲后,周围同学的一句话"不会吧?你妈妈

都那么大年纪啦?都可以当我奶奶了!"使他产生了强烈的羞辱感。从此,他就刻意拉大了与其他同学之间交往的距离,不时地怀疑周围的同学在嘲笑他、议论他,遇到不会做的题目也不敢去问,怕老师也会嘲笑他,但同时,他也渴望融入班集体,想用好的成绩来证明自己,也在学习上下了功夫,成绩却始终都没有进步,这无疑使得他更为自卑。既恨自己,也恨自己的父母,但他又无法改变这种现状,心中十分苦恼,甚至还产生过绝望自杀的念头。

他的父母可以说是老来得子,自然对他这个来之不易的宝贝儿子疼爱有加。在得知他这样的情况后,父母也劝说过他,不但没有效果,他甚至还说出了"当初你们为什么要把我生出来被别人耻笑?"这样的话,与父母的关系也陷入了紧张。在学习上他对自己的要求比较高,也比较用心,但成绩就是不理想,有时不但没进步,相反还会退步:小闵原本想用成绩来增强自信,在付出却得不到回报的情况下又进一步加重了他的自卑。

对闭锁心理的调试要做到以下两点:①要把自己融入集体中。马克思说过:"只有在集体中,个人才能获得全面发展的机会。一个拒绝把自己融入集体的人,孤独肯定格外垂青他。"②要克服自负、自尊和自傲的心态,积极参加交往活动。当一个人真正地感到与他人心理相融、为他人所理解和接受时就容易摆脱这种孤独误区。

(三)自负心理

自负是过高估计自己,刚愎自用,自以为是。自负可能导致盲目乐观,周围的人对你敬而远之。要考虑到环境变化后,在某些方面自己可能远不如他人。当代大学生大多是独生子女,生活环境单一,备受父母呵护,受到的正面鼓励多,缺乏生活的磨炼,自视甚高,因而认识易缺乏客观性,易产生认知上的偏差。青年人由于自我意识的觉醒,具有很强的自主判断、自主评价的倾向,并且也有很强的自我色彩,这就造成青年学生容易从自己的角度考虑问题,只强调社会应理解自己,喜欢指责他人,抨击社会,同时以主观的印象去判断他人,给自己的交往活动带来困难,甚至使自己无法摆脱交往中的困境。

(四)从众心理

从众心理是指个人在社会团体压力下放弃自己的意见,转变原有的态度,采取与大多数人一致的行为的心态。社会心理学家认为,从众是在团体一致性的压力下,个体寻求一种试图解除自身与群体之间冲突、增强安全感的手段。所以,现实生活中不少人喜欢采取从众行为,以求得心理上的平衡,减少内心的冲突。从众不是对团体规范的服从,而是对社会舆论或团体压力的妥协。从众也可能是违背个人意愿的服从,但它不是执行团体的明文规定或权威人物的命令,而是为了消除团体压力,求得心理上的平衡的心理倾向。

除了上述的四种心理外,还有怯懦心理:主要见于涉世不深、阅历较浅、性格内向、不善辞令的人。猜疑心理:有猜疑心理的人,往往爱用不信任的眼光去审视对方和看待外界事物,其结果只能是自寻烦恼。逆反心理:有些人总爱与别人抬杠,以此表明自己的标新立异。对任何事情,不管是非曲直,你说好他偏说坏,你说一他偏说二。逆反心理容易模糊是非曲直的严格界限,常使人产生反感和厌恶。排他心理:人类已有的知识、经验以及思维方式等需要不断地更新,否则就会失去活力,甚至产生负效应,排他心理恰好忽视了这一点,它表现为抱残守缺,拒绝拓展思维,促使人们只在自我封闭的狭小空间内兜圈子。冷漠心理:有些人对与自己无关的人和事一概冷漠对待,甚至错误地认为言语尖刻、态度孤傲、高视阔步就是自己的"个性",致使别人不敢接近自己,从而失去了很多的朋友,等等。

三、大学生人际交往的情绪障碍及其调适

（一）愤怒

当一个人不顺心时，很容易产生愤怒之情，并有一种强烈的冲动将其发泄出来。人在愤怒时，意识范围变小，考虑问题偏激，主观化严重，自控能力也随之下降。结果平时许多不起眼的小事都被无限夸大，成为爆发冲突的导火索。在这种情况下发生的人际冲突往往无益于问题的解决，反而导致许多有害的后果。需要强调的是，并非任何愤怒都是消极的，只要驾驭得当，就能变害为利。有分寸地表达愤怒能使别人了解当事人对事情或他人言行的反应、感受，从而引导别人改变其不恰当的言行。从长远看，这种方式比隐瞒不满的做法更有利于人际关系的正常发展，有分寸地、建设性地表达愤怒应注意如下一些原则：

① 言论对事而不对人。
② 不翻旧账，只对眼前。
③ 不要涉及他人的家庭、种族、社会地位、外貌和说话方式。
④ 不要限制别人发火。当你发火时，对方有回敬的权利。互相发火能消除紧张和猜疑的气氛。
⑤ 勇敢地在同样的情境下，为自己的过火言行向对方道歉并做出让步。
⑥ 如果可能的话，给对方留一条退路。

另一种处理愤怒的方式是抑制，把怒气压在心底，甚至不承认其存在。压抑愤怒的做法虽未导致直接的冲突，但却损害了个人的心理健康，同时也给人际关系带来了隐患。习惯性压抑会使人形成冷漠、残酷或退缩的人格特征。压抑也会使人以间接方式发泄不满，如吹毛求疵，找替罪羊（把无关的人作为发泄对象）等。另外，隐藏自己的愤怒也容易使别人产生误解，对你的状态做出不正确的反应。比如，对方以为你并不在乎，于是还可能对你有同样的言行。

对愤怒情绪的自我调控不是一件很容易的事，如果有人向你挑衅，你肯定感觉有点激动或者血往上涌，但你要控制自己不要发火，这时你要对自己说："我有点激动，好像有点儿惊慌失措，但我知道怎样控制自己。不要把事情看得那么严重，这虽然让人气愤，但我自信能处理好。放松、冷静，做两三次深呼吸，舒适地放松，我感到很平静。"

当你已经被卷入冲突时，你要想办法使自己平静下来，你要对自己说："冷静、放松、冷静。"只要保持冷静，你就能控制自己。想一想你要从中获得什么。你没必要显示自己有多么厉害。没有什么事值得你必须发火。不要因此而使自己陷入更大的麻烦中，寻找事情积极的一面，考虑一下事情最坏的后果，不要急于下结论。

当你遭到对方的打击，要被激怒时，你要对自己说："我现在的肌肉已经开始紧张了。现在应该放松，慢一点儿，惊慌失措只能帮倒忙。我当然也有急躁和发怒的权利，但是，还是要忍耐一下。现在应该做几次深呼吸。不要乱，问题要一个一个去考虑。也许，对方真的想激怒我，好，就让他彻底失望吧。我不应该指望人人都按照我所想的那样去做。放松一点儿，不要逞能。"

事件过去后，你要进行一下自我评价，来点儿自我奖赏，别忘了，对自己说："这件事，我处理得非常好，棒极了！原来，事情并不像我想象的那么难，虽然情况可能会变得更糟，但我

还是解决得很好。虽然我有可能更加失态,但我没有那样。我不必发怒,也可以很好地解决和处理这件事。我的自尊心可能受到了伤害,但如果我不把它看得那么严重,将会更好。我比以前做得要好多了。"

(二) 恐惧

恐惧心理给人际交往罩上了一层沉重的色彩,使交往难以展开或难以正常进行。交往中常见的恐惧是"社交恐惧症"。许多大学生都不同程度地存在这方面的问题。其主要表现为害怕见生人。尤其是在人多的场合或有异性在场的情况下,更会显得紧张、焦虑,表现为出汗、脸红、说不出话,或说话僵硬、断断续续。由于人际交往是一种互动关系,所以这种表现往往使气氛变得凝重、沉闷,使对方也变得不安起来,形成令人尴尬的场面。

社交恐惧症对人的正常生活有很大的影响,对大学生的身心伤害更大。克服社交恐惧的一种有效方法是系统脱敏。其步骤是:首先学会身体放松,然后在头脑中逼真地再现那些引起自己恐惧的社交场合,最好由轻到重地进行。每当恐惧来临时,就让自己放松,然后再想、再放松,如此循环,直到恐惧消失。另一种有效方法是满灌法,逼着自己去面对社交场合,害怕什么就专做什么,直到有了成功的体验为止。总之,面对社交恐惧不逃避,努力正视它,最终就一定会征服它。

【案例9.3】小马个子不高,又黑又瘦,说话带着浓重的家乡口音。在大学新生入学后的第一次班会上,小马就闹了个笑话。当时,全班同学开始自我介绍,轮到小马时,还没张口,他已羞得从脸到脖子都红了,紧张得两腿直打颤,竟然把自己的属相都忘了,憋了好一会儿也没说上来。同学们看到小马的样子不禁哄堂大笑。自那以后,同学们就极少听到小马说话了。

在课堂上,由于他不善言表,在被老师提问时经常前言不搭后语,越着急越说不清楚。课堂下他沉默寡言,像个幽灵,在校园、宿舍等地穿梭却来去无声。不过他脑子灵,学习上又肯下功夫,整天扎在书堆里看了好多专业书,成绩自然是不错的。而且,小马为人憨厚、诚恳、乐于助人,老师和同学们还是很喜欢他的。

新生元旦晚会上,小马又遇到了尴尬事,起因是他被女主持人点名回答一道脑筋急转弯的问题,他答错了,被几个同学奚落了一番。小马在休息时连忙跑出了教室,却不巧碰上了刚从卫生间出来的主持人。小马不满地瞪了她一眼。"小马,你瞪我干吗?我招你惹你了?""你别装了,你明明知道我从不愿意在众人面前说话,也不大会答什么机智问答的题,却存心拿我开心取乐,这不是欺负我这个老实人吗?"小马气哼哼地谴责着她。"你怎么这么认为呢?你以为你害羞、自我封闭很好,是吗?因为胆怯,不敢在大家面前表现自己,不敢交流,你还算个现代的大学生吗?像个男子汉吗?还说我故意欺负你,好吧,以后你再也不会在我的视线中了。"小马像被当头打了一棒似的,一股苦涩的滋味涌上心头。

恐惧的自我调适方法有:

1. 学会放松自己,缓解焦虑

参加一些体育锻炼活动,如跑步、游泳、跳绳等,或者可以洗一个热水澡或桑拿浴,这些方法非常有效,还可以自我催眠。

2. 提高自我意向

积极地看待自己,想想自己有哪些长处可以发挥,再制定一些现实的能反映你这些长处的目标。开始时目标可以定得低一些,然后逐步积累,再建立更大的、更重要的目标。另外,停止对自己的消极评价,像"我是一个笨蛋"以及"我真没用"这样的想法,当这些想法出现时,马上对自己说"不要这样想"。进行自我评价时,试着把自己其他方面也考虑在内,强调积极的一面,忽略消极的一面。这样,良好的自我意向就会培养起来。

3. 增强社交吸引力

① 注意自己的外表形象。如保持一个好看的发型,穿着自我感觉良好的衣服。多听听同学、朋友对自己衣着打扮的意见也是很有帮助的。② 参加各种社交活动。开始时去你比较熟悉的地方,让你的朋友陪你一起去,然后再试着去一些你感兴趣的其他地方,逐步扩大活动范围。这里有一些技巧可以掌握,比如,去见其他人之前,你可以先准备一些谈话的内容,先有了准备,你就不会那么紧张了。③ 试着经常把自己介绍给一些新认识的人,进入不同的社交场合,会扩大你的社交接触面。④ 没有人天生就具有社交吸引力。所以你必须要有耐心,还要付出努力。同样,要克服害羞、克服社交焦虑,也要有耐心,要经过艰苦的努力。只要你努力,持之以恒,就一定会取得成功。

(三) 猜疑

猜疑是人际关系中常见的不良心理品质,是指交往中遇事捕风捉影,对他人失去信任,怀疑他人的诚意,无法建立正常的人际关系。猜疑容易发生在具有封闭思路,对环境、他人以及自己缺乏信任感,曾经遭遇过交往挫折的人身上。他们往往变得自卑、消极、胆怯和被动,格外留心外界和他人对自己的看法,无法轻松自然地与人交往。例如,当老师对自己态度冷淡一些的时候就怀疑是不是有同学在老师面前说了什么坏话;当朋友没有给自己打招呼的时候,就想到他看不起自己,是不是要断绝友谊,这些琐事在猜疑者眼中都有着"潜台词"。猜疑者整天忧心忡忡,焦躁不安,也不肯对他人倾诉,不但自己心情低落,还会影响正常的人际关系,阻隔了信息的交流,容易将怀疑他人内化为怀疑自己,失去前进的信心。

克服人际交往猜疑心理常用的方法有以下三种:

1. 增强自信心

"尺有所短,寸有所长",每个人都具备独特的优势,关键在于能否发现长处,培养自信。充满信心地投入工作和学习,就不会有多余的精力去计较他人细微行动后面的"潜台词"了。

2. 及时沟通消除误会

人与人之间多少都会发生误会,但只要我们具有澄清、消除误会的能力,天大的误解也会烟消云散。因此当我们意识到可能造成误会的时候应安抚自身情绪,找好时间、地点尽快与误会的对象开诚布公地交流,了解彼此的真实想法,心平气和地解决问题。

3. 学会自我安慰

当一个人在生活中遭遇议论与流言时,通常都会有情绪上的困扰。只要未触犯立身处世的大原则,我们都可以从容面对细节,笑看风云变幻,减少不必要的烦恼。与其将精力耗费在虚幻的争执上,不如节省精力更好地处理自身事务。

学习拓展

活动拓展:亲子之间

1. 活动环节

环节一:从小到大父母为我们做过什么?

从小到大,父母用他们的方式抚养我们长大,父母为我们的成长付出了很多。今天,请你回忆下成长过程中父母为我们做的事,请你写出至少5件父母为你做过的最让你难忘的事。

(1) _____
(2) _____
(3) _____
(4) _____
(5) _____

环节二:我对父母知多少? 从小到大,你的故事被父母一一记录着,他们记得你小时候第一次喊爸爸妈妈,你小学时候得过的小红花和奖状被他们珍藏在箱底,你初中时在赛场的照片让他们感到自豪;他们知道你最爱吃的菜是什么,知道你最喜欢的衣服品牌是什么。可是反过来,你对父母的了解有多少呢? 让我们走近父母。

(1) 父母的生日分别是哪一天?
(2) 父母的结婚纪念日是哪一天?
(3) 父母最喜欢吃的菜是什么? 最不喜欢吃的菜是什么?
(4) 爸爸最喜欢什么运动?
(5) 妈妈最喜欢看什么电视节目?
(6) 妈妈最喜欢的衣服是什么颜色?
(7) 父母最大的心愿是什么?
(8) 你做过的让父母最骄傲的事是什么?
(9) 你的家庭年收入是多少?
(10) 你家每月最大的开销是什么?
(11) 你觉得父母对你的期望是什么?

环节三:想想看,你为父母做过什么? 什么事令你觉得骄傲或者难忘?

环节四:对比"父母为我做过的事"和"我为父母做过的事",请大家看看父母为我们的付出和我们为父母的付出是否平衡,你看到以后的感受如何?

2. 活动分享

(1) 回顾分享:在刚才的活动中,当你回忆父母对你的付出时你的感受是什么? 当你填写你对父母知多少的问卷时又产生了怎样的情绪?

(2) 联系分享:生活中,你有感受到父母对你的爱吗?你如何看待你的父母?

(3) 应用分享:你如何运用这一活动中获得的经验改善你和父母之间的关系?

3. 活动小结

从小到大,父母用他们的翅膀守护我们长大,为我们遮风挡雨,尽一切努力给我们舒适的生活。而我们为父母做的真的很少,所以,请同学们用心理解父母、关心父母,多关注他们的感受吧。

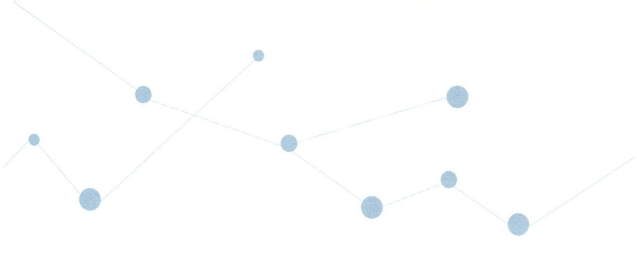

第十章

大学生性心理和恋爱心理

 课程导入

> 某重点大学大二女生,恋爱不久即与男友多次发生性关系,导致怀孕堕胎。尔后,其男友又与同班另一女生恋爱,但二人的性关系并未因恋爱关系的中止而停止。该女生错误地认为,既然已经委身于对方,就只能死心塌地跟着对方,而男生认为既然对方并未拒绝,自己也就没有什么不道德的。男生一方面与其保持不正当性关系,另一方面又约会新女友的行为对该女生身心造成极大伤害。在清醒之后,该女生选择跳楼自杀。

第一节 性心理的发展和大学生性心理特点

人的心理活动奥妙无穷,性心理活动则是人心理活动中极为重要的组成部分。性医学家、性心理学家至今仍在锲而不舍地进行探索,并取得了相当多的成果。如他们大多认为:性活动早在幼儿期就开始了,只是表现内容处于幼稚和萌发状态而已。对这个问题的研究,奥地利心理大师弗洛伊德的理论影响很大,他也是公认的先驱者。进入青春期,在性激素的作用下,随着青年男女生理的成熟,出现了内容极其丰富多彩的性心理问题,其主要内容是指与性征、性欲、性行为有关的心理状态和心理活动,也包括男女交往、婚恋等心理问题。性心理可具体为性感知、性思维、性情感及性意志等,它们相互联系、相互制约,共同体现在与性有关的言行中,其中性思维起主导作用。

一、青少年性心理发展

促进青少年性意识较迅速发展的主因莫过于身体的急剧变化和第三性征的出现及继而引起的对性、对异性的关注。通用的性心理发展期分为:

(一)异性疏远期

从青春期开始,男女少年对两性的一系列差别特别敏感。羞涩、不安与反感常常交织在他们心头,在彼此交往中他们深深地感到某种"隔阂",男女界线分明,如低年级初中生的"课桌三八线"现象。

(二)异性接近期

由于性的渐趋成熟,青年男女由开始的疏远发展到对异性的好奇和相互接近的渴望。但是这时期对异性的好感仅是一种对性的朦胧的自然表现,一方面渴望接近异性,另一方面又感到困惑和不安。

(三)两性恋爱期

这是指男女性意识发展成熟时期后出现的异性相爱行为。赫罗克(E. Hurlock)用五个阶段表述异性意识的发展。

1. 对年长者一时迷恋阶段

比较多见的是女子对年长男性的爱慕,那种默默地对年长异性的爱慕和崇拜的行为被称为"英雄式崇拜",至今仍流行于世的"追星族"即属于此类。

2. "子犬式之爱"

指用纠缠不休、喧嚷吵闹的方式吸引异性的注意和关心。主要面向同辈异性。

3. 朋友式的恋爱阶段

指从自己所属的集团中选择中意的人,进行单独交往,但属于异性朋友关系。这种关系的持续时间有较长的,但一般均较短。

4. 恋爱对象的确定阶段

只对特定的异性表现出特别的关心,相互之间拒绝其他异性的介入。

5. 浪漫式的恋爱阶段

对特定的异性充满罗曼蒂克式的爱情,对其他异性的关心明显减少。处于这一阶段的青年男女虽然也会考虑结婚,但又往往缺乏现实基础,尚不能正式将对方作为结婚对象来对待。

从以上介绍的青少年心理对异性的抵触、关心到爱慕、恋爱的动态变化和发展过程可知,随着年龄的增长,心理上表现的对异性的渴望和求偶倾向亦随之增长。然而性的禁忌意识也伴随着人的一生,这是性的社会文化的反映,使性有着审美和道德的特征,我们可称之为性文化。

在当今世界,性心理受社会文化因素的影响更大。世界各地不同的文化传统、教育状况、性知识程度、家庭影响等造成不同的社会"性"观念,制约着性心理的发展,出现了不同时代、不同年龄、不同种族、不同文化背景下的个体在性心理表现上的一定差异。它表明:"性"既有生物的自然属性,又有社会属性,一个人的性心理状况正是这两种属性共同影响、协调统一的结果。但是,性心理的发展和对异性的态度,更多的是由青少年所处的社会秩序对男女的思维方式、性别角色、性道德等方面规定的。跨文化研究揭示的青年在青春期发育等方面表现出来的共同特征,证明了人类发展的普遍规律,而反映出来的差异反映了社会秩序、文化背景对青年青春期发育的制约性。

历史和无数事例告诉人们:人类性行为的社会属性表现得正确、充分,占据主导地位,是人类走向文明的一个重要标志。

二、大学生性心理特点

(一) 本能性与朦胧性

大学生尤其是低年级大学生的性心理,不具有深刻的社会内容,基本上还是一种由生理上的急剧变化带来的本能作用,他们常常在心中用自己童年、少年时期经历、见过的与性有关的现象来解释性秘密。他们对异性产生浓厚的兴趣、好感和爱慕,当心理要求得不到满足时,便借助影视、图书、网络等,力图对性知识有一个明确、系统的了解。由于受传统伦理观念的影响,性的问题一直被蒙上一层神秘的面纱,加上我国很少在大学生中开展系统的性教育,大学生一直难以获得系统、完整、科学的性生理、性心理、性道德等方面的知识。因此,大学生的这种生理变化带来性意识的萌动,而且还披着一层朦胧的轻纱,也就在朦胧纷乱的心理变化中,性意识将逐渐强烈并日趋成熟。

(二) 性意识的强烈性与表现形式上的隐蔽性、文饰性

大学生随着性机能的成熟,在青春期出现的性欲望和性冲动,此时会表现得更加强烈,这是身体发育中的正常生理和心理现象。他们希望接近异性,迫切希望和异性交往,渴望得到最直接的性的生物性需求的满足。

虽然性的生物性需求时时渴望得到最直接的满足,但人不仅是生物的人,更是社会的人,性也不仅具有自然属性,性的生物性需求与性的社会性要求的矛盾,使得与性成熟相关联的性爱行为,只能表现得比较秘密和隐蔽。特别是对于那些不知道如何避孕或如何预防性病就有了性行为的大学生来说,在初尝禁果之后必然会有担忧与悔恨,甚至引起生理的变化,这样的经历给今后的人生带来的只有苦涩。青年期心理发展的一个显著特征是闭锁性与求理解性,这就导致了其心理外显方式的文饰性。特别是性格内向、自卑感较强的学生在这方面表现得较为明显,他们十分重视自己在异性心目中的印象、评价,但表面上却表现得不屑一顾、无所谓,或者做出故意回避和清高的样子。表面上他们好像很讨厌那种亲昵的动作,甚至是厌恶,但实际上却十分希望体验。像这样心理上的需要与行为上的矛盾表现,使他们产生了种种心理冲突和苦恼。

(三) 压抑性和放荡性

大学生性机能的成熟使性的生物性需求更加强烈、迫切,时常伴有性梦、性幻想、手淫等行为,而大学生健全的性心理结构尚未确立,还没有形成稳定的、正确的道德观和恋爱观,对各种性现象、性行为的认知评价体系还不完善。由于受西方"性解放""性自由"思想的侵蚀,加之现实生活中五花八门的性信息传播,尤其是无所不包的网络"黄色文化"的冲击,大学生的性意识受到错误的强化,他们自认为对性很了解,其实不然。对于性,尤其是健康的性心理、性与情的关系,很多大学生仍然知之甚少。再加上性的社会性、道德性要求的约束,都使大学生性心理的发展处于多种矛盾的相互作用之中,并出现分化。一部分学生对性冲动持否定、抵制的态度,采取压抑的方式;一些学生由于性能量得不到合理的疏导和升华,从而导致过分性压抑,少数人以扭曲的方式,甚至以变态的行为表现出来,如窥视癖、恋物癖,严重者还会导致性变态或性过错,性心理的健康发展出现了偏差;还有一部分学生对性持无所谓或放纵的态度,采取放荡的方式。多性伴侣、网恋、一夜情等行为被部分学生接受,以致精神空虚,情趣低下,沉湎于谈情说爱之中,甚至发生性过失、性犯罪。

(四) 性别的差异性

青年的性心理往往因性别不同而有所差异。在对异性感情的流露上,男性表现得较为外显和热烈,女性往往表现得含蓄和深沉;在内心体验上,男性更多的是新奇、喜悦和神秘,而女性则常常是惊慌、羞涩和不知所措;在表达方式上,一般是男性较为主动,女性往往采取暗示的方式;此外,男性的性冲动易被性视觉刺激唤起,而女性则易在听觉、触觉刺激下引起性兴奋。

性驱力是青年期发育的普遍性的生理结果,但是它采取的形式以及表现方式也因性别、

心理和文化作用而有差异。一般来说,青年男性性驱力的增长异常迅速,而且是难以压抑的,以致男大学生不得不正视它,急切地寻找一种使性冲动获得释放而不过于内疚、对其加以制约而不造成伤害的途径。对男生来说,寻求一种既使个人内部的紧张得以释放又不违背社会规范的解脱,是其性发展的先导。相比之下,女大学生的性驱力则较散漫和朦胧,似乎并未在其意识领域的最前沿形成清晰的聚焦。对大多数女生来说,有限地、暂时地否定性冲动不仅是可行的,而且似乎是极其轻松的事。如果不考虑有关潜在原因,女生的性冲动似乎很容易转移而被修饰以其他形式表现出来,于是性不再被体验为其本身,而是变得精神化、理想化和超凡脱俗。

另外,在性问题的困惑求助上,男生多求助于书刊、影视、网络等大众传媒,女生则倾向于与最亲密的朋友交流。在对性知识的渴望程度上,选择"非常渴望"和"渴望"的男生比例明显高于女生。在性观念的开放程度上男生也明显高于女生,男生对婚前性行为、婚外恋较女生更为包容。

三、当前大学生性行为的特点

(一)性行为的低龄化

当前大学生性行为普遍出现低龄化现象,由于性生理的成熟,大学生具备了进行性行为的生理条件。这就使得以前大三大四才发生的事情,现在大一大二发生显得很平常。再者,由于对于婚前性行为的接受程度在加深,对于性的随意性的观念在大学生中普遍流传,使得性行为的低龄化在加剧。

(二)性行为的不顾后果

当前大学生思想在逐步开放,尤其在当代西方欧美文化的冲击下,大学生性心理的开放程度也在改变,由于生理上的冲动和性心理的不成熟,大学生性行为常常表现出不顾后果的心理状态。社会上未成年母亲、堕胎的案例屡屡被曝光。这种现象的增多,更加反映了大学生性行为的不顾后果、不负责任。

(三)男女发生性行为对象要求的不同一性

男生发生性行为对象的要求一般在于是否愿意与自己发生性行为,以解决自己的性欲望,而女生则要求发生性行为的对象爱慕自己、怜惜自己。男生受生理的影响程度较大,这使得男女生发生性行为时往往出现矛盾。

自我测试

秘密问题游戏

(1)将全班同学分为男生和女生两个组。

(2)发给每人两张纸条:一张黄色,一张绿色。黄色纸条是写给男生的问题,绿色纸条是写给女生的问题。

(3) 每个同学分别在不同颜色的纸条上匿名写下你想问男生/女生的关于性的问题,可以写下多个,也可以只写一个。

(4) 将全部纸条收上来,按颜色分开。

(5) 每个女生抽取 1—2 张绿色纸条(如果纸条不够,可以 2 个人抽一张纸条),每个男生抽取 1—2 张黄色纸条(如果纸条不够,可以 2 个人抽一张纸条)。

(6) 匿名回答纸条上的问题。

(7) 再次将纸条收上来,每人抽取一张黄色纸条和一张绿色纸条。

(8) 5—6 人为一组,讨论纸条上的问题和答案。

第二节 大学生性心理问题及调适

大学阶段是一个人性意识发展的旺盛期。此时的大学生,性生理已发育成熟,而性心理还不稳定,对性的渴望与对性的恐惧交织在一起,形成一种很复杂的心理活动。再加上社会文化和传统教育的差异性,科学教育的缺乏,以及大学生个体的掩饰性,大学生中有关性意识困扰问题的咨询占大学生性问题咨询的比例较高。

一、大学生性心理的矛盾冲突

(一) 生理成熟与心理不适的矛盾

大学生的性生理与整个身体的发育已基本成熟,但性心理的发展滞后。由于受传统伦理观念的影响,性的问题一直被蒙上神秘的面纱,大学生一直难以获得系统、完整、科学的性生理、性心理、性道德等方面的知识。由于科学的性知识的缺乏,健全的性心理在大学生身上尚未完全确立。大学生走向独立的、全面的、成熟的时间相对推迟了。对性的好奇和无知导致性困惑及性犯罪行为等都与这种矛盾有关。

(二) 性意识的强烈性与社会规范的矛盾

大学生随着性机能的成熟,在青春期就出现的性欲望和性冲动此时会表现得更加强烈,这是身体发育中正常的生理和心理现象。但社会道德和法律的要求、学校纪律的约束,使得大学生无法以社会认可的合法婚姻形式获得性满足。性的生物性需求与性的社会性要求的矛盾使不少大学生感到不安和压抑。由于个体的性欲望有其隐秘性的特点,大学生的这种性压抑往往以多种形式宣泄出来。如谈论有关性的话题,"桌面文学""厕所文学"中表现出性的内容,有时以非理智、非文明的方式宣泄,都可能与性压抑有关。

【案例10.1】犯罪嫌疑人刘某,现年 22 岁,系安宁某大学法律专业学生。某日,刘某在安宁西路附近的网吧"包夜"上网,其间浏览了淫秽网站,至凌晨 3 时许离开网吧。处于亢奋中的刘某,行至附近一巷道时,遇到身穿超短裙的女青年张某某路过,于是刘某尾随张某某至巷道深处,见四下无人,遂上前对受害人实施了强奸。案发后,公安机关根据受害人报案及调取视频监控录像,于次日将刘某抓获。随后,安宁区检察院依法以涉嫌强奸罪批准逮捕犯罪嫌疑人刘某。

(三)传统性观念与开放性观念的矛盾

在中国传统的性观念中,孔孟的"男女授受不亲",老庄的"存天理,灭人欲",对性强调非礼勿视、勿听、勿言、勿动,把性看作"万恶之源"。改革开放以来,西方所谓的"性解放""性自由"等思想大量涌入,传统的性观念与开放的性观念之间产生了巨大的反差和矛盾冲突,使大学生性心理的发展处于多种矛盾的相互作用之中,一些大学生无法处理好这些矛盾,从而使性心理的健康发展出现了偏差。有的大学生对性冲动持否定、抵制的态度,采取压抑的方式,性压抑的结果不仅有碍性心理的健康发展,严重的还可能会导致性变态或性过错。与此相反,有的大学生对性持放纵态度,性意识受到错误强化,沉湎于谈情说爱之中,甚至发生性过失、性犯罪。

如何避免性冲动

在恋爱的过程中,可以通过一些有效的措施来帮助自己或对方克服过分的性冲动。

(1)约会的时间最好不要选择在晚上。因为借助夜幕的"掩护",恋人间容易表现得比较亲昵,此时稍一冲动、稍一疏忽,就可能逾越界限,做出事后会使双方都后悔的事情。

(2)约会时衣着最好不要过于透明、暴露。女方应该清楚地知道在什么情况下拒绝对方更容易,是穿戴整齐的时候,还是袒胸露背的时候。如果决心不选择"婚前性行为",在穿戴上就要选择适合保护自己的衣物。

(3)约会的地点最好选择人较多、较热闹的地方。在这些地方既可以共度一段美好的时光,又可以靠环境的帮助,实行自我约束。僻静处、私人卧室、旅馆的客房都是比较危险的地方。在青年男女独处时,这些场所对克服性冲动有弊无利。在家里交谈,就选择家里有人时,将房门虚掩着。

(4)当女方发现男方产生了性冲动,自己特别不愿意接受时,可以适当地提醒他或者把他带到人多的地方,或谈些别的话题,以转移其注意力。最好不要采取简单、粗暴的拒绝方式,以免伤害对方的自尊和两个人的感情。

二、大学生性心理问题及调适

(一)婚前性行为产生的困扰

大学生婚前性行为时有发生,其特点主要表现为:

1. 突发性

往往在无心理准备或心理准备不足的情况下发生。

【案例10.2】大二女生赵某,因四门功课不及格而心情灰暗。仲夏的一个傍晚,她独自在校外散步,恰好一位出租车司机路过。司机洞察到她的失魂落魄,主动邀请她出去走走,赵某想都没想就上车了。司机在得知她是大学生后,带她到市内一家泳池游泳,她的胴体引起男司机的性亢奋,当晚两人发生性关系。之后,赵某经常夜不归宿,破罐子破摔,与他人多次发生性关系。回到宿舍,赵某由于心理负罪感而厌恶自己的身体,总是反复洗澡以示其清洁,同时又不断应邀外出与陌生男性过夜,甚至在宿舍大肆描述其性体验,最后被校方勒令退学。

2. 非理智性

大学生已是青年,较少为别人所胁迫,大多是在双方自愿而又不理智的情况下发生性行为。全国高校曾发生多起宿舍留宿异性的事例。另外,恋人校外租房居住也令高校学生管理者处于尴尬境地,深层次的原因是学生在性问题上抱无所谓的态度。

3. 反复性

由于年龄和观念的影响,一旦冲破这一防线,便不再过多顾虑,还会多次反复发生。大学生发生婚前性行为对心理产生极大的困扰。具体表现女生比男生要强烈许多,既担心怀孕影响自身名誉,又怕今后恋爱失败等,而且往往还伴有自责、罪恶感和怨恨对方的情绪,这样沉重的心理负担使一些比较脆弱的女生产生轻生念头。据某市公安机关调查,女性自杀中有5%左右是因恋爱失身被抛弃造成的。由于未婚失身被抛弃不受法律保护,尤其是在我国这样一个封建文化积淀很深的国度里,这种经历对女青年的身心危害极大,同时也会给她们再度恋爱带来困难,甚至对她以后的婚姻造成不幸。正因为如此,为了对自己负责任,女大学生尤其要正确认识并正确对待婚前性行为。

【案例10.3】 小萌在大二的时候参加学校社团活动认识了小林,算是一见钟情吧。有一次两人一起游玩玩得太晚了。小林建议到宾馆住一晚,小萌同意了,前提是订一间双床房。可是睡到半夜,小萌迷迷糊糊中发现小林爬到了她的床上,再然后不想发生的都发生了。小萌现在特别后悔,觉得自己很脏,每天很焦虑惶恐,再没有心思干别的事情,每天都在想这件事情,学习成绩也下降了。寝室的室友每天也在劝她,可是她还是止不住地去想这件事。

【解析】 关于性行为的时机,李银河曾这样描述:青涩的苹果并不好吃,最好等苹果红了再摘。

在发生性行为之前,以下几个重要的问题一定要先问问自己。

(1)他是我喜欢的类型吗?
(2)这是我真正想做的吗?
(3)我是放松的吗?
(4)假如分手了,已经发生的性行为这件事我能承受吗?
(5)我们做好了充分的避孕措施了吗?

如果这些问题的答案都是"是",那么,代表你已经具备对自己负责、对爱人负责的能力了。

很显然,小萌在和小林发生性行为的时候还没有做好充分的心理准备,这也是给小萌带来心理困扰的主要原因。小萌说"现在每天都在想这件事情,学习成绩也下降了",看来这件事情已经影响到她的生活了。

(二)性幻想的困扰

性幻想是指在某种特定因素的诱导下,自编、自导、自演与性交往内容有关的心理活动过程,又称爱欲性白日梦。这是青春期常见的一种自慰行为,是一种正常的、普遍的性心理反应。美国精神病学教授贺兰特·凯查杜里安曾经指出:"这种幻想是人人都随时准备进入的一种快乐源,也是对行动的一种替代——作为一种暂时的满足,同时等待更具体的幸福,或者是对不能实现目标的一种补偿。"随着性心理的成熟和性能力的发展,大学生有着强烈的与异性交往的愿望,对异性的爱慕也十分强烈,但由于社会环境的约束,不能满足这方面的欲望。于是,便把自己在电影、电视、网络、小说及生活中看到、听到的恋爱故事,经过大脑的重新组合编成自己的性故事。通过这种自编自演的、不受时空限制的幻想来满足自己对性的心理欲求。大学生对性的幻想是丰富的,有很强的文学性和浪漫色彩。性幻想的内容因人而异,它与每个人的经历、爱好、思想意识或近期阅读的书籍、观看的电影电视等有关。例如,喜爱看言情小说的,其性爱故事往往是"一见钟情,私订终身"。性幻想故事中的恋爱对象可以是任何一个自己崇拜、爱慕的异性。

青春期的性幻想是性冲动的一种发泄方式,适当的性幻想有利于释放压抑的性行为,但是,如果性幻想过于频繁且沉溺其中,以致影响正常的学习、工作和休息,甚至把幻想当成现实,那就会成为病态,则属于不健康状态,应加以调节和克服。

(三)性梦的焦虑

性梦是指在睡眠状态中所做的以性内容为主的与异性交合的梦境,又称爱欲性睡梦。这是一种无意识或潜意识的性心理活动。其发生率男性高于女性,男性多发生在青春期,女性多发生于青春期后期或成年期。男性的性梦常伴有射精,又称梦遗。

大多数心理学家认为,性梦是自慰行为的一种形式。一个人有了性的欲望和冲动,如果客观现实不允许其实现这种欲望,就必须加以克制。这种欲望和冲动虽在意识层中被压抑了下去,却可能在潜意识中显露出来,于是,便在梦境中得到实现。因此,性梦与梦遗是正常的生理心理现象,是一种不由行为人自控的潜意识的性行为,故又称为非意志性的性行为。性梦是伴随着性心理活动的增多而产生的。据统计,在大学生中,有性梦者占70%以上,而且男生多于女生。性梦的内容十分广泛,性对象多为相识的,甚至是自己的亲人。梦境凌乱、模糊,体验到的情绪大多是愉快的,少数为忧虑、恐惧等情绪。性梦的结局常以达到性高潮而破梦。男性在性梦醒后一般回忆不出细节,女性在性梦醒后一般能回忆出梦的内容,并可能影响自己的情绪和行为。有些人经常会想:"我都梦见她了,还有亲密的行为,这不是爱上她了吗?"也有人反过来想:"我这么爱她,可怎么就梦不见她呢?"有些人错把性梦当成自己的愿望,认为"既然她能来到我的梦中,那么意味着她一定是对我有意的"。于是执著地开始寻找性梦中的她。具有癔症性格的女性往往把梦境当成实境。

性梦给大学生带来一定程度的心理压力,特别是女生的心理压力超过男生,严重者可能会给与异性的正常交往带来障碍。其实,性梦是一种正常的自慰行为的形式。

(四)性焦虑

广义上说,性心理矛盾、冲突以及各种性适应不良都会引起性焦虑,这里主要指对自己形体、性角色和性功能的焦虑。第二性征变化不仅将发育成熟者和未发育成熟者区分开来,而且将成熟男子和成熟女子区别开来,它不仅是区分不同性别的标志,而且是显示生殖系统开始运转的信号,同时又是两性相互吸引的一个重要根源。

如果认为自己以第二性征为重点的体象不如己意,而且很难改变它时,就会出现烦恼和焦虑。如有的女生认为自己个子太矮、乳房太小或不对称、体毛过多、身材不佳等将影响自己的性吸引力。这些认识成为他们在性生理发育问题上主要的思想负担和心理压力。除了对形体不满带来心理上的不安外,大学生还为自己的心理行为是否与性角色相吻合而忧虑。不少男生常感到自己缺乏男子汉气质,一些女生则觉得自己不够温柔、细心不足。为此,一些人形成了"过度补偿",比如,有些男生为了使自己像个男子汉,而故作深沉,或表现出大胆、粗鲁的行为,甚至以打架冒险等来显示自己、证明自己。这些人追求的往往是外在的东西,而忽视了本质的内容。

在性生理发育问题上,一些大学生除了对自己的体象和性角色的不满产生一些烦恼和焦虑外,有些人还怀疑自己的性功能有问题。这种焦虑并没有科学依据,因为他们中的多数人并没有生活的实践,也没有经过这方面的检查,只是捕风捉影地听人误说或看到书上讲到一些性功能方面的问题,就胡思乱想、杞人忧天。所以,这是一种自扰行为,是在对性问题似懂非懂的情况下出现的思想混乱。

(五)性自慰的焦虑

手淫是指性欲冲动时,用手或其他物品摩擦、玩弄生殖器等性器官以引起快感、获得性满足的行为,是与青年性生理发育相适应的一种自娱自慰式的自限性性行为。手淫是人到了青春期后产生了性要求和一时不能满足此要求的矛盾的产物。只要自然的性活动受到限制,手淫就很容易出现。当有了社会性的性行为,就可能抛弃这种方式。研究表明,性自慰时产生的生理变化,相当于性交时的生理变化,它是消除性饥渴和性烦恼的一种手段。通过性自慰或"手淫",可获得性欲的满足,缓解性的冲动和张力。手淫在大学生中是比较普遍的现象。

【案例10.4】这是某大一学生小明的咨询信:"……我有多年的手淫恶习,可是在高三的时候,某一天却突然发现自己不再能正常勃起了。于是我胡思乱想,这是我长期手淫的恶果,还是别的什么病导致的?从那天起,这个阴影就一直笼罩在我心头,我不敢对家里人说,不敢去医院检查。现在到大学了,我想请教老师:我这病还有恢复的希望吗?"

小明真的患病了吗?他的担心有道理吗?

【解析】因手淫而产生心理压力的大学生占有一定比例。据调查,产生心理压力的主要原因在于对手淫的错误认识。这种错误认识给手淫者带来了巨大的心理压力,使他们在每次手淫前后总是伴随高度的精神紧张、恐惧、焦虑、羞愧和耻辱,甚至罪恶感。为了获得手淫的快感,在手淫时假想或再现记忆中性爱的情节,事后又感觉自己低级、庸俗,从而背上沉重的思想包袱,产生羞愧、焦虑。另外,有不少男生受传统错误观念的影响,担心手淫后耗精伤髓,损伤元气,从而产生恐惧等不良情绪。正如美国的艾迪在1930年所著的《性与青年》一书中指出的:"如果手淫之事,一旦发生恶果,那必是恐吓与畏惧的结果,因为手淫本身不至于产生不好的影响。"如果大学生能以平静的心情去对待手淫,既不上瘾成癖,又不内疚懊悔,就不会引起性心理的异常。

(六)性倒错

从近几年我国在大学生中开展性心理咨询服务获得的信息来看,在大学生中,性倒错的比例并不高,但这不意味着对这一问题可以忽视和回避。

性倒错即人们平时所说的性变态,性变态是指有性行为异常的性心理障碍,其共同特征是对常人不易引起性兴奋的某些物体或情境有强烈的性兴奋,或者采用与常人不同的异常性行为满足性欲或有变换自身性别的强烈欲望,以及其他与性有关的常人不能理解的性行为和性欲、性心理异常。性倒错的表现形式多种多样,包括同性恋、恋物癖、异装癖、虐待狂、露阴癖、窥淫癖、易性癖等。

性倒错的异常性行为使其本人体验到极端矛盾和痛苦,这种痛苦是性欲和社会道德标准之间的冲突或本人认识到给他人带来了侵害,出现心理上的自责和内疚。由于性倒错的异常性行为可能使性对象遭受侵害,常常被视为危害社会性道德的行为,引起法律问题,对性倒错的异常性行为造成的对他人的侵害应承担相应的社会责任。

第三节 大学生恋爱心理发展的特点和常见问题

一、大学生的恋爱心理

(一)正确理解与认知爱情

所谓爱情,是指男女之间相互爱恋的感情。在现实社会中,爱情是一对男女之间基于一定的客观物质基础和共同的生活理想,在各自内心形成的最真挚的相互倾慕并渴望拥有对方,直至成为终身伴侣的强烈、持久、纯真的感情。

爱情是建立在性的基础上的,性的吸引是爱情产生的自然前提和生理基础。法国大思想家罗素说:"爱情源于性,又高于性。"爱情是一种社会性情感活动的产物和要求,体现了人与动物的本质区别。

综上所述,爱情是人的生理性需求与社会性需求的统一,是生理因素与心理因素的统一,是性爱与情爱的统一。因此,爱情不仅要求男女双方在相貌、人品、情感、能力等方面能够和谐共鸣,而且要求男女双方共同承担相应的社会责任和义务。

这就是说,首先,爱情是在男女双方之间产生的;其次,爱情是相互的;第三,恋爱双方必须有值得对方爱恋的依托,比如相貌、人品、能力等。爱情的长短与质量取决于相爱双方吸引力持续时间的长短与质量。不仅如此,一切爱情都是建立在特定的历史条件下的,离开了这一基础,爱情也就无从谈起。

还有一点需要明确的是,爱情与婚姻是既有关联又有区别的两个概念:婚姻是一种契约关系,具有法律约束力;爱情是一种基于一定社会条件下的情感关系,它不受法律约束。

不同的时代对爱情的理解与追求是不相同的。现在的大学生对爱情再也不用羞涩地遮遮掩掩、躲躲藏藏了,他们可以落落大方、热情洋溢地去接受爱的呼唤。随着大学生思想意识的不断解放,主动地投身爱情、追求爱情的人数也在呈上升趋势。

譬如,某高校20岁的男生小李,从贫困山区考入某高职学院会计专业。进校后,性情憨厚和不善言谈的他学习刻苦勤奋,第一年就获得了一等奖学金。二年级接新生时,他接来了同乡的一个女孩,那女孩热情开朗的性格、像花一般甜甜的笑脸给他留下很深的印象。那一天晚上,他失眠了。以后,他整个人都变了,整日精神恍惚,学习热情一点儿也没有了,一学期下来竟然有一门课程考试不及格。他想向她表白,又缺少勇气,只有经常在人群中寻找那女孩的身影,想看她一眼,和她说一句话。有一天,他看见她和一个男生在一起有说有笑的,心里不知是什么滋味。他想把她忘掉,却总是失败,他觉得自己真是没用,认为唯一的办法就是离开学校,再也见不到她。可是,这样又怎能对得起贫苦中艰难供他读书的父母?

苦恼中的小李把心事告诉了辅导员,在辅导员的指导和帮助下,小李学会了用理性来驾驭情感,摆正了情感与学习的位置,终于又恢复了以前的钻研精神,学习成绩优秀,被选举为班级的学习委员,再次成为同学们的羡慕对象。

应该承认,校园里多数的大学生对爱情的追求是健康的、理智的。这部分学生能够很好地处理学业与爱情的关系,在刻苦攻读专业知识的同时,也自然而理智地追求着爱情。他们普遍具有较好的控制自己的能力,爱情因学业而生辉,学业为爱情而添彩,在收获学业的同时也收获了爱情。但是也有少数学生处理不好爱情与学业的关系。这部分学生普遍缺乏必要的处理问题的理智和自我控制能力,感情用事,视爱情为生活中的一切。爱情当前,学业、事业、前途都不放在眼里。为了爱情,可以不顾一切,可以放弃一切。

美好的爱情会为我们带来快乐、带来幸福;没有爱情的生活会让我们感到缺憾、感到痛苦;病态的、邪恶的爱情会给我们造成伤害、造成灾难。某高校曾经有一位来自贫寒家庭的大学生,他在恋爱一段时间后,因性格不合遭到女同学拒绝,并坚决与他分手,他却不能承受而导致精神崩溃,最后居然在宿舍楼前,残忍地捅了女同学十几刀,当场将其刺死。

历史上各种动人的爱情故事不胜枚举。在今天的大学校园里,关于爱情的传说也比比皆是。由于爱情而比翼双飞,终致学业有成者有之;错失大好姻缘,导致终身痛悔者有之;不思进取,荒废学业者有之;为爱殉情,轻率舍弃生命者亦有之。

(二) 大学生恋爱心理特点

大学生的恋爱心理特点的形成与社会、家庭、学校、自身等因素有关。除具有一般青年人恋爱的特性外,还有其独有的特点。

1. 只注重恋爱过程

大学生恋爱的一个重要特点是只想恋爱而没有考虑到将来的结婚,不是清楚地、自觉地意识到应选择一个终身伴侣,他们恋爱是因为需要爱和被爱。相关调查显示,很多学生恋爱的动机在于体验爱情的幸福、消除寂寞、充实大学阶段的生活,甚至是赶时髦或不知道为什么,还有部分学生认为恋爱的目的不是婚姻。由此可见,很多大学生注重的是恋爱过程本身,至于恋爱的结果被忽略了。

注重恋爱过程,有利于双方了解、加深认识,也有利于培养感情、增加心理相容度,同时也反映出大学生不愿落入世俗、着意追求爱的真谛。但是,只注重恋爱过程,强调此时此刻的爱情感受,把恋爱与婚姻相分离,不考虑爱的结果,未免失之偏颇。现在大学生中流传着一句顺口溜"不求天长地久,只求曾经拥有"。一些大学生把恋爱当作一种感情体验,及时行乐,借以寻求刺激,满足精神享受,还有一些大学生甚至把恋爱当作一种消遣文化。其实,只注重恋爱过程,轻视恋爱结果,实质上是只强调爱的权利,而否定了爱的责任。

2. 客观上的爱情至上

在对待学业与爱情的关系上,大学生在接受调查的时候,大多认为"学业高于爱情"或"同等重要",只有少数学生认为"爱情高于学业"。从调查结果来看,绝大多数大学生能够正确看待学业与爱情的关系,他们赞成学习是学生的天职,大学阶段应以学习为主,爱情应当服从学业。有的希望学业和爱情双丰收,既渴求学业有成,又向往爱情幸福,总之,大都没有忘记学业,总想把学业放在首要的位置。但遗憾的是,上述这些仅仅是其主观上、思想上的愿望而已。

在大学里，客观上、行为上能够正确处理好学业与爱情关系的大学生还是占大多数的，但也有不少人一旦坠入情网就不能自拔，强烈的感情冲击了一切。有的学生一旦恋爱，整天如痴如醉、想入非非、卿卿我我，沉浸在甜言蜜语之中。有的大学生中午、晚上不休息，"加班加点"谈恋爱，致使上课时无精打采，倦意甚浓。有的大学生干脆逃课，"一心一意"谈恋爱，成为恋爱"专业户"。很多大学生成就事业的热情在不知不觉中一天天冷却，爱情逐渐成为生活的唯一追求。可见，摆正学业与爱情的关系，是大学生难以控制而又必须正确处理的问题。

譬如，某大学二年级女生怀着对大学生活的美好向往踏入学校。为了实现自己的理想，入校后，她放弃了许多休息和娱乐时间，专心致志于学习，为此取得了优良的学习成绩，赢得了老师和同学们的赞誉。正当她准备进一步提升自己的学习目标时，一位同年级的"白马王子"闯入了她的生活，涉世不深的她很快坠入爱河，一度沉醉于花前月下、卿卿我我的两人世界，渐渐地游离了原先设计的奋斗目标，一学期下来，学习成绩严重滑坡。她虽然已经预感到问题的严重性，但是无法控制两人的频频约会。辅导员很快发现了他们的变化，并及时进行了干预。在老师的教育和启发下，他们终于走出了两人世界的小圈子。一方面，他们积极参加集体活动，在集体中感受老师和同学的关心和温暖；另一方面，他们理清两人的情感困惑，把握恋爱的热度，把主要精力集中到学习上来。半年后，她的学习成绩提升幅度较大，不但两人的感情正常发展，而且那位"白马王子"的成绩也步步提高，两人圆满毕业。

3. 恋爱观念开放

随着时代的发展，大学生的恋爱观念日益开放，传统道德逐渐淡化。部分学生认为有多个情人是"可以理解""有一定道理"的。在对待婚前性行为的态度上，有部分学生反对婚前性行为，有少数学生赞成婚前性行为，还有学生认为无所谓、顺其自然，而且多数学生认为是"不违背道德观念"的，很少有学生关注发生性关系后的责任问题。

中国传统文化及伦理道德虽对大学生影响较深，但随着对外开放的范围不断扩大，国外近些年的"试婚"等婚姻观逐渐影响到大学生，使得学生常常处于理智与感情矛盾的漩涡中，在理性认识上觉得应该保持贞操，应该遵守传统伦理道德观，但在爱的激情下，又不愿再受传统观念束缚，恋爱方式公开化，不再搞"地下工作"，一些大学生甚至在公共场所、大庭广众之下，旁若无人地做出过分亲昵的动作，有的竟然坦然地谈起多角恋爱。

4. 心理承受能力较弱

大学生中"有情人"虽多，但"终成眷属"者少，这样就产生了一批失恋大军。心理研究机构曾对大学生分年级做过抽样调查，结果显示，越来越多的大学生有了恋爱经历，从大一的不到20%按年级呈上升态势，到大三有近半数学生承认自己有恋爱经历。然而值得关注的是恋爱受挫后的心理状况。大学生感情受挫后出现一个时期的心理阴暗期是正常的，绝大多数大学生通过"找朋友诉说"或者"理性思考"对自己和对方采取宽容的态度，尊重对方的选择。但仍有一部分学生摆脱不了"情感危机"，有的失去信心，放弃对爱情的追求；有的一蹶不振，沉沦自弃，认为一切都失去了意义，以至于悲观厌世；有的视对方如仇人，肆意诽谤，甚至做出极端行为伤害对方。因失恋而失志、失德者虽属少数，但影响很大。

二、大学生恋爱心理的困惑与调适

大学生恋爱现象在现实中越来越普遍,已经渗入到学习、工作和生活的各个方面。然而大学生生理发育成熟而心理不成熟或渐趋成熟的矛盾、丰富的情感与脆弱的理智的矛盾、性意识的觉醒与性道德规范的矛盾,导致他们在恋爱过程中出现各种烦恼和痛苦,甚至遭受失恋的打击,直接影响了他们的身心健康与发展。因此,学会调适恋爱过程中的各种心理困惑,正确对待失恋,有利于大学生的身心健康和全面发展。

(一)恋爱中的心理困惑

1. 过度的恋爱情绪反应

恋爱以感情为基础,随着恋爱进程的深入,双方必然在心理上和感情上发生很大变化,如初恋时的激动不安、等待恋人时的焦急烦躁、离别时的依依不舍等,这些反应是很正常的,是恋爱中常有的心理现象。但如果这些情绪反应过于强烈,就会影响正常的学习生活,损害身心健康。与恋人一会儿不见,便心神不宁、坐卧不安,恋人外出如同生死离别一样痛苦不堪,"才下眉头,却上心头""衣带渐宽终不悔,为伊消得人憔悴",整日沉湎于相思的苦海里不能自拔,致使学习不专心、上课走神、神思恍惚、精神萎靡、茶饭不思、辗转难眠,这些都是过度的情绪反应。为减轻这种反应,保持心理健康,要学会转移注意力,及时调整、放松自己的情绪,做一些感兴趣的事情,积极参加有益的活动,不要把自己的全部精力都投入到恋爱上。因为恋爱本身并不是一个人生活的全部。鲁迅说:"不能只为了爱,——盲目的爱,而将别的人生的要义全盘疏忽了。"他又说:"人必生活着,爱才有所附着。"

2. 恋爱中的波折

每个人都希望自己的恋爱过程能够一帆风顺,但实际恋爱中总是要出现一些波折。因为恋爱本身就是双方加深认识和了解的过程,也是双方磨合的过程。因此,由于双方所受的教育、生活环境、兴趣爱好、性别、个性的差异,以及看问题的角度不同,在恋爱过程中出现一些分歧和波折是正常的。但如果这种波折过于强烈或时间过长,就会使人处于焦虑状态,影响心理健康。

爱情的特点是排他的,热恋中的男女不希望其他人介入他们的亲密关系。这种特点对维持爱情的稳定长久很有必要,但排他性发展到极端会引起青年人对恋人行动的猜疑,造成严重的心理负担。大学生较同龄人具有更高的敏感性,能更好地捕捉人的心理活动轨迹,这也加强了发生猜疑的可能性。过度的猜疑甚至使某些恋人承受不了心理负担而轻生。对恋人产生怀疑,不相信对方忠诚,在很大程度上是自私心理的表现,是一种病态的爱情心理。自私心理过强的人不允许恋人与其他异性有任何接触,认为恋人只属于自己。

一般地说,异性间从产生爱情之日起,嫉妒心理便应运而生。随着爱情的发展,一些人的嫉妒心理愈来愈强烈,但可能隐秘地存在,而不轻易暴露。自私、猜疑、嫉妒控制在一定范围内是正常的,不能要求人不去嫉妒与自己爱慕对象关系密切的异性,但如果发展过度,就会成为病态的爱情嫉妒妄想。当觉得自己的猜疑嫉妒已无法控制,自己调整不过来时,最好去寻求心理咨询老师的帮助。对具有轻微病态心理的,只要加强指导,一般容易治愈。嫉妒妄想对行为的影响很大,若不及时治疗,易引发凶杀行为。大学生的恋爱纠纷事件中,有一些就是受到嫉妒妄想的影响,这是一种有严重危害的心理障碍。

【案例10.5】栀子一说起自己的男友就气不打一处来,"他一点都不关心我,他肯定是不爱我了!"事情要从上周四两个人一起出去吃饭说起。他们提前几天就定好了要在那个周四下馆子改善一下伙食,结果出了宿舍,被小风一吹,栀子男朋友就开始打退堂鼓。他对栀子说:"外面好冷,要不还是在学校食堂凑合一下吧,等哪天天气好再去外面吃。"栀子心里很不乐意,脸色瞬间就变了。男友一看栀子不高兴了,赶紧圆了回来:"天冷正好去吃火锅,吃点热乎的,对对对,我真机智。"栀子的脸色这才有所缓和。两人一路无话,到了火锅店,开始点菜,栀子脸色却更难看了。起因是男友想吃麻辣锅,而栀子想吃清汤锅,其实叫个鸳鸯锅就能解决的事儿,但栀子不依不饶地非要男友陪她一起吃清汤锅。男友觉得栀子莫名其妙,其实栀子心里也委屈得很。原来今天栀子身体不太舒服。但想到很早就和男友约了一起出来吃饭,也不想扫男友的兴,就一直没有提这茬儿。但男友对于栀子今天的异样却丝毫没有察觉,只顾着跟栀子争执。栀子越想越委屈,这顿饭最后吃得很不是滋味。

回到宿舍,栀子和宿舍的小姐妹们说起了这件事,越说越气,开始了与男友长达一周的"冷战"。男友那边好像心里也有气,真就按捺着性子不来递个软话儿。栀子心里烦闷,身边的闺密也劝不好。后来慢慢地,栀子和男朋友疏远了。

3. 单恋

恋爱是两个人之间的感情交流,如果一方投入了感情,而对方毫无感觉或不想与之交流,就形成了单恋。单恋只是反映单方面的倾慕。由于这种倾慕者大部分既默默地表现着,又迫切希望自己的指向能够被接受,所以这种情感往往十分强烈,也容易受到伤害,产生心理疾病。单恋的形成大多是由于以下几种原因:

(1)"爱情错觉"。误把友情当爱情,把男女同学间正常的交往、朋友式的关怀和友谊误解为爱情,因而误解对方的言行、情感,想入非非,陶醉于遐想的"爱情"中,造成单恋。

(2)"理想模式"。每个男女青年的心中都有自己的"白雪公主"或"白马王子",一旦在生活中遇到一位在容貌、才华、气质、风度上都与自己心中的理想模式吻合的人,就会产生难以抑制的爱情之火,这种爱在没有引起对方的感情共鸣时就形成了单恋。

(3)"自作多情"。这种单恋者明知对方不爱自己,还是一味地追求、纠缠。

(4)"情感封拒"。自己深爱对方,却不知对方的感情,又怯于表白,或者故意在对方面前装出一副不屑一顾的神情,甚至口是心非,欲爱却贬,从而苦苦相思,夜不能寐。

【案例10.6】季某,男,21岁,工科院校三年级学生,知识分子家庭出身。季某是在万般无奈情况下前来咨询的。他说话吞吞吐吐,自诉自己非常喜欢同年级一个女生,而且认为对方也喜欢他,但当他提出与对方进一步密切关系,并频频相约时,却遭到婉言拒绝,他感到非常痛苦。由此,有时他产生幻觉,觉得她也喜欢自己。于是更频繁地纠缠该女生。一天早上刚上课,他忽然从后面搂抱该女生,对方大叫,并打了他一巴掌。他既没有生气,也没有兴奋。

据季某家长介绍,他从小就自卑、羞怯,在自知其貌不扬、个子矮小时,就更觉低人一等,遇事固执。季某父亲也有间隙性精神分裂症状。经过进一步观察了解,发现季某具有一系列不良症状:

(1)智力水平倒退,记忆力减弱,注意力分散,反应迟钝。学习兴趣和积极性下降,产生明显的厌学情绪。

(2)情绪呈现明显的抑郁特征,沉默寡言,独来独往,以前他喜欢音乐、集邮、体育、新闻、旅游等,现在兴趣锐减,和过去相比判若两人。

(3) 自卑心理严重,过分敏感。在许多人面前,特别是在想要追求的女生面前唯唯诺诺,自惭形秽,难以自我悦纳。认为老师对他上课时咳嗽、揩鼻涕反感,认为同学都在欺负他。

(4) 言谈举止严重失态,经常目光呆滞、精神忧伤、自言自语或独自发呆,与他人谈话时絮絮叨叨、语无伦次。

(5) 大量抽烟。

【解析】季某是由恋爱单相思受挫引起的紧张型精神分裂症。这种症状通常表现为:木僵状态、活动减少、语言刻板、动作呆滞、违拗等;联想松散,谈话缺乏中心思想,内容缺乏逻辑联系,思维零乱,意志活动减退,对外界缺乏兴趣,不愿与人接触,生活懒散;多产生言语性幻觉,总觉得别人在评论、讥讽、命令、谩骂自己。这和季某的症状几乎完全一致。

经分析,造成季某病态的原因可能有多方面,但主要有三点:

(1) 缺少正确的恋爱观指导。季某追求的女生外在条件较出众,但两人的思想感情基础完全没有。这就是说他缺乏对真正的爱情的基本了解和把握,也不清楚如何正确赢得爱情,只是一味地单相思。而且他把爱情看得过重,似乎爱情就是自己生活的全部。

(2) 存在自卑、敏感、固执等个性缺陷。例如,女方接受了季某一张圣诞卡,他就认为对方对自己有意,执意要经常交往,容易感情用事。这些个性缺陷常常成为严重心理障碍的个性心理基础。

(3) 家庭遗传病史的生理影响。研究资料表明:精神分裂症的发病与遗传因素有关,病人亲属的患病率比一般人要高很多,据统计,父母一方患有此病,其子女有16%的患病率。因此,季某的病态可能与家庭遗传病史的生理影响有关。

4. 网恋

网恋顾名思义就是通过网络进行恋爱。时下似乎没有什么比网恋更酷、更时尚、更浪漫的了。网恋虽然没有花前月下的卿卿我我,却也是虚拟世界中两颗炽热的心在碰撞,有时也能放射出耀眼夺目的火花。网恋作为近年来出现的一种新的恋爱方式,为不少大学生所喜爱。大学生网恋包括游戏型、感情寄托型、追求浪漫型、表现自我型、追求时尚型、随波逐流型等多种类型。不管是哪一种类型,几乎都具有一个共同的特点:抛弃"恋爱是为了缔结婚姻"的观念,把网恋视为一种网络游戏,在网上进行情感交流的一种方式。他们认为网恋不仅可以把现实社会的种种规则完全抛开,而且可以模糊性别和身份,把所有的事情都当作游戏。有调查表明,在大学生中确有一些通过交流学习心得、人生看法,逐渐情投意合而网恋的。但就多数而言,则是经不起外界的诱惑,看见同宿舍的同学都在网上谈情说爱,觉得留下自己孤零零地难受,于是也就加入了网恋队伍。无论大学生们如何卷入网恋,作为恋爱的一种方式,本无可厚非。但是,网恋一般很容易上瘾,大学生一旦上瘾就会沉湎于网络而不能自拔,把网上爱情视为生活的唯一追求。有的大学生竟然中午、晚上不休息,"加班加点"在网上谈恋爱,上课时却无精打采,甚至为了上网谈恋爱而逃课。网恋不仅严重地影响学习,而且容易使他们减少与老师、同学之间的交流,不愿意参加集体活动,性格变得孤僻,甚至造成人格分裂。有的大学生甚至靠偷、骗钱财来支付上网费用,还有些大学生因为网恋失败,产生心理问题,更严重的甚至出现精神崩溃。网络的欺骗性对一些大学生来说更是一个沉重的打击,一些受到如此打击的大学生,由于得不到及时的引导,甚至断送了前程。因此,大学生在恋爱中产生心理困惑时,要及时调适好自己的心理,必要时要寻求心理咨询老师的帮助,防患于未然。

【案例10.7】 小艺今年20岁,在武汉某高校二年级就读。几个月前,她在网上结识了一位"情投意合"的网友,便情不自禁地陷入了"网恋"之中。从此,她所有的心思都拴在了网上,经常在网上沉迷到深夜,与对方恋得如胶似漆,每天恍恍惚惚的,学习成绩也直线下降。之后,随着情感的升温,两人决定见面,并反复地约定好了时间、地点和相见方式。然而,见面的那个傍晚,小艺在约定地点等了好几个小时,直到夜深人静,网友却依旧没有露面。夜色中,小艺激动而羞涩的心情随着焦急的等待逐渐变得绝望。看着马路上来来往往的人,她越来越觉得每个人都在看她、笑话她。最后她在羞愧与困惑中迷迷糊糊地回到了学校。从那天起小艺的情绪便有些失常。每天执着地守在网络上,对着网友灰色的图标发愣。思来想去,她最后竟然认定这网友就是同班的一位男生,于是前去质问。男生莫名其妙,极力否认。但小艺执意认为对方是有意"考验"自己,始终纠缠不休。

时间一天天过去,小艺逐渐思维混乱、语无伦次,时而情绪激奋,时而心灰意冷,被家长送进了精神病院。经医生诊断确认,她患上了精神分裂症。

(二)失恋的调适

成功的恋爱令人陶醉和神往,可谁能断言,在爱情的江河里不会有惊涛骇浪、狂风巨澜呢?有恋爱就会有失恋,这是恋爱过程中的正常现象。因为每个人都有追求爱情的权利,对方也就有接受爱或拒绝爱的权利。

失恋是痛苦的,在大学时代品尝爱情的学生,常会遇到这心酸的一幕。失恋会给人的身心带来极大的伤害,甚至会让人做出蠢事,铸成大错。大学生应冷静地、客观地面对失恋,"三思而后行"。

1. 从认识上接受

① 失恋不失理智。一些大学生失恋后,万念俱灰,从此一蹶不振,作茧自缚,长期在痛苦的漩涡里不能自拔,心情抑郁,为人冷漠、孤僻,甚至积郁成疾。当感情失败的时候,大学生要把握好理智的罗盘。既然失恋已成为无法回避的事实,那么我们就要以足够的勇气和胆量去正视它,失恋不失理智,失恋不失生命。《钢铁是怎样炼成的》作者奥斯特洛夫斯基说:"个人问题、恋爱问题,在我的思想里占的地位很小……即使失恋一百次,我也不会自杀的。"

② 失恋不失志。有的大学生失恋后心灰意懒,精神颓废,整天不思进取,悲观失望,表现出一副"天涯沦落人"的凄凉。有的借酒消愁,以烟解闷,麻醉自己的精神,不愿醒来。殊不知"抽刀断水水更流,举杯消愁愁更愁",人为地麻醉自己不但不能消除苦恼,反而给自己增添几分思想的空虚。人们常说"痛苦的时候,工作就是良药"。失恋的时候,不妨转移注意力,积极地投入学习、工作中,用好成绩来补偿失恋的痛苦。"失之东隅,收之桑榆。"恩格斯在这方面为我们做出了表率,他年轻时曾两次失恋。第一次失恋后,他翻越阿尔卑斯山到意大利散心;第二次失恋后,发愤创作《英国工人阶级状况》一书。正是在这种情况下,他"像抹掉粘在脸上的蛛丝一样地抹掉失恋的痛苦"。

③ 失恋不灰心。大学生一次失恋就断定自己不讨人喜欢,对异性没有吸引力,是自卑且缺乏自信的表现。失恋的时候绝不能自暴自弃,意志消沉,应该培养自信,增强自身的魅力。失恋或许会成为一件好事,使人能够拨开爱情的迷雾,把问题看得更清楚。正如海伦·凯勒所言:"一扇幸福之门对你关闭的同时,另一扇幸福之门却在你面前洞开了。"失恋本身

意味着自己又有了重新选择真正爱情的良机,只有从失恋中重新认识自己,充满信心,才有可能在吸取前车之鉴的情况下,重新架起通往爱情的桥梁。贝多芬一生失恋多次,但他从没有灰心丧气,创作出辉煌的乐章。

④ 失恋不失德。有的大学生失恋后攻击报复对方,揭露对方隐私,无端造谣中伤,恋爱时说不尽的甜言蜜语,而一旦告吹,马上便成了不共戴天的仇敌。更有甚者,为此大打出手,刀刃相见,说什么"活不成大家死在一起",结果非但追不回失去的爱情,反而陷自己于不仁不义。其实,失恋后的任何怨恨、报复的举动都是害人害己的,只能给沉闷的心灵再增加几片乌云,令自己的精神雪上加霜。俗话说:"萝卜白菜,各有所爱。"既然对方不爱你,又何必苦苦强求别人的施舍与怜悯,以至于不能释怀,总想报复,以解心头之恨呢?

2. 从情绪行为上调节

失恋的人可以采用以下方式调控自己的情绪与行为:

① 要及时倾诉宣泄。内心的烦闷是一种能量,若久不释放,就会像定时炸弹一样,一旦触发即会酿成大难。但若及时地将苦闷宣泄出去,就可以用倾诉或自我倾诉(如写日记)取得内心平衡。因此,一个人失恋后,切不可将心事深埋心底,而应将这些烦恼向值得依赖的亲人或朋友倾诉,这时你就觉得自己的心情好多了;如果你不善言谈,那么你可以奋笔疾书,让情感在笔端发泄;你也可以关门大哭一场,因为痛哭是一种纯真感情的爆发,是一种自我保护性反应。另外,去打球、参加文娱活动都能消除心中的郁结,解除失恋带来的心理压力。

② 学会自我安慰。即"酸葡萄"与"甜柠檬"效应。酸葡萄效应是指失恋者为了缓解内心的痛苦,像伊索寓言里的狐狸那样说"葡萄是酸的",指出以前恋人的一些缺点,有助于打破理想化倾向。"甜柠檬"效应则是指罗列自己的各项优点,找出自己的美好之处以恢复自信,从而减轻痛苦。

③ 采用吐纳气功使心情平静。吐纳气功也是一种排解忧郁情绪的积极方法。首先,要尽量使自己安静下来,自然站立,尽量放松,深吸气、呼气时默念"啊""嘘"的声音。周而复始,共呼吸6—18次。同时想象把忧郁"啊""嘘"了出来。这样就会气愤全消,心平气和。因为吸气时默念"啊"音,可宣泄心火、安神定志;而呼气时默念"嘘"音,可起疏肝理气、祛怒解郁的作用。

第四节　培养健康恋爱观和择偶观

爱情不是一种与人的成熟程度无关、只需要投入身心的感情。美国著名诗人惠特曼说:"爱,不是一种单纯的行为,而是我们生活中的一种气候,一种需要我们终身学习、发现和不断前进的活动。"爱情是人生的必修课,这门课虽不在升学考试的科目之列,却会考人一辈子。这门课也不一定非得在大学期间研修。但是,对大学生来说,学习爱、了解爱的真谛,具有发动爱情和分享爱情的能力,能对爱情负责到底,是人格健康的体现。

一、先与生命谈恋爱

心理学家米尔曾经提出每个人的内心都有一个"储爱槽",这个"储爱槽"是丰盈的,才能去给予别人,如果是空的或不满,那么在爱别人时就会感到枯竭。所以每一个人都要首先让自己的"储爱槽"变得丰盈起来。

米尔说,最初,"储爱槽"中是我们的父母、亲朋灌注的爱;后来,我们要学会自己爱自己,不断地向"储爱槽"中灌注爱。如此,我们才有能力不断地把我们的爱给予别人,同时又保持"储爱槽"中爱的容量。

(一)接受自己的不完美,好好爱自己

很多人不自觉地希望自己的生命变得圆满。寂寞的时候恋爱,就是希望通过一个人的出现来改变自己的心境和生存状况,这其中隐含着对自己不完美的判断:"我不够好,于是我不可爱,我不快乐。但是我不甘心,于是我要用爱情来证明我还不错,来让我快乐。"这是不接纳自己的人的充满矛盾的思维逻辑,于是他总在苦苦寻觅一个能够证明自己的人。

(二)滋养自己的生命,增强内在的自信和安全感

爱有不同的层:① 初层次,是满足自己需求的一种爱,它充满了激情,带来了思念、渴望,也带来了快乐与幸福,但同时,由于其本质是自我需求的满足,因此它也带来了独占、嫉妒、紧张、焦虑、不安、愤怒、伤害等。② 中层次,是一个人开始睁开"心眼",将别人的需求纳入自己的考虑范围内,慢慢地从自我满足的层次跳出来,进到互利状态的爱。③ 高层次,则是将前两个层次的自私、自爱提升到自在状态的爱。呈现这种状态爱的人,往往是独立、自信、喜乐、平安的人,他们的自我满足不再从别人身上求得,别人的回报早已不是处在这个层次的人考虑的了。而要达到这种高境界,要用知识、修养、爱心、善行来滋养自己的生命。

所以,在我们的爱情鸟还未来到的时候,不妨先和生命谈恋爱。先与生命谈恋爱,就是要用知识、修养、爱心、善行来滋养自己的生命,尽力使自己的生命变得充盈,积蓄爱的能量。这是一段美好爱情的最好开始。

二、提升爱的能力

爱的能力表现在方方面面,主要有迎接爱的能力、拒绝爱的能力、承受爱的挫折的能力、发展爱的能力以及借助于爱而实现人格完美的能力。

人人都需要爱,但不是人人都会爱。有爱、会爱,是具备爱的能力的表现。爱的能力不是天生的,像人的任何其他能力一样,爱也需要学习,爱的能力更需要培养。

(一)了解自我,了解他人

迎接爱的能力包括发现爱、选择爱、施予爱、接受爱和对爱心怀感激的能力,缺乏这种能力的人,爱往往与之擦肩而过,或是遗憾,或是错爱。所以,我们要了解自己,知道自己喜欢什么,需要什么,适合什么;同时,广泛交往,多了解他人,并对己对人保持敏感的热情。

(二)爱他人,也忠于自己

弗洛姆说:"如果没有爱他人的能力,如果不能真正谦恭地、勇敢地、真诚地和有纪律地爱他人,那么人们在自己的爱情生活中也永远得不到满足,但是切不可在爱中迷失自己。"

（三）爱与不爱都要真诚表达

对一个人产生了爱意，就要勇于表达。假如只是站在爱人的身边，默默地付出，静静地守候，不奢望走近，也不祈求拥有，即便知道根本不会有结果，却仍然执迷不悔。这样的爱恋是残缺的、失真的，也必然注定了悲剧的结局。

假如一个人对你产生了爱意，面对他的表达，首先要作出判断，再作出接受、谢绝或再观察的选择；面对一份不希望得到的爱情，要果断、勇敢地说"不"，因为爱情来不得半点勉强和将就。如果因为不忍伤害对方，而没有勇气拒绝，那么最终仍然会对自己和他人造成伤害，这种伤害甚至比当时的拒绝更为严重，毕竟每个人都有获得真爱的权利。当然，要掌握恰当的拒绝方式。善良的拒绝应尊重对方人格、珍惜对方情感，以充满关切、尊重和机智的方式维护自己、也维护对方。

自我测试

谢谢你的爱——善意地拒绝他人

将班级同学分成若干小组，注意男女同学比例。每个小组分别由两名同学轮流扮演表达爱情的人（角色A）与谢绝爱情的人（角色B），其他同学做观察员，评比扮演角色B的同学的表达能力，并对他的不足给予评价。

活动要求：

（1）小组内的每一位同学都至少扮演角色A一次，扮演角色B一次。

（2）小组内的评比：扮演角色B的同学的言辞是否可以有效地谢绝爱，而且使得扮演角色A的同学不感到尴尬。

（四）承受爱的挫折

对于恋爱，人们都希望它是甜蜜的、美好的，然而，在爱情生活中，不乏苦涩和忧郁、坎坷。对各种恋爱中的挫折，要学会去应对和调适，培养自己承受恋爱挫折的能力。单相思、失恋是常见的恋爱挫折，如果你不把爱情当作生命的全部，你对自己有一份深深的信任，你就能经得起这些挫折的考验。至于具体的方法，请参见前面相关的内容。

情景剧表演

小周和小张是一对相恋半年的恋人，小周漂亮，小张帅气，两人在别人眼中是一对很登对的小情侣。他们是在学校举办的一场辩论赛中认识的，小张是那场比赛的最佳辩手，也是校学生会的主席。小周非常崇拜他，于是开始主动追求小张。小周对小张体贴入微，每天送早饭，节日送鲜花和礼物，终于功夫不负有心人，这些付出打动了小张，两人正式确立了恋爱关系。刚开始恋爱的时候，小周觉得非常幸福，因为小张是学校的风云人物，很多女生追求他，所以当他们在校园里出双入对的时候，很多女生都向小周投来羡慕的眼神。但是，慢慢地,小周觉得好像一直都是自己在付出,小张很忙,经常没时间陪她,对她也不怎么体贴和关心,情人节那天,中午在学校食堂吃饭的时候,小张告诉小周晚上学生会有事,不能陪她过情人节了。小周既生气又怀疑,怀疑小张是不是有别的女朋友,于是趁小张去上厕所的时候,偷看了小张的手机,结果看到了一个女生发给小张的暧昧短信,这时正巧小张返回看到了小周偷看他的手机,于是两人发生了争吵。

【情景表演】

小周:你手机里的"小晴"是谁呀?她和你说的这些话是什么意思?

小张:谁让你偷看我的手机的?你什么意思?

小周:没有见不得人的事,还怕人偷看吗?你这是恼羞成怒吧,被我抓到了,是吗?还不承认,这个"小晴"一口一个"哥哥"地叫你,你们这几天一直都在一起?

小张:你这么说就是根本不信任我啦?你根本不信任我,那我们在一起还有什么意思?

小周:你什么意思?你要和我分手吗?你是不是一开始就没喜欢过我,是我追的你,只是我一厢情愿,是吗?你从来都不关心我,就连今天情人节你都不陪我过,你总是说你忙,我看你根本就是有好多女朋友,你就是个骗子!

小张:你真是不可理喻,你愿意怎样想就怎样想啦,我没时间和你较劲,我还有很多事要忙。

小张起身离开,小周呆坐在那里……

【小组讨论】

讨论:小周和小张爆发冲突的原因是什么?在这段恋情中,小周和小张两人分别存在哪些问题?

分享:作为新一代青年学生,要树立正确的恋爱观念,提倡志同道合的爱情,正确理解爱情的本质。爱情是纯洁、真挚的感情,如果恋爱动机不纯、片面理解爱情或者过于功利化都必然导致恋爱悲剧。爱情需要相爱的双方相互理解、相互信任,多一份责任和奉献,并且培养爱与被爱的能力,发展健康的恋爱行为,学会处理好爱情与学业的关系。

三、承担爱的责任

爱情是自然性与社会性的统一,组成爱情的要素是性爱、理想和责任。性爱是爱情发生的胚芽,是天然的基础;理想是爱情发展的阳光雨露;责任是爱情之花永不衰败的肥沃土壤。

对于真正的爱情来说,责任和义务是必不可少的。当说出"我爱你"三个字的时候,也承诺了爱的责任和义务;当不能履行这种爱的责任和义务时,这份爱情也就走到了末路。

什么是责任?责任就是一个人应该做的事,和因没有做而需要承担的后果。爱一个人,不只是享受对方的爱的给予(此谓之"索取"),还应该彼此忠诚、相互扶持、甘愿奉献,这就是爱情的责任。

(一)彼此忠诚

忠诚,是坦诚以待。恋人之间应真诚地分享自己的思想、情感,特别是分享自己对人生和爱情的看法、相处之中的真实感受。那种为了讨对方欢心而委曲求全或口是心非的表达,并不能带来关系的长久改善。当然不欺骗不隐瞒,并不是说要将自己的点点滴滴都告诉对方。每个人都可以也应该有自己的隐私,即使是面对自己最亲密的人;完全地公开,有时反而会产生伤害。

忠诚,讲究的是情感专一。爱情与友谊不同,具有强烈的排他性,爱情和婚姻是一个心对心的相互承诺以及对承诺的相互信守,相爱的双方有义务忠实于自己的选择和承诺。

(二) 相互扶持

"人"本来就是相互支撑的,更何况两个相爱的人? 在人的一生中,总要碰到许多困难、坎坷。爱情对于身处逆境中的人来说,犹如夏日甘霖、寒冬阳光。爱情的美丽在于幸福快乐同享,更在于患难与共、生死相随。在漫漫的人生旅途中,相互扶持还意味着包容、迁就、宽恕,唯有如此,方能"执子之手,与子偕老"。

(三) 甘愿奉献

所谓爱的奉献,是指在恋爱的过程中,要关心对方,为对方着想,为对方付出,而不是占有和索取。

(四) 让双方都成为自己

在恋爱的时候,很多人在改变着自己,让自己变成对方所希望的那样;也有很多人抱着天真的幻想,要把对方变成自己喜欢的样子。事实上,没有一个人的改变会是脱胎换骨的,也没有一种改变是不痛苦的。这样,恋爱往往变成了一种拉锯战,使两人身心俱疲。

还有的人在恋爱中为对方承担一切,将所有的责任都揽在自己的身上。其实每个人都有自己的责任,如果我们背负起对方的责任,对方将被塑造成一个依赖的、无责任心的人。这于对方,不能促进其成长;于自己,太多的付出之后,终会因身心疲惫而心生怨恨。

所以,爱一个人,是让他成为他,也让自己成为自己;不是让自己成为他的一部分,也不是让他成为你的一部分。爱一个人,不是背负他该背负的,不是承担他该承担的。只有当我们承担起自己的那份责任,同时把对方的责任还给对方的时候,才是真正的爱。美国心理治疗专家保罗说:"真爱行为是一种抚育自身和他人情感与精神成长的行为,真爱行为滋养生命个体责任感的成长。"让双方都成为各自的自己,才是真爱的行为。

(五) 为性注入理智

爱的责任,还包括为我们的性负责。谈性色变的年代已经过去,随着社会的进步,社会对性更加宽容、更加开放。在宽容和开放的背后,应该是更为理性、更为负责的态度。

学习拓展

(一) 素质拓展

推荐电影:《失恋 33 天》
内容简介:女主角黄小仙,从事高端婚庆策划,性格开朗乐观,一个偶然的机会看到了男友和自己的闺蜜在一起了。

黄小仙开始用日记记录自己失恋后的生活,一天一天开始写下去。

黄小仙经历了失恋的痛苦后,乐观地接受了自己失恋的事实,疼痛过后擦干眼泪,就算新的一天是前一天的翻版,依然保持开朗乐观,最终打开崭新的生活并收获新的爱情。

(二) 活动拓展

1. 了解异性眼中的交友观

班级同学分为两组,男生一组,女生一组,完成下列题目:

(1) 我眼中的女生是_____。
(2) 我眼中的男生是_____。
(3) 我中意的女生是_____。
(4) 我中意的男生是_____。
(5) 我觉得男生和女生最大的差别是_____。
(6) 我觉得男女生交往会失败是因为_____。
(7) 我觉得男女生交往会成功是因为_____。

以上题目,先是每个人写出自己的答案,然后男女生两组共同讨论答案,了解异性对这些问题的看法,交流讨论,了解异性交友观。

2. 我的优势与我的理想伴侣

请用形容词、词组、句子的形式写出你拥有的优势和你选择心目中理想伴侣的 5 条标准。

我拥有的优势

(1) _____。
(2) _____。
(3) _____。
(4) _____。
(5) _____。

我心目中理想伴侣的标准

(1) _____。
(2) _____。
(3) _____。
(4) _____。
(5) _____。

讨论:自己拥有的优势中哪些是受到异性欢迎的? 自己选择心目中的理想伴侣是以什么为标准的?

第十一章

大学生压力管理与挫折应对

课程导入

> 林某,男,20岁,某大学二年级学生。入学一年多来,他和班上同学相处得很不融洽,跟同宿舍同学发生过几次不小的冲突,关系相当紧张。后来他擅自搬出宿舍,与外班的同学住在一起,也因此受到学校纪律处分。从此,他基本上不和班上同学来往,集体活动也很少参加,与同学的感情淡漠、隔阂加深。他认为在班级里自己没有一个能互相了解、互相信任、谈得来的知心朋友,常常感到特别孤独和自卑,情绪烦躁,痛苦至极,而巨大的精神痛苦无处倾诉,长期的苦恼和焦虑使他患上了神经衰弱症。他的心境和体质也越来越差,深感自己已陷入病困交加的境地,无力自拔,失去了坚持学习的信心。他开始厌倦学习,厌恶同学和班级,一天也不愿再在学校待下去了。于是,他听不进老师的劝告,也不顾家长的劝阻,坚持要求休学。

第一节　压力和挫折概述

有位哲人说过:成长是一个人蜕去幼稚浅薄的蛹衣,生出美丽蝶翼的过程。蜕化是痛苦的,是成长过程中不可逾越的现实,也是每个人人生的必经之路。学习、考试、就业、恋爱经历和感受的压力和挫折等,都是大学生成长过程中不可逾越的现实。后悔是选择的影子,遗憾是人生的伴侣,压力与挫折一样,也是一对孪生兄弟。

一、压力概述

(一)压力的定义及产生的关键要素

一般说压力是一个外在的东西。如果从心理学角度来看,压力一定和某人本身的心理状况有关,即心理压力。所谓心理压力,是指人们由于一些已经发生或即将发生的、存在或虚幻的事件而产生的精神困扰,并且这些困扰使得人的精神思想和行为语言受到了一定的影响的一种情绪、情感体验。在心理学上,压力是由于事物和责任超出个人应对的能力范围而产生的;在生理学上,压力代表了身体的疲惫和受折磨程度,当某种情境所需的能量多于可用的能量时就会产生。

压力产生的关键要素有:

1. 觉察到的挑战

强调压力产生于个体特征与环境要求之间的不适应。例如,在上课前几分钟,某同学突然说上课老师会考试,如果这是一门对学生来说很难的课程,这句话很可能给一部分学生带来巨大的压力。

2. 重要价值的界定

价值对压力的界定是至关重要的。只有个体认为挑战对自己有很重要的价值时,才会产生压力，否则是不会产生很大压力的。例如，在准备材料评选奖学金的过程中，如果某学生非常在乎这个荣誉，那么他就会产生压力；相反，另外一名学生并不太在乎这个荣誉，他就不会产生很大的压力。

3. 成功的不确定性

个体是根据觉察到的挑战成功的可能性来诠释环境的。如果个体能够轻易地战胜挑战，就没有压力体验；同样，如果个体在挑战面前看不到任何成功的可能性，该个体所体验到的压力也同样会很低。只有在面临巨大挑战时，个体无法确定自己能否成功，才有可能感受到巨大的压力。

综上所述，可从三种不同角度理解压力：第一，压力是一种刺激。从这个意义上讲，压力是指作用于个体的力量或刺激所导致的紧张反应。第二，压力是一种主观反应。从这个意义上讲，压力是一种紧张或唤醒的内部心理状态，综合了解释性、情感性、防御性的心理过程。这种观点强调人对压力的体验和认知，并且强调压力以反应为基础模式，更强调人的心理和精神方面。我们日常生活中所提到的压力通常是从这个角度进行定义的。第三，压力是个体对需要或伤害入侵的一种生理反应，当个体感受到压力时，血压、心跳、肾上腺等生理指标均会发生一定的变化。

（二）压力源

一切使机体产生压力反应的因素均称为压力源。压力源包括以下几个方面：

1. 生理因素

任何机体生理功能失调或组织机构残缺都可成为压力源，如饥饿、疼痛、疲劳、失眠、疾病、手术、内分泌失调、衰老等。

2. 心理因素

包括焦虑、恐惧、孤独、无助、缺乏自信等。

3. 环境因素

包括寒冷、炎热、射线、噪声、空气污染、生活环境改变等。

4. 社会文化因素

包括缺乏家庭支持与照顾、经济困难、退休、文化差异等。

总之，生活中的任何事件，无论是正面的还是负面的，都可能成为压力源，不同的个体对同种压力源的感知是不同的。例如，参加同学聚会对大多数人来说是令人兴奋的好事情，但有些人却感觉和很多人在一起会有压力。

当事件具有以下三项特征时，容易使个体产生压力感：第一，不可控性。个体越是觉得一件事情无法由自身控制，就越可能将此事件视为压力。第二，不确定性。不确定性是指个体不能预见事件的未来发展状况。即使是在个体感到无法控制的时候，如果个体能够预见压力事件的结果，便能降低个体感受压力的程度。第三，挑战极限。某些事情在很大程度上是可控和可预见的，但仍然可能被视为压力，因为这些事情即使投入全力也会让个体感到难以应付，也就是考验个体极限的事情，包括能力的、知识的或体力的极限。但是，这些挑战带来的压力感往往是积极的、有促进作用的，因为它能使个体对自己产生新的认识，获取新的自我认同感。

（三）压力的症状

适度的压力对个体有积极的作用，有利于促进个体迎接挑战和应对紧急事件。积极的压力可以帮助个体挖掘自身潜能，但无论如何都要避开过度的压力对身体健康的损害。可以通过压力的早期预警信号判断自己是否已经处于压力状态，并及时采取措施摆脱压力对自身的影响。常见压力症状包括：

1. 压力的情绪症状

压力影响情绪状态，压力过大或长期处于压力状态会使个体出现焦虑、抑郁、愤怒、恐惧、悲伤、挫折感、内疚感和羞耻感。焦虑状态下个体会出现肌肉紧张、易感疲劳、心悸、呼吸急促、易怒、难以入睡，甚至出现持续昏睡等症状。抑郁情绪表现为个体情绪上的厌倦、空虚、悲伤和麻木，行为上表现出易怒、抱怨、记忆力减退、注意力难以集中、反应迟钝；生理上表现出没胃口、体重减轻、便秘、失眠、头痛、消化不良等症状。

2. 压力的认知症状

压力有时候会让人注意力难以集中、记忆力变差、思路模糊不清、思维不合逻辑或意识混乱、健忘、听觉受阻、噩梦缠身。压力的认知症状有时候会与压力的情绪症状，尤其是恐惧、焦虑、抑郁和愤怒联系在一起。

3. 压力的行为症状

压力的行为症状比压力的情绪症状和认知症状更为明显，包括直接反映个体紧张情绪的直接症状和间接反映个体压力情绪的间接症状。直接的行为症状包括一时兴起的冲动行为、演讲中吞吞吐吐或口吃、对他人进行言语攻击、语速变快、易受惊吓、不能静坐、很难长时间从事某项活动。间接的行为特征包括吸烟喝酒次数增多，对咖啡、茶、可乐、巧克力的消费增加，使用非法药品等。

4. 压力的生理症状

压力对神经系统、消化系统、内分泌系统都有较大的影响。如颤抖、神经抽动、心脏剧烈跳动、背痛、心悸、腹泻、便秘、食欲大增、疲倦感增强、头晕眼花、全身紧张等。这些症状有时同时发生，有时单独发生。微小的生理症状不断积累常会转化成严重的压力疾患。

二、挫折概述

（一）挫折的定义

什么是挫折？《现代汉语词典》的解释为："失败、失利。"《辞海》的解释为："失利、挫败。"在社会心理学和行为科学中，挫折指一种情绪状态，是指人们从事某种有目的的活动时，为实现目标而采取的行动遭遇到无法逾越的困难障碍时，其需要不能得到满足时所产生的一种紧张、消极的情绪状态。

挫折包括三个方面的涵义：一是挫折情境，即指对人们的有动机、目的的活动造成的内外障碍或干扰的情境状态或条件，构成刺激情境的可能是人或物，也可能是各种自然、社会环境；二是挫折认知，即指对挫折情境的知觉、认识和评价；三是挫折反应，即指个体在挫折情境下产生的烦恼、困惑、焦虑、愤怒等负面情绪交织而成的心理感受，即挫折感。其中，挫折认知是核心因素,挫折反应的性质及程度,主要取决于挫折认知。

一般来说,挫折情境越严重,挫折反应就越强烈;反之,挫折反应就轻微。但是,只有当挫折情境被主体所感知时,才会在个体心理上产生挫折反应。如果出现了挫折情境,而个体没有意识到,或者虽然意识到了但并不认为很严重,那么,也不会产生挫折反应,或者只产生轻微的挫折反应。因此,挫折反应的性质、程度主要取决于个体对挫折情境的认知。

挫折反应和感受是形成挫折的重要方面,个体受挫与否,是由当事人对自己的动机、目标与结果之间关系的认识、评价和感受来判断的。对某人构成挫折的情境和事件,对另一人不一定构成挫折,这就是个体感受的差异。正如巴尔扎克所说:"世上的事情,永远不是绝对的,结果完全因人而异。苦难对于天才来说是一块垫脚石,对于能干的人是一笔财富,而对于弱者是一个万丈深渊。"

 知识链接

挫折的"自白"

我不是戏弄人的流氓、恶棍,
我是棒打不散的成功的情人。
我能斩断你不醒的梦,
让你在痛苦、彷徨中猛醒。
我喜欢敢于探索、追求的人,
总让他在锲而不舍的阵痛中"分娩"着才智和聪明。
我究竟是谁呢?告诉你吧:
我是失落,也是选择;
我是考验,也是挑战;
我是成熟,也是再生;
我是挫折,伴你人生远行。

(二)挫折的产生与性质

挫折是一种消极的心理状态。它是在自我评价倾向性的推动下,根据社会期望、自我抱负水平对自我行为的过程和结果进行评价时产生的。挫折的产生与以下五个方面有关:一是需要和由此产生的动机;二是在动机驱使下有目的的行为;三是使需要不能获得满足或目标不能实现的内外障碍或干扰的情境状态或情境条件,称为挫折情境,挫折情境可以是实际存在的,也可能是当事人想象中的;四是对挫折情境的知觉、认识和评价,称为挫折认知,挫折认知既可以是对实际遇到的挫折情境的认知,也可以是对想象中可能出现的挫折情境的认知;五是因受到挫折而产生的情绪和行为反应,称为挫折反应。

从挫折产生的过程看,挫折是不可避免的,所以,挫折具有必然性和普遍性。同时,挫折还具有两面性:一方面,挫折具有消极性,使人失望、痛苦、沮丧,或引起粗暴的消极对抗行为,甚至导致攻击侵犯行为或失去对生活的追求,给自己和他人造成严重的损失;另一方面,挫折又具有积极性,给人以教育意义,使人认识错误、接受教训、磨炼意志,使人更加成熟、坚强,在逆境中奋起,从而获得进一步的发展。

相关阅读

挫折的三个特征和四个功能

挫折的三个特征:

(1) 普遍性。人的一生不如意的事经常会发生,挫折是生活的组成部分。有人专门研究国外293个著名文艺家的传记,发现有127人生活中遭遇过重大挫折。"一帆风顺""万事如意""心想事成"等,只是美好期望而已。

(2) 两面性。挫折既会给人以打击,带来烦恼和痛苦,同时又能磨炼人的意志和性格,提高解决实际问题的能力,使人变得坚强。因此,我们在看到挫折消极面的同时又要看到其积极面,任何成功都是在逆境和坎坷中磨砺出来的。

(3) 暂时性。挫折只是代表我们在实现目标的过程中遇到了一些障碍,并不意味着我们已经彻底失败。挫折并非不可战胜,遭遇挫折后所产生的不良情绪只是暂时的,如果我们能及时进行自我调整,就能重新树立起信心,摆脱不良情绪的困扰。

挫折有以下四个功能:

(1) 挫折是机遇。"疾风知劲草",挫折不仅是很好的锤炼,而且是有价值的发现,是转败为胜的契机。

(2) 锻炼人的意志。轻度的挫折是"精神补品",人的生命似洪水奔腾,不遇到岛屿和暗礁,难以激起美丽的浪花。每战胜一次挫折,就能为下一次应对挫折提供更加强大的精神力量。

(3) 提高自我认知和评价水平。正确地认识和评价自己,确定合理的抱负和期望值,可以减少挫折感,从而避免评价不当引起的自满与自负两种现象,维护心理健康。

(4) 增强情绪反应能力和解决实际问题能力。正所谓"吃一堑,长一智",独立面对挫折时,我们会从中学到很多人生智慧,能够提高分析问题、解决问题的能力。

(三) 影响挫折感的因素

影响挫折感的因素有很多,主要有以下几方面:

1. 动机强度

挫折的产生与否和个体的需要、动机等因素有密切的关系。动机一旦产生便引导个体行为指向目标,但动机产生之后可能遭遇到的结果有四种:第一,动机无需特别努力即可达到目标;第二,动机的实现可能受到阻碍或延迟,但最终可以达到目标;第三,当一种动机正在进行之中,有一种较强大的动机出现,使个体放弃前一动机而选择后一动机;第四,动机行为遇到干扰和障碍,使个体无法达到目标而感到挫折、沮丧、失意。只有第四种情况是挫折。因而,需要越迫切、动机越强烈,受挫后,挫折感越强。

2. 自我期望值

对任何事物的自我期望与现实都可能有一定的差距,如果不从实际出发,只考虑主观愿望,人为拉大两者之间的关系,就会产生挫折感。

其表现有三种情况:

(1) 期望值绝对化

自己只能成功，不能失败。有的学生将生活中的不快乐、学业中的失利、失恋等都看作不应当发生的，认为大学生活应当是圆满而理想的，因而缺乏足够的心理准备，当遭遇失败与挫折时，变得束手无策，痛苦不堪。

(2) 过分概括化

以偏概全，只见树木不见森林，即使是喜忧参半的事情，看到的只是消极的一面。例如，一次评优失利就认为整个评优体系有问题，从而只看到消极的一面，看不到积极的一面。

(3) 无限夸大后果

有些人遇到一些小挫折，便把后果想象得非常糟糕、可怕。夸大后果的结果是使人越想越消沉，情绪越陷越恶劣，最后难以自拔。例如，一次考试失利，就对自己全面否定，否定自己的学习能力，然后无限延伸，学业不佳，就不能有好工作，如果没有好工作就没有好的前途等。

3. 个人抱负水平

一个人是否觉得受到挫折与他自己对成功所定的标准有密切关系。抱负水平是指一个人对自己所要达到目标规定的标准。规定的标准高，即抱负水平高；规定的标准低，即抱负水平低。抱负水平高的人比抱负水平低的人易产生挫折感。例如，甲、乙、丙三名同学考试分数都是80分，甲非常满意，乙觉得和自己预料的差不多，而丙同学感到失败。丙同学抱负水平最高，乙次之，甲相比较最低。

4. 个人容忍力

个人容忍力是人们遇到挫折时适应能力的差别。个人容忍力不同，人们对挫折感受的程度也不同。有人能忍受严重挫折，毫不灰心丧气；有人遇到轻微的挫折就会意志消沉；有人能够忍受别人的侮辱，但面对环境的障碍却会焦虑不安、灰心丧气。心理学研究证明：人对挫折的容忍力受到人的生理条件、健康状况、个性特征、过去挫折的社会经验、个体对挫折的主观判断、个体对挫折的思想准备等因素的影响。

心理故事

跳 蚤 实 验

心理学家将一只跳蚤放进没有盖子的杯子内，结果，跳蚤轻而易举地跳出了杯子。紧接着，心理学家用一块玻璃盖住杯子，于是，跳蚤每次往上跳时，都因撞到这块玻璃而跳不出去。不久，心理学家把这块玻璃拿掉，结果，跳蚤再也不愿意跳了。

这个"跳蚤实验"给我们很大的启示，其实，在很多情况下，人也和跳蚤一样：经过一段时间的努力而没有达成预定目标时，便灰心丧气，认为这件事自己永远都办不到，并忽视自身力量的壮大和外界条件的改变，放弃实现目标的努力。久而久之，形成思维定势，陷在失败的经验中爬不出来，一次次丧失唾手可得的机会，最终一事无成，白白耗费一生。

有位哲人说过："有些人遇到挫折，就轻易放弃；结果往往是在距离金子3英寸的地方停下来。"伟人之所以是伟人，就是能不屈不挠地实现预定目标，即使遇到再大的困难，也永不放弃。

第二节 大学生压力和挫折的产生与特点

大学生在学校的每个阶段都会面临不同的压力和挫折,且压力和挫折是始终存在的。在一年级阶段主要面临的是如何适应新的校园生活的问题。对于新生来说,大学的一切都是陌生的,面对新的学习方式、陌生的人际关系、相对宽松的校园环境,许多新生无法适应。过去的自信荡然无存,难以把握自我的压力和挫折容易使学生丧失方向感。二年级学生主要面临着情感、交往、学习等新的问题。三年级学生则会面临就业、专升本等人生的重大抉择,学生会深深地体会到社会竞争的残酷性。

面对压力和挫折,每个人的表现不同。某些学生选择通过提早开始职业生涯规划、合理安排时间、努力学习专业知识不断完善自己,减少社会竞争带来的压力。而某些学生则对自己的人生缺乏想法,整日困缩在宿舍、网吧中逃离社会现实,在感叹后悔中打发时间。

【案例11.1】大一下学期,小霞走进了学校心理健康教育中心的咨询室,她是听取了班级心理委员的建议,决定去心理咨询室寻求老师的帮助。小霞的宿舍里住了6位同学,刚入校时,大家和睦相处,渐渐地就出现了分化:贫富分化、城市农村分化、时尚"老土"分化、学习努力不努力分化,最终,一个学期过完,作为寝室长的她被孤立了出来。小霞觉得自己很失败,自己小心翼翼地呵护这份室友情意,担任寝室长期间还主动承担了全部卫生清洁工作,到头来还是没有得到大家的认可和接纳。其他人谈论的八卦和与化妆有关的事自己插不上嘴,也不感兴趣,其他人对她努力学习不屑一顾,自己也不愿"同流合污",可是,"做自己"就没朋友。小霞觉得与朝夕相对的室友无法和谐相处给自己造成了特别大的压力,还是高中时候"两耳不闻窗外事,一心只读圣贤书"的感觉比较好。

一、大学生压力的产生与特点

大学生压力的产生与特点如下:

(一)建立新的亲密关系形成的压力

大学生活与中学阶段相比,有不少变化。许多大学生第一次离开父母和兄弟姐妹,离开熟悉的朋友和周围的团体,离开熟悉的家住进学生公寓,加入新社团和组织,结交新朋友。对大学生来说,与父母分离发生在有许多发展性任务的背景之下。进入大学意味着童年或青少年阶段的结束和成人阶段的开始。对于大学新生来说,这一转变的重要方面包括:远离家庭,成为大学团体中的一员;远离家庭后,承担做出决定和照料自己生活起居的新责任;因失去原先在家时所拥有的一切而悲伤,包括与父母、熟悉的朋友的分离,以及各种形式的支持网络的丧失。

部分大学生的这一过渡过程是非常平稳的,几乎没有产生混乱和紧张。但对于其他大学生来说,这一过程会被孤独感所困扰,而经历情感的折磨。

(二)寻找爱情所形成的压力

大学生的另一项任务是发展亲密的男女关系。在这一过程中大学生会获得满足感并得到成长，同时也是紧张、焦虑、负罪感以及沮丧的重要来源。

对很多大学生来说，亲密恋爱关系的突然破裂会导致较大的困扰。大部分时间里，学生会产生过度的反应，并因此扰乱了自己的情感生活、学习习惯、学业表现以及其他的人际关系。大学生必须对建立和结束这种亲密的恋爱关系有清楚的认识，避免将问题扩大化，使问题更糟糕甚至演变为灾难，并且要避免酗酒等社会退缩性行为。

对一些人来说，性和关爱是分离的；对另外一些人来说，亲密的关系和关爱始于偶然的性行为；对于其他一些人来说，性只是表达亲密行为的一种恰当的方式，紧随其后的是求爱的阶段。大学期间的性爱可以是一种关爱的真实表达，是一种责任，也可以只是一种偶然发生、转瞬即逝的邂逅。性吸引的意图和目的的模糊性以及性行为都可能成为焦虑源，对于女性来说尤其如此。在自己的生活背景、欲望、需要和道德之间寻求某种平衡，这个任务将会贯穿于整个大学生活阶段。

（三）角色模糊所形成的压力

角色模糊指个人在寻找发展方向的准则时可能是模糊的。在人生发展的每个阶段，应该完成的主要任务是不同的。但很多大学生对在大学阶段应该完成的任务并不明确，直到大学毕业时才发现虚度了很多美好的大学时光。

角色模糊有多个来源，第一个来源是社会和文化的迅速改变。现在的大学生大都出生于20世纪末和21世纪初，正是中国社会和经济迅速发展的时期，许多传统观念受到了挑战，这可能会导致大学生对自我定位的角色模糊。第二个来源是从生活周期的一种阶段向另一种阶段过渡。从儿童阶段向青少年阶段转变，再从青少年阶段向成人阶段转变就是典型的例子。如果能够快速改变，就能适应新的生活。第三个来源可能是同角色伙伴之间不完全、不充分的交流导致的。比如学生不清楚自己的期望，或与室友们对于如何处理日常生活琐事没有达成共识。无论角色模糊的原因是什么，都会导致不良压力的增加，与压力相关的疾病增多，情绪障碍以及其他问题行为的出现。

（四）经济压力

对于许多大学生来说，经济压力虽然存在但也只是暂时的，无论如何都必须面对。这的确会对学生产生很大的消极影响，如焦虑和分心，担心自己没有能力支付下一学期的费用；另一方面则是学生必须在上学期间做一份或多份兼职，以保持自己的收支平衡。大学生半工半读是很正常的现象，但是很多大学生不得不耗费时间和精力，付出一定的代价。这容易导致源于时间安排上的压力、睡眠质量的下降，并且大学生的学业成绩和健康也会受到影响。

（五）成绩压力

在现实中，成绩在某些方面是非常重要的，比如应聘工作、继续深造、获得奖学金等。成绩不仅是大量的挑战、动机和奖励的中心，也是问题的中心。自中学阶段学生就有很大的成绩压力，而大学阶段只是中学阶段的一个延续。但是大学阶段的成绩压力不再那么单纯，而是和其他多种压力并存。

二、大学生挫折的产生与特点

大学生挫折的产生与特点如下:

(一)生理原因

一个人的相貌、长相、体重、肤色等,都可能导致挫折心理的产生。比如,因为身材矮小而不能参加自己喜爱的体育竞赛,一些女生常常为自己的长相不够靓丽、肤色黝黑感到苦恼、自卑,等等。生理上的缺陷之所以能够使人产生挫折感,在很大程度上与社会的某些价值观以及个人对这些特征的自我评价有关。

(二)心理期望值过高

大学生是一个有理想、有抱负的群体,存在一定的心理优势,对自我的期望往往更多地从个人主观愿望出发,忽视了客观制约因素,期望值过高,人为拉大了自我期望值与实际现实值之间的距离,一旦未能达到自己所期望的理想状态,就会导致挫折感的产生。能够正确地评价自己,客观考察实际,确定恰当的自我期望水平,则有助于目标的顺利实现。

(三)多元动机冲突

个体在活动中常常因一个或数个目标而产生两个或两个以上的动机,这些同时存在的动机不可能同时获得满足,在性质上又出现彼此排斥的情况时,就会产生动机冲突。日常生活中,大学生经常面临多种动机冲突,需要对其进行取舍的情形。选择其一,则意味着放弃其他,因此常常会出现动机冲突的心理现象。如果这种心理矛盾持续时间过长,就可能会产生挫折心理。例如,一些大学生选择职业时,既想留在大城市,希望获得薪水高、福利好的工作,又希望工作清闲,对个人能力要求不高等,但由于客观条件制约,通常只能选择其中的一种,即"鱼与熊掌,两者不可兼得",导致强烈的心理冲突,产生心理不适。

(四)经济负担的压力

有关调查资料表明,高校中35%左右的学生来自农村,其中不少学生是贫困学生,来自城镇的低收入入家庭者也不在少数。尽管国家充分考虑到大学生家庭的经济承受能力,而采取了各种帮困措施,但不少大学生仍然在经济上不堪重负,承受着家庭经济困难的压力,这些不可能不引起他们心理上的反应和波动。经济困难的学生因囊中羞涩而贬低自己,还有一些学生互相攀比,愈演愈烈,引起心理失衡。

(五)人际关系紧张

来自各地的同学汇集成为一个群体,由于他们原来各自的生活习惯、性格、兴趣等方面的不同,在这个群体的人际交往过程中,不可避免地会发生一些摩擦、冲突和情感损伤,这一切难免引起一部分学生的不快。本来他们远离家乡和父母,就有一种孤独感,一旦出现人际关系不和谐或发生其他冲突,这种孤独感就会进一步加剧,从而产生压抑和焦虑,会导致各种挫折心理的产生。

（六）个性特征

通常，个性特征有缺陷的人倾向于对生活事件作消极悲观的评价，挫折阈限较低，容易产生挫折心理。如性格孤僻、过于内向的大学生，在人际交往中过分关注别人的态度，常将他人无意的眼神、动作误解为对自己的排斥和鄙视，进而产生退缩、抑郁、焦虑等不良情绪。

自我测试

意志力测试

你的意志力如何？完成下面的题目可以大体了解自己的意志力。试题共26道，每道试题有五种选项：

  A. 完全符合 B. 比较符合 C. 有时符合 D. 不太符合 E. 完全不符合

1. 我每天坚持跑步、打太极拳、练气功或散步等体育活动。（　　）
2. 我给自己制定的计划，常常因为主观原因不能如期完成。（　　）
3. 如没有特殊原因，我每天都按时起床，从不睡懒觉。（　　）
4. 我的作息没有什么规律性，经常随自己的情绪和兴致而变化。（　　）
5. 我信奉"凡事不干则已，干必成"的格言，并身体力行。（　　）
6. 我认为做事情不必太认真，做得成就做，做不成拉倒。（　　）
7. 我做一件事的积极性，主要取决于这件事的重要性，即该不该做，而不在于这件事的兴趣，即不在于想不想做。（　　）
8. 晚间我躺在床上，有时下定决心第二天要干一件重要的事情，但到第二天这种劲头又消失了。（　　）
9. 当学习和娱乐发生冲突时，即使这种娱乐很有吸引力，我也会马上决定去学习。（　　）
10. 我常因读一本引人入胜的小说或看一部精彩的电视剧而不能按时入睡。（　　）
11. 我下定决心办成的事情，不论遇到什么困难，都坚持下去。（　　）
12. 我在学习和工作中遇到困难，首先想到的就是问问别人有什么办法。（　　）
13. 我能长时间做一件很重要而又枯燥无味的工作。（　　）
14. 我的兴趣多变，做事情常常是"这山望着那山高"。（　　）
15. 我决定做一件事情时，常常说干就干，绝不拖拉或让它落空。（　　）
16. 我办事喜易怕难，爱拣容易的做，难的能拖就拖，能推则推。
17. 对于别人的意见，我从不盲从，总喜欢分析、鉴别一下。（　　）
18. 凡是比我能干的人，我不太怀疑他的看法。（　　）
19. 遇事我喜欢自己拿主意，当然也不排斥听取别人的建议。（　　）
20. 遇到复杂的情况，我常常举棋不定，许久不能做出决断。（　　）
21. 我喜欢做我从来没有做过的事情，不怕一个人独立负责重要的工作。（　　）
22. 我生性胆怯，没有十二分把握的事情，我从来不敢去做。（　　）
23. 我和同事、朋友、家人相处很有克制力，从不无故乱发脾气。（　　）
24. 在和别人争吵时，总爱说一些过头话，甚至大吵大闹，尽管事后感到后悔，但事情发生时总忍不住。（　　）

25. 我深信"有志者事竟成"的信条。（   ）
26. 我相信机遇,我认为机遇的作用超过个人的努力。（   ）

【评分与结果解释】

序号为单号的题目,A、B、C、D、E 依次为 5、4、3、2、1 分;序号为双号的题目,A、B、C、D、E 依次为 1、2、3、4、5 分。

单号题	1	3	5	7	9	11	13	15	17	19	21	23	25	合计
得分														
双号题	2	4	6	8	10	12	14	16	18	20	22	24	26	合计
得分														
总分														

110 分以上:表明你的意志力很坚强;
91—110 分:表明你的意志力比较坚强;
71—90 分:表明你的意志力一般;
51—70 分:表明你的意志力比较薄弱;
50 分以下:表明你的意志力很薄弱。

第三节　压力和挫折对大学生心理的影响

大学阶段是个体健康心理和行为发展的关键阶段,又是其学习知识和塑造行为的黄金时期,此时期所形成的心理特点和行为习惯会一直延续到成年,影响其一生的健康发展。俗话说"没有压力就没有动力""不经历风雨怎么见彩虹",已有研究表明,适度的压力会提高人的工作效率,但是当达到人所能承受的压力极限后,工作效率迅速下降。一定的压力能激发人的潜能,但管理不好,也可能击垮一个人的心理、身体甚至生命。大学生因为不能承受巨大压力和挫折而导致的自残、伤害以及自杀事件,给了我们一个个明确的信号和警示。

压力和挫折对大学生心理的影响可以分为三大类:积极的行为反应、消极的行为反应和其他行为反应。

【案例】 小李来到咨询室,非常有礼貌地与老师打招呼、介绍自己,举止得体、温文尔雅,让咨询老师一度以为他是为别的同学来预约咨询的。

小李自述自己现在大二,正在考虑未来是选择专升本还是就业,非常苦恼,最近上课无法集中精神,经常开小差,晚上睡觉也不踏实,经常会做关于考试的噩梦。

原来,小李高中时候成绩还不错,但是高考失利,没有考到他满意的学校,勉强到现在的学校就读,虽然现在成绩在班级每次都考第一,但是仍然对学习非常不自信,担心哪天一松懈或者一疏忽成绩就会变差。小李想考专升本,进而实现他的研究生梦,但是又怕像高考一样再次失利,而且专心应对专升本考试又会影响他找工作,怕最后竹篮打水一场空。思虑太多让他苦不堪言,现在上课、看书常常会出现脑子一片空白的情况,吃饭、睡觉也大不如前,还会莫名地发火,在这样的情况下,他更没有信心考专升本了,甚至觉得自己大概会一事无成。

一、积极的行为反应

这种反应方式是大学生正视压力与挫折,正确分析压力与挫折产生的主客观原因,总结经验教训,争取积极的行为方式,最后战胜压力与挫折,主要表现为:升华、表同、补偿、幽默、坚持。

(一)升华

用一种比较崇高的具有创造性和建设性的目标代替,借以弥补因受挫而丧失的自尊与自信,减轻痛苦。升华是最积极的行为反应。有的大学生在失恋后把注意力升华为对社会的爱、对他人的爱,积极参与公益活动。

(二)表同

指个体在现实挫折情境中,将自己比拟为某一成功者,借以在心理上减弱挫折产生的痛苦;或者迎合能满足自己需要的人,以他们的希望支配自己的思想、行动,来冲淡自己的挫折感,并以此求得内心的满足。当一个人在没有获得成功与满足而遭遇挫折时,将自己想象为某一成功者,效仿其优良品质及其获得成功的经验和方法,能够使他的思想、信仰、目标和言行更适应环境和社会的要求,增强自信心,减少挫折感。例如,大学生常以一些历史名人、科学家、小说中所欣赏的人物、老师甚至同学作为自己效仿的对象,建立自己心中的榜样,并依照榜样进行积极的自我激励与自我暗示,用成功代偿挫折。

(三)补偿

即当个体行为受挫时,或因个人某方面的缺陷而使目标无法实现时,往往以新的目标代替原有目标,以其他方面的成功来补偿因失败而丧失的自尊与自信。这就是人们常说的"失之东隅,收之桑榆"。如某大学生没有当上班干部,没有机会表现自己的能力,于是便努力使自己的成绩名列前茅。又如,某大学生恋爱失败了,便积极参加文体活动,用成功来补偿失恋的痛苦。

应该注意的是,补偿的行为反应并非都是积极的。由于个体要实现的目标有高尚与平庸之分,挫折后对补偿的选择也有进取与沉沦之别,因而决定了补偿有积极与消极之分。如果补偿选择的新的目标和活动符合社会规范和人的发展需要,这时的补偿反应行为是积极的、有益的。如果补偿选择的新的目标和活动不符合社会规范或有害于身心,即使这种补偿的反应行为使自己暂时获得了心理平衡和心理满足,也无助于心理健康发展,有时还会使人自暴自弃,甚至堕落犯罪,危害他人与社会。

(四)幽默

指用幽默的方式来化解难以改变的困境,可以使危机得到解决,使紧张的气氛和失去理性的冲动在幽默中缓解。幽默首先是一种积极的人生态度,那种含着泪花的笑是经历挫折和苦难之后对它们泰然处之的气度,是经过生活磨炼之后的豁达、睿智与从容。这种积极的行为反应,不是所有人都能达到的。

（五）坚持

指个体发现目标难以达到，要求自己加倍努力，并要求通过个体不断的努力，使目标最终实现。坚持，是一个持续的过程。想成大事，就要一件件小事慢慢地做，积少成多，正所谓不积跬步，无以至千里；不积小流，无以成江海。在遭遇挫折的时候，还能真正"坚持"下来的人终将获得成功。正如有的学者所说："成功就在于最后的坚持之中。"

二、消极的行为反应

消极行为反应是指当大学生遭受压力和挫折后表现出来的带有强烈情绪色彩的非理性行为。

（一）攻击性行为

指大学生在遭受压力和挫折后，在情绪与行动上会产生一种对有关人或物的攻击性的抵触反应，以消除来自挫折的痛苦。攻击是一种破坏性行为，分为直接攻击和转向攻击。直接攻击是把愤怒发泄到使之受挫的人或物上，如大学里发生的打架斗殴、损害公物等现象。这主要发生在自控力较差、鲁莽的大学生身上。转向攻击是由于种种原因使之不能攻击使之受挫的对象，于是将愤怒的情绪指向自己或无关的对象，寻找替罪羊，如当受到老师批评时，把怒气发泄到别人或物品上。

（二）倒退

又称回归，是指当个体受到压力和挫折时，往往表现出与自己的年龄、身份很不相称的幼稚行为，或盲目地轻信他人、跟从他人等。表现出这种行为方式的大学生往往对自己缺乏信心，看不到自己的力量，像孩子一样依赖他人，多表现为大人作出小孩状。如某一女生刚入校，参加学生会干部竞选失败了，感到很"委屈"，无法进行理智分析和对待，不吃饭，也不上课，成天蒙头大睡。

（三）固执

不分析失败原因，盲目重复导致其受挫的无效行为。当个体一而再、再而三地遭受到同样的挫折，就会慢慢失去信心，失去随机应变的能力，而形成刻板的反应方式，固执盲目地重复同样无效的行为。固执行为不同于意志力，在这种行为反应中，个体往往不能客观正确分析失败的原因，反而采用刻板的方式盲目地重复着某种无效行为，是一种极不明智的对抗形式。如某大学生多次违反校规校纪、晚归受到批评，却固执地认为自己没错，屡教不改。在大学生中，固执行为往往容易发生在一些性格内向、倔强、看问题片面的大学生身上，以及由情感为纽带形成的消极的大学生非正式团体中。固执是非理智性的消极的行为，它往往使人企图通过重复无效动作以对抗挫折压力，对大学生的成长极为不利。

（四）逆反

用通俗的语言来说就是"你要我朝东我偏朝西"。一般来说，个人的行为方向和他的动机方向应当是一致的。但是，当个体遭到挫折后，不仅一意孤行，而且对正确的方面盲目地持反抗、抵制与排斥态度,这种行为便是逆反。如某大学生因为上课时受到教师的批评,便以逃课或不理睬教师的教学等方式来表现自己的不满。持逆反心理的人往往为了排除内心的不满,会采取一些不符合社会规范、不被允许的愿望和行为,产生一些反社会性行为。

(五)轻生

轻生是受挫者受挫以后表现出的一种最为消极的行为反应。在现实中,大学生在遭遇重大打击、多重打击或持久刺激时,如果得不到外力的帮助,很可能自暴自弃,产生轻生厌世、自杀自残的行为,以此来解脱内心的痛苦。

三、其他行为反应

当大学生受到压力和挫折后,除了采取积极和消极的行为应对方式外,还会采取一些暂时减轻受挫感的行为方式,以解脱压力和挫折给自己带来的心理烦恼,减轻内心的冲突与不安。

(一)压抑

指在遭遇挫折时,将一些意识中不承认或引起罪恶感的想法以及无法忍受的痛苦等抑制到潜意识中,使自己不能意识到其存在。例如,在校园里碰到一个心仪的对象,但理智和修养使他不敢贸然表示爱意,只有亦步亦趋地跟随或守候在同一地方期待再次的相逢。

(二)逃避

指大学生受到挫折后,不敢面对自己所处的挫折情境,而逃避到比较安全的环境中去的行为。逃避有三个表现:一是逃到另一种现实中,如学习不好就玩游戏,沉溺其中;二是逃向幻想世界;三是逃向疾病。如某大学生因为英语口语较差,每次上课从不开口说英语,甚至拒绝上英语听力课,不参加任何和英语有关的考试,以此来逃避失败。

(三)反向

行为相反于动机而行,如自卑的同学往往表现出高傲自大;对异性充满向往,却装出不屑一顾的样子等。持反向心理的人,往往不敢正面表露自己的真实动机,于是便从相反的方向表示出来。虽然这种行为可以在一定程度上掩饰个体的真实动机,但是,掩饰包含着压抑,长期使用会从根本上扭曲自我意识,使动机与行为脱节,造成心理失常。

(四)合理化作用

又称文饰作用,这是指一个人遭受挫折,或者无法达到自己追求的目标,或者做错了事,举止不符合社会道德规范时,往往找一些原谅自己的理由来进行解释,尽管有些所谓的理由是不适当的,甚至在别人看来是十分荒谬可笑的,但本人却强调这些理由并以其去说服自己,从而免除精神上的苦恼。合理化有许多形式,酸葡萄心理和甜柠檬心理是其中最典型的两种。伊索寓言说一只爱吃葡萄的狐狸,发现葡萄架上挂满了葡萄,很想摘下来吃,但又够不着,狐狸不承认自己没能力吃上葡萄,反说葡萄是酸的,自己根本不想吃。这就是酸葡萄心理。又如自己的孩子天资差,则说"傻人有傻福";钱被偷去了,又说"破财免灾",等等。与此相反,在得不到葡萄只有柠檬的时候,认为柠檬也是甜的。这就是所谓的甜柠檬心理,即凡是自己有的东西都是好的,可以减轻或平息内心的欲望和不安,达到自我安慰的目的。

(五) 求得注意

即想方设法引起别人对自己的注意,如以大声喧哗、寻衅生事、恶作剧等方式来显示自己,吸引别人的注意力。

第四节 压力管理与挫折应对

【案例11.2】 小李因为女朋友屡次提出分手,但自己舍不得放弃这段感情,可又不知道如何挽回,为此苦恼不已,前来心理咨询室咨询。

小李是土木专业的学生,他觉得毕业后去工地,与女朋友就聚少离多了,为此,他特别珍惜和女朋友在一起的时间,除了上课和晚自习,他都和女朋友腻在一起。刚开始,女朋友很开心,慢慢地,女朋友开始忙了,参加社团活动、和室友逛街吃饭,常常把他晾在一边,有时甚至因为他的频繁邀约而大发脾气,说自己"需要自由空间,快要窒息了"。

小李听从了心理咨询师的意见,开始转移注意力,培养自己的爱好,参加集体活动,降低对工作等未来压力的评估水平,活在当下,不把自己的压力强加在和女朋友的关系上。慢慢地,小李在学生会有了自己的工作,在同学中有了自己的好哥们,女朋友也在自己偶尔的邀约下开始精心打扮。

小李说,这个过程并不容易。刚开始,自己也怀疑是不是在浪费和女朋友相处的短暂时间,但是他知道,如果再不对自己的压力进行管理,总是把压力强加在和女朋友的关系上,那弦早晚会崩断。还好坚持了一段时间,他发现,大学里还有很多有趣的人和事,自己还有很多地方可以提高和进步。现在,他觉得大学生活更充实了,和女朋友的关系也更稳定了。他相信,即使以后工作去了工地,自己也一定能找到与女朋友相处的合适的方式。

一、压力管理的策略

压力无处不在,无可逃避,因此,这就存在压力适应的问题。所谓压力适应,是指个体在压力反应之后能很快恢复正常的身心特征,或者面对持续压力其反应不处于极端状态而能保持身心健康的能力。为了很好地适应大学乃至今后的学习、生活和工作,大学生应进行有效的压力管理,提高自己的压力适应能力。所谓压力管理,是指针对可预见的压力源进行必要的干预,维护身心健康,提高问题处理的效率,保证学习生活目标顺利实现的管理活动。压力应对具有事后性和被动性,而压力管理则带有一定程度的主动性和积极性特征,它包含压力应对。我们建议大学生朋友从以下几个方面着手进行压力管理:

(一) 构建自己的社会支持系统

当一个人独自面对压力的时候,其应激反应的消极作用远远大于社会支持的效果。因此,要想不在压力面前孤立无助,最好构建自己的社会支持系统,这其中包括自己的亲人、朋友、同学、老师等。社会支持系统可以在你需要的时候给你情感安慰、行动建议,帮助你渡过难关。强大的社会支持让你不再感到孤立无援,可以迅速恢复你的信心和勇气,面对挑战,解决问题。当然,要构建社会支持系统,你需要:

1. 学会尊重他人

其中当然包括你的同学和老师,因为,只有尊重他人的人才能获得他人的友谊,也才可能获得帮助。

2. 扩大社会交往面,结识更多的朋友

首先,让你的同学成为你最亲密的朋友;其次,你需要一位人生的导师,可以在你遇到困难的时候客观地分析和提供有益的观点,而这样的导师无疑就是你的老师或者其他长者。

3. 向亲人、朋友和老师敞开你的心扉

你可能基于自尊或面子的考虑而拒绝他人的帮助。但是在你确实无法解决的时候,将你面临的压力说给他们听,让他们帮助你分析并提供建议。请相信这样做不会招致嘲笑,只会让他们感到你对他们的信任,因此你也能得到最大可能的帮助。

(二)觉知和调整自己的生理状态

生理状态是压力最直接的指标。要想有效管理压力,首先要有压力意识,要能觉察压力的信号。人在应激状态下,本能会驱动机体的防御机制,这是自发发生的。现在,我们要进入自觉反应状态。有效的压力管理,需要我们建立一个对付压力——尤其是那些慢性压力的预警机制。为此,你需要:

1. 有意识地觉知自身的紧张、焦虑等情绪状态

当你处于应激状态时,自己的生理和情绪上会有什么样的不适反应?记录自己的这些压力反应,然后锁定这些反应指标,以后每当你产生这些不适反应时,便对自己发出警告。你的压力预警就像战争中的雷达一样,让你保持必要的警惕。

2. 学会控制自己的不良生理指标

当你的压力知觉性提高时,你也需要提高生理指标控制力,比如心跳、呼吸、血压等。这实际上就是生物反馈过程,当然,提供反馈的不是机器,而是你自己的知觉能力。

(三)减轻和消除自己的心理负累

应激,即便是本能反应,也足以使我们身心疲惫。现在,必须卸掉我们身上由压力带来的紧张和焦虑,否则持续性的压力累积效应,迟早会让我们垮掉。消除心理负累的方法有很多:

1. 理性辨析和积极归因

找来纸笔,将你面临的核心问题写下来,接下来你需要围绕着这个问题逐步回答:这个问题是如何产生的?这个问题真的与我有关吗?这个问题真的就是一种威胁吗?这个问题真的就不能解决吗?通过如此反复逐层深入的自我辨析,理清问题症结所在,从而减轻对压力情景认识的模糊或者夸大威胁而产生的焦虑。

2. 学会经常进行放松训练

放松训练是通过一定的练习程序,学习有意识地控制和调节自己的身心活动,以达到降低机体唤醒水平,调整因紧张而紊乱的身心功能,从而使机体内环境保持平衡与稳定的过程。

二、挫折应对的策略

挫折的发生不可避免,但是,这并不意味着我们面对挫折时无能为力。相反,能否正确看待挫折,并有意识地培养、锻炼自己的挫折容忍力,关系着我们今后的人生幸福和事业成败。因此,采取积极态度应对挫折,是必要的。所谓挫折容忍力,也称挫折忍受力,指个体遭受挫折情境而免于精神与行为失常的一种能力。

对于人生的挫折,人们自古就有充分的体验和认识,并总结了许多修炼挫折忍耐力的方法。我们不仅要从心理学,也要从前人行之有效的经验中,学习应对挫折的方法。

(一)端正认识,直面人生挫折

1. 挫折不会仰人鼻息

不管你曾经多么优秀,进入大学,你就进入了一个"准社会"。当代大学生独生子女居多,按照中国传统的家庭教养方法,除非家庭条件有限,一般都能得到父母的格外照顾和宠爱,但也由此让大学生滋生一种盲目的优越感,形成一种"自己永远是生活的宠儿、世界应该围绕我而转"的错觉。这种态度在大学生的人际交往中表现得尤其明显。但是,挫折不会因人而异,更不会"仰人鼻息"。社会的真实含义是别人不会迁就你,以你为中心,人生道路不可能永远由自己的父母去铺平。对于从小生活条件优越且较少经历过挫折的大学生,正确地面对并深刻地体会社会的复杂和人生的曲折,也许是首先需要解决的问题。

2. 挫折是人生的宝贵财富

任何事物都具有两面性。挫折尽管让我们难受,使我们的学习和发展受阻,但是它同时又是人生的宝贵财富,是促使成长的必要条件。认识到这一点,我们才有勇气和信心去勇敢地面对挫折。古谚云:宝剑锋从磨砺出,梅花香自苦寒来。不经一番寒彻骨,哪得梅花扑鼻香。没有挫折的人生是苍白虚幻的人生,不经过挫折的磨炼,也就没有成功的喜悦和人生的幸福。快乐不是平坦笔直的康庄大道,或者无忧无虑的锦衣玉食,而是经过奋力攀登后踏在脚下的高峰,用自己的坚韧和勤劳换来的硕果。任何人都不可能避免挫折,挫折是促进大学生成长的积极因素,可以磨砺我们的意志、丰富我们的经验、增长我们的能力。

3. 挫折是可以克服和战胜的

挫折是不可预知的,也是必然的。但是,挫折却不是不可战胜的。古今中外,无数杰出的人先后以他们的人生经验,诠释着人类意志的力量。我国古代统治者为了维护剥削和压迫,鼓吹天命观,但荀子提出"人定胜天"的思想。人类祖先敢于和大自然抗争,所以人类才能逐渐成为地球上的主宰;劳动人民敢于抗争,才能掀起一次又一次的革命战争,争取社会进步和人民的解放;科学家、艺术家勇于探索科学和艺术的真谛,才使得人类创造出灿烂的文化……历史长河中,无数人以他们坚强不屈的精神改变着自己的命运,也改变着人类的命运。

(二)修身养性,提高心理素质

除了对挫折要有正确的认识之外,我们还必须具备良好的心理素质,面对挫折能够泰然处之。这种心理素质只能靠修炼而得到。

1. 适应与调整

外界环境和条件的变化,不以个人的主观意愿而转移。我们原来设想好的目标,往往因为客观条件而出乎意料的改变,变成了镜中月、水中花。面对意外情况出现,我们必须及时调整自己的心态和目标,以适应这种改变。这种适应和调整主要通过降低自我期望和改变行为目标而实现。研究表明,挫折感的强度与自我期望相关。高自我预期导致较强的挫折感,较低的自我期望形成较弱的挫折感。

2. 忍耐和控制

遇到挫折即有情绪和行为反应,这是人之常情。但是并不是任何反应都有利于事情的发展,尤其是当我们面对的挫折情境是自己不能马上控制和解决的时候,忍耐就成为必要的一种策略。所谓"小不忍则乱大谋"说的就是这个道理。凡人生事业取得成功的人,无不在逆境和挫折情境中善于忍耐。以下两种情况需要大学生学会忍耐:一是当我们还不清楚事情的前因后果,没有充分掌握相关信息的时候,冲动很可能造成误会和不可弥补的伤害;二是挫折源力量强大,我们尚不能控制的时候,不满和愤怒的反应不利于事情的解决。

3. 放松训练

忍耐和控制并没有消除内在的紧张,因此还需要对消极情绪进行疏导宣泄,如采取心理学的放松训练法等。

知识链接

最常用的三种放松训练方法

放松训练的核心在"静""松"二字:"静"是指环境要安静,心境要平静;"松"是指在意念的支配下使情绪轻松、肌肉放松。放松训练可以增强记忆、稳定情绪、提高学习效率。长期坚持训练还可以改善人的性格,消除不健康的行为,对焦虑症、强迫症、恐惧症等神经症有良好的治疗效果,甚至对一些身心疾病也有广泛的治疗作用,对于缓解紧张的心理压力更是效果显著。下列三种方法日益成为人们调控情绪、管理压力的常用方法。

1. 深呼吸放松法

推荐指数:★★★★★

特点:见效快并且最容易做。

呼吸放松有三种准备姿势:坐姿、卧姿、站姿。

(1)坐姿:坐在凳子或椅子上,身体挺拔,腹部微微收缩,背不靠椅背,双脚着地,并与肩同宽,排除杂念,双目微闭。

(2)卧姿:平稳地躺在床上或沙发上,双脚伸直并拢,双手自然地伸直,放在身体两侧,排除杂念,双目微闭。

(3)站姿:站在地上,双脚与肩同宽,双手自然下垂,排除其他想法,双目微闭。

具体做法:采用鼻子呼吸。双肩自然下垂,慢慢闭上双眼,然后慢慢地深深地吸气,吸到足够多时,憋气2秒,再把吸进去的气缓缓地呼出。自己要配合呼吸的节奏给予一些暗示和指导语:"吸……呼……吸……呼……",呼气的时候尽量告诉自己我现在很放松很舒服,注意感觉自己的呼气、吸气,体会"深深地吸进来,慢慢地呼出去"的感觉。重复做这样的呼吸

20遍,每天两次。这种方法虽然很简单,却常常起到一定的作用。如果你遇到紧张的场合,或是不知道自己该怎么办、手足无措之时,不妨先做一次深呼吸放松。

2. 想象放松法

推荐指数:★★★★

特点:难度不大见效较快。

在心理咨询与治疗中,想象技术是最常用的技术之一,而且,通常结合其他的一些方法,比如暗示、联想等。想象最能让自己感到舒适、惬意、放松的情境,通常是在大海边。例如:

"我静静地俯卧在海滩上,周围没有其他的人;我感觉到了阳光温暖的照射,触到了身下海滩上的沙子,全身感到无比的舒适;海风轻轻地吹来,带着一丝丝海腥味。海涛在轻轻地拍打着海岸,有节奏地唱着自己的歌;我静静地躺着,静静地倾听这永恒的波涛声……"

给别人放松时,要注意语气、语调的运用。自我想象放松可以自己在心中默念。节奏要逐渐变慢,配合自己的呼吸,自己也要积极地进行情境想象,尽量想象得具体生动,全面利用五官去感觉。想象放松方法,初学者可在别人的指导下进行,也可根据个人情况,自我暗示或借助于音视频进行。

3. 由紧到松的放松训练

推荐指数:★★★

特点:学会后最有效但是难度较大。

步骤要领:放松的顺序:头部—手臂部—躯干部—腿部。当然,这一顺序并不是不能打乱的,可以根据自己的爱好选择合适的放松顺序。大家可以在假期练习,每天两次,坚持半月便有明显效果。

(1) 头部的放松:

第一步:紧皱眉头,就像生气时一样。保持10秒(可匀速默念到10),然后逐渐放松。放松时注意体验与肌肉紧张时不同的感觉,即稍微发热、麻木松软的感觉,好像"无生命似的"。

第二步:闭上双眼,做眼球转动动作。先使两只眼球向左边转,尽量向左,保持10秒后还原放松。再使两只眼球尽量向右转,保持10秒后还原放松。随后,使两只眼球按顺时针方向转动一周,然后放松。接着,再使眼球按逆时针方向转动一周后放松。

第三步:皱起鼻子和脸颊部肌肉(可咬紧牙关,使嘴角尽量向两边咧,鼓起两腮,似在极度痛苦状态下使劲一样),保持10秒,然后放松。

第四步:紧闭双唇,使唇部肌肉紧张,保持该姿势10秒,然后放松。

第五步:收紧下腭部肌肉,保持该姿势10秒,然后放松。

第六步:用舌头顶住上腭,使舌头前部紧张,10秒后放松。

第七步:做咽食动作以紧张舌头背部和喉部,但注意不要完全完成咽食这个动作,持续10秒,然后放松。

(2) 颈部的放松。将头用力下弯,使下巴抵住胸部,保持10秒,然后放松。体验放松时的感觉。

(3) 臂部的放松。双手平放于沙发扶手上,掌心向上,握紧拳头,使双手和双前臂肌肉紧张,保持10秒,然后放松。接下来,将双前臂用力向后臂处弯曲,使双臂的二头肌紧张,10秒后放松。接着,双臂向外伸直,用力收紧,以紧张上臂三头肌,持续10秒,然后放松。每次放松时,均应注意体验肌肉松弛后的感觉。

(4) 肩部的放松。将双臂外伸悬浮于沙发两侧扶手上方,尽力使双肩向耳朵方向上提,保持该动作10秒后放松。注意体验发热和沉重后的放松感觉。20秒后做下一个动作。

（5）背部的放松。向后用力弯曲背部，努力使胸部和腹部突出，使呈桥状，坚持10秒，然后放松。20秒后，往背后扩双肩，使双肩尽量合拢以紧张背上肌肉群，保持10秒钟后放松。

（6）胸部的放松。双肩向前并拢，紧张胸部四周肌肉，体验紧张感，保持10秒，然后放松，感到胸部有一种舒适放松的感觉。20秒后做下一个动作。

（7）腹部的放松。高抬双腿以紧张腹部四周的肌肉。与此同时，胸部压低，保持该动作10秒，然后放松。注意由紧张到放松过程腹部的变化感觉。20秒后做下一个动作。

（8）臀部的放松。将双腿伸直平放于地，用力向下压两只小腿和脚后跟，使臀部肌肉紧张。保持此姿势10秒，然后放松。20秒后，将两半臀部用力夹紧，努力提高骨盆的位置，持续10秒后放松。这时可感到臀部肌肉开始发热，并有一种沉重的感觉。

（9）大腿的放松。绷紧双腿，使双脚后跟离开地面，持续10秒然后放松。20秒后，将双腿伸直并紧并双膝，如同两只膝盖紧紧夹住一枚硬币那样，保持10秒后放松。注意体验微微发热的放松感觉。

（10）小腿的放松。双腿向上方朝膝盖方向用力弯曲，使小腿肌肉紧张，保持10秒后慢慢放松。10秒后做相反动作。双腿朝向前下方用力弯曲，保持10秒，然后放松。注意体验紧张感的消除。

（11）脚趾骨的放松。将双脚脚趾慢慢向上用力弯曲，其他部位不要移动，保持10秒，然后放松。20秒后做相反的动作，将双脚脚趾向下弯曲，保持10秒，然后放松。

至此，整个放松动作全部完成。当各部分肌肉放松动作都做完之后，还可以继续给予指导语：现在感到很安静，很放松……非常安静、非常放松……全身都放松了……（然后指导者或自己从1默数到50，放松者睁开眼睛）。

注意：放松的时候，指导者或自己应给予一些指示或暗示。比如在臂部放松时，可以给予这样的指示：伸出右手；握紧拳头，使劲儿握，就好像要捏碎什么东西一样，注意手臂紧张的感觉（集中注意和肌肉紧张）……坚持一下……再坚持一下（保持紧张）……好，放松……现在感到手臂很轻松……

放松训练比较简单，大家可以利用它很好地进行压力的自我调节。

（三）平心静气，改善社会关系

如果说前几个方面是从内部着手应对挫折，后面几个方面则强调从外部着手，以应对挫折。

人总是生活在现实的社会关系网络之中的。当我们遇到挫折的时候，既要充分利用社会关系，寻求社会支持，也要主动改变不利的社会关系，以克服困难，战胜挫折。

1. 处理好理想、期望与现实的关系

目标挫折来源于理想、期望与现实的差距。大学生遇到的挫折，比如学习、爱情、就业等，很大程度上存在目标和预期过高的现象。当现实条件不能满足的时候，挫折就不可避免了。为此，我们在制定行为目标的时候，要尽可能地遵循现实的原则，不可好高骛远。当挫折出现的时候，我们也不要怨天尤人，应及时调整目标，降低期望，从而避免强烈的心理失衡。

2. 处理好自我与他人的关系

很多挫折,比如阻碍性挫折,都源于自我和他人的关系问题。要么是自己的目标直接或间接损害了他人的利益,或者在实施过程中与他人的利益发生冲突。这时候阻碍性挫折便不可避免。为了顺利达成自己的行为目标,大学生在制定自己的目标的时候,首先需要考虑的是必须兼顾他人的权益,至少以不损害他人的利益为前提;其次,围绕着行为目标,要尽可能地考虑涉及的所有关系,事前处理好各种关系,尤其是不友好的关系,以保证目标过程的顺利进行。

3. 处理好友情与爱情的关系

友情与爱情是大学学习生活中极为重要的社会需要。很多人感到孤独、寂寞,这与他们不善于经营友情与爱情有很大的关系。当代大学生的独立性增强,但往往混淆了独立性与自我性之间的关系。需要友情却不知道如何获得,于是干脆独来独往,或者过早涉足二人世界,结果友情没有得到,爱情也相当脆弱。处理不好友情与爱情的关系,大学生很容易体验到匮乏性情感挫折。

4. 处理好兴趣、爱好和专业学习的关系

大学生的学习兴趣、爱好随着求知欲的增强而具有易变性和广泛性的特点,这往往和专业课程的学习发生冲突。简单说就是,自己喜欢的学科,课程设置里面没有,而作为必修课的专业课程,常常是自己不喜欢的。而学习评价往往是围绕着课程设置展开的,如果不能学好专业课,势必形成学习挫折。因此,大学生应谨慎处理好个人爱好和专业学习的关系。

(四)积极奋斗,改变客观条件

环境对我们心理和行为的影响作用是相当大的。对挫折情境的理解,既不能否认人们认知上的差异,更不能否认和无视外部环境的作用。我们除了要正确地看待挫折,学会自我调适之外,更重要的是要充分发挥自己的创造力和能动性,主动创造条件,为意志行为目标的顺利实现营造良好的外部环境。

1. 系统分析,科学决策

在确定行动目标的时候,全面考虑各方面的条件,是保证行动目标顺利实现的必要条件。如果不系统分析目标达成所经过的阶段,以及各阶段所需要的条件,以便事先予以安排和开展必要的工作,则可能会遇到障碍,遭受挫折。部分大学生行动之前往往缺乏系统的考虑,所以也往往容易遇到预想不到的困难。这就需要我们学会系统思维,尽可能详尽地考虑行为各方面的因素,并做出周密安排。

2. 善于争取,敢于抗争

挫折的人性本质在于意志不自由。因此争取自己的合理权利,摆脱一些不合理的束缚,或者与不利的环境条件抗争,这也是人本主义心理学一贯倡导和主张的立场。面对各种挫折,大学生需要具有同命运抗争的勇气和精神,自觉改善自身发展的环境条件。

知识链接

10个缓解心理压力的办法

我们在日常生活中会有各种各样的压力,面对这些压力,需要我们学会如何去释放,这里简单列出了10个缓解心理压力的办法,一起来看看吧。

(1)暗示法。选准最佳时机,有意识地利用语言、动作、回忆、想象以及周围环境中的各种物体等对自己实施积极暗示,可以消除负性情绪,减缓心理紧张,使心理保持平静和愉快。如背诵名人名言、回味成功经历、精心打扮自己等。

(2)换境法。固定的环境会使人逐渐失去兴趣,进而引发一些心理问题。适当地变换一下环境,可以刺激人的自信心与进取心。如到远方旅游,能够转移精力,寄托情感,排解不良情绪带来的种种困扰。

(3)随境法。这是心理防卫机制中一种心理的合理反应。古人云:"随遇而安。"面对生老病死、天灾人祸等各种各样的负性生活事件,以一颗随遇而安的心去对待它们,可以使你减少许多不必要的痛苦,拥有一片宁静愉快的心灵天地。

(4)放松法。选择幽雅的环境、舒适的姿势,排除杂念,闭目养神,尽量放松全身肌肉,采用稳定的、缓慢的深呼吸方法,有解除精神紧张、压抑、焦虑、急躁和疲劳的功效。吸气时双手慢慢握拳,微屈手腕,吸气后稍稍屏息一段时间,再缓慢呼气,全身肌肉呈松弛状态。确定适合自己的频率来重复呼吸。

(5)幽默法。幽默是心理环境的"空调器"。当你受到挫折或处于尴尬紧张的境况时,可用幽默化解困境,维持心态平衡。幽默是人际关系的润滑剂,它能使沉重的心境变得豁达、开朗。

(6)音乐法。当你出现焦虑、抑郁、紧张等不良心理情绪时不妨听一听音乐,做一次心理"按摩",优美动听的旋律可以起到调适心理和转换情绪的效果,如《梁祝》的和谐、《步步高》的欢快、《秋日私语》的宁静等,会让你紧张焦虑的情绪放松,心情愉悦。

(7)观赏法。阅读精彩的图书,观看优美的影视剧,容易唤起愉快的生活体验,释放紧张,排解忧郁,驱赶无聊。

(8)自嘲法。这是一种有益身心健康的心理防御机制。在你的事业、爱情、婚姻不尽如人意时,在你无端遭到人身攻击或不公正的评价而气恼时,在你因生理缺陷遭到嘲笑时,你不妨用阿Q精神胜利法进行自嘲,来调适一下你失衡的心理,营造一个豁达、坦然的心理氛围。

(9)宣泄法。心理学家认为,宣泄是人的一种正常的心理和生理需要。当你悲伤抑郁时,不妨向朋友倾诉;也可以进行一项你喜爱的运动;或在空旷的原野上大声喊叫,既能呼吸新鲜空气,又能宣泄积郁。

(10)逃避法。这是使心理环境免遭侵蚀的保护膜,在一些非原则性问题上不妨采取逃避措施,假装"糊涂",无疑能提高心理承受的能力,避免不必要的精神痛苦和心理困惑。有了这层保护膜,你会处乱不惊,遇烦恼不忧,以恬淡平和的心境对待生活中的紧张事件。

 学习拓展

素质拓展

1. 推荐图书:《意志力》(罗伊·鲍迈斯特,约翰·蒂尔尼)

内容简介:佛罗里达州立大学心理教授罗伊·鲍迈斯特和《纽约时报》科学专栏作家约翰·蒂尔尼两位作者强强联手,写了《意志力》这本经典之作,对意志力做了一番研究。一位负责从心理学的角度探索意志力运用的规律,另一位将书写得好懂、好玩儿。

2. 推荐电影:《荒岛余生》

内容简介:查克身为联邦快递的系统工程师,由于他是个超级工作狂,所以很少有时间陪女友凯莉,因此他们的关系出现危机。在一次出差的旅程中,查克搭的小飞机失事,他被困在一座资源贫瘠的无人荒岛,当他失去现代生活的便利以及人与人之间的互动,生活唯一的目的就是求生时,他的人生观反而逐渐有所转变,当他发现生活的压力顿时消失,便开始反思人生的目的,最后对于工作、感情,甚至生命本身都有全新的体会和领悟。

第十二章

大学生生命教育与心理危机应对

课程导入

一次关于生命的讨论

星期日,我带着儿子回老家看望父亲。在与父亲聊天的间隙,我发现儿子不知跑到哪儿去了。父亲让我到西屋找找。我走到西屋门口的时候,看见屋门紧闭着,里面传出"扑腾扑腾"的声音。透过窗玻璃仔细一瞧,原来是西屋里飞进了一只小燕子,儿子正拿着扫帚四处追捕它。小燕子乱飞乱撞,拼命地寻找逃生的出口。我让儿子把屋门打开,不一会儿,小燕子就从屋门逃了出去。我把儿子叫到身边,轻声地问他:"奇奇,你最害怕什么?""蛇、蜈蚣、蟾蜍、黑夜……"儿子思忖了一会儿说。"那你害不害怕死亡呢?"我提出了这样一个似乎很沉重的问题。"当然害怕了!"儿子斩钉截铁地回答。我马上给儿子讲了一个真实的故事:日本某农场有一个少年,在劳动中不慎被机械截断了一条胳膊。当时附近没有一个人。他强忍剧痛,把断掉的胳膊做了简单的保护处理,另一只手拼命按住伤口,奔向远处的电话房,用牙齿咬住铅笔,拨通了求救电话。他在自己昏死之前,有条不紊地完成了一系列的自救行动。后来,他得救了,他的断臂也接上了。讲完故事,我问儿子:"这个少年是一个什么样的人?""沉着、冷静、勇敢。"儿子胸有成竹地回答。"他怕不怕死?"我接着问道。"怕!"儿子毫不犹豫地回答。"他为什么怕死?"我继续问道。"因为他热爱自己的生命。"儿子想了想说。

我对儿子的看法表示赞同之后,提起儿子早已熟知的革命先烈刘胡兰、董存瑞、黄继光的事迹。我问:"刘胡兰、董存瑞、黄继光最大的特点是什么?""勇敢!"儿子毫不犹豫地回答。"他们怕不怕死?"我又问道。"不怕!"儿子回答得很干脆。"但如果我说他们怕死,那你又知道是为什么吗?"我接着问道。儿子似乎被问懵了,用期待的眼神等着我的回答。我说:"他们怕死,是怕别人死。为了保住更多战友的生命,他们勇敢地为自己选择了死亡。"儿子这才恍然大悟。

我把前面的故事作了一个小结:故事中的主人公都是由于"怕死"而变得沉着、冷静、勇敢,他们"怕死",都是因为珍爱自己的或者别人的生命。

第一节 敬 畏 生 命

爱因斯坦所著的《我的世界观》中第一篇文章也是最短的一段文字:生命的意义或者说作为有机生命体的意义到底是什么呢?归根结底是个信仰问题。你可能会问:"那这信仰里究竟有什么哲理呢?"我会回答你:"如果一个人将自己以及他人的生命视为无用之物,那么他不仅是个可怜人,更是个没有资格拥有生命的人。"

一、学习"敬畏生命"

古人云:"身体发肤受之父母,不可弃之。"意思是说,我们每个人的生命都是从父母那里承继来的,一旦来到这个世上,他的生命就不再仅仅属于他自己,在更大程度上属于他的家庭、他的社会、他的人民,无论在何种情况下都不可以轻易放弃。因此,我们每一个人都有千万种理由珍视生命、热爱生命、享受生命,而绝没有半点借口轻视生命、践踏生命、残杀生命。

生命如果不去珍惜、不去开拓,或者弃之不管,那生命也不算是生命了。所以,我们应该以一颗积极与平和的心去掌管我们的生命。即使遇上人生的暴风雨,不要放弃,也不要丢失信心。不要对生命抱怨,我们要心存希望和向往,迎接一个又一个雨后灿烂的太阳。把每个黎明都看作生命的开始,希望从来就没有消失过,只是我们没有发现。

珍惜生命不仅仅是指不放弃生命,不放弃生命只是最基本的一个条件。没有这个条件,一切都是虚无和没有意义的。可是有了这个条件也不完全代表着珍惜生命,借用惠特曼一句话:当我活着,我要做生命的主宰,而不做它的奴隶。我想这样就足够了,不做生命的奴隶就不会对命运束手无策;不做生命的奴隶就不会颓废地生活。

心理故事

敬 畏 生 命

当我们每晚躺在床上时,我们有没有问过自己:我学到了什么?我得到了什么?我的生命有没有意义?

属于人的生命,也只有一次。在这短暂的生命历程中,交织着矛盾和痛苦,充满着求索和艰辛,遍布着荆棘和坎坷,这正如那不为人知、寂寞生长的野草,只有异常沉重的付出,才能换来无比丰硕的甜美。渺小与伟大、可悲与丰富、失意与重塑、挫折与幸运……只有珍爱生命,把握自己,才能抛弃渺小、可悲、失意和挫折,拥抱伟大、丰富、重塑和幸运。要知道,生命是这样的可贵,连小草也在不断挑战极限、完善自我呵!

希望大家珍惜生命,珍惜家人,珍惜爱人,珍惜身边的人,珍惜自然,珍惜有生命的和维护生命的一切!生命不只是你自己的生命,它属于爱你和你爱的人,同样也属于我们的社会和全人类。所以为了善良的爱我们的人,为了我们的社会,我们负起这最基本的责任吧!

德国著名哲学家海德格尔指出:物性的过分扩张就会导致人性的匮乏与生存危机。现在,生存环境的巨大变化、物质生活的改善,带来的却是很多人心灵的空虚,对生命诉求的漠视。人类的物质生活不断改善、延长,而以生命内涵为核心的精神家园却被许多人抛弃了。在这样的背景下,一些学生的情感、心灵和个性受到压抑,知识的增长以情感的麻木和冷漠为代价,最终导致了一些学生对生命价值与意义的怀疑与绝望。然而,生命具有尊严,生命值得敬畏。

有这样一位德国人,他平凡而神圣的业绩是在非洲丛林里行医60年。在那里,他以普爱、悲悯之心救助了千千万万的病人,同时,他还以心灵、行为的崇高与纯粹创立了"敬畏生命"的伦理学。为表彰他对人道事业与道德的献身,1953年,诺贝尔评选委员会授予他"诺贝尔和平奖",他就是史怀哲。对他来说,善能保存生命、促进生命,使可发展的生命实现其最高的价值;恶则能毁灭生命,伤害生命,压制生命的发展。这是必然的、普遍的、绝对的伦理。

1915年9月的一天,史怀哲乘船沿着奥戈维河逆流而上,去救助一位急症病人。正当他十分疲倦且沮丧时,一个新的词汇蓦然从他的脑海中闪现,那就是"敬畏生命"。事后,他这

样写道:"这是我从未听过或读过的新词,我立刻意识到,它带来一个能解决一直折磨我的问题的解答。过去那套只关心我们与他人关系的价值系统是不完全的,所以会缺乏向善的原动力,只有立足于'敬畏生命'这一观点,我们才能倾其所爱,与这个世界上的其他生命建立一种灵性的、人性的关系。"毫无疑问,史怀哲最激荡人类思想史的光环便是提出了"敬畏生命"的伦理学观点,"敬畏生命"的理念激荡起人内心蕴涵的承担命运的勇气、战胜磨难的力量和关爱他人的温情。

二、认识生命意义

"敬畏生命"是由生命的意义决定的。生命究竟有何意义?那些放弃生命的人是否知道,每一个生命都是有限的,有限的生命具有唯一性和不可逆转性。唯一性意味着:来了,从此就不再来;不可逆转性表明:人死不能复生。热爱生命,就不只是欣赏生命、享受生命,更应该创造生命的价值,使自己活得有意义、有价值,没有白到人间来一遭。

中国人民公安大学李玫瑾教授在《人生没有迈不过的坎》一文中指出:生命的意义需要告知。她在文中用诗一般的语言说道:我们是否告诉过孩子:生命是情意的牵连,从出生起妈妈每天的期待就是看着你一天一天变化,生命在于源源不断,生命更在于一种报恩与情意的美……

我们是否告诉过孩子:个人生命虽然有限,但有限的生命可以创造无限的奇迹,这世上最伟大的奇迹都是生命活动的痕迹,从思想名著到令人陶醉的音乐,从让全世界受益的电的发明到深究生命起源的科学探索,生命的价值就在于让这个世界丰富多彩……总之,我们需要告诉孩子,生命是如此美好而神奇。

可是,为什么还会有人舍得放弃如此美好而神奇的生命呢?因此还需要告诉他们:生活其实也像莫测的天气,急风暴雨后才会有绚烂的彩虹;磨与难也是有价值的,它能使生命更有力量,而有力量的生命才有更多的生命感受与奇迹。

三、挑战生命磨难

请看著名作家陈家忠在《敬畏生命》中对生活磨难的理解:一个失去双臂的瘦弱的青年,用双脚去弹奏钢琴王子理查德·克莱德曼的经典曲目《梦中的婚礼》,所有的听众都沉浸在这个残疾青年营造的缠绵悱恻、浪漫多情的音乐氛围中,去感悟人生与爱情的神圣和庄重。

这位失去双臂的青年叫刘伟,他没有双臂,却能在黑白琴键上弹奏悦耳动听的旋律。他成了网络红人,短短3天内视频点击率就多达20余万次。在《中国达人秀》电视节目中,刘伟用双脚弹奏了一曲《梦中的婚礼》,打动了所有观众。人们亲切地称他"无臂钢琴王子"。刘伟的一句:"我的人生只有两条路,要么赶紧死,要么精彩地活着!"感动了许许多多的中国人。

刘伟不是在演奏《梦中的婚礼》,而是在用心、用泪弹奏着贝多芬的《命运交响曲》。这位残疾青年并不是什么英雄,也没什么惊天动地的事迹,但是让人对他油然而生一种敬意,使得人们对这一位被折断翅膀的钢琴王子那种无畏、充满激情的生命心存敬畏!当他不幸失去双臂的那一刻起,就面临生命中所不能承受之重,他曾经迷惘过、哭泣过、失望过,独自去品尝着生活的艰辛。他顽强不屈地与坎坷不平的命运作一场青春的博弈,在这场博弈中,刘伟无疑是胜利者,他告诉我们什么是乐观,什么是坚强,什么是人生的真谛。

冰心说:"假如生命是乏味的,我怕有来生;假如生命是有趣的,我今生已是满足了。"这是冰心对人生的感喟。而刘伟的人生感喟和冰心老人何其相似!难能可贵的是,刘伟是用自己顽强不屈的生命,体味出这能够感动许多人的话语。经历过生与死磨炼、淬火的哲理是不朽的,我们没理由不用心、不用我们的耳朵去倾听这铮铮作响的人生哲理。

【案例12.1】2017年12月30日23时,随着赣南医学院第一附属医院手术室大门的关闭,21岁的大三女生蔡佳如走完了人生最后一程,但她的生命以另一种方式获得延续——她用自己的眼角膜和肝、肾,帮助2人重获光明,让2名尿毒症患者和1名肝衰竭患者转危为安。

6岁遇车祸昏迷45天

"命苦",说起蔡佳如,亲戚们总是提到这个词。1996年10月,蔡佳如出生在吉水县一个普通农家,家境贫困。2002年,6岁的蔡佳如和母亲遭遇车祸,母亲不幸离世,小佳如昏迷45天后顽强地活了下来。数年后,父亲再婚。父亲、继母和姐弟三人,一家五口相依为命,虽然经济拮据,倒也其乐融融,这是佳如人生中难得的一段好时光。2015年,佳如的父亲被确诊患有白血病,虽在政府帮扶和社会资助下接受过几次化疗手术,但仍于当年年底离世。接着,奶奶瘫痪,家境每况愈下。继母在佳如的姑姑、叔叔和舅舅的帮助下抚养姐弟三人,勉强维系他们的学业。

收获荣誉和助学金

逆境成就不屈品质。佳如下决心,在弟弟们面前,要用女汉子的毅力撑起一片天。2015年,蔡佳如进入江西卫生职业学院高职影像专业,开始了勤工俭学的求学之路。课余时间,她兼职做食堂服务生、做清洁工收集瓶瓶罐罐勤工俭学,很少向家里要生活费。在校三年,蔡佳如担任劳动委员,学习刻苦,获学校2016—2017学年"三好学生"称号,并获国家一等助学金。2017年5月,蔡佳如被分配到井冈山大学附属医院实习。她积极配合老师,热情对待患者,受到带教老师、患者和家属的一致好评。

捐献器官感恩社会

2017年12月29日早上,江西卫生职业学院班主任吴龙祥接到蔡佳如家人电话:"佳如因意外突发脑血管出血,出现脑死亡症状。"佳如的叔叔说,前几年佳如父亲重病时,爱心人士捐助十余万元,政府为他们建立了低保档案,学校为佳如申请了贫困补助……各界的帮助让佳如和家人倍感温暖,一直感念在心。因此,家人开了一次会议,达成一致意见:若佳如不幸离世,就捐献她的器官,让她的生命在他人身上延续,继续完成她的医学初心,尽最大限度表达她对社会的感恩。

2017年12月30日23时,在家人、老师和同学的陪伴下,佳如走完人生最后一程,专家随后为她完成了捐献组织、器官摘除手术。她的肝脏、肾脏、双眼角膜捐给了5名陌生患者。

"我们永远记得你"

蔡佳如离世后,生前所在的2015级高影班师生在网上开展了追思活动:"你娇小玲珑的身体,总是充满着大能量,你是我们最好的同学。""我欠你一个生日,还欠你一次晚餐,而你却欠我们相聚。""一声同学,一世同学,我们永远都会记得那个吃苦耐劳的蔡佳如。"

蔡佳如生前非常喜欢医学，热爱医学影像专业。她曾对同学说："在医院实习后，对医护行业更多了一份敬畏，以后一定要当好一名白衣天使。"在生命的尽头，花季女孩蔡佳如践行了自己的承诺。

蔡佳如走完了人生的最后一程，但她的生命以另一种方式获得延续，这一方面彰显了生命的意义和价值。但另一方面，也有一些既不能珍惜他人生命，也不爱惜自己生命的大学生。学习好坏、分数高低并不能代表一个人的成就，不能决定这个人将来对社会做出的贡献。学习再好，如果漠视生命，违背法律，那么他学到的知识反而会成为危害社会的帮凶。对于每个人来说，生命都是美好的。面对美好的生命，我们不能漠视，更多的是要懂得尊重和珍惜，只有珍惜生命的美丽，才会懂得生命的意义。

第二节 大学生心理危机的表现

一、危机与心理危机

1954年，美国心理学家卡普兰首次提出心理危机的概念，并对其进行了系统研究。他提出，心理危机是当个体面临突然或重大生活逆境（如亲人死亡、婚姻破裂或天灾人祸等）时所出现的心理失衡状态。他认为，每个人都在不断努力保持一种内心的稳定状态，使自身与环境相平衡与协调，当重大问题或变化发生使个体感到难以解决、难以把握时，平衡就会被打破，正常的生活受到干扰，内心的紧张不断积蓄，继而出现无所适从甚至思维和行为的紊乱，进入一种失衡状态，这就是危机状态。心理危机的提出，与二战以后人们心理的康复、社会竞争忽然加剧、东西方意识形态对峙的宏观背景，以及美国人开始将关注点由外部转向自我、生活结构发生变化等引起的内心冲突有关。在卡普兰提出心理危机的概念后，很多学者开始关注此领域并开展了广泛深入的研究。

一般认为，心理危机表现为静态与动态两种。静态强调心理危机是一种状态，主要表现为：个体运用惯常的应对方式无法处理所面临困境时的一种不平衡心理状态，它是一种过渡状态，人不可能长久地停留在危机状态之中，整个心理危机活动期持续的时间因人而异，短者仅24—36小时，最长也不应超过6周。危机可以由重大突发事件引起，也可以由长期的心理压力导致。在危机状态下，个体会出现一系列负性的生理、情绪、认知、行为反应，如果危机反应长时间得不到缓解，便会引发心理疾患和过激行为的产生。动态则强调心理危机是一种心理过程，主要表现为：危机具有心理状态的失衡、个体资源的匮乏、认知反应的滞后性等特征，是个体发展中原有平衡状态被打破，而新的平衡没有建立的过程。心理危机的动态与静态是相互转化的，当危机易感个体处于静态时，危机并未显示出来，当遭遇生活应激事件时，动态心理危机便爆发了。因此，在静态下，要启动心理危机预防机制，而在动态中，要启动心理危机干预措施。

危机中的心理行为反应是个体为减轻痛苦而采取的一种防御机制，大致可分为三类：一类是积极的反应，包括坚持、升华等，这些反应有助于恢复个体心理平衡，准确地评定事件的性质，做出合理的判断与决定，尽快走出危机。如司马迁"狱中著书"的事迹一直为后人所传颂，他因直言进谏而遭腐刑，"是以肠一日而九回，居则忽忽有所亡，出则不知所往。每念斯耻,汗未尝不发背沾衣也",但他心中始终不失信念,从而忍辱负重,发愤著书,创作了名震古今中外的史学巨著《史记》,为中国乃至世界人民留下了一笔宝贵的文化遗产。第二类是消极的反应,包括否认、攻击、逃跑、放纵、退缩等,这些反应虽然有助于暂时缓解内心的冲突和紧张,但不利于问题的解决,妨碍个体正确地应对危机,甚至会给身心健康埋下隐患。如一名刚入大学的新生得知深爱他的父亲因车祸突然去世,他始终都不相信父亲已经永远离他而去,在天昏地暗的恸哭后,他每天都给父亲写信,相信奇迹会出现。第三类是中性的反应,包括转移、反向、压抑、倒退、合理化、投射等。例如,一女大学生与同宿舍同学吵架,像个孩子般哭泣,直到宿舍同学道歉为止。这实际上就是运用儿童的行为反应达到自我保护的目的。产生何种类型的心理行为反应与个体的个性特征、适应能力和以往生活经历等相关。

 心理故事

小鸡啄壳的启示

母亲曾养过一段时间的鸡,每到小鸡孵出来的时候,我蹲在那窝鸡蛋旁边,就能听到笃笃笃的此起彼伏清脆敲击的声音。母亲告诉我,那是里面的小鸡开始啄蛋壳了。

我亲眼看到白色蛋壳一点点露出小洞,一只嫩黄的尖嘴不停地啄着,蛋壳碎掉一半,湿漉漉的小鸡从洞口挣扎着挤出来。才出壳的小鸡很难看,身上稀稀拉拉粘着几根毛,皮肤有着一粒粒粗大的毛孔,抖抖索索犹如古稀老人。奇怪的是只需一个晚上,第二天早上再去看它们,一个个竟然一夜之间完成了华丽的转身,披上了厚实柔软的漂亮绒毛,滚圆的身体像小皮球,漆黑的眼珠乱转,吱吱呀呀鸣叫,充满了生命的可爱与活力。

我曾多次向母亲要求,小鸡啄壳太辛苦太慢,不如我们帮它们敲碎蛋壳,放它出来。母亲笑了,说不行,人工剥出来的小鸡娇弱不好养呢。我不信,悄悄替一个正啄壳的小鸡轻轻剥开了蛋壳,并给它的腿上绑了红绳做标记。

以后的日子,我一直跟踪观察那只我"接生"的小鸡,果然有气无力,被一群强健的小鸡挤踏,喝水吃食总抢不到前面,弱弱地排在后面吃残羹冷食。有一天,我发现它死在笼子一角,身体已经僵硬,为此我哭了好几天。

人生亦是这样,在生命中那些至关重要的关口,必须得依靠自己的力量去啄碎命运的蛋壳。这个积蓄能量、磨砺意志的过程不可跳过。假若有意无意借助了外力,完整的成长过程便会出现缺口,从而成为日后生命的弱点所在。

如果生命中没有障碍,我们就会很脆弱。我们不会像现在那样强健。我们祈求力量,上苍给我们以困难去克服,使我们变得更加坚强;我们祈求智慧,上苍给出问题让我们去解决;我们祈求丰盛的人生,上苍却赐我们大脑和坚强的力量;我们祈求勇气,上苍便设置障碍让我们去克服;我们祈求爱,上苍指引我们去帮助需要关爱的人;我们乞求恩惠,而上苍却给我们机会。

从上苍那里,我们没有得到任何想要的东西,我们将永远不能飞翔……却得到了一切我们需要的东西。

二、心理危机在大学校园中的普遍性

心理危机的产生、发展及激化经历着复杂而微妙的心理过程,几乎每个成长中的个体都不同程度地经历过心理危机,但心理危机并非必然导致极端行为。事实上,心理危机并不像我们想象的那般神秘和遥不可及,它就在我们身边,甚至存在于我们的内心。危机带给我们的,大多数时候只是暂时的不适。实际上,没有人可以和危机绝缘,任何心理素质健全、受过良好心理训练的人都不可能终身免于危机的困扰。但不同的是,多数大学生通过自我调节或专业帮助,顺利地度过危机获得成长,而有的人却在危机中陷入困境甚至绝境,走上了一条不归路。

【案例12.2】有大学新生在咨询过程中这样写道:"刚入大学的我,满怀梦想,我梦想着聆听名师大家们的演讲,梦想在青青的草地上看书,梦想着漫步在幽静的小湖边,梦想着和许多朋友讨论、打闹……而一进校园,我面对的是严格的军训和严肃的教官,这打破了我脑海里的种种浪漫,紧张的军训不容我有过多的想法,硬生生把一个真实的大学生活摆在我的面前。不容我有半点迟疑,一个巨大的漩涡把我卷进来,开始了大学生活。

这就是我的大学生活吗?平凡而普通的日子,破旧得有些令人生厌的教学楼,乱糟糟的小卖部,拥挤的食堂……这就是我理想中的大学吗?就连友情也变得虚假了,舍友在一起聊天,也仅限于无关紧要的闲言碎语,缺少共同的兴趣与话题,彼此间感觉到的是内心包裹着冷漠的客气与礼貌,刚开始还能和平相处,渐渐不满多了,暗中彼此埋怨中伤,谁也看不惯谁,几平方米的小屋寂静中却夹杂着浓烈的火药味,一点小事就能引爆一场争吵,之后是彼此表面上的妥协,面上是笑容,心里却怒视着,大家彼此客套,而心却早被锁上了。

还有学习上的困惑,大学中的学习是自主的,外面世界又充满太多的诱惑,于是有的人沉溺于网络与游戏……可我应该怎么办呢?一系列的问题全部摆在我面前,让我束手无策。以前只知道考大学,可大学上了,目标却没有了,'郁闷'成了我们的口头禅,甚至成了我一个同学的绰号。"

这是一位大学一年级新生对适应与交往问题的感受。大学生活适应、大学生涯规划与人际交往等问题经常会诱发潜在的心理危机。

这里还有一个即将走上工作岗位的毕业生的彷徨与担忧:"马上就要离开校园了,想想半年来一次次跑人才市场,一次次面对用人单位冷漠的脸,告诉自己要忍耐,却常常在笑容可掬地接受被拒绝的残酷现实后,独自哭泣。第二天擦干眼泪,继续寻找能接受自己的单位。在一次次的拒绝与寻找中,曾经的辉煌与骄傲在现实面前被击得粉碎,难道多年的寒窗苦读、父母终身积蓄的代价和大学几年青春就为了一张毕业证书?高考扩招,带来更多的压力,面对就业市场真的无比伤感。为了获得父母的笑容、老师的夸奖和同学的重视,我一直努力学习,然而明亮的天空依旧撑不起我灰暗的心,转眼大学就要毕业,可我要什么?我又有什么?这几年我都做了些什么?当我千转百回,走过很多的路,吃过很多苦,终于找到一个接收单位时,却没有想象中的轻松与开心,倒有些无奈与失落。马上就要踏入社会,想起找工作的境遇,忽然莫名地担心起来,我能适应吗?我恐惧进入社会,但我能拒绝成长与受伤吗?"

在成长的过程中,每个人或多或少都有过心理伤痕,重要的是我们有自我疗伤的能力。每个大学生也都无法免于心理危机的困扰,危机与成长伴随大学生走过青春岁月。

三、大学生常见的危机

（一）成长危机

一方面，大学生已经进入青年中期，正处于生理发育的基本成熟和部分心理发展相对滞后的特殊时期，人生观和世界观逐渐形成，心理状态不稳定，容易受到外界的各种影响而产生心理危机；另一方面，大学生性心理已经基本成熟，性意识增强，渴望异性的友谊和爱情，但由于大学生性心理还没有完全成熟，生活经验缺乏，常会产生一些不正当的行为，给身心带来严重影响。

（二）人际关系危机

和谐的人际关系既是大学生心理健康的一个组成部分，也是大学生获得心理健康的重要途径。他们的人际交往危机主要是指在校大学生在与他人相处和交往过程中表现出的不适、自闭、逃避、自恋、自负，以及难以调和与他人关系的不良心理状态和行为表现。一方面，从中学到大学，大学生面临着一种全新的人际关系，在中学时代，他们或许能够凭借出色的成绩赢得同学和老师的青睐，但在大学，成绩好不一定就能够获得好的人际关系。好人缘需要一定的技巧，同时还要懂得在出现矛盾时怎么解决。另一方面，大学的同学来自五湖四海，其家庭背景、生活方式、价值观、兴趣爱好可能会千差万别，这些差异不可避免地带来摩擦和冲突，如果得不到及时的解决，就会产生人际关系上的危机，给大学生的心理健康带来严重影响。

（三）就业危机

近年来，由于社会竞争的加剧，高校扩招，就业市场的不景气，大学生找工作或找比较理想的工作越来越困难，一些同学表现出严重的危机感，同时一些同学为了缓解就业带来的压力，不断给自己施压，长期处于紧张状态。一部分大学生看不到自己的前途在哪里，特别是那些学习成绩不好、能力又不出众的学生，就业就像一座大山压在他们的身上。他们努力增强自己日后的就业实力，给自己设置一些不合实际的目标，花费大量的财力和时间来学习热门实用的课程，使自己处于长期的紧张状态和高负荷压力下，一旦失败就会体验到严重的挫折感和失败感。

（四）学业与经济危机

对于大学生来说，学习是首要任务，也是主要的活动方式。大学生的学习压力相当一部分来自于所学专业非所爱，这使他们长期处于冲突与痛苦之中，课程负担过重，学习方法有问题，精神长期过度紧张也会带来压力；另外还有参加各类等级、资格考试带来的应试压力等。精神长期处于高度紧张的状态下，极可能导致大学生出现强迫、焦虑甚至精神分裂等心理疾病。生活的压力主要在于大学生不善于独立生活和为人处世，还有生活贫困造成的心理压力。目前，我国高校在校生约有20%是贫困生，而这其中5%—7%是特困生。他们中有些人虚荣心太强，经不起贫困带来的精神压力，总觉得穷是没面子的事，不敢面对贫困，与同学相处敏感而自卑,采取逃避、自闭的做法,有的同学甚至发展成自闭症、抑郁症而不得不退学。

(五)情感危机

当前,大学生对情感方面的问题能否正确认识与处理,已直接影响到大学生的心理健康。情感危机是指一个人在感情中遭到突然的打击,使他无法控制和驱使自己的感情,从而严重地干扰他的正常思维和对事物的判断处理能力,甚至使工作、学习无法进行。在极度的悲痛、恐惧、紧张、抑郁、焦虑、烦躁下,极易导致精神崩溃,引起自杀或莽撞行为。在大学生中最常见的情感危机莫过于失恋,这是诱发大学生心理问题的重要因素,恋爱失败往往导致大学生心理变异,有的人因此而走向极端,甚至造成悲剧。

四、大学生危机发生后的反应

危机发生后,个体会在躯体、认知、情绪、行为等方面发生种种变化。在躯体方面,会产生疲劳、失眠、头痛、做噩梦、容易受惊吓等。在认知方面,在危机状态时注意力集中于急性悲痛之中,并导致知觉和记忆的改变。在情绪方面,常出现害怕、焦虑、忧郁、伤心、悲伤、易怒、绝望、否认与不安等情绪。在行为方面,当事人不能完成职业功能,不能专心学习和从事其他活动;与人隔绝,回避人或采取不寻常努力以使自己不孤单,变得令人生厌或具有黏着性,与社会联系遭到破坏,当事人感到与人脱离或相距甚远,可能发生对自己、对周围的破坏行为并以此作为解决问题的最后努力,拒绝他人帮忙,认为接受支持是自己软弱无力的表现,其行为和思维、感情是不一致的;还会出现一些平时不多见的行为。

从过程来看,个体在危机发生后可能出现一系列的反应:

(1)事后震惊。这是经历危机的人可能产生的一种潜在的反应。表现和特征是周期性或持续性的颤抖、长期心烦意乱或心不在焉、极端不安和精神恍惚、精神错乱。

(2)责难。责怪自己和责怪他人。

(3)内疚和焦虑。面临危机的个体可能因为害怕、恐怖和忧虑而感到不知所措。他们告诉咨询师紧张的情绪将引起他们突然发作或者衰变,他们的精力过剩,从而导致他们以一种坐立不安的方式行动,这在日常生活的坐、站、步行中可以得到证明,他们借助于抽烟、喝酒、吃饭、祈祷、打电话、吃药、同那些能够帮助自己的人交谈等途径来减少焦虑。能伴随着焦虑反应的共同的心理症状有过多地出汗、头痛、心悸、胸痛、战栗、换气过多、头昏眼花。焦虑使他们不时地在思考、幻想、睡梦和演讲中反复体验创伤,一般的、正常的问题被夸大了,并被设想得特别严重,似乎是不可克服的,日常事务变成了主要的障碍物,需要相当完善的计划才能完成。

(4)抑郁。人们在面临危机时往往表现得很抑郁,特别是在很极端的时候,人们会极度悲伤、痛心或绝望。这种情况下的个体在认知上会表现得很无助,他们会认为面对如此的情境,无论采用什么方法和手段都没有用,无论谁也无法摆脱这种情况。

(5)逃避和专注,并有假装适应的反应。这是所有心理危机的反应中最敏感的。这些人表面上都好像很成功地驾驭了创伤和压力,但事实上他们似乎驾驭得太好了,以至于故作轻松。假装适应的反应是一种由抑制、自我克制等综合构成而支撑起来的相当脆弱的防御方法。假装适应的人很少主动寻求帮助。

(6) 休克。人们可能被创伤事件弄得不知所措,他们感到麻木和茫然,而留给他们自己的仅仅是"这并没有真正发生在我身上"感觉。这会在他们的外表上表现出来,经常眼神呆滞,说话时恍恍惚惚,难以集中注意力,走路僵硬,并且容易受到暗示的影响。一些人由于突发事件而引起的压力反应是对他人或自己进行攻击,总觉得那个发泄满腔的怒火和重新获得自尊的唯一途径就是毁灭那个他们认为伤害了自己的人;另一些人可能是自我毁灭式的,例如疯狂地驾驶、酗酒,直到神志不清为止。

(7) 寻求改变。危机中的个体虽然对事件的不确定感到很难受,处理问题的能力受到了限制,但个体也不会坐以待毙,他也想获得别人的帮助,寻求摆脱困境,只不过常常采用一些不当的方式来处理问题。

五、大学生中的心理危机高发群体

(一) 贫困生群体

随着社会的变革、高等教育体制的改革,大学校园里出现了一个特殊的群体——贫困生。1999年后高校的大规模扩招,推进了教育成本分担机制,贫困大学生的人数越来越多。社会经济地位处于弱势,使大学校园里这一特殊的"弱势群体"背负着沉重的生活负担和心理压力。一般说来,贫困生普遍存在以下不良的心理状态:

1. 自卑

目前,我国贫困大学生的主要构成来源有四种:一是来自老少边贫地区的学生,二是城市低收入家庭学生,三是多子女家庭与非核心家庭学生,四是遭遇疾病或重大家庭变故的学生。他们共同的特点是经济状况不良,家庭社会经济地位处于弱势。他们的家境虽贫寒,但在原有的环境中尚无明显的心理落差,而一旦来到繁华的城市,生存环境发生了很大的改变,这种环境的反差超出了他们的想象,与具有多方面才艺且家境良好的学生生活在同一屋檐下,他们才渐渐感觉到反差的存在与不容忽视。多数贫困生能够正确调整心态,积极适应大学生活。而当他们理智地调整心情,把更多的精力用于学习而不是相互攀比,试图通过优秀的学习成绩来改变自我时,却又不得不面对这样的现实:由于学习基础和知识储备上的差距、经济困难引发的生存和学习压力,他们比普通学生多了一层生活的重压,而陷入深深的自卑中。贫困生的自卑情结往往潜藏于心中,并不全部在日常学习生活中体现出来,然而是真实存在的,他们中的部分学生是心理危机的易感人群。

[案例12.3] 对于小朵来说,人生最快乐的日子就是她刚考上大学的那段时间——村子里因为出了一个大学生而沸腾。后来,小朵来到了大学。在大学,她看到了以前根本见不到的新鲜事物,也逐渐因为自己见识浅陋而自卑起来。看到舍友们都拿着名牌手机,她握着父亲给她的老牌手机,心里充满了酸涩。每当要进行计算机操作时,小朵就像傻瓜一样一无所知;舍友讨论衣服、化妆品时,小朵只能呆坐在一旁。舍友一个比一个能干,有的能歌善舞,有的擅长钢琴、跆拳道,那些她听都没听过的项目让她茫然,她渐渐觉得自己一无所知,连让自己自豪的成绩在他们眼前也变得什么都不是了。

2. 强烈的自尊

自尊是指人们在社会比较过程中获得的有关自我价值的积极的评价和体验,它是一种自我尊重并希望被人尊重的心理状态。对自尊的维护是人的需要和本能,而自尊也原本是个人素质得以良好发展的前提,是生活、学习、工作中奋发图强的强大动力,但过于强烈的自尊往往会造成心理的扭曲。贫困生一方面自卑感较重,另一方面自尊心又很强。虽然经济拮据,但他们有的却不愿接受帮助,不愿被别人看做"异类",于是有的高校便出现了"贫困生窗口无人站、寒衣补助无人领"的尴尬局面。他们越感到低人一等就越怕别人另眼相看,出于自我保护,他们为自己构筑起强烈自尊的外壳,但这个外壳是极其脆弱、不堪一击的。他们对触及自己痛处的事物极为敏感,一点小小的刺激就会让他们产生强烈的情绪、情感反应。

3. 孤僻

由于自卑心理严重,自我保护意识强烈,贫困生往往习惯于把自己封闭起来,不愿与人接触,独来独往、沉默寡言,很少向别人敞开心扉。长此以往,他们在心中筑起了厚厚的围墙,心里的积郁和苦闷得不到正常的宣泄和释放,问题越积越多,以至于到了无法摆脱的地步,甚至把别人的关心和帮助当成是对自己的嘲弄,对外界充满敌意。在如此强烈的心理负荷下,很小的事件都会使他们的心理防线崩溃,产生过激行为。值得关注的是,贫困生常常处于一种相对剥夺感之中,因此,他们极易产生愤世的倾向,对很多事情看不惯,感觉社会缺乏公平感,容易产生心理偏差。

(二)独生子女群体

独生子女群体是我国于20世纪70年代末实行计划生育政策所形成的。这一人群从出现起便作为一个社会群体吸引着众多的目光,成为各方关注的焦点。与非独生子女相比,独生子女身上具有明显的时代特征,他们乘着改革开放的春风、沐浴着慈爱的阳光雨露、汲取着充足的养分,茁壮成长起来。当前,独生子女成为大学生中的主体。由于与非独生子女在生存状态等方面存在一定差异,也就形成了这一群体普遍存在的人格特征和心理行为特点。

1. 依赖

独生子女一般家境较为优越,在成长的过程中得到较多的关注,他们从小独享家庭所有成员的爱,在长辈的过度宠爱下,易形成心理上的依赖性。进入大学以后,虽然他们的独立意识逐渐增强,但还不足以令他们摆脱对于家庭的依赖。远离家乡和父母,面对新的生活环境和生活方式,他们显得无所适从,一时难以顺利地实现角色转换,生活自理能力差、饮食不习惯、集体生活不适应,等等。种种不如意困扰着他们,他们出现孤独、苦闷、烦恼、忧虑、失眠、神经衰弱等症状。为了逃避面临的困境,他们往往表现出强烈的恋家和思乡情绪,留恋原先的生活环境,变得郁郁寡欢,严重的甚至出现退学的念头。

2. 自我中心

自我意识的成熟是大学生人格健康成熟的重要特征。科学、合理的自我意识表现为正确地认识自我、客观地评价自己,既不狂妄自大,也不妄自菲薄,自我调节和自我控制能力较强。独特的家庭地位和环境,使独生子女逐渐养成了自我评价较高、自我意识较强的"优势心理"。他们容易看到自己的长处,常常看不到自己的弱点,以自我为中心,唯我独尊、我行我素,凡事考虑自己的利益得失,缺乏对他人的理解、尊重和宽容,不愿接受不同的看法和意见,更接受不了批评与挫折,协调能力较差,稍有不如意,他们就会产生强烈的逆反心理。一定程度的自我意识,有助于自信心与自尊心的增强和积极人格的形成,但过强的自我意识,则导致自私、任性、专横、攻击性强等人格缺陷,有碍身心健康。

【案例12.4】小慧和小刚在一所大学读书,他们正处在热恋中,是大家公认的一对才子佳人。小慧是一个勤奋的学生,上进心强,她的梦想是出国留学。小刚也很勤奋,但是他学习的目标不是很明确,经常根据自己的兴趣而变换读书的领域。

随着毕业季的临近,小慧积极申请国外的学校,打算出国学习,如果有可能就留在国外。小慧满心希望小刚能和她一起出国打拼,但是,小刚对出国不是很热心,认为国内的机会也很多,所以对考托福、申请学校之类的事情无动于衷。于是,两人经常争吵,矛盾不断升级。

于是,小慧来到心理咨询室寻求帮助。她对咨询师抱怨小刚目光短浅,只想在国内"窝着",认为小刚不善解人意,不理解她的理想与追求。小慧向咨询师不断重复的一句话是:"我想出国,这有什么错?"

小慧的问题是凡事从自己的角度思考问题,表现出较强的自我中心倾向,不能考虑小刚的想法和感受。小慧的出国理想固然没有错,但是小刚想留在国内发展也没有错。他们之间的矛盾、意见分歧不是对与错的问题,而是个人追求的不同。

3. 情绪控制能力弱

情绪是人对客观事物态度的体验。对情绪的合理控制,对于强化动机、交流信息、发展智力及保持身心健康等都有着重要作用。家长对于独生子女过度呵护和溺爱,使他们的意志发展水平不够,遇事往往不知如何妥善处理,心中忐忑不安,稍有不顺心便大发脾气,易冲动、易感情用事,情绪控制能力及情绪稳定性较差,面对挫折和困难时应激反应较为强烈,表现出紧张、恐惧、焦虑、惆怅、猜疑甚至忧郁、沮丧、悲观、绝望等不良心境,严重影响其身心健康。

4. 心理承受能力差

独生子女大多成长环境较为顺利,又备受父母长辈的宠爱,较少经历逆境和挫折,心理上缺乏锤炼,心理成熟严重滞后,感情脆弱、意志薄弱、心理承受力差、受挫感强。当考试失利、评选落败、与同学闹矛盾等不如意接踵而来时,他们从小形成的优越感遭受严重打击,不能进行客观的评价和分析,自暴自弃、萎靡不振,产生强烈的心理冲突,导致心理与行为失常。

(三)新生群体

新生群体心理问题成因:

直接因素:缺乏与同学的交流和沟通,人际关系欠佳。

家庭因素:父母的过度照顾,导致他们缺乏独立生活的能力。

社会文化因素:大学更注重个人的综合能力。

经过了高考的洗礼,大学新生带着优胜者的微笑迈入了大学校门。他们对大学生活充满了好奇和憧憬,头脑中编织着诗情画意的梦想。然而他们并未完全意识到,从中学到大学是人生的一大跨越,在这一转折点上,有很多的人生课题摆在他们面前。大学新生大多18—19岁,这一时期正是青年生理、心理迅速发展变化的时期,身心发展极不稳定,极易受外界环境变化的影响。当最初的新鲜感和激动情绪慢慢平静,正常的学习生活开始之后,出现了"理想真空带"与"动力缓冲期",使他们的心理冲突和动荡加剧,很容易陷入心理危机。

【案例12.5】 王某,女,18岁,大一新生。王某从小生活在优渥的家庭中,家中有一个姐姐在上大学,父母身体、工作都很好。王某在上大学前,基本上处于"两耳不闻窗外事,一心只读圣贤书"的状态。父母将其他的事情都替她料理好了,给她灌输的思想是只要好好学习就行了,其他不需要她操心。因此她从不喜欢与人沟通,不会料理自己的生活。进入大学后,王某发现周围的同学懂很多东西,会玩、会学、会生活,而自己则好像什么都不懂,处处不如人,她感觉很孤独、很痛苦、很自卑。

(四)毕业生群体

大学毕业生是大学生中压力较大的一个群体。建立自己的生活模式、规划职业生涯是毕业生刻不容缓的任务。对于他们中的大多数而言,十几年的校园生活即将告一段落,面临着许多人生的转变和抉择,使他们承受着极大的心理压力。其中,择业过程中种种的心理不适对毕业生产生的困扰尤为巨大。随着高校毕业生就业制度的改革,毕业生就业由传统的计划分配转向市场调节,双向选择、自主择业,成为高校毕业生就业的主要形式。毕业生就业制度改革虽然为广大的大学生提供了公平竞争和施展才华的机会,但也给更多大学生带来了巨大的心理压力。自从高校扩招以后,我国大学毕业生的供给持续增长,人数的增长必然带来就业环境的巨大改变,大学生已从"精英就业"步入"大众就业"时代。而与之相对的是,大学生的就业期望值仍然普遍偏高,这使一部分毕业生产生了严重的心理失衡。此外,对自身定位不足等原因的存在,也使大学生就业的心理问题激增。

(五)有心理问题的大学生群体

毫无疑问,有心理问题的大学生是心理危机的高发群体。一般而言,多数大学生的心理问题是发展性的,与大学生的学业发展、个性塑造、品质培养、社会适应等有关,这类问题随着大学生的成长而自愈,这是由个体成长的动力所驱动的。少数是障碍性的,如神经官能症、人格障碍等,这些需要专业的心理治疗。还有一类介于正常心理与异常心理之间的过渡性问题或边缘性问题,这些问题可以通过心理咨询得以解决。此类学生的心理问题主要包括以下五类:

1. 行为问题

行为问题是指因自我调节困难、缺乏相应指导帮助,在一定诱因下引发的不良行为。主要有不良生活习惯、出格行为、品行障碍等。其中不良生活习惯包括吸烟、酗酒、网络成瘾等危险行为;出格行为包括在学校惹是生非、逃课、打架斗殴、离校出走等行为。

2. 品行障碍

品行障碍是指学生在品德上反复出现、持续存在并对外界构成不良影响的行为障碍。常见的有偷窃与攻击行为。前者的动机比较复杂,既有外在的占有欲,还有妒忌、报复或虚荣心等作祟。而攻击性行为是指向他人的有意侵犯、争夺或进攻,尽管大学生中具有品行障碍的学生并不多,但其社会危害大,突破性强,容易走上犯罪道路。

3. 性心理问题

性心理问题主要包括过度手淫、性幻想、同性恋倾向、恋物倾向、异装倾向与窥阴倾向等。性心理问题有着复杂的原因,既有不健康的文化传媒的影响,也与个体缺乏科学、健康的性生理、性心理知识有关,还与个体的价值观相关。

4. 神经症倾向

神经症倾向是指不存在器质性病变的一组轻度心理障碍,主要包括焦虑症、强迫症、恐惧症、抑郁症等。

焦虑倾向是指一组以担忧、失眠、恐慌为主要特征的情绪失调现象。有这种倾向的学生胆小、多虑、缺乏自信,常伴有睡眠不好、食欲不振、心慌心悸等生理反应。

强迫倾向是指在认识和行为上出现某种呆板的、机械的重复,并由此造成社会适应非常困难。大学生的强迫倾向主要表现为强迫观念与强迫行为。前者是强迫现象在认识上的表现,如杞人忧天就是典型的强迫观念;强迫行为的表现多种多样,如强迫性洗手、强迫性计数等。其形成与心理、社会因素有关,强烈的精神刺激或持久的剧烈的情绪体验是直接原因,主观任性、急躁好强、迟疑拘谨、刻板退缩等性格特征有重要作用,而刻板、严厉的家庭教育模式也是不容忽视的原因。

恐惧倾向是指对某种特定事物、情境或人际交往产生的强烈恐惧及主动回避。大学生中最常见的是人际交往恐惧,在人际交往中害羞、笨拙、不能与对方目光相碰等,其产生同早期创伤性经历和社会学习有关。

抑郁倾向是指对某种特定的事件或内心冲突表现出的一种过度的、持久的心境低落状态,表现为易激怒、敏感、哭闹、好发脾气、情绪低落、倦怠、自我压抑等。众多研究表明,抑郁与自杀密切相关,还有的学生伴有一些不良行为。家族史、人格状况、精神刺激因素等都对大学生抑郁有一定影响,存在抑郁倾向的大学生常常无助、依赖、孤傲、执拗。还有的大学生因为严重的人际冲突特别是恋爱受挫而产生抑郁倾向。在学校处于劣势或对自己缺少控制感等都可能引起抑郁。

5. 人格障碍

人格障碍是指人格发展的畸形或偏离,是在没有认知或智力障碍的情况下形成的意志、情感或行为活动的障碍。主要有反社会人格、偏执型人格、分裂型人格、强迫性人格等。人格障碍的形成原因较为复杂,既有遗传的因素,也有社会文化与教育环境的影响。

此外,我们普遍意义上的优秀学生,也就是老师眼中的"三好学生",往往存在"优秀学生心理综合征",主要表现在:过分追求完美,不允许自己失败,关注自己的消极面,对自我评价和认知过分关注弱点,对别人苛求,对挫折与失败的承受力低,对他人的评价过分关注等。

虽然我们列出了大学生心理危机的易感群体,但在现实生活中,一个人身上常常交织着各种群体的问题,如独生子女新生、有心理问题而学业失败的毕业生,等等。这几类群体是心理危机的高发群体,但并非必然,绝大多数学生可以通过自我调节与心理辅导成长为适应生活、人格健康的人,只有少数人成为罹患心理危机的个体。关注群体特征的目标在于建立健全心理危机的预防机制,有效减少与防止心理危机的发生。

六、心理危机的极端表现:自杀与杀人

2004年,云南大学生物技术专业学生马加爵,这个平时默默无闻、少言寡语的学生,用极其残忍的手段将他的四名同学杀害!仅仅因为四名被害人在一次打牌中与他发生口角,他便产生杀人的念头。在争吵中,他们提到某同学过生日没有请他,因此该同学成为本案的最后一个受害者。一个处于心理危机无法自拔的人采取极端的手段剥夺了他人的生命,同

时也为自己的人生画上了耻辱的句号。

马加爵一案,从案发到审理一直处于公众的视线之中,关于马加爵,关于此案的作案动机、实施手段和作案过程都有着各种各样的猜测和议论。中国人民公安大学犯罪心理学教授李玫瑾为马加爵进行了"心理画像":"马加爵在家里是最小的孩子,从小受到宠爱,学习成绩出色,存在任性、自我中心等问题;他是一个很聪明的孩子,但是家境贫穷、现实不尽如人意,所以容易有自卑、自怜的心理特点;进入大学后,城乡巨大落差又导致他心理上的不平衡,这就造成了他敏感、多疑、狭隘的性格特点,而这样一种性格导致他在和同学相处的时候就难免出现一些怪异的行为。他性格内向,不肯轻易说出内心的真实想法,而如果周围的人对他不在意一些、忽视一些,或者对他的表现做出过于简单的回应,他的行为就会更为怪异。慢慢地,某些小的芥蒂也会形成一种仇恨,仇恨的积累导致了最后犯罪行为的发生。"李玫瑾教授认为这是一个比较典型的情绪型犯罪:"情绪型犯罪有两种,一种是激情型的,另一种就是仇恨累积型的。马加爵就属于第二种。这种类型有四个特点:第一,心理活动的发生是一个慢慢积累的过程,而不是因为一个事件,他所说的因为打牌只是一个导火线,背后一定有一个不良情绪积累的过程;第二,这类犯罪有一个预谋过程,不同于激情型的犯罪,这类犯罪都是指向性非常明确的,不会杀错,也不会'滥杀无辜';第三,这类犯罪不会自动停止,因为预谋时间很长,所以犯罪的时候就一定会做到底;第四,这种类型犯罪人行为都非常狠毒。"

就这样,马加爵选择了一条不归路,他以一种极端的方法发泄了内心无法排遣的情绪。马加爵在狱中的忏悔书中这样写道:"现在每天我都努力思索,试图从自己身上寻求原因,(寻求)一个合理的解释,但此刻我亦很糊涂,只能说当初很偶然!"从表面上看,这个事件似乎很偶然,但实际上,偶然之中蕴含着极大的必然性。马加爵长期处在巨大的心理压力之下,仇恨和不良情绪慢慢积聚,"打牌事件"成为"压死骆驼的最后一根稻草",使得心理危机一触即发,导致了他极端行为的产生。

今天,我们已经无法知晓马加爵曾经走过的心路历程和经历的心理危机,无法知晓一个不能自救的人如何走向一条不归路。马加爵案例留给世人的是无尽的警醒与反思。而令我们感到更为遗憾的是,马加爵这样的极端案例绝非个别。

2012年12月20日,安徽医科大学2008级临床医学专业学生胡恒江因感情纠纷,用斧头砍死了2009级生物医学工程专业的谈某。20日早上,胡恒江携带斧头到安徽医科大学图书馆六楼北侧的自习室内等待被害人谈某来到自习室,谈某到自习室后,胡某从背后对谈某头部、颈部连砍数斧,之后将谈某拖倒在地,继续对其头部连砍数斧,致受害人当场死亡。2014年3月,安徽省高院作出终审判决,以故意杀人罪判处胡恒江死刑,剥夺政治权利终身。2014年8月19日下午2时30分,胡恒江被押赴刑场执行死刑。

2013年3月31日下午,复旦大学上海医学院研究生林森浩因各类琐事对同学不满,心生恨意,于是故意将剧毒化学品二甲基亚硝胺原液投入宿舍的饮水机内,致使其同宿舍同学黄洋从饮水机接水饮用后出现呕吐症状,隔天下午去医院就诊,经检验肝功能受损,多器官功能衰竭,最终黄洋经抢救无效而死亡。2014年2月18日,上海市第二中级人民法院一审宣判,林森浩犯故意杀人罪被判处死刑,剥夺政治权利终身。2015年12月11日,林森浩被押赴刑场执行死刑。

除了这一桩桩攻击性的、反社会性的行为,那些未断见诸报端的大学生自杀事件,更让我们为如花生命的早逝而扼腕叹息。

2015年3月9日下午,杭州某高校,一位男生因为向心仪的女生表白遭拒,一时心情沮丧,就从学校连接两栋教学楼的天桥栏杆上(约四层楼高)跳下,导致脊柱出现损伤,手部、腿部有几处骨折,后被送医院救治,所幸暂无生命危险。

我们不禁要问,是什么导致了大学生频频发生攻击性与自毁性行为?是什么使得大学生对自我乃至对他人的生命如此漠视?教育工作者、心理学工作者、学生管理教育工作者都从不同视角解读了大学生的心理危机并进行了积极的干预。

社会的急速发展不仅带来了经济的发展和科技的进步,它的快节奏、高风险、强竞争在激发和调动人潜能的同时,也给很多人带来了沉重的心理压力,大学生这一群体尤其如此。他们经历了高考的厮杀,在为学业奋斗的同时,还必须为明天的就业和发展谋划,在巨大的精神压力下,一些相对脆弱的学生就难免陷入心理危机,出现过激行为。心理危机,这个不曾为人熟悉的词汇渐渐进入我们的视野,校园中的每个大学生都在不同程度地承受着心理压力,感受着成长的烦恼。

 自我测试

自我压力评估测试

要想战胜压力,第一步要敢于承认压力的存在,承认压力是你正面临的问题,这对减轻压力非常关键。现在进行自我测试,对表 12.1 所列陈述做出反应,选择一个最贴切的答案,尽可能客观公正。若回答"从不"则选 1,若回答"有时"则选 2,若回答"经常"则选 3,若回答"总是"则选 4。然后将所选数字累加,参照后面的分析自我评估,借鉴测试答案以明确需要改进的地方。

表 12.1 自我压力评估测试表

序号	题目	选项			
1	一旦工作发生差错,就责备自己	1	2	3	4
2	一直积压问题,然后总想发作	1	2	3	4
3	全力投入工作以忘记私人问题	1	2	3	4
4	向最接近的人发泄怒气和沮丧	1	2	3	4
5	遭受压力时,注意到自身行为的不良变化	1	2	3	4
6	只看到生活中的消极方面而忽视积极方面	1	2	3	4
7	环境变化时感到不适	1	2	3	4
8	感觉不到在团队中的自我价值	1	2	3	4
9	上班或出席重要会议时迟到	1	2	3	4
10	对针对个人的批评反应消极	1	2	3	4
11	一小时左右不工作就内疚	1	2	3	4
12	即使没有压力,也感到匆忙	1	2	3	4
13	没有足够的时间阅读报纸	1	2	3	4

续表

序号	题目	选项			
14	希望即刻得到他人的注意或他人的服务	1	2	3	4
15	工作和在家时都不爱暴露真实情感	1	2	3	4
16	同时承揽过多的工作	1	2	3	4
17	拒绝接受同事和上司的劝告	1	2	3	4
18	忽视自身专业和生理方面的局限性	1	2	3	4
19	工作占据全部时间,无暇享受兴趣和爱好	1	2	3	4
20	未加周全地思考,就处理问题	1	2	3	4
21	工作太忙,整整一周不能和朋友、同事共进午餐	1	2	3	4
22	问题棘手时,逃避、拖延	1	2	3	4
23	感觉行动不果断就会受人利用	1	2	3	4
24	感到工作过多时,羞于告诉他人	1	2	3	4
25	避免托付工作给他人	1	2	3	4
26	尚未分清主次就处理工作	1	2	3	4
27	对他人的请求和需要,总是难以拒绝	1	2	3	4
28	认为每天必须完成所有的工作	1	2	3	4
29	认为不能应付自己的工作量	1	2	3	4
30	因害怕失败而不采取行动	1	2	3	4
31	往往把工作看得比亲人和家庭生活更重要	1	2	3	4
32	事情没有即刻生效,便失去耐心	1	2	3	4

【结果解释】

32—64:你能很好地驾驭压力,因为积极性压力大多能够产生激励作用。所以,努力在积极性压力和消极性压力之间寻找最佳平衡。

65—95:你承受的压力还是适度和安全的,但某些地方需要改进。

96—128:你承受的压力太大了,需要寻找策略以减轻压力。

第三节 大学生心理危机的预防与干预

一、了解危机干预的基本知识

教师(包括学生的辅导员、班主任等)和学生骨干是危机干预的重要力量,特别是在提供预警信息、急性危机的临时救助以及自杀预防等方面发挥着不可替代的作用。因此,对于相关教师和学生的培训是高校危机干预系统工程中尤为重要的一个环节。培训工作可以由校内危机干预中心的专业人员进行,也可以聘请校外专家。心理危机的相关培训和讲座,主要包括六个方面：

① 什么是心理危机？

② 心理危机的成因和表现。

③ 心理危机的产生并不都是病态的表现，正常人在外来强烈和持久的刺激下也会陷入心理危机。

④ 大学生中常见的心理危机。

⑤ 心理危机是可以识别的，也是可以得到预防和治疗的。

⑥ 心理危机的干预和预防需要广大师生的共同配合。

二、心理危机的识别

只有了解危机的表现，才能对危机做出识别，以确定个体是否需要帮助。北京市教工委、教委、卫生局、团市委联合出台的《北京高校学生心理素质教育疾病预防与危机干预大纲》认为，心理危机的干预对象包括以下12类：

① 遭遇突发事件而出现心理或行为异常的学生，如家庭发生重大变故、遭遇性危机、受到自然或社会意外刺激的学生。

② 患有严重心理疾病，如患有抑郁症、恐惧症、强迫症、癔症、焦虑症、精神分裂症、情感性精神病等疾病的学生。

③ 有既往自杀未遂史或家族中有自杀者的学生。

④ 身体患有严重疾病、个人很痛苦、治疗周期长的学生。

⑤ 学习压力过大、学习困难而出现心理异常的学生。

⑥ 个人感情受挫后出现心理或行为异常的学生。

⑦ 人际关系失调后出现心理或行为异常的学生。

⑧ 性格过于内向、孤僻，缺乏社会支持的学生。

⑨ 严重环境适应不良，导致心理或行为异常的学生。

⑩ 家境贫困、经济负担重、深感自卑的学生。

⑪ 由于身边的同学出现个体危机状况而受到影响，产生恐慌、担心、焦虑、困扰的学生。

⑫ 其他有情绪困扰、行为异常的学生。

尤其要关注上述多种特征并存的学生，其危险程度更大，应成为重点干预的对象。

我们认为，大学生若出现下列几种情况（包括个体所面临情境及其身心症状和行为表现等），则已处于心理危机中的可能性较大：

① 重大丧失（如亲人死亡、人际关系破裂、考试失败、失恋、遭受拒绝等）后出现异常表现。

② 遭受严重突发事件的刺激后有异常反应。

③ 明确或间接表露自己感到痛苦、抑郁、无望、无价值甚至流露出死亡的意图。

④ 孤僻、人际关系恶化。

⑤ 物质滥用量加大。

⑥ 易激怒、与人敌对。

⑦ 持续不断地悲伤或焦虑。

⑧ 依赖性加大。

⑨ 出现自毁性或攻击性行为。
⑩ 日常学习、工作、生活状况出现明显的负性改变。

三、自杀的识别和预防

（一）大学生自杀的危险征兆表现

① 表示要自杀，如直接说出："我希望我已死去""我再也不想活了"；或间接说出："我所有的问题马上就要结束了""现在没有人能帮得了我""没有我，别人会生活得更好""我再也受不了了""我的生活一点意义也没有"，等等。
② 有自杀未遂经历。
③ 有条理地安排后事，将自己珍贵的东西送人。
④ 收集与自杀方式有关的资料并与人探讨。
⑤ 流露出绝望、无助、愤怒、无价值感等情绪。
⑥ 将死亡或抑郁作为谈话、写作、阅读艺术作品的主题。
⑦ 谈论自己现有的自杀工具。
⑧ 使用或增量使用成瘾物质。
⑨ 出现自伤行为。
⑩ 最近有朋友或家人死亡或自杀，或其他丧失（如由于父母离婚失去父亲或母亲）。
⑪ 出现突然的性格改变、攻击性或闷闷不乐，或者新近从事高危险性的活动。
⑫ 学习成绩突然显著恶化或好转，慢性逃避、拖拖拉拉，或者离校出走。
⑬ 躯体症状，如进食障碍、失眠或睡眠过多、慢性头痛或胃痛、月经不规律、无动于衷。

（二）帮助有自杀企图的人的要点

① 表达你的关心，询问他们目前面临的困难以及困难给他们带来的影响。
② 保持冷静，多倾听，少说话，让其谈出自己内心的感受。
③ 要有耐心，不要因他们不能很容易与你交谈就轻言放弃，允许谈话中出现沉默，有时候重要的信息就在沉默之后。
④ 要接纳他，不对其做任何道德或价值评判（至少不要让他感受到）。
⑤ 他们可能会拒绝你要提供的帮助，有心理危机的人有时会否认他们面临难以处理的问题，不要认为他们的拒绝是针对你本人。
⑥ 不要试图说服他改变自己的想法。
⑦ 不要给予劝告，也不要认为有责任找出解决办法，尽力想象自己处在他们的位置时是如何感受的。
⑧ 你也会有同样的感受，说出你的感受，让他们知道并非只有自己有这样的感受。
⑨ 不要担心他们会出现强烈的情感反应，情感爆发或哭泣有益于他们的情感得到释放。
⑩ 大胆询问其是否有自杀的想法："你是否有过很痛苦的时候，以至于令你有想结束自己生命的想法？""有时候一个人经历非常困难的事情时，他们会有结束生命的想法，你有那种感觉吗？""从你的谈话中我有一种疑惑，不知道你是否有自杀的想法。"询问一个人有无自

杀念头不但不会引起他自杀,反而也许会挽救他的生命,但不要这样问"你没有自杀的想法,是吧"。

⑪ 相信他所说的话以及所表露出的任何自杀迹象。

⑫ 不要答应对他的自杀想法给予保密。

⑬ 让他相信别人是可以给予他帮助的,鼓励他再次与你讨论相关的问题,并且要让他知道你愿意继续帮助他。

⑭ 鼓励他向其他值得信赖的人谈心,寻求他人的帮助、支持。

⑮ 给予希望,让他们知道面临的困境能够有所改变。

⑯ 要尽量取得他人的帮助以便与你共同承担帮助他的责任。

⑰ 如果你认为他需要专业的帮助,请提供相关信息,如果他对寻求专业帮助恐惧或担忧,应花时间倾听他的担心,告诉他一般遇到这种情况的人都需要专业人士帮助,而且你向他介绍专业人士帮助他并不表明你不关心他。

⑱ 如果你认为他即刻自杀的危险性很高,要立即采取措施:不要让他独处,去除自杀的危险物品,或将他转移至安全的地方,陪他去精神心理卫生机构寻求专业人员的帮助。

⑲ 如果自杀行为已经发生,应立即将其送往就近的急诊室抢救。

四、利用各种形式开展危机干预

危机干预可以通过多种方式开展,如个别干预、团体干预、网络干预、电话干预等,各种干预形式各有利弊,应探寻各种形式的有效结合,以期达到最佳的干预效果。

(一)个别干预

个别干预是危机干预最为常见的形式,也是最为传统的干预方式。危机干预工作者与当事人采用一对一方式进行交流。个别干预适用于心理危机比较严重或当事人对保密性要求较强的干预。依当事人的要求和危机的紧急程度,危机干预工作者可以进行上门干预、来访干预或在指定的地点进行干预。

个别干预有利于良好咨询氛围的营造和双方信任关系的建立,危机干预工作者也可以对当事人进行较为密切的关注,各种干预技术也可以得到很好的采用。因此,个别干预的效果通常较为理想。但目前我国面临的现实问题之一是专业咨询人员的比例严重偏低,而一对一个别干预的采用必然需要强大的专业人员队伍作为保障。因此,个别干预虽然是目前较为主流的干预方式,但必须依据实际情况辅以其他形式的干预。

[案例12.6] 李某是某高校2016级学生,他在大二上学期的第8周请假回家,归家途中在旅馆企图割腕自杀,后因害怕流血而自杀未遂。第二天他又去火车道边,在日记本上写完遗书后,独自徘徊企图轻生,巡道工发现后两次将其赶出道边栅栏无效后遂报警。铁路巡警赶到后将其带走,并与其家人取得了联系。

由于临近考试,李某勉强返回学校,但情绪一直不稳定,所幸他能主动来到心理咨询室寻求帮助。与心理咨询师进行第一次面谈时他的左手手腕还缠着纱布,表情很不自然,显得很痛苦,直诉自己曾经轻生过。

通过抑郁自评量表(SDS)测试,李某被诊断出有中度抑郁性神经症,持续时间达7年。病因主要是缺乏家庭的关爱、缺少家庭成员间的沟通和理解,且性格内向、孤独。随后的7

天,心理咨询师每天与其进行至少一个小时的危机干预咨询(正常情况下心理咨询一般是一周一次,一次50分钟,通常是5—10次),来访者情绪逐渐稳定,主诉不再有轻生念头,睡眠改善,学习时间增加且效率提高。

随着咨询的不断深入,李某积极主动求治愿望强烈,从而使得咨询局面有了重大转变,李某已经基本不会再想自杀的事情了,他表示要克服性格中的优柔寡断等弱点,改变作息,改善睡眠,放弃糟糕的回忆。

(二)团体干预

团体心理咨询是20世纪初起源于美国的一种咨询形式,它是相对于一对一的个别干预而言的,即将心理问题相同或相似的人组成小组(几人至十几人)同时给予干预,让小组成员通过团体内人际的交互作用,分享紧张和焦虑,进而接纳自己的危机反应,并通过观察别人的行为表现来反思自己,考虑应付危机的方法,解除心理困扰。

经历重大突发事件的危机人群适合于进行集体干预,对具有相似经历的罹难者开展团体干预效果较好。高校的危机干预在很多情况下也较适宜采用团体形式,如针对贫困生这一群体普遍的心理问题而设立的"贫困生成长辅导小组",利用约定的时间,进行团体心理干预;又如针对大学新生开设的以解决大学生活适应问题而开展的团体干预;针对毕业生群体开设的以化解毕业生求职心理问题的干预,等等,都是切合实际并行之有效的方法。

(三)电话干预

热线电话是危机干预较为常见的方式之一,根据国内外有关报道,热线电话咨询对于自杀企图的危机干预和预防有很大帮助。1953年英国伦敦首次开通电话心理咨询服务,1968年电话干预又在美国兴起。我国于1987年在天津开设第一部心理热线电话咨询,此后,各地的"心理倾诉""午夜心语"等热线如雨后春笋般出现,但普遍存在的专业化程度不高的现实使得干预的效果受到影响,而真正从事专业心理危机干预的24小时热线则是少之又少。

电话干预采取边解答边记录的方式,内容主要包括当事人个人基本情况、主诉、咨询问题、有无自杀倾向、危机反应、提供建议等。由于电话咨询的心理干预活动排除了一切非语言如表情、手势和姿态等的交流,完全依靠有声语言如语调、语气和语速等迅速判断当事人的精神状态和情绪变化,因此对干预人员的素质要求更高,需要具有较高的交谈技巧和聆听能力、一定的临床经验和判断能力。危机干预工作者要耐心聆听并通过语言附和来表达自己对当事人的关注,当真正明白了当事人的处境和感受时,要表示理解、接纳,向当事人提供情感支持和鼓励,增强其自信心,改变非理性的认知,但不要急于向其提供解决问题的方法,也不要做没有把握的承诺或不切实际的安慰。

与面对面的干预方式相比,电话干预有其明显的优势:保密性和即时性更强,但其劣势也是不容置疑的。最好的处理方式是实现电话干预与其他干预形式的结合,起到初步收集信息、提供转诊建议等作用。

譬如,有这样一个学生咨询电话:"我知道早就应该给您打电话了,但由于我怕和老师交往,所以就一直拖到现在。首先,我要告诉您,我的物理挂了。现在高数和VB成绩还不知道,估计也会挂的。说到这里,您一定认为我是一个坏学生吧。但是,老师,我觉得自己真的不是一个坏学生呀,这学期我根本没怎么玩,远比上学期要累,但成绩还不如上学期,也许是上学期开课少而且考题简单的缘故吧。这学期我没看过电影、没打过游戏、没逃过课、没经常逛街、没找男朋友,我一直都想让自己学得很好,但是总是提不起学习兴趣,我好像对一切都失去兴趣,对一切都无所谓。虽然我知道这样做很不对,努力让自己打起精神来学习,但总是一次次地失败,我老是眼睛看着书本,思绪却不知跑到哪儿去了。我好讨厌自己,觉得自己好失败……假如这学期真的挂了3门课,天呀!我怎么承受得了?我好怕!我不知道如何面对这个现实,我觉得无法面对老师,更无法面对寄予厚望的父母。我真的没想到大一会过得这样失败,没想到等待我的会是这样一种结果。我好想改变这个局面,可我应该怎么办呢?"

这是一位刚刚升入大学二年级的女生的来电。从表面上看,这位女大学生面临的是学业问题,但实际上是自我同一性建立过程中产生的心理危机。她将"理想自我"变成"必须自我",在父母"你一直非常优秀"的暗示下,她无法接受一个真实的、可以偶尔失利的自己,不允许自己有脆弱与幼稚。其实,每个人的成长过程中都会面临挫折与失败,只是由于物理课没有顺利通过考试便自我怀疑"我是个坏学生吗?",进而自我否定"我好讨厌自己,觉得自己好失败",并且推测后面的考试也会不及格,同时将这个假设提前,得出"我怎么承受得了?"的结论。

所幸的是,她觉察到自己的问题,并积极地寻求帮助,心理咨询老师通过理性情绪治疗对她进行了危机干预。

首先,确定引起情绪的事件。

事件A:考试没有通过,即物理课考试不及格。

信念B:① 我一定要通过考试,好学生应该成绩优秀;② 如果没有通过考试,就不是好学生,就是老师眼中的坏学生、家长眼中的坏孩子。

情绪C:难过、焦虑、想哭、崩溃。

驳斥D:驳斥非理性情绪:个人的成长都会面对失败,要看事情的方向与主流。

建立新的理性情绪E:只要努力了,就不要太在意结果,让学习变得更轻松,心情变得更舒畅。

针对她的境况,心理咨询老师又对其进行了自我认知的专门心理辅导,教会她正确认识自己,学习不是为父母、为老师,首先是为自己。这样,她的心理负担减轻了,更深一步引发了对自我的认识,不会因为一次考试的失利而对自我产生怀疑甚至否定。

(四)网络干预

互联网作为先进的信息技术工具,是继报纸、广播、电视后的又一新兴媒体。互联网的应用和普及,为心理危机干预提供了更为广阔的空间,各种心理咨询网站也应运而生。目前在互联网上,主要通过电子邮件、网上聊天等方式实现心理干预。电子信件以其方便、快捷、保密性强及不易丢失等特点在一定程度上弥补了传统书信咨询的不足,是对书信咨询形式的一种有益补充及延伸;网上聊天咨询相对于电子邮件交流更为即时和顺畅,也是目前采用较为普遍的网上干预方式。

网络干预特别受大学生的青睐,与其他形式的干预相比,其优越性显而易见,如价格低廉、方便快捷、隐匿性较强等,但其弊端也是不容置疑的,危机干预工作者与当事人的交流通过文字、以计算机为界面来进行,传统干预中的有声语言及无声语言信息都无法从中获取,双方的信任难以建立,干预效果不尽如人意。但我们仍然欣喜地看到:随着互联网技术的飞速发展,如语音聊天、视频聊天等的普及,网络干预的不足正在弥补,网络终将在心理危机干预领域中大有作为。

学习拓展

（一）素质拓展

推荐电影：《超脱》

内容简介：影片以男主角亨利在学校的生活为主线，展现了不同年龄、不同社会阶层人的不同人生。生命是生命本身的馈赠，唯有爱可以超脱。电影取名《超脱》，但内容并不让人觉得轻松自在、如获新生，反而让人在感到一丝温暖的同时，感受到更沉重的压力。人与人因为经历的不同，看到的不同，所以感受到的也不同。作为个体，我们都渺小如尘埃，如何超脱地对待生活、对待悲伤、对待苦难、对待孤独，是我们每个人都要学习的功课。

（二）活动拓展

团体游戏：生命的历程

以小组为单位进行，活动中事先准备好 20 张代表个体生命历程的照片，照片摆放得乱七八糟，却有一定的规律。小组每次只能选派一人前往掀开一张照片，并对照片进行描述和命名，照片的规律由各个小组自己探讨总结。根据小组组合排列好照片的时间长短评判每个小组的表现。接着，小组选派一名代表根据照片讲述 5 分钟的成长故事。

活动中，同学们要思考两个问题：

(1) 生命中你最重要的人是谁，他给你带来的最重要的体验是什么？

(2) 当你的父母将要老去的时候，你想对他们说什么？

参 考 文 献

[1] 姚本先.学校心理健康教育新论[M].北京:高等教育出版社,2013.
[2] 陈鉴,尚红,郭星.高职大学生心理健康[M].西安:西安交通大学出版社,2009.
[3] 季丹丹,陈晓东.现代大学生心理健康教育[M].北京:清华大学出版社,2009.
[4] 焦玉梅,王健,林萌.大学生心理健康教育[M].北京:航空工业出版社,2009.
[5] 格里格,津巴多.心理学与生活[M].王垒,等译.北京:人民邮电出版社,2014.
[6] 郑学勤,陆海兰.大学生心理健康教育[M].北京:航空工业出版社,2011.
[7] 周春明,徐萍.大学生心理健康[M].北京:北京理工大学出版社,2009.
[8] 方平.自助与成长:大学生心理健康教育[M].北京:教育科学出版社,2010.
[9] 马雁平,陈萍,等.大学生心理健康教育[M].长春:吉林大学出版社,2011.
[10] 夏玲.高职高专学生心理健康教育[M].合肥:中国科学技术大学出版社,2011.
[11] 陈美松.大学生心理健康教育教程[M].合肥:中国科学技术大学出版社,2007.
[12] 刘庆明.新编大学生心理健康[M].大连:大连理工大学出版社,2011.
[13] 张大均.大学生心理健康[M].北京:清华大学出版社,2007.
[14] 李晓林,李琛.幸福与成长:大学生心理健康教育读本[M].北京:世界图书出版公司,2013.
[15] 吴菁.大学生心理健康教程[M].苏州:苏州大学出版社,2009.
[16] 江芳.大学生心理健康教育[M].合肥:安徽教育出版社,2011.
[17] 李明.心灵方舟:大学生心理健康教育案例集[M].北京:清华大学出版社,2013.
[18] 宋德如,张晓旭.大学生心理健康教育[M].南京:江苏人民出版社,2012.
[19] 方双虎,黄川怀.大学生心理健康教育与拓展训练[M].上海:上海交通大学出版社,2012.
[20] 方双虎,武月锋.大学生心理健康教育与咨询实务[M].上海:上海交通大学出版社,2014.
[21] 董慧娟,张爱珠.大学生心理健康教育[M].西安:西安交通大学出版社,2015.
[22] 汪海燕,马奇柯.高职高专学生心理健康指导[M].北京:高等教育出版社,2009.